हिमाचल प्रदेश में जन–आन्दोलनः संगठन, नेतृत्व एवं हिमाचल के निर्माण में योगदान

लेखक के बारे में

डॉ. महेन्द्र सिंह हिमाचल प्रदेश विश्वविद्यालय समरहिल शिमला, इनस्टिट्यूट ऑफ इन्टिग्रेटिड हिमालयन स्टडीज में सहायक प्रोफेसर पद पर (गेस्ट फॅकल्टि) में कार्यरत है। इन्होंने आर्थिक उदारीकरण के भारतीय संस्कृति पर प्रभाव, ग्रामीण भारतीय महिलाओं का उत्थान, भारत में महिलाओं के विरूद्ध हिंसा, भारत में महिलाओं का उत्थान एक आलोचनात्मक विश्लेषण, ठियोग रियासत में प्रजामण्डल आन्दोलन, मण्डी जनपद में गदर की गूँज आदि अनेक विषयों पर पेपर प्रेजैन्ट, प्रकाद्दित तथा लेख लिखे हैं। इसके साथ ही लेखक ने अनेकों राष्ट्रीय सेमिनारों में भी भाग लिया है।

डॉ. महेन्द्र सिंह ने हिमाचल प्रदेश विश्वविद्यालय समरहिल, शिमला से एम.ए. इतिहास, एम.ए., एम. फिल., यू.जी.सी. नेट, पीएच. डी. राजनीति शास्त्र विषय में उपाधियाँ प्राप्त की हैं।

हिमाचल प्रदेश में जन–आन्दोलनः संगठन, नेतृत्व एवं हिमाचल के निर्माण में योगदान

महेन्द्र सिंह

2015
Scholars World
A Division of
Astral International (P) Ltd
New Delhi 110 002

ISBN: 978-93-5130-544-6 (Hardbound)

Published by : **Scholars World**
A Division of
Astral International Pvt. Ltd.
– ISO 9001:2008 Certified Company –
4760-61/23, Ansari Road, Darya Ganj
New Delhi-110 002
Ph. 011-43549197, 23278134
E-mail: info@astralint.com
Website: www.astralint.com

Laser Typesetting : **Rajender Vashist**
Delhi - 110 059

Printed at : **Sanat Printers**

PRINTED IN INDIA

परम पूजनीय माता-पिता जी के
चरणों में
सादर समर्पित

आभार

शोध कार्य व्यक्तिगत होने की अपेक्षा सामूहिक होता है। यह ऐसा कार्य है जिसमें शोधकर्त्ता को शोध-निर्देशक, पुस्तकालय कर्मचारियों, संग्रहालय कर्मचारियों, शोध को व्यवस्थित आकार देने वाले टंकक के सहयोग की निरन्तर आवश्यकता होती है। क्योंकि एक स्वस्थ एवं तनावरहित वातावरण में ही शोधकर्त्ता अपना शोधकार्य सम्पन्न कर सकता है। प्रस्तुत शोध-प्रबन्ध को प्रस्तुत करते हुए मुझे जिस हर्ष और उल्लास की अनुभूति हो रही है, उसका वर्णन करना मेरे लिए संभव नहीं है। इस शोध-कार्य की पूर्ति के लिए में अपने पूज्नीय निर्देशक डॉ0 राजेन्द्र कुमार चौहान जी का हृदय से आभारी हूँ, जिनकी प्रेरणा, प्रोत्साहन तथा सहयोगात्मक, विद्धतापूर्वक निरीक्षण द्वारा विशेष परिस्थितियों में यह कठिन कार्य सहज एवं रूचिकर बन सका और मैं शोध-प्रबन्ध में जुट सका। उनके प्रति श्रद्धा एवं मन के भावों को प्रकट करने के लिए मेरे पास शब्द नहीं है। विभागाध्यक्षा डॉ0 श्रीमती विजय शर्मा का भी बहुत आभारी हूँ जिन्होंने विभाग से सम्बन्धित मेरी समस्याओं का समाधान समयानुसार किया। विभाग राजनीतिशास्त्र के अन्य गुरूजनों डॉ0 राजेन्द्र सिंह चौहान, डॉ0 कमल मनोहर, डॉ0 ओ0सी0 सूद, डॉ0 रमेश कुमार चौहान, डॉ0 श्रीमती सुनीरा कपूर का भी बहुत-बहुत आभारी हूँ जिनका स्नेह मुझे मिलता रहा। मैं आभार व्यक्त करता हूँ अपनी पूजनीय माता जी श्रीमती बेगी देवी जस्टा, पिता जी श्री डी0डी0 जस्टा, जिन्होंने आजीवन संघर्ष कर अपने आर्शीवाद तथा मेहनत के बल पर मुझे इस मुकाम तक पहुँचाया। मैं अपने प्रिय भाई श्याम सिंह जस्टा, वीरेन्द्र सिंह जस्टा, बहन चन्द्रकान्ता तथा संतोष का भी बहुत आभारी हूँ जिनके प्रोत्साहन में, मैं निरन्तर जिन्दगी में आगे बढ़ने की हिम्मत जुटा पाया। मित्र वर्ग में श्री सुन्दर सिंह, (एसिस्टेन्ट प्रोफेसर दिल्ली), पंकज डोड, राम नेगी, जय प्रकाश, वेद प्रकाश, देवेन्द्र, आनन्द, संजय, पूरन, रोशन, संजीव, सीमा तथा वनीता का बहुत आभारी हूँ जिनका सहयोग मेरे इस कार्य को गति प्रदान करता रहा। मेरे इस शोध-प्रबन्ध के प्रेरणा स्रोत डॉ0 बी0के0 शर्मा, डॉ0

ओंकार शाद, कामरेड कुलदीप शर्मा, कश्मीर सिंह गुलेरिया, श्री एच0एन0 कश्यप (पूर्व प्रशासनिक अधिकारी) श्री अनुराग कश्यप, रणजीत सिंह राणा, सम्पादक हिमप्रस्थ, सुरेश ठाकुर, मोती लाल देरटा तथा प्यार चन्द का विशेष रूप से ऋणी रहूँगा जिन्होंने शोध ा लेखन सम्बन्धी नवीन जानकारियां उपलब्ध करवाकर मेरा मार्गदर्शन किया। पुस्तकालय जवाहर लाल नेहरू विश्वविद्यालय, नई दिल्ली, नेहरू मेमोरियल म्यूजियम एण्ड लाइब्रेरी, नई दिल्ली, राष्ट्रीय अभिलेखागार, दिल्ली, हिमाचल प्रदेश विश्वविद्यालय, शिमला, भाषा एवं संस्कृति विभाग, शिमला, हिमाचल प्रदेश सचिवालय, शिमला, राज्य अभिलेखागार, शिमला तथा डॉ0 यशवन्त सिंह परमार पुस्तकालय विधानसभा, शिमला, के सभी कर्मचारियों तथा अधिकारियों का भी बहुत आभारी हूँ जिन्होंने मुझे शोध-कार्य सम्बन्धी पुस्तके उपलब्ध करवाने में लगातार सहायता की। इनके साथ-साथ में सी0पी0आई0एम0, बी0जे0पी0 तथा काँग्रेस कार्यालय शिमला के कर्मचारियों का भी आभारी हूँ जिन्होंने मुझे अध्ययन सम्बन्धी सामग्री उपलब्ध करवाई। शोध-प्रबन्ध को सम्पन्न करने में जिसके लिए पुस्तकों एवं विद्वानों की सहायता मिली उनका मैं चिर ऋणी रहुँगा व जिन-जिन लेखकों की पुस्तकों से मैंने सहायता ली है उनके प्रति आभार प्रकट करता हूँ।

अंततः शोध लेखन के टंकक श्री तिलक शर्मा का भी बहुत आभारी हूँ जिन्होंने मेरे शोध-प्रबन्ध को व्यवस्थित कर अन्तिम स्वरूप दिया। प्रस्तुत शोध-प्रबन्ध में व्याप्त त्रृटियों को दूर करने का प्रयास किया गया है परन्तु किसी कारणवश शोध-प्रबन्ध में कोई त्रृटि रह गई हो तो शोधकर्त्ता विद्वानजनों के समक्ष क्षमा प्रार्थी है।

महेन्द्र सिंह

अनुक्रमणिका

पहला अध्याय

परिचय–अध्ययन विश्लेषण

लोकतन्त्र में समाज और राजनीति को दिशा देने में जन-आन्दोलनों की भूमिका महत्वपूर्ण रहती है। आज के युग में जन-आन्दोलनों की भूमिका और बढ़ गई है। जन-आन्दोलन ही सरकार और बाजार के बीच उलझे आम जन के मुद्दों को उठाते है। जनांदोलन न तो हवा में पैदा होते है और न ही बौद्धिक भावुकता और जुगाली से पैदा होते है। हर जनांदोलन अपने देश काल और परिस्थितियों की पैदाइश होता है। जनांदोलन की आग में ही तपकर लोकतन्त्र और समाज निखरता है। वास्तव में जनांदोलन समाज की सामूहिक इच्छा, आकांक्षा, सोच और परिवर्तन की अभिव्यक्ति होते है, जब भी कोई समाज और देश राजनीतिक-आर्थिक-सामाजिक ठहराव और गतिरोध का शिकार हो जाता है, तो जनांदोलन ही उसे तोड़ते और दिशा देते है। जब-जब जनता के साथ अन्याय और अत्याचार होता है तब-तब अन्याय के प्रति आवाज उठती है और जब इस आवाज में जनशक्ति का समावेश हो जाता है तब आन्दोलन का सूत्रपात होता है। जब तक किसी अन्याय या अत्याचार को सहते-सहते जनता की सहन शक्ति टूट नहीं जाती तब तक जनशक्ति नहीं उभरती। इसके अतिरिक्त समाज और राजनीति को विशेष दिशा, प्रगतिशील व प्रतिक्रियावादी देने के लिए भी जनांदोलन पैदा होते है। इसमें कई तरह की विचारध ाारा से प्रभावित आन्दोलन विश्व के इतिहास में देखने को मिलते है। इन आन्दोलनों से ही विभिन्न प्रकार का नेतृत्व भी उत्पन्न हुआ है। जनांदोलन का अवलोकन करने के पश्चात् एक बात स्पष्ट हो जाती है कि इनका इतिहास बहुत पुराना है। जनांदोलन राष्ट्र के निर्माण में भी महत्वपूर्ण भूमिका निभाते है। 18वीं शताब्दी के मध्यकाल से जब दुनिया और यूरोप में विशेष तौर पर राष्ट्रवाद और लोकतन्त्र का उदय एवं दौर शुरू हुआ तो उसमें जन-आन्दोलनों का महत्व बहुत बढ़ गया। राष्ट्रवादी आन्दोलन के प्रभाव से विकासशील देशों में राष्ट्रवाद का उदय होने के साथ जन-आन्दोलनों का दौर भी जारी हुआ तथा एक नए तरह का नेतृत्व जो कि लोकतान्त्रिक मूल्यों एवं पाश्चात्य शिक्षा से प्रभावित था

उभरकर सामने आया। इनमें मुख्य रूप से भारत से पं0 जवाहर लाल नेहरू, यूगोस्लाविया से टीटो, मिस्र से नासीर आदि प्रमुख थे। इनके प्रभावशाली नेतृत्व के कारण अनेक संगठन भी अस्तित्व में आए जिन्होंने अपने-अपने देशों में राष्ट्र के निर्माण में महत्वपूर्ण भूमिका निभाई।

जन-आन्दोलनों ने भारत के निर्माण में भी महत्वपूर्ण योगदान दिया। भारत में प्राचीन काल, मुगल काल तथा ब्रिटिश काल से लेकर वर्तमान समय तक किसी न किसी रूप में आन्दोलन होते रहे है। भारत का इतिहास सामंती एवं ब्रिटिश शासन की कहानियों से भरा पड़ा है। भारत में 14वीं शताब्दी में तुगलक काल में किसान आन्दोलन तथा मुगल काल में आगरा-धौलपुर क्षेत्र में (1699-1722 ई0) जाट-विद्रोह का वर्णन मिलता है। 1757 ई0 के बाद भारत में 100 वर्षों तक विदेशी राज्य तथा उससे संलग्न कठिनाईयों के विरूद्ध अनेक आन्दोलन एवं विद्रोह हुए। जनता द्वारा अपनी स्वतन्त्रता खो जाने पर स्वशासन में विदेशी हस्तक्षेप, प्रशासनिक परिवर्तनों का आना, अत्यधिक करों की माँग, अर्थव्यवस्था आदि के भंग हो जाने के कारण भारत में सन्यासी विद्रोह, चुआर तथा हो विद्रोह, रंगपुर किसान विद्रोह, कट्टावोमन विद्रोह, घोडजी बाघा का विद्रोह, पाइक विद्रोह, दीवान वेला टम्पी का विद्रोह, भील विद्रोह, बघेरा तथा कच्छ विद्रोह, होस जनजाति का विद्रोह, किट्टूर चेनम्मा, पागलपंथी तथा फरैजियों का विद्रोह, विशाखापटनम का विद्रोह, अहोम विद्रोह, कोलों का विद्रोह, मैसूर विद्रोह, रवासी विद्रोह, वहाबी आन्दोलन, गंजाम में विद्रोह, मोपला विद्रोह, कोल्हापुर तथा सावन्तवाड़ी विद्रोह, सूरत का नमक आन्दोलन, बुंदेला विद्रोह, संथाल विद्रोह आदि अनेक विद्रोह एवं जन-आन्दोलन हुए। 1857 ई0 के प्रथम स्वतन्त्रता संग्राम में भी भारत के विभिन्न क्षेत्रों की जनता ने बढ़-चढ़कर भाग लिया। इस आन्दोलन के पश्चात् भारत में विशाल जन-आन्दोलनों का उदय हुआ।

1885 ई0 में भारत में बनी काँग्रेस भी एक प्रकार का आन्दोलन था। इस संगठन ने भारत में जन-आन्दोलनों को संगठित करने में महत्वपूर्ण भूमिका निभाई। इस संगठन में से ही महात्मा गाँधी, सरदार वल्लभ भाई पटेल, पं0 जवाहर लाल नेहरू, बाल गंगाध ार तिलक, विपिन चन्द्र पाल, लाला लाजपतराय, दादा भाई नौरोजी, फिरोजशाह मेहता, अब्बुल कलाम आजाद, सरोजिनी नायडू, विजया लक्ष्मी पंडित आदि प्रभावशाली नेतृत्व निकला। इस नेतृत्व ने भारतीय जनता के साथ मिलकर ब्रिटिश शासन एवं सामन्तशाही के खिलाफ कई प्रकार के आन्दोलन किए तथा भारत को स्वतन्त्रता दिलाई। इनमें से अधिकांश जन-आन्दोलन महात्मा गाँधी जी के नेतृत्व एवं मार्गदर्शन में लड़े गए। इन जन-आन्दोलनों में मुख्य रूप से 1917 ई0 का चंपारण नील किसान आन्दोलन, 1919 ई0 का खिलाफत आन्दोलन, 1920 ई0 का असहयोग आन्दोलन, 1930 ई0 का सविनय अवज्ञा आन्दोलन, 1940 ई0 का व्यक्तिगत सत्याग्रह तथा 1942 ई0 का भारत छोड़ो आन्दोलन आदि प्रमुख थे। 1917 ई0 की रूसी क्रान्ति की सफलता के बाद भारत में मजदूर वर्ग के संगठन बनने शुरू हुए। इन संगठनों में मुख्य रूप से 1920 ई0 का 'आल इंडिया ट्रेड यूनियन काँग्रेस', 1929 ई0 का 'अखिल भारतीय ट्रेड यूनियन फेडरेशन', 'लाल ट्रेड यूनियन काँग्रेस' आदि प्रमुख थे। इन संगठनों ने मजदूरों को राष्ट्रीय आन्दोलन से जोड़ने तथा आन्दोलित करने में महत्वपूर्ण भूमिका निभाई।

1936 ई0 में भारत में बनी 'अखिल भारतीय किसान सभा' ने भी जन-आन्दोलनों एवं किसान आन्दोलनों को नेतृत्व प्रदान कर राष्ट्रीय धारा से जोड़ने में योगदान दिया। भारत में छात्र संगठनों ने भी राष्ट्रीय आन्दोलन में बढ़-चढ़कर भाग लिया तथा जन-आन्दोलनों को नेतृत्व प्रदान कर साम्राज्यवाद एवं उपनिवेशवाद के खिलाफ अनेकों आन्दोलन किए। भारत में पहला छात्र संगठन 1936 ई0 में 'आल इंडिया स्टूडेंट फेडरेशन' अस्तित्व में आया। इसके बाद भारत में अनेकों छात्र संगठन बनने शुरू हुए। 1946-47 ई0 में तेभागा तथा 1946-51 ई0 में हैदराबाद के तेलंगाना क्षेत्र के किसानों ने भी तानाशाही शक्तियों के खिलाफ अनेकों आन्दोलन किए। तेभागा किसान आन्दोलन सामन्तशाही के खिलाफ तथा तेलंगाना आन्दोलन नवाबों तथा देशमुखों के अत्याचारों के खिलाफ था। आजादी के बाद भी भारत में जन-आन्दोलनों का दौर जारी है। 1967 ई0 में भारत के पश्चिमी बंगाल से शुरू हुआ नक्सलवादी आन्दोलन जो कि सामन्तवादी, साम्प्रदायिकता तथा जातिवाद के खिलाफ है आज भारत के 15 राज्यों के 170 जिलों में फैल गया है। 1970 के दशक मे जय प्रकाश नारायण के नेतृत्व में भारत में अनेक छात्र आन्दोलन एवं तात्कालिक सरकार विरोधी आन्दोलन हुए। जय प्रकाश आन्दोलन इन्दिरा गाँधी की नीतियों से तंग आ चुकी जनता की आवाज थी। ऐसे में जय प्रकाश ने युवाओं को गोलबन्द किया तथा राष्ट्रव्यापी आन्दोलन चलाया। भारत मे समकालीन जन-आन्दोलनों को महेन्द्र सिंह टिकैत, शरद जोशी, नजुंदास्वामी आदि ने नेतृत्व प्रदान किया है। समकालीन जन-आन्दोलन बिजली, खाद के दाम, फसलों तथा भूमि सम्बन्धी अनेक समस्याओं तथा अर्द्ध-सामन्ती व्यवस्था के विरोध में हुए है। वर्तमान समय में भारत में भट्टा पारसोल-ग्रेटर नोएडा आदि क्षेत्रों में अनेक किसान आन्दोलन एवं जन-आन्दोलन हो चुके है तथा अन्ना हजारे और बाबा रामदेव के भ्रष्टाचार विरोधी आन्दोलन जारी है। इन जन-आन्दोलनों के साथ ही भारत में मजदूर संघ और औद्योगिक प्रजातन्त्र आन्दोलन, दक्षिणी पंथी आन्दोलन, मिट्टी के पुत्र आन्दोलन, उपभोक्ता आन्दोलन, पर्यावरण संरक्षणवादी आन्दोलन, कानूनी सहायता आन्दोलन, छात्र युवा आन्दोलन, महिला आन्दोलन आदि अनेक आन्दोलन हो चुके है तथा कुछ आन्दोलन जारी है।

हिमाचल प्रदेश में भी संगठन, नेतृत्व और जनता के बीच चेतना को विकसित करने में जन-आन्दोलनों का भारी योगदान रहा है। यहाँ पर आजादी से पूर्व ज्यादातर जन-आन्दोलन ब्रिटिश शासन एवं सामन्तशाही के खिलाफ होते रहे है। ब्रिटिश शासन के खिलाफ सबसे पहला जन-आन्दोलन नूरपुर (कांगड़ा) के राम सिंह पठानिया के नेतृत्व में 1848 ई0 में हुआ। इसके पश्चात् 1857 ई0 के जन-विद्रोह में भी हिमाचल के विभिन्न क्षेत्रों की जनता ने बढ़-चढ़कर भाग लिया तथा ब्रिटिश शासन का विरोध किया। सामन्तशाही के खिलाफ पहाड़ी जनता ने पहला जन-आन्दोलन (दूम्ह) 1859 ई0 में बुशहर रियासत में किया। इसके बाद 1862 तथा 1876 ई0 में सुकेत, 1870-74 ई0 में सिरमौर, 1876-77 ई0 में नालागढ़, 1883 ई0 में बिलासपुर, 1895 ई0 में चम्बा, 1897, 1905, 1918 ई0 में बाघल, 1906 ई0 में डोडरा-क्वार, 1909 ई0 में मण्डी, 1918 ई0 में ठियोग, 1920 ई0 में कुनिहार आदि रियासतों में जन-आन्दोलन हुए। 1927 ई0 में 'अखिल भारतीय देशी राज्य लोक परिषद्' की स्थापना के बाद हिमाचल प्रदेश में प्रजामण्डल का गठन

शुरू हुआ। पहाड़ी रियासतों में सबसे पहले सिरमौर रियासत में प्रजामण्डल अस्तित्व में आया। इसके बाद मण्डी, बाघल, आदि अनेक रियासतों में प्रजामण्डल बनने शुरू हुए। हिमाचल प्रदेश में बिखरे हुए जन-आन्दोलनों को एकजुट करने के लिए 1939 ई0 में लुधि ायाना में 'अखिल भारतीय देशी राज्य लोक परिषद्' की बैठक का आयोजन किया गया। जून, 1939 ई0 में प्रजामण्डलों में आपस में समन्वय स्थापित करने के लिए 'हिमालय रियासती प्रजामण्डल' की स्थापना की गई। इस दौरान महलोग, कुनिहार आदि अनेक रियासतों में प्रजामण्डल के गठन का दौर जारी रहा। 16 जुलाई, 1939 ई0 को धामी रियासत में राणा के अत्याचारी शासन के खिलाफ जनता ने भागमल सौहटा, सीता राम आदि अनेक नेताओं के नेतृत्व में बड़ा जन-आन्दोलन किया। इस जन-आन्दोलन ने महात्मा गाँधी तथा पं0 जवाहर लाल नेहरू का ध्यान अपनी ओर आकर्षित किया। 1939 ई0 में ही चम्बा, बुशहर, सिरमौर आदि रियासतों में प्रजामण्डल आन्दोलन एवं जन-आन्दोलन होते रहे। 1940 ई0 में व्यक्तिगत सत्याग्रह तथा 1942 ई0 में महात्मा गाँधी द्वारा शुरू किए गए भारत छोड़ों आन्दोलन में हिमाचल के विभिन्न क्षेत्रों की जनता ने बढ़-चढ़कर भाग लिया। 1942 ई0 में सिरमौर के पझौता क्षेत्र के किसानों ने किसान सभा के नेतृत्व में रियासती सरकार की दमनकारी नीतियों के खिलाफ आन्दोलन किया तथा रियासती सरकार को बेगार आदि अन्य सेवाएं देनी बन्द कर दी। 1946 ई0 में हिमाचल प्रदेश में बनी 'हिमालय हिल स्टेट्स रीजनल कौंसिल' ने पहाड़ी रियासतों के एकीकरण पर जोर दिया।

15 अगस्त, 1947 ई0 को अंग्रेज भारत छोड़कर चले गये और भारत आजाद हो गया। इस अवसर पर ब्रिटिश शासित पहाड़ी क्षेत्रों कांगड़ा, कुल्लू, लाहौल-स्पीति, ऊना, हमीरपुर, डलहौजी और शिमला में स्वतन्त्रता दिवस बड़े धूम-धाम से मनाया गया। ठियोग रियासत हिमाचल प्रदेश की पहली रियासत थी जिसे हिमाचल के निर्माण से पूर्व 'भारत संघ' में मिलने का अवसर प्राप्त हुआ। इसके बाद धीरे-धीरे हिमाचल की अन्य अनेक रियासते भारतीय संघ में मिलने लगी। हिमाचल प्रदेश में हुए जन-आन्दोलनों से एक प्रभावशाली नेतृत्व उभरा। इस नेतृत्व में डॉ0 यशवन्त सिंह परमार, पं0 पदम देव, सत्यदेव बुशहरी, भागमल सौहटा, हीरा सिंह पाल, लाल चन्द प्रार्थी, चौधरी शेरजंग, शिवानन्द रमौल, सदा राम चन्देल, पं0 सीताराम, भास्करानन्द शर्मा, देवी राम केवला, सूरत राम प्रकाश, देवीदास मुसाफिर, दौलतराम साँख्यान, स्वामी पूर्णानिन्द, पं0 गौरी प्रसाद, लीला दास वर्मा आदि प्रमुख थे। जनता ने इस नेतृत्व के साथ हिमाचल के निर्माण और विकास के लिए लम्बी लड़ाई लड़ी। इन्हीं के कड़े संघर्ष के कारण 15 अप्रैल, 1948 ई0 को 30 रियासतों को मिलाकर एक पहाड़ी प्रान्त 'हिमाचल प्रदेश' की स्थापना हुई। परन्तु जनता को लोकप्रिय सरकार की प्राप्ति न होने पर जनता और नेताओं ने संघर्ष जारी रखा। जिसके फलस्वरूप, 1951 ई0 में हिमाचल प्रदेश को पार्ट-सी स्टेट्, 1966 ई0 में विशाल हिमाचल तथा 1971 ई0 में पूर्ण हिमाचल बनने का गौरव प्राप्त हुआ। आजादी के बाद भी हिमाचल प्रदेश में जन-आन्दोलन की राजनीति जारी रही। आजादी के बाद मण्डी, कांगड़ा, ऊना, कुल्लू, नालागढ़ आदि पैप्सू (पंजाब) क्षेत्रों में मुजारों द्वारा जमीन का स्थायी मालिक बनाए जाने के लिए आन्दोलन किए गए। इन मुजारा आन्दोलनों को 'अखिल भारतीय किसान सभा'

तथा सी0पी0आई0 ने नेतृत्व प्रदान किया। 1956 ई0 में भाखड़ा डैम को लेकर, 1979 ई0 में शिमला की ठियोग तहसील में आलू की फसल की बिक्री को लेकर आन्दोलन होते रहे।

इसके बाद हिमाचल प्रदेश में 1980-85 ई0 में कांगड़ा के नूरपुर में वजीर राम सिंह कॉलेज को सरकारी कॉलेज में बदलने, 1982-83 ई0 में राजन सुशान्त के नेतृत्व में पोंग डैम (कांगड़ा) को लेकर आन्दोलन, 1987 ई0 में नारकण्डा, रोहड़ू, कोटखाई, जुब्बल, कुमारसैन, कोटगढ़ आदि अनेक क्षेत्रों में किसानों का सेब आन्दोलन, 1988 ई0 में हमीरपुर, कांगड़ा में गेहूं की फसल खराब हो जाने पर किसान आन्दोलन, 1990 ई0 में हिमाचल के ऊपरी क्षेत्रों रामपुर-बुशहर, कुमारसैन, नारकण्डा, ठियोग, निरमण्ड, कुल्लू, रोहड़ू, कोटखाई, चौपाल, कोटगढ़ आदि में अनेक किसान एवं जन-आन्दोलन हुए। 1990-91 ई0 में हिमाचल प्रदेश के विभिन्न बिजली प्रोजैक्टों से 12 प्रतिशत रायल्टी को लेकर जनता ने भाजपा नेता शान्ता कुमार के नेतृत्व में भारी जन-आन्दोलन किए। हिमाचल प्रदेश में मजदूरों ने भी अनेक आन्दोलन किए। यह आन्दोलन सीटू, वी0एम0एस0, इटक तथा किसान सभा के नेतृत्व में लड़े गए। 1999 ई0 में सर्वप्रथम किसान सभा ने नाथपा झाकड़ी पन बिजली परियोजनाओं में किसानों एवं मजदूरों को संगठित कर आन्दोलन किए तथा उन्हें उनके हक दिलाए। इसके बाद 2003 ई0 में रामपुर के पन्द्रह बीश क्षेत्र, 2004 ई0 में बरशैणी में परियोजना का कार्य बन्द करवाने, 2005 ई0 में कांगड़ा में कृपाल चन्द कूहल को सुचारू रूप से चलाने, 2006 ई0 में टियाली (ठियोग) में शराब का ठेका बन्द करवाने तथा ठियोग के विभिन्न क्षेत्रों में तूफान तथा ओलावृष्टि से प्रभावित किसानों को मुआवजा प्रदान करने, निरमण्ड में गरीब किसानों के सेब के पौधे काटने को लेकर आन्दोलन, जे0पी0 विश्वविद्यालय द्वारा गम्बर नदी से पानी के मुद्दे को लेकर आन्दोलन, मण्डी में किसानों के विभिन्न मुद्दों को लेकर आन्दोलन, 2009 ई0 में किन्नौर जिले के अन्दर किसानों द्वारा दूध की कीमत बढ़ाने को लेकर आन्दोलन, ऊना में सेज के विरोध में आन्दोलन आदि अनेको आन्दोलन किसान सभा के नेतृत्व एवं मार्गदर्शन में लड़े गए। 2006 ई0 में चमेरा चरण-3 (चम्बा) में मजदूरों को वेतन न मिलने को लेकर भी भारी जन-आन्दोलन हुआ। इस आन्दोलन को सी0पी0आई0एम0 तथा सीटू ने नेतृत्व प्रदान किया। मई-जून 2011 ई0 से सावड़ा कूडू प्रोजेक्ट रोहड़ू शिमला में मजदूरों का 25 प्रतिशत वेतन वृद्धि को लेकर संसार चन्द खलास्टा (सीटू) के नेतृत्व में आन्दोलन जारी है। 2007 ई0 में हिमाचल की जनता ने कॉंग्रेस सरकार के भ्रष्टाचार, घोटालों तथा कानून व्यवस्था में सुधार के लिए बी0जे0पी0 नेताओं जयराम ठाकुर, शान्ता कुमार, प्रो0 प्रेम कुमार धूमल के नेतृत्व में भारी जन-आन्दोलन किया। हिमाचल प्रदेश में विश्वविद्यालय एवं कॉलेज में कार्यरत विभिन्न छात्र संगठनों ने भी छात्र तथा जनता सम्बन्धी समस्याओं को लेकर अनेकों आन्दोलन किए।

हिमाचल प्रदेश में असली नेतृत्व कॉंग्रेस एवं प्रजामण्डल आन्दोलन से उभरकर सामने आया था। इसके बाद दूसरी मुख्य पार्टी 'अनुसूचित जाति संघ' जिसने हिमाचल के निर्माण में योगदान दिया था 1952 ई0 के आम चुनाव के दौरान कॉंग्रेस में शामिल हो गई और 'जनसंघ पार्टी जिसने हिमाचल प्रदेश में 1977 ई0 के आपातकाल के दौरान जन संघर्षो

में अह्म भूमिका अदा की थी जनता पार्टी में मिल गई इनके अतिरिक्त कम्युनिस्ट पार्टी जिसने मुजारा आन्दोलन में मुख्य भूमिका निभाई थी का प्रभाव हिमाचल में बहुत कम रहा क्योंकि तत्कालीन काँग्रेस सरकार द्वारा मुजारों को भूमि का स्थायी मालिक बनाए जाने पर श्रेय काँग्रेस को मिला। आजादी के बाद जन-आन्दोलन के नेतागण मुख्यमंत्री, सांसद तथा विधायक आदि पदों पर भी विराजमान रहे।

हिमाचल प्रदेश में हुए जन-आन्दोलनों के कारण ही प्रदेश में भूमि सुधार अधिनियमों को प्राथमिकता दी गई तथा 1953, 1971, 1972, 1974 तथा 1998 ई0 में अनेक भूमि सुधार अधिनियम बनाए गए और काश्तकारों को जमीन का स्थायी मालिक बनाया गया। नवम्बर, 2009 ई0 में शिमला, कुल्लू, मण्डी आदि अनेक जिलों में जनता एवं किसानों ने गुम्मा में स्थित गते की फैक्ट्री को सरकार द्वारा बेचने के निर्णय के खिलाफ बड़े आन्दोलन किए। अप्रैल, 2011 ई0 में 'महिला मोर्चा' द्वारा हिमाचल प्रदेश में महंगाई, भ्रष्टाचार तथा कालाधन को लेकर जन-आन्दोलन शुरू किए गए। इस आन्दोलन को सुचारू रूप से चलाने में भारतीय जनता पार्टी ने विशेष सहयोग दिया। इसके बाद भाजयुमो ने बी0जे0पी0 नेता अनुराग ठाकुर तथा शान्ता कुमार के नेतृत्व में 11 जिलों में भ्रष्टाचार के विरोध में मैराथन का आयोजन किया। आजादी के बाद हिमाचल प्रदेश में अनेक सरकारी कर्मचारी संगठन भी अस्तित्व में आए है। इन संगठनों द्वारा कर्मचारियों के हितों के लिए अनेक आन्दोलन किए गए है। कर्मचारी आन्दोलन में बड़ा आन्दोलन विश्वविद्यालय कर्मचारियों द्वारा किया गया। 20 मई, 2011 ई0 में लगभग 20 छोटे-बड़े कर्मचारी संगठनों को मिलाकर 'सर्व कर्मचारी महासंघ' का गठन किया गया है। यह कर्मचारी संगठन सरकारी कर्मचारियों को उनके अधिकार दिलाने के लिए वचनबद्ध है। इस महासंघ की कमान गोबिन्द चितरान्टा के हाथों में है। कर्मचारी संगठनों में बिजली कर्मचारियों का संगठन भी मजबूत स्थिति में है और निरन्तर सरकार पर दबाव बनाए हुए है। इस संघ के नेता कुलदीप सिंह खरवाड़ा है।

प्रस्तुत शोध-प्रबन्ध द्वारा हिमाचल प्रदेश के जन-आन्दोलनों को समग्र रूप से देखने का प्रयास किया गया है। वास्तव में शोषण, उत्पीड़न और अत्याचार के गर्भ में ही आन्दोलन के बीज समाहित होते है जो अन्दर ही अन्दर पकते है और एक दिन फूटते है। इन आन्दोलनों का लक्ष्य होता है सामाजिक परिवर्तन लाना, व्यवस्था को बदलना, जिससे सभी को न्याय मिल सके। प्रस्तुत शोध विषय पर बहुत ही कम कार्य हुआ है। हिमाचल प्रदेश में जन-आन्दोलनों का बहुत महत्व रहा है। इस पर्वतीय प्रदेश में जन-आन्दोलनों का महत्व इस बात में और अधिक बढ़ जाता है कि इन जन-आन्दोलनों ने हिमाचल के निर्माण एवं विकास, विभिन्न संगठनों, नेतृत्व तथा राजनीतिक पार्टियों को उभारने में एक महत्वपूर्ण भूमिका अदा की है।

अध्ययन की आवश्यकता

भारत के स्वतन्त्रता संग्राम में देश का कोना-कोना एकजुट होकर सम्मिलित रहा है। वर्तमान हिमाचल प्रदेश की प्रशासनिक और राजनीतिक सता यद्यपि स्वतन्त्रता के बाद अस्तित्व में आई है, परन्तु यह क्षेत्र भारत के स्वतन्त्रता के इतिहास में अन्य क्षेत्र से पीछे

नहीं रहा। इतिहास इस बात का साक्षी है कि हिमाचल आरम्भ से लेकर स्वतन्त्रता संग्राम में सक्रिय रहा है। पहाड़ों की यह धरती वीर योद्धाओं और स्वतन्त्रता सेनानियों की जन्म भूमि रही है तथा देश की स्वतन्त्रता में पहाड़ी जनता की विशिष्ट भूमिका रही है। इस शोध अध्ययन की आवश्यकता इसलिए है कि आजादी से पहले हिमाचल में औपनिवेशिक काल एवं राजशाही शासन के दौरान तो जनता अपने अधिकारों तथा कर्तव्यों के प्रति जागरूक थी। वर्तमान समय का युग जो कि लोकतन्त्र का युग है इस लोकतान्त्रिक युग में भी जनता का प्रजातन्त्र के प्रति विश्वास बढ़ा है क्योंकि शोधकर्ता को ऐसा लग रहा है कि वर्तमान समय में भी जनता ने अपनी जागरूकता के प्रमाण दिए हैं। इसके साथ-साथ नेतृत्व भी उभरा है। अध्ययन की आवश्यकता इस बात की है कि यदि जनता एवं नेतृत्व की लोकतान्त्रिक गतिविधियों में सहभागिता बढ़ी है तो उसके क्या कारण रहे हैं।

इस शोध अध्ययन के द्वाराृोधकर्ता यह जानने का भी इच्छुक है कि हिमाचल प्रदेश में आजादी से पूर्व हुए सामाजिक, सांस्कृतिक, धार्मिक, कृषक तथा विरोध आन्दोलनों की क्या पृष्ठभूमि रही। उनके क्या-क्या प्रभाव पड़े। प्रस्तुत शोध अध्ययन के माध्यम से शोध ाकर्ता हिमाचल में औपनिवेशिक काल के जन-आन्दोलनों को जानने विश्लेषित करने के साथ आज के आन्दोलनों से उनके रिश्ते को समझने की कोशिश करेगा। शोध अध्ययन की आवश्यकता इसलिए भी है कि जन-आन्दोलन किस प्रकार राष्ट्र निर्माण एवं राज्य निर्माण में महत्वपूर्ण भूमिका निभाते है। शोधकर्ता को यह भी लग रहा है कि इन जन-आन्दोलनों ने हिमाचल में सामाजिक, राजनीतिक चेतना को त्वरा दी है। शोधकर्ता स्वयं भी हिमाचल प्रदेश से सम्बन्ध रखता है। वह इस प्रदेश की सामाजिक, आर्थिक, राजनीतिक गतिविधियों तथा इतिहास को भली-भान्ति जानता है। इसलिए वह इस कार्य को करने में पूर्ण रूप से सक्षम है।

अध्ययन के उद्देश्य

शोध कार्य प्रारम्भ करने से पूर्व यह निश्चित करना परम आवश्यक हो जाता है कि शोध का उद्देश्य क्या है और अध्ययन के द्वारा क्या-क्या ज्ञात करना है। अध्ययन का क्षेत्र तो बहुत व्यापक है। व्यापक क्षेत्र में से शोध के निश्चित उद्देश्यों से सम्बन्धित तथ्य ही एकत्र किए जा सकते हैं। इस शोध अध्ययन द्वारा शोधकर्ता ने निम्नलिखित जानकारी हासिल करनी है।

1. इस शोध अध्ययन का उद्देश्य हिमाचल प्रदेश में आजादी से पहले हुए उन तमाम जन-आन्दोलनों एवं किसान आन्दोलनों का सूक्षम अध्ययन करना है जो कि ब्रिटिश शासन एवं सामन्तशाही शासन के खिलाफ हुए थे। आजादी से पूर्व इस पर्वतीय प्रदेश में ज्यादातर जन-आन्दोलन किसानों द्वारा अंग्रेजों, राणाओं, ठाकुरों तथा जमींदारों के अत्याचारों के खिलाफ किए गये थे क्या आजादी के बाद हिमाचल के किसानों में आन्दोलन के प्रति जागरूकता बढ़ी है या कम हुई है?

2. हिमाचल प्रदेश की पहाड़ी जनता ने बाहरी आक्रामकों तथा भीतरी दमन का विरोध ा किस प्रकार किया। उन्होंने तानाशाही शक्तियों को इस पर्वतीय प्रदेश से बाहर खदेड़ने में कितनी भूमिका निभाई।

3. हिमाचल प्रदेश की जनता ने सन् 1857 ई0 के जन-विद्रोह में किस प्रकार योगदान दिया। उन्होंने इस प्रथम स्वाधीनता संग्राम में ब्रिटिश शासन का किस प्रकार विरोध किया।

4. हिमाचल प्रदेश की जनता में राजनीतिक चेतना का विकास कैसे हुआ। उनके अन्दर ब्रिटिश शासन एवं सामन्तशाही शासन का मुकाबला करने के लिए कैसे चेतना जागी। उन्हें शिक्षित, संगठित और आन्दोलित करने में किन-किन समूहों, संगठनों तथा संस्थाओं ने योगदान दिया।

5. हिमाचल प्रदेश के जन-आन्दोलन के तार किस प्रकार भारतीय राष्ट्रीय आन्दोलन से जुड़े। उनका किस प्रकार राष्ट्रीय स्तर के नेताओं के साथ सम्पर्क हुआ तथा उन्होंने राष्ट्रीय संगठनों के साथ कैसे रिश्ता कायम किया। इसके लिए कौन-कौन से कारक-कारण उतरदायी रहे।

6. हिमाचल प्रदेश में प्रजामण्डल आन्दोलन का क्या उद्देश्य था। इस पर्वतीय प्रदेश में यह संगठन कैसे अस्तित्व में आया। इस संगठन ने पहाड़ी जनता को संगठित करने तथा नेतृत्व को उभारने में क्या भूमिका निभाई।

7. हिमाचल प्रदेश के निर्माण एवं विकास में जन-आन्दोलन एवं नेतृत्व की क्या भूमिका रही। आजादी से पूर्व इस पर्वतीय प्रदेश में नेतृत्व जन समस्याओं के प्रति काफी सक्रिय एवं जागरूक रहा है क्या आजादी के बाद नेतृत्व में जागरूकता बढ़ी है या जन समस्याओं से उदासीन हो गया है।

8. हिमाचल प्रदेश में आजादी से पहले और बाद गें हुए जन-आन्दोलनों में क्या अन्तर रहे। हिमाचल की जनता की लोकतन्त्र शासन प्रणाली के प्रति आस्था बढ़ी है या आजादी के बाद कम हुई है।

9. हिमाचल प्रदेश में हुए जन आन्दोलनों ने किस प्रकार संगठन, नेतृत्व तथा राजनीतिक पार्टियों को उभारने में महत्वपूर्ण भूमिका निभाई।

शोध-विधि

प्रस्तुत शोध अध्ययन दो प्रकार के स्रोतों पर आधारित है वह स्रोत है प्राथमिक स्रोत एवं द्वैतीयक स्रोत।

प्राथमिक स्रोत

प्राथमिक स्रोत वे स्रोत है जो प्राथमिक स्तर पर तथ्यों के संकलन में सहायक होते हैं। अनुसंधानकर्ता स्वयं अथवा अपने संगठन द्वारा जिस अध्ययन में जिन क्षेत्रों से सूचनाएं, तथ्य या जानकारी सीधी एकत्र करते हैं, वे क्षेत्र प्राथमिक स्रोत कहलाते हैं। इन तथ्यों, सूचनाओं तथा जानकारियों की सत्यता तथा प्रामाणिकता का उतरदायित्व स्वयं अनुसंधानकर्ता का होता है। प्राथमिक स्रोत में शोधकर्ता ने अनुसूची, साक्षात्कार, अवलोकन, राष्ट्रीय अभिलेखागार दिल्ली से हिमाचल के जन-आन्दोलनों के रेकार्ड तथा इस पर्वतीय प्रदेश के निर्माण व विकास सम्बन्धी फाइलों का प्रयोग किया है। इस शोध अध्ययन में नेहरू मेमोरियल म्यूजियम एण्ड लाईब्रेरी नई दिल्ली, 'अखिल भारतीय देशी राज्य लोक परिषद्'

की फाइलों के रेकार्ड, हिमाचल प्रदेश राज्य अभिलेखागार शिमला से पंजाब हिल स्टेट्स, शिमला हिल स्टेट्स, प्रजामण्डल आन्दोलन तथा बैठ-बेगार सम्बन्धी फाइलों को प्रयोग में लाया गया है। इसी के साथ ही इस शोध-प्रबन्ध में जन-आन्दोलन सम्बन्धी सेटल्मेन्ट् रिपोर्टस, असेसमेन्ट् रिपोर्टस, गवर्नमेन्ट इंडियन पब्लिकेशन, लोकसभा, राज्यसभा एवं हिमाचल प्रदेश विधानसभा के वाद-विवाद, सेन्सस रेकार्डस, आलेख, प्रलेख एवं प्रस्ताव, विभिन्न रियासतों एवं जिलों के गज़ेटियर तथा समाचार-पत्र एवं पत्रिकाओं आदि का भी प्रयोग किया गया है।

द्वैतीयक स्रोत

द्वैतीयक स्रोत दूसरों के द्वारा एकत्र स्रोतों को कहते हैं। यह दूसरे अनुसंधानकर्ताओं, संगठनों एवं एजेन्सियों के द्वारा संकलित किये जाते हैं जिसका उपयोग अनुसंधानकर्ता अपने अध्ययन में स्रोतों का सन्दर्भ देकर करता है। द्वैतीयक स्रोत में, शोधकर्ता ने विभिन्न पुस्तकालयों जिनमें मुख्य रूप से नेहरू मेमोरियल म्यूजियम एण्ड लाइब्रेरी, नई दिल्ली, जवाहर लाल नेहरू विश्वविद्यालय, दिल्ली, हिमाचल प्रदेश विश्वविद्यालय, शिमला, हिमाचल प्रदेश भाषा एवं संस्कृति विभाग, शिमला, हिमाचल प्रदेश सचिवालय, शिमला, राज्य संग्रहालय, शिमला आदि अनेक पुस्तकालयों से प्राप्त जन-आन्दोलन सम्बन्धी पुस्तके, आर्टिकलस, जरनलस तथा हिमाचल के निर्माण और विकास से सम्बन्धित लेखों का प्रयोग किया है।

विषयानुक्रमणिका

प्रस्तुत शोध-प्रबन्ध सात अध्याय में विभाजित है। पहले अध्याय में जन-आन्दोलनों का परिचय, शोध-अध्ययन की आवश्यकता, अध्ययन के उद्देश्य, शोध-विधि तथा अध्ययन से सम्बन्धित पुस्तकों के विश्लेषण का वर्णन किया गया है।

दूसरे अध्याय में हिमाचल प्रदेश के भूगोल, सामाजिक-आर्थिक तथा प्रारम्भ से लेकर 1707 ई० तक के राजनीतिक इतिहास का संक्षिप्त वर्णन किया गया है।

दूसरे अध्याय का प्रथम भाग हिमाचल प्रदेश में मुगल शासन के पतन के बाद हिमाचल की स्थिति, हिमाचल प्रदेश में गोरखों का आगमन तथा पहाड़ी रियासतों पर नियन्त्रण, अंग्रेज-गोरखा युद्ध, अंग्रेज सिक्ख युद्ध, अंग्रेजों का पहाड़ी रियासतों पर मनमाना शासन तथा नूरपुर (कांगड़ा) निवासी वीर रामसिंह पठानिया द्वारा अंग्रेजों के खिलाफ की गई बगावत आदि से सम्बन्धित है।

दूसरे अध्याय का दूसरा भाग हिमाचल प्रदेश में 1857 ई० में हुए जन-विद्रोह के संगठन, नेतृत्व, कारणों तथा परिणामों से सम्बन्धित है।

तीसरे अध्याय में हिमाचल प्रदेश की जनता में राजनैतिक चेतना पैदा करने वाले तत्वों का विस्तार से वर्णन किया गया है। इस अध्याय द्वारा यह जानने का प्रयास किया गया है कि पहाड़ों की जनता अपने अधिकारों तथा कर्तव्यों के प्रति कैसे जागरूक हुई।

चौथे अध्याय में हिमाचल प्रदेश के जन-आन्दोलनों की राष्ट्रीय आन्दोलन में कैसे भागीदारी बनी आदि का विस्तार से वर्णन किया गया है। इससे सम्बन्धित तमाम पहलुओं पर प्रकाश डाला गया हैं।

पाँचवाँ अध्याय हिमाचल प्रदेश में प्रजामण्डल आन्दोलन के जन्म, उद्देश्य, संगठन, नेतृत्व आदि से सम्बन्धित है। इस अध्याय में हिमाचल प्रदेश की विभिन्न रियासतों में हुए प्रजामण्डल आन्दोलन, 'आजाद हिन्द-फौज़' में हिमाचल की जनता की भागीदारी आदि अनेक पहलुओं पर प्रत्यक्ष रूप से प्रकाश डाला गया है।

छठा अध्याय हिमाचल प्रदेश के निर्माण और विकास से सम्बन्धित है। जन-आन्दोलन एवं नेतृत्व की हिमाचल के निर्माण और विकास में क्या भूमिका रही का संक्षिप्त रूप से वर्णन किया गया है।

सातवें अध्याय में पूरे शोध-प्रबन्ध का निचोड़ है। इस अध्याय में हिमाचल की जनता द्वारा आजादी के बाद किए गए मुजारा आन्दोलन, प्रदेश में संगठन, नेतृत्व, हिमाचल के निर्माण एवं विकास तथा राजनीतिक पार्टियों के निर्माण में जन-आन्दोलनों द्वारा निभाई गई भूमिका पर प्रकाश डाला गया है।

प्रस्तुत शोध-प्रबन्ध में अध्ययन से सम्बन्धित जिन पुस्तकों का विश्लेषण किया गया है। उनका वर्णन निम्नलिखित है।

अध्ययन विश्लेषण

सुरेन्द्र नाथ सेन, अठारह सौ सतावन, 1947

प्रस्तुत पुस्तक में लेखक ने 1857 ई0 की क्रान्ति के कारणों तथा घटनाओं पर प्रत्यक्ष रुप से प्रकाश डाला है। इस विषय में उनका यह कहना है कि भारत की जनता ने इस क्रान्ति में बढ़-चढ़ कर भाग लिया था। 1857 ई0 का विद्रोह सावधानी से बनाई गई किसी निश्चित योजना पर आधारित नहीं था बल्कि जनता कंपनी के 100 साल के निरंकुश शासन से तंग आ चुकी थी, इन सभी कारणों को लेकर यह क्रान्ति हुई थी। लेखक ने इस बात को भी स्पष्ट किया है कि यह विद्रोह कुछ व्यक्तियों या गुटो के षड़यन्त्र के कारण नहीं अपितु जनता के बढ़ते हुए असन्तोष के कारण हुआ था।[1]

वी0 पी0 मेनन, दि स्टोरी ऑफ दि इन्टिग्रेशन ऑफ इंडियन स्टेट्स, 1961

प्रस्तुत पुस्तक में लेखक ने भारतीय रियासतों के एकीकरण और प्रजामण्डल आन्दोलन के बारे में बताया है। इस विषय में लेखक का कहना है कि भारत की विभिन्न रियासतों में उतरदायी एवं लोकतन्त्रीय सरकार की स्थापना, जनता के अन्दर राजनीतिक जागृति पैदा करने तथा सामाजिक-राजनैतिक-धार्मिक सुधार पैदा करने के लिए प्रजामण्डल स्थापित किए गए थे।

इसके साथ ही लेखक ने यह भी स्पष्ट किया है कि भारत की विभिन्न रियासतों में राजाओं का शासन क्रूर एवं अत्याचारी था, जिससे छुटकारा पाने के लिए जनता ने आन्दोलन शुरू किए थे।[2]

राजेन्द्र लाल हांडा, देशी रियासतों में स्वाधीनता संग्राम का संक्षिप्त इतिहास, 1969

इस पुस्तक में लेखक ने उन सत्याग्रहों और संघर्षो पर प्रकाश डाला है जो रियासत

में रहने वाले लोगो को आजादी के लिए करने पड़े थे। लेखक का कहना है कि भूतपूर्व रजवाड़ो की जनता को निजी रियासतों में शासन सुधार और भारत के लिए घोर कष्ट सहने पड़े। रियासतें सैंकड़ों थी और उनमें साधारण ग्राम जितनी छोटी और प्रान्त जितनी बड़ी सभी रियासतें शामिल थी जिसमें शासन व्यवस्था का स्तर अलग-अलग और एक दूसरे से भिन्न था। इस प्रकार इन रियासतों की जनता द्वारा अलग-अलग ढ़ग से आन्दोलन किए गए थे। पुस्तक के पूर्वाध में रियासतों की राजनीतिक, प्रशासनिक और आर्थिक परिस्थितियों की विस्तार से चर्चा की गई है।

लेखक का 'अखिल भारतीय रियासती परिषद्' की स्थापना के बारे में यह कहना है कि इस संस्था का उद्देश्य राजनीतिक और संवैधानिक मामलों में सभी रियासतों के प्रजाजनों को संगठित करना और अखिल भारतीय स्तर तक आजादी के युद्ध में सहयोग देना था। अपनी इस पुस्तक में लेखक ने रियासतों की उत्पति, ब्रिटिशकालीन इतिहास और उनकी प्रमुख संस्था तथा पारस्परिक सम्बन्धों का स्वरुप, विभिन्न रियासतों में प्रजामण्डल आन्दोलन, प्रजा परिषदों अथवा स्थानीय काँग्रेस समितियों द्वारा किए गए सत्याग्रहों और विरोध आन्दोलनों का भी विस्तृत अवलोकन किया है।[3]

ऐरिक आर0 वोल्फ, पीजैन्ट वारज ऑफ दि ट्वेन्टिइथ् सैन्चुरी, 1971

इस पुस्तक में लेखक ने 20वीं शताब्दी में मैक्सिकों, रुस, चीन, वियतनाम, अलजीरिया और क्यूबा आदि देशों में किसानों में जागृति और उन द्वारा की गई क्रान्तियों का अध ययन किया है। लेखक ने इन सभी देशों में किसानों की जनसंख्या, सामाजिक-आर्थिक स्तर, राजनीतिक कला तथा धार्मिक आन्दोलनों का विस्तारपूर्वक अध्ययन किया है। इन सभी देशों में किसानों द्वारा की क्रान्तियों में लेखक ने यह निष्कर्ष निकाला है कि ये सभी क्रान्तियाँ मार्क्सवादी और समाजवादी विचारधारा से प्रभावित थी।[4]

एम0एस0 अहलूवालिया, एस0के0 गुप्ता, प्राण खोसला, एन0के0 शारदा, रनवीर शर्मा, मियाँ गोवर्धन सिंह, हिमाचल प्रदेश पास्ट, प्रेजैन्ट एण्ड फ्यूचर, 1976

इस पुस्तक में इन सभी लेखकों ने हिमाचल प्रदेश की आजादी के लिए जनता द्वारा जो आन्दोलन किए गए उनके कारणों तथा परिणामों के बारे में बताया है। इन सभी लेखकों ने हिमाचल प्रदेश में दो प्रकार के आन्दोलन बताए है वह आन्दोलन है प्रजामण्डल आन्दोलन और स्वतन्त्रता आन्दोलन। प्रजामण्डल कार्यकर्ताओं ने इन आन्दोलनों को सफल बनाने के लिए राजपूत सभा, ब्राह्मण सभा, स्नातन धर्म, आर्य समाज सभा, सेवक संघ, शुद्र सम्मेलन, प्रेम सभा, सेवा समिति आदि राजनीतिक संगठन बनाए थे।

इन सभी संगठनों द्धारा समाज में फैली अस्पृश्यता, बाल विवाह, विधवा विवाह, रीत आादि प्रथाओं को समाप्त करने के लिए महत्वपूर्ण क़दम उठाये गए थे तथा उस समय समाज में प्रचलित बैठ-बेगार प्रथा का विरोध कर जनता के अन्दर राजनीतिक जागृति पैदा की गई थी। इसके साथ ही इन सभी लेखकों ने 1914-15 ई0 के मण्डी षड़यन्त्र, गदर पार्टी के संगठन, 'हिमालय रियासती प्रजामण्डल' के संगठन, चम्बा, सिरमौर, मण्डी, बुशहर,

धामी, 'भाई दो न पाई' पझौता आन्दोलन आदि अनेक जन-आन्दोलनों पर भी प्रकाश डाला है। इस पुस्तक के 10 वें और 11 वें अध्याय में हिमाचल प्रदेश के पुर्नगठन तथा 'प्रान्तीय परिषद' बनने का भी वर्णन है।[5]

घनश्याम शाह, प्रोटेस्ट मूवमेन्टस इन टू इण्डियन स्टेट्सः ए स्टडी ऑफ गुजरात एण्ड बिहार मूवमेन्टस, 1977

प्रस्तुत पुस्तक में लेखक ने गुजरात और बिहार में जनता द्वारा किए विरोध आन्दोलनों का अध्ययन किया है। गुजरात में विरोध आन्दोलन 1974 ई0 में हुआ था। यह आन्दोलन सरकार के खिलाफ था और इसके मुख्य कारण बनावटी दुर्लभता, दुर्भिक्ष और बढ़ते मूल्य, काला बाजारी आदि थे जिससे जनता परेशान थी। यह आन्दोलन अहमदाबाद, सौराष्ट्र आदि क्षेत्रों तक फैल गया था। इस आन्दोलन में आन्दोलनकारियों ने सरकार की अत्याचारी नीति का विरोध किया और जगह-जगह पर जलसे-जलूस निकाले थे। इस विरोध आन्दोलन में 'खेदत समाज' ने महत्वपूर्ण भूमिका निभाई थी। इस आन्दोलन में जनता ने संगठित होकर सरकार पर दबाव डाला और अपने विशिष्ट उद्देश्यों को पूरा किया था। बिहार में भी विरोध आन्दोलन 1974 ई0 के दौरान हुआ था जिसे जय प्रकाश नारायण ने नेतृत्व प्रदान किया था। इस आन्दोलन का उद्देश्य 'पूरी क्रान्ति' लाना था और तत्कालीन राजनीतिक प्रणाली को ललकारना था। लेखक ने इस आन्दोलन के बढ़ती कीमतें, शैक्षिक समस्याएं, भ्रष्टाचार, लोकतन्त्र आदि मुख्य मुद्दे बताए है।[6]

रणवीर शर्मा, पार्टी पोलिटिक्स इन ए हिमालयन स्टेट्, 1977

इस पुस्तक में लेखक ने हिमाचल प्रदेश के राजनीतिक विकास, धामी आन्दोलन, प्रजामण्डल आन्दोलन, पझौता आन्दोलन आदि जन-आन्दोलनों का वर्णन किया है। लेखक का कहना है कि इन सभी जन-आन्दोलनों के माध्यम से यह पर्वतीय प्रदेश ठाकुरो, राणो तथा अंग्रेजों के तानाशाही शासन से मुक्त हो पाया था तथा इस प्रदेश के निर्माण का मार्ग प्रशस्त हुआ था। लेखक ने इस बात को भी स्पष्ट किया है कि इस प्रदेश को स्वतन्त्रता दिलाने में काँग्रेस एवं प्रजामण्डल ने मिलकर महत्वपूर्ण भूमिका निभाई थी।[7]

ए0आर0देसाई, (स0), पीजैन्ट स्ट्रगल इन इण्डिया, 1979

प्रस्तुत पुस्तक में लेखक ने भारत में औपनिवेशिक शासन के दौरान तथा बाद में हुए जनजातीय विद्रोह एवं किसान आन्दोलनों का अध्ययन किया है। लेखक ने इस पुस्तक में 1855-1873 ई0 के बीच संथाल और बंगाल विद्रोह, 1871-1875ई0 में हुए बम्बे किसान विद्रोह, 1919-1939 ई0 के बीच हुए बंगाल और बिहार में हुए किसान आन्दोलन, 1946-1948 ई0 के बीच हुए तेलंगाना किसान विद्रोह तथा भारत में हुए अनेको आन्दोलनों का विस्तारपूर्वक अध्ययन किया है। भारत में ब्रिटिशकालीन तथा बाद में हुए किसान आन्दोलनों के अध्ययन में लेखक ने यह पाया कि ये सभी आन्दोलन अंग्रेजों, जमींदारों, जागीरदारों, बढ़ते भूमि राजस्व आदि अनेक कारणों को लेकर हुए थे। इनमें से कुछ किसान आन्दोलनों में किसानों को सफलता भी मिली थी।[8]

सुखदेव सिंह चरक, हिस्ट्री एण्ड कल्चर ऑफ हिमालयन स्टेट्स, वॉलियम II, 1979

इस पुस्तक में लेखक ने चम्बा, मण्डी, सुकेत, सिरमौर, बिलासपुर, बघाल, कुटलहर, कुल्लू, लाहौल-स्पीति आदि रियासतो की शासन व्यवस्था तथा इतिहास का अध्ययन किया है। इसके साथ ही लेखक ने इस पुस्तक में हिमाचल प्रदेश में 1857ई0 की क्रान्ति, 1862 और 1876 ई0 के जन-आन्दोलन, 1914 ई0 का मण्डी षड्यन्त्र, 1939 ई0 के धामी आन्दोलन और 1942 ई0 के पझौता आदि अनेक जन-आन्दोलनों का अध्ययन किया है। इस विषय में लेखक का कहना है कि ये सभी जन- आन्दोलन सामन्तशाही से मुक्ति पाने के लिए हुए थे। इस पुस्तक के 11वें अध्याय में हिमाचल प्रदेश के निर्माण और विकास के लिए उतरदायी कारकों पर भी प्रकाश डाला गया है।[9]

क्रिस्टियन सिग्रिस्ट, अमलेन्दु गुहा, गेरहार्ट हाऊक, वी0 सर्मा मार्ला, भारत में किसान संघर्ष, (1756-1975), 1979

इस पुस्तक में लेखको ने भारत में ब्रिटिश काल के दौरान तथा आजादी के बाद हुए किसान आन्दोलनों, गाँवो में वर्ग संघर्ष एवं जातीय संघर्षों पर प्रकाश डाला है। अंग्रेजी शासन के दौरान हुए जन-आन्दोलनों एवं किसान आन्दोलनों में लेखकों ने 1830-1870ई0 का वहाबी आन्दोलन, 1855 ई0 के संथाल विद्रोह, 1857 ई0 का जन-विद्रोह एवं सिपाही विद्रोह, 1860 ई0 का नील किसान विद्रोह और 1928 ई0 में बारदोली किसान आन्दोलन, 1946-47 ई0 में तेभागा आन्दोलन, 1945-51 ई0 के तेलंगाना किसान आन्दोलन को शामिल किया है। ये सभी आन्दोलन जमींदारी प्रथा को समाप्त करने, अंग्रेजों के बुरे शासन, मालगुजारी एवं बरगादारी के खिलाफ, वेटी प्रणाली आदि अनेक कारणों को लेकर हुए थे। आजादी के बाद के 1967 ई0 के नक्सलवादी आन्दोलन के बारे में लेखकों का यह कहना है कि यह आन्दोलन दार्जिलिंग जिले के नक्सलवादी थाने से शुरु हुआ था। इसमें छोटे किसानों द्वारा सी0पी0आई0एम0के नेतृत्व में भूमि हथियाओं अभियान शुरु किया गया था। इस संघर्ष द्वारा बड़े भू-स्वामियों और सूदखोरों को सशस्त्र हमले का निशाना बनाया गया था। भारतीय गाँवो के वर्ग संघर्ष एवं जाति संघर्ष के बारे में लेखको का यह कहना है कि पिछली शताब्दी में ब्राह्मण जाति आर्थिक दृष्टि से नीचे आ गई है और निम्न माने जाने वाले 'कम्मा' अधिकाधिक भूमि पर कब्जा करके आर्थिक रुप से प्रभुताशाली हो गए है।[10]

गेरिट हुईजर, पीजैन्ट मूवमेन्टस एण्ड देयर काऊटर फोर्सज इन साऊथ-ईस्ट एशिया, 1980

प्रस्तुत पुस्तक में लेखक ने लैटिन अमेरिका, मैक्सिकों, बोल्विया, पेरू, ब्राजील, जापान, ताईवान, इण्डोनेशिया तथा फिलिपाइन्स आदि देंशो में किसानों की स्थिति, संगठन और आन्दोलनों का संक्षिप्त अध्ययन किया है। मैक्सिकों में 1910-19 ई0 के बीच हुआ किसान आन्दोलन सरकार के नये कानून बनने के खिलाफ था। क्योंकि इस कानून के द्वारा किसानों की जमीने छीन ली गई थी। बोल्विया, पेरू, ब्राजील में किसान आन्दोलन जमींदारों के

अत्याचारों के खिलाफ हुए थे। लेखक का 1725 ई0 में जापान में हुए किसान आन्दोलन के सम्बन्ध में यह कहना है कि यह आन्दोलन भी जमींदारों को कर न देने को लेकर हुआ था क्योकि उस समय फसल बर्बाद हो गई थी। ताईवान में किसान आन्दोलन भू-स्वामी के खिलाफ काश्तकारों द्वारा किए गए थे और बाद में भूमि-सुधारों को लेकर हुए थे। इण्डोनेशिया में सन् 1965ई0 तक किसान आन्दोलन बड़े जमींदारों के खिलाफ थे क्योंकि उन्होंने सारी जमीन पर एकाधिकार कर रखा था, कई प्रकार के असहनीय कर थे, ऋण न चुका पाने के कारण किसानों की स्थिति दास जैसी होती थी। इण्डोनेशिया में भी बहुत सारे किसान संगठन सक्रिय हो गए है जो किसानों को जागृत कर रहे है। फिलिपाइन्स किसान आन्दोलनों के सम्बन्ध में लेखक लिखता है कि वहाँ पर भी 1898 ई0 से लेकर 1969 ई0 तक के आन्दोलन औपनिवेशिक शासन, जमींदारों तथा कृषक सुध ाारों को लेकर हुए थे।[11]

डेविड हार्डीमेन, पीजैन्ट नेशनलिज्म ऑफ गुजरात खेड़ा डिस्ट्रिक्ट, (1917-1934), 1981

प्रस्तुत पुस्तक में लेखक ने यह अध्ययन किया है कि भारत के किसानों ने भारतीय राष्ट्रीय आन्दोलन तथा राष्ट्र के निर्माण में महत्वपूर्ण भूमिका निभाई थी। लेखक ने इस विषय में खेड़ा (गुजरात) सत्याग्रह का गम्भीरतापूर्वक अध्ययन किया है। लेखक लिखता है कि 1917-1934 ई0 तक खेड़ा में जो किसान आन्दोलन हुए उनमें महात्मा गाँधी और काँग्रेस ने महत्वपूर्ण भूमिका निभाईं। लेखक यह भी स्पष्ट करता है कि अमीर किसान राजनीति में महत्वपूर्ण भूमिका निभाता है। गुजरात में सारे आन्दोलन भूमि राजस्व के बढ़ने, आर्थिक स्थिति के खराब होने, फसल के खराब होने आदि अनेक कारणों को लेकर हुए थे।

गुजरात के खेड़ा जिला का अध्ययन करते हुए लेखक लिखता है कि इस जिले में किसान राजनीति जाति और वर्ग पटीदार किसान (बराइस और पटनवादियस) के बीच होती रही है। पटीदार वह होता था जो प्रत्यक्ष रुप से सरकार के प्रति भूमि राजस्व चुकाने के लिए जिम्मेवार होता था। उन्हे कनबिस, कुरमी, कुनबी आदि नामो से भी जाना जाता था। पटीदार बड़ीया जमीन का प्रयोग स्वयं करते थे और बाकि का कुछ भाग किरायें पर किसानों को देते थे। गाँव की अर्थव्यवस्था पर इनका पूरा नियन्त्रण होता था। इस प्रकार खेड़ा में पटीदार बराइस और पटनवादियस के बीच तनाव रहते थे और किसान आन्दोलन होते रहते थे।[12]

सुनील सेन, पीजैन्ट मूवमेन्टस इन इण्डिया, (मिडनाइनटिथ एण्ड ट्वेन्टिइथ् सैन्चुरिज), 1982

प्रस्तुत पुस्तक में लेखक ने भारत में 1832-33 ई0 के कोल विद्रोह, 1855-56 ई0 के संथाल विद्रोह, 1859 मे बंगाल में नील विद्रोह, 1906-1907 ई0 के पंजाब किसान आन्दोलन, 1917 ई0 का बिहार चम्पारण आन्दोलन, 1920 और 1930 ई0 के बीच उतर प्रदेश में किसान आन्दोलन, 1930 के दशक में मद्रास और 1931 ई0 में तिरूपति और

मनियाची में किसान आन्दोलन, 1969 ई0 में सी0 पी0 आई0 एम0 द्वारा भारत के अनेक क्षेत्रों में किए गये भूमि आन्दोलन, 1970 ई0 में संथाल किसानों का धनवाद, गिरिदीह, संथाल परगना और हजारीबाग आदि जिलों में आन्दोलन, 1969 में नक्सलवाद आन्दोलन, 1970-71 ई0 में बिहार (वीरभूम) में नक्सलवादी आन्दोलन, 1972-76 ई0 में पश्चिमी बंगाल में भूमि किसान आन्दोलन आदि अनेक किसान आन्दोलनों का अध्ययन किया है।

इन सभी आन्दोलनों के लेखक ने बैठ-बेगार, बढ़ता किराया, साहूकारों के अत्याचार, जमींदारों की तानाशाही, सरकार का किसानों के प्रति अनुचित रवैया, सिंचाई की समस्या आदि अनेक कारण बताए है और इन आन्दोलनों में से किसानों को बहुत सारे आन्दोलनों में सफलता भी मिली।

लेखक ने अपने अध्ययन में यह भी बताया है कि हाल के वर्षो में किसानों की हर श्रेणियां आन्दोलन में शामिल हुई है। लेखक ने दो प्रकार की किसान श्रेणियां बताई है अमीर और गरीब किसान।[13]

ज्ञान पाण्डे, पीजैन्ट इन इण्डियन नेशनलिज्मः दि पीजैन्ट मूवमेन्ट इन अवध I, (1919-1922), 1982

इस लेख में लेखक ने अवध (गुजरात) में 1919-1922 ई0 के बीच भारतीय राष्ट्रीय आन्दोलन के दौरान हुए किसान आन्दोलन का संक्षेप में अध्ययन किया है। इस विषय में लेखक का यह कहना है कि अवध का किसान आन्दोलन औपनिवेशिक ढ़ाचें में सामन्ती उत्पीड़न का नतीजा था और दमन करने वाले तालुकेदार थे जिन्हे ब्रिटिश सरकार का समर्थन प्राप्त था। इस किसान आन्दोलन की मुख्य विशेषता यह थी कि इसका नेतृत्व स्थानीय देहाती था। यह आन्दोलन साम्प्रदायिक और जातिगत तनावों से मुक्त था। हालांकि इस किसान आन्दोलन को दबा दिया गया था परन्तु यह अपनी ही तरह का अनोखा किसान आन्दोलन था जिसमें किसानों ने ब्रिटिश सरकार तथा तालुकेदारों का विरोध किया था।[14]

अरविन्द एन0 दास, एग्रेरियन अनरैस्ट एण्ड सोशियो इकोनोमिक चेंज इन बिहार, (1900-1980), 1983

इस पुस्तक में लेखक ने किसान असंतोष के सिद्धान्त तथा उन विशेष सामाजिक वर्गो का अध्ययन किया है जिनके बीच समाज में आन्दोलन होते है। इन विशेष वर्गों में लेखक ने भू-स्वामी, अमीर किसान, मध्य किसान, गरीब किसान, कृषक तथा मजदूर आदि को शामिल किया है।

लेखक लिखता है कि बिहार में बहुत समय बाद छोटे जागीरदारों के वर्ग में जागृति आई और वे अन्याय तथा शोषण के खिलाफ लड़ने लगें। आर्थिक मन्दी के कारण भी कृषक असंतोष बिहार में उभरकर सामने आया। 1917 ई0 के चंपारण (बिहार) नील किसान आन्दोलन के बारे में लेखक लिखता है कि यह आन्दोलन अंग्रेजी सरकार और जमींदारों के खिलाफ था। इस आन्दोलन को जनता का भारी समर्थन प्राप्त हुआ। नील किसान को उचित पारिश्रमिक नहीं दिया जाता था, उनसे बेगार ली जाती थी। उन पर अनेको अत्याचार किये जाते थे। नीले साहबो और गुमाशतों द्वारा किसानों का उत्पीड़न किया जाता

था। नील के छोटे मझले दुकानदारों पर भी गैर कानूनी कर लाद दिए गए थे। इस आन्दोलन को गाँधी जी का नेतृत्व प्राप्त हुआ था। अन्ततः इस आन्दोलन को विजयश्री प्राप्त हुई और 1938 ई0 में 'चम्पारण कृषि कानून' पारित हुआ।

लेखक अपने अध्ययन में यह भी कहता है कि बिहार में किसान सभा, झाकिया किसान सभा, सी0पी0आई0 ने भी किसानों को जागृत किया था। बिहार में 1934-36 ई0 के बीच बाढ़ और अकाल ने भी किसानों को 1938 ई0 तक बिहता, गया, खेरा, मजिवाना और अमवारी में सरकार तथा जमींदारों के खिलाफ आन्दोलन करने को मजबूर किया। बिहार में 1960 और 1970 के दशक में जो किसान आन्दोलन हुए उनमें गरीब किसान, फसलधारक, कृषक, मजदूर, आदिवासियों ने भाग लिया। इस काल में संघर्ष जमींदारों के साथ नहीं नए अमींर किसानों के साथ रहे।[15]

ए0 एन0 सेठ, पीजैन्ट आर्गानाइजेशन्ज इन इण्डिया, 1984

इस पुस्तक में लेखक ने भारत में किसान, उनके संगठन तथा इन संगठनों द्वारा किसान आन्दोलन में निभाई गई भूमिका पर प्रकाश डाला है। लेखक लिखता है कि भारतीय राष्ट्रीय आन्दोलन एवं प्रथम विश्व युद्ध ने किसानों के अन्दर राजनीतिक जागृति पैदा की। 20 वीं शताब्दी के दूसरे दशक में स्थानीय किसान आन्दोलन राष्ट्रीय आन्दोलन का भाग बनने लगे और प्रादेशिक और राष्ट्रीय नेताओं की किसान आन्दोलन में भागीदारी बढ़ने लगी। लेखक ने यह भी स्पष्ट किया है कि 1917 ई0 में बिहार में चम्पारण आन्दोलन, 1918 और 1928 ई0 के भूमि आन्दोलन, 1920-21 ई0 के मालाबार किसान आन्दोलन आदि आन्दोलन अंग्रेजों के खिलाफ थे जो कर न देने तथा अन्य कारणों को लेकर हुए थे।

इन सभी आन्दोलनों के बाद किसानों ने इक्ट्ठा होना शुरू कर दिया था और नेतृत्व भी उभरने लग पड़ा था।इसमें काँग्रेस ने महत्वपूर्ण भूमिका निभाई थी। किसानों में जागृति के कारण ही किसान संघ प्रादेशिक स्तर पर भी स्थापित हुए। इसी प्रकार के किसान संगठन सन् 1923 ई0 में आन्ध्र प्रदेश में 'आन्ध्र प्रदेश किसान सभा' और 1926-1927 ई0 में बिहार, पंजाब, बंगाल तथा उतर प्रदेश में स्थापित हुए। इन संगठनों ने किसानों के अन्दर राजनैतिक जागृति पैदा की। अपने इस अध्ययन में लेखक ने यह भी बताया है कि 'अखिल भारतीय किसान सभा' की स्थापना 1936 ई0 में काँग्रेस नेतृत्व के सहयोग से की गई थी। सन् 1945 और 1949 ई0 के बीच भारत में जितने किसान आन्दोलन हुए उनमें 'अखिल भारतीय किसान सभा' ने महत्वपूर्ण भूमिका निभाई थी। इनमें मुख्य रूप से तेभागा आन्दोलन (1945-1947), तेलंगाना आन्दोलन (1946-1950), इस काल में उतर प्रदेश और बिहार में किसान आन्दोलन, 1967 का पश्चिमी बंगाल का नक्सलवादी आन्दोलन आदि थे।[16]

घासीराम, बिजौलिया के किसानों में असंतोष तथा संघर्ष का सूत्रपातः एक प्रगतिशील आयाम्, 1984

प्रस्तुत पुस्तक में लेखक ने बिजौलिया किसान आन्दोलन का संक्षेप में अध्ययन किया

है। इस विषय में लेखक का यह कहना है कि बिजौलिया किसान आन्दोलन राजस्थान का प्रथम संगठित सामन्त-विरोधी किसान संघर्ष था। यह राजस्थान के प्रमुख राज्य मेवाड़ के बड़े ठिकाने में जागीरदार द्वारा किए जा रहे भंयकर शोषण तथा अत्याचार के प्रतीक अनुचित लोगो और बेगारों के विरुद्ध खड़ा हुआ था। यह आन्दोलन काँग्रेस के नेतृत्त्व से मुक्त स्वतन्त्र जन- आन्दोलन था जो बुर्जुआ नेताओं को रास नहीं था क्योंकि किसानों को प्रभावित करने की उनकी इजारेदारी टूट गई थी। लेखक ने बिजौलिया में बुरी प्रथाओं पर भी प्रकाश डाला है जिनसे किसान चिन्तित था। ऐसी ही प्रकार की एक प्रथा 'कुंते' की प्रथा थी जिसमें ठिकाने का कर्मचारी गाँव के पंचो से मिलकर किसान की खड़ी फसल का अनुमान कर लेता था एवं उसी के आधार पर फसल का एक निश्चित हिस्सा जागीरदार को देना पड़ता था। कई जगह 'लारा प्रथा' भी प्रचलित थी। इस प्रथा में फसल के काटने से लेकर अनाज निकालने तक राज्य का कर्मचारी किसान के खेत में खड़ा रहता था और बाद में वह अनाज तुलवाकर ले जाता था। ऐसी अत्याचारी नीतियों के खिलाफ किसानों का पहला संगठित विद्रोह 1897 ई0 में शुरु हुआ था। इस किसान आन्दोलन में किसानों को सफलता मिली थी। सफलता की सरहदी तक पहुँचाने के लिए उसके पीठासीन, कुछ क्रान्तिकारी, कर्मठ, निडर एवं संघर्षशील व्यक्तित्व और संस्थाएं थी। इन सबने मिलकर सामन्ती कड़ियों को तोड़ने का सूत्रपात किया था।[17]

डेविड आर्नोल्ड, फेमिन इन पीजैन्ट कन्शियसनैस एण्ड पीजैन्ट एक्शनः मद्रास, (1876–1878), 1984

प्रस्तुत लेख में लेखक ने मद्रास में 1876–1878 ई0 के बीच पड़े भयानक अकाल तथा किसान आन्दोलन का अध्ययन किया है। इस विषय में लेखक ने यह स्पष्ट किया है कि इस अवधि में मद्रास में भयानक अकाल पड़ जाने से किसानों की स्थिति बहुत खस्ता हो गई थी। यह अकाल मद्रास के 21 जिलों में पड़ा था। 14 जिलों के किसान इस अकाल से बहुत प्रभावित हुए थे और 3.5 मिलियन लोग अकाल से मर गए थे। किसानों के पास खाने के लिए अन्न नहीं था। वे भूख से मर रहे थे। ज्यादातर अन्न भण्डार साहूकारों और व्यापारियों के गोदाम में पड़े थे। इस प्रकार मद्रास के किसानों में साहूकारों और व्यापारियों के खिलाफ भारी असंतोष था क्योंकि वे उन्हे अन्न प्रदान नहीं कर रहे थे। इस प्रकार किसानों ने निराश हेाकर इनके खिलाफ आन्दोलन छेड़ दिया था और इन्हें अपमानित कर बुरी तरह पराजित करने के प्रयास किए थे।[18]

डेविड हार्डीमेन, आदिवासी असरशन इन गुजरातः दि देवी मूवमेन्ट ऑफ (1922–1923),1984

इस पुस्तक में लेखक द्वारा गुजरात में 1922–1923 ई0 में हुए देवी आन्दोलन पर प्रकाश डाला गया है। यह आन्दोलन आदिवासियों का पारसी शराब उत्पादकों तथा जमींदारों के बढ़ते अत्याचारों के खिलाफ था। यह आन्दोलन बहुत ही शक्तिशाली एवं प्रभावशाली आन्दोलन था। इस आन्दोलन का उद्देश्य गुजरात में सामाजिक, आर्थिक और राजनैतिक क्षेत्रों में सुधार करना था। इस आन्दोलन में आदिवासियों द्वारा शराब की दुकानें बन्द

करवाई गई थी। इसके साथ-साथ गुजरात में भारी असमानता थी। वहाँ बन्धुआ मजदूर भी थे जिनका जमींदारों द्वारा शोषण होता था। ऊँची जातियों के साहूकार और शराब उत्पादक आदिवासियों का शोषण करते थे। साहूकार ज्यादातर बनिया, पारसी और ब्राह्मण समुदाय से थे। जब अत्याचार बहुत बढ़ गया था तो आदिवासियों ने पारसियों का काम बन्द कर सामाजिक बहिष्कार करना शुरु कर दिया था। आदिवासियों द्वारा किए गए इस आन्दोलन से उन्हे आर्थिक स्वतन्त्रता प्राप्त हुई थी।[19]

चित्रलेखा भट्टाचार्य, दि भील राइजिंग, (1857-1858), 1984

इस लेख में लेखिका ने भारत में ब्रिटिश शासन के दौरान 1857-1858 ई0 के भील जनजातीय आन्दोलन का अध्ययन किया है। यह आन्दोलन जमींदार, साहूकार, महाजन, ठेकेदार तथा ब्रिटिश शासन के अत्याचारों के खिलाफ था। सबसे पहले भील आन्दोलन की शुरुआत 1817 ई0 में हुई थी और यह संघर्ष 1858 ई0 तक चलता रहा था। इस आन्दोलन में भीलों ने जमींदारों को खूब लूटा था। ब्रिटिश सरकार और जमींदारों ने भील आन्दोलन को दबाने के पूरे प्रयास किए थे परन्तु अधिक संख्या भीलों की अंग्रेजों के विरुद्ध थी। इस विद्रोह में महिलाओं और बच्चों ने भी सहयोग दिया था। इस विद्रोह को हालांकि ब्रिटिश सरकार ने जैसे-तैसे शांत कर दिया था परन्तु इस विद्रोह ने अंग्रेजों के दांत खट्टे अवश्य कर दिए थे।[20]

लेखराम भारद्वाज, बिलासपुर प्रजामण्डल: राजनैतिक व स्वतन्त्रता संघर्ष, 1985

यह पुस्तक बिलासपुर रियासत के राजवंशों के शासन व्यवस्था पर प्रकाश डालती है। इस विषय में लेखक का कहना है कि इस रियासत में राजाओं का शासन अमानवीय एवं क्रूर था और राजा मेघचन्द के समय से ही जनता के द्वारा इस क्रूर शासन का विरोध होना शुरू हो गया था। अपनी इस पुस्तक में लेखक ने सन् 1883 ई0 में इस रियासत में हुए 'झुग्गा आन्दोलन' का भी वर्णन किया है। उनका कहना है कि यह एक प्रकार का सत्याग्रह था जिसका उद्देश्य आत्मोपीड़न और आत्मदाह द्वारा राजा और प्रशासन के अत्याचारी शासन का विरोध करना था। लेखक ने इस रियासत में हुए प्रजामण्डल आन्दोलन के संगठन, नेतृत्व के बारे में भी बताया है। उनका कहना है कि इस आन्दोलन के नेताओं के सहयोग से 1948 ई0 को हिमाचल प्रदेश का निर्माण हुआ था।[21]

स्टीफन वलास्टोस, पीजैन्ट प्रोटेस्टस एण्ड अपराइजिंगस इन तोकुगावा जापान, 1986

इस पुस्तक में लेखक ने तोकुगावा (जापान) में सन् 1600 ई0 से लेकर 1867 ई0 तक के किसान आन्दोलनों का संक्षिप्त अध्ययन किया है। इस अध्ययन में लेखक ने यह निष्कर्ष निकाला है कि ये सभी आन्दोलन गाँव के मुखिया के खिलाफ थे क्योंकि वह भूमि का मालिक होता था। तोकुगावा प्रान्त में सभी आन्दोलन भूमि के बढते कर, जबरन वसूली, बेगार, अकाल, कठोर और हिंसात्मक शासन, भूमि का सर्वेक्षण आदि अनेक कारणों

को लेकर हुए थे। लेखक ने जापान के इस प्रान्त में किसानों के संगठन और नेतृत्व का भी विस्तारपूर्वक अध्ययन किया है।[22]

ऐरिक स्टोक्स, दि पीजैन्ट आर्मड, (दि इण्डियन रिवोल्टस ऑफ 1857), 1986

प्रस्तुत पुस्तक में लेखक ने दिल्ली, हरियाणा, मेरठ, मुजफ्फरनगर, सहारनपुर आदि अनेक क्षेत्रो में 1857 ई0 के विद्रोह का विस्तारपूर्वक अध्ययन किया है। इस विषय में लेखक का कहना है कि 1857 के विद्रोह में इन सभी क्षेत्रों की जनता ने बढ़-चढ़ कर भाग लिया था। पहले तो यह विद्रोह 'सिपाही विद्रोह' था परन्तु बाद में यह जन-विद्रोह बन गया था। इस विद्रोह में किसानों और जनता के भाग लेने के कारणों में अंग्रजो और जमींदारों की दमनकारी नीति तथा असहनीय कर थे।[23]

अतुल गोस्वामी, (स0), लैड रिफार्मस एण्ड पीजैन्ट मूवमैन्टः ए स्टडी ऑफ नार्थ ईस्ट इण्डिया, 1986

प्रस्तुत पुस्तक में लेखक ने 19 वी शताब्दी में आसाम, अरूणाचल प्रदेश, नागालैंड, सिक्किम आदि उतरी पूर्वी भारत के किसान आन्दोलनों का अध्ययन किया है। आसाम के अध्ययन में लेखक ने पाया कि इस क्षेत्र की अर्थव्यवस्था भारत के अन्य अनेक क्षेत्रो से पिछड़ी हुई है और इस क्षेत्र में बढ़ता राजस्व 1860, 1892-1894 ई0 के बीच किसान आन्दोलन का कारण बना। परन्तु अपने अध्ययन में लेखक को यह भी लगा कि पिछले तीन दशकों से आसाम में किसानों में जागृति आई है और लेखक ने आसाम के (केचर) में तीन प्रकार के जमींदार बताए है जो किसानों का शोषण करते थे।

1. व्यक्तिगत जमींदार 2. चाय भू-सम्पति जमींदार 3. वन विभागीय जमींदार। 1938 ई0 का 'चाय ऐस्टेट आन्दोलन' किसान सभा के नेतृत्व में आसाम में हुआ था। इसमें चाय मजदूर तथा किसानों ने जमींदारों के खिलाफ आवाज बुलन्द की थी। आसाम के (केचर) जिले में भूमि सुधारों को लेकर अनेक आन्दोलन हुए। अरुणाचल प्रदेश में बदलते कृषक परिवर्तन के बारे में लेखक का कहना है कि पहले तो इस क्षेत्र में 4 प्रतिशत क्षेत्र में कृषि की जाती थी परन्तु अब 70 प्रतिशत क्षेत्र में कृषि की जाने लगी है। नागालैंड में बदलते परिवेश में लेखक यह कहता है कि वहाँ पर किसानों को भूमि का स्थायी मालिक बनाया गया है जिसके लिए 1970 ई0 में कई भूमि अधिनियम लागू किए गए है। सिक्किम के किसानों की स्थिति के बारे में लेखक का यह कहना है कि वहाँ की अर्थव्यवस्था मुख्यतया कृषि पर आधारित है और मक्की, इलायची, धान, गेहूँ, तिलहन, आलू, अदरक और सब्जियां मुख्य फसलें हैं। सिक्किम के किसानों की अनेक समस्याएं थी जिनमें मुख्य रूप से बंदोबस्त के दौरान भूमि राजस्व चुकाना, काश्तकारों को जमीन खरीदने का हक न होना आदि थे। इससे छुटकारा पाने के लिए इस क्षेत्र में किसान आन्दोलन होने शुरू हो गए थे।[24]

ए0आर0 देसाई, (स0), एग्रेरियन स्ट्रगल्स इन इण्डिया आफ्टर इन्डिपैन्डेन्स, 1986

इस पुस्तक में बिहार, आन्ध्रप्रदेश, महाराष्ट्र, पंजाब, तमिलनाडु, उतर प्रदेश, सोनारपुर, ककदीप, उड़ीसा, केरल, पश्चिमी बंगाल आदि जिलो में आजादी के बाद हुए किसान आन्दोलनों का गहन अध्ययन किया गया है। बिहार किसान आन्दोलन के सम्बन्ध में इस पुस्तक में यह कहा गया है कि वहाँ पर 1969 ई0 में 'भारतीय खेत मजदूर यूनियन' के नेतृत्व में भूमिहीन तथा कृषक मजदूरो को भूमि के वितरण को लेकर आन्दोलन, 1969 ई0 में छोटानागपुर (बिहार) में आर्थिक मुद्दो को लेकर नक्सलवादी किसान आन्दोलन, 1978-1979 ई0 में बिहार किसान आन्दोलन तथा जंगल के मुद्दो सम्बन्धी हाथी द्वारा खराब फसल के मुआवजे को लेकर हुए थे। 1969-1970 में ही टुंडी संथाल विद्रोह भी साहूकारो द्वारा जनजातीय किसानों की जमीन हड़पने को लेकर हुआ था। परन्तु इस आन्दोलन में किसानों की जीत हुई थी और सरकार को काश्तकारी अधिनियम बनाने पड़े थे। बिहार में किसान आन्दोलनों को 'भारतीय खेत मजदूर यूनियन' तथा 'बिहार प्रदेश किसान सभा' ने संगठित किया था। अपने इस अध्ययन में लेखक ने यह भी स्पष्ट किया है कि 'झारखण्ड मुक्ति मोर्चा' भी किसानों को राहत पहुँचाने के लिए सहायता कर रहा है। 1973-1974 ई0 में बिहार में किसानों, मजदूरो एवं जनजातीय किसानों का आन्दोलन खोई हुई भूमि को प्राप्त करने, ऋण न देने आदि अनेक समस्याओं को लेकर हुआ था। इस आन्दोलन में इन सभी वर्गो को सफलता मिली थी। आजादी के बाद आन्ध्र प्रदेश में हुए किसान आन्दोलनों में लेखक ने यह पाया कि 1954 ई0 में किसान आन्दोलन नये कर लगाने को लेकर, 1966-1967 ई0 में उचित कर निर्धारित करने तथा अतिरिक्त भूमि राजस्व को लेकर, 1967 ई0 के जनजातीय किसान आन्दोलन साहूकारो के शोषण के खिलाफ, 1970 के दशक में भूमि सुधारों को लेकर आन्दोलन, 1974 ई0 में गन्ने की फसल के उचित दाम को लेकर हुए थे। इन आन्दोलनों द्वारा सरकार को माँगे मानने के लिए मजबूर किया गया था। महाराष्ट्र में आजादी के बाद 1971 और 1973 ई0 में हुए किसान आन्दोलन अकाल पड़ने तथा गुज्जर जमींदारों के अत्याचारों के खिलाफ हुए थे। इस आन्दोलन मे किसानों, नौजवान मार्क्सवादी, श्रमिक संगठनों, महिला किसानों ने भाग लिया था। फलस्वरूप, 1973 ई0 में किसानों की माँगे मान ली गई थी। पंजाब में आजादी के बाद बदलते कृषि ढ़ाँचें के बारे में लेखक का यह कहना है कि वहाँ पर हरित क्रान्ति के बाद भारी बदलाव आया है, फसलों और कृषि के वाणिज्यकरण, ट्रैक्टर, रसायन तकनीक, टयूबवैल, ग्रामीण विद्युतीकरण आदि से किसानो, मजदूरो और जमींदारों के सम्बन्ध भी बदलें है। ये वर्ग भी उचित वेतन और काश्तकारी जमीन में मालिकाना हक चाहते है। इन्ही मुद्दो को लेकर पंजाब में भूमि मालिको तथा भूमिहीनो के बीच अनेक किसान आन्दोलन हो चुके है। तमिलनाडु में आजादी से पहले किसान आन्दोलन राजाओं और सरदारों के प्रति तथा आजादी के बाद 1960-1970 के दशक मे सी0पी0आई0 के नेतृत्व में वन क्षेत्रो के मुद्दे को लेकर, 1972 ई0 में बिजली शुल्क बढ़ाये जाने तथा उस समय पड़े अकाल को लेकर, 1975-77 ई0 में सी0पी0आई0एम0 के नेतृत्व में धान तोलने की पद्धति को

लेकर हुए थे। यह सभी आन्दोलन मठ मालिको, जमींदारों, सरकार तथा साहूकारों के खिलाफ थे। इन आन्दोलनों में किसानों को सफलता भी मिली थी। उतर प्रदेश में 1801-1970 तक बस्ती जिले में किसान आन्दोलन राजाओं और जमींदारो के खिलाफ, सोनारपुर में 19वीं शताब्दी में किसान आन्दोलन नील उत्पादको के खिलाफ, ककपुर में 1949 ई0 में किसान आन्दोलन वामपंथिओ के नेतृत्व में जमींदारों के खिलाफ, आसाम में 1968 ई0 का किसान आन्दोलन अतिरिक्त भूमि का किसानों में वितरण तथा पंजीकरण, केरल में आजादी के बाद 1970, 1972 और 1979 तक 'भूमि सुधार' सम्बन्धी आन्दोलन वामपंथियों के सहयोग से तथा पश्चिमी बंगाल में 1967 ई0 का नक्सलवादी आन्दोलन सामन्तवाद के शोषण के खिलाफ और 1969 ई0 में 'भारतीय खेत यूनियन' के नेतृत्व में कृषक मजदूरों तथा किसानों को भूमि प्रदान करने को लेकर हुआ था। इन सभी आन्दोलनों ने सामन्तशाही, जमींदारों तथा सरकार का विरोध किया था।[25]

नरोतम दत शास्त्री, बिलासपुर प्रजामण्डल के सात सूरमे, 1987

इस पुस्तक में लेखक ने बिलासपुर प्रजामण्डल आन्दोलन के संगठन एवं नेतृत्व पर प्रकाश डाला है। इस विषय में लेखक का यह कहना है कि 1945 ई0 के बाद बिलासपुर प्रजामण्डल सक्रिय हुआ था। इस आन्दोलन को सदाराम चन्देल, दौलत राम साँख्यान, देवी राम उपाध्याय आदि ने नेतृत्व प्रदान किया था। अपने अध्ययन में लेखक ने यह बताया है कि इस रियासत में राजाओ का शासन क्रूर एवं अत्याचारी था जिससे छुटकारा पाने तथा उतरदायी सरकार की स्थापना के लिए रियासत में सदा राम चन्देल की अध्यक्षता में प्रजामण्डल आन्दोलन शुरू किया गया था। लेखक ने स्वयं भी इस आन्दोलन में भाग लिया था। इसकी शाखाएं अमृतसर, लुधियाना एवं दिल्ली आदि नगरों में भी गठित की गई थी। लेखक ने सन् 1946 ई0 में बिलासपुर में नम्होल कांड तथा सन् 1948 ई0 मे सुकेत-मण्डी मे जन-आन्दोलन का भी अध्ययन किया है। इन दोनों आन्दोलनों के विषय में लेखक का कहना है कि ये आन्दोलन रियासतों में उतरदायी एवं लोकतन्त्रीय सरकार की स्थापना के लिए किए गए थे।[26]

महेन्द्र प्रताप, उतर प्रदेश में किसान आन्दोलन, 1988

प्रस्तुत पुस्तक में लेखक ने उतर-प्रदेश में अवध, रायबरेली, फैजाबाद, प्रतापगढ़ और सुल्तानपुर में 1920-1936 ई0 तक किसान आन्दोलनों का संक्षिप्त अध्ययन किया है। अपने इस अध्ययन में लेखक ने पाया कि उतर प्रदेश के अधिकतर गाँवो में किसानों का अधिकतर प्रतिशत या तो भूमिहीन था या बहुत ही कम भूमि रखने वाला शिकमी किसान था।

उनके हक जमीन पर स्थायी नहीं थे और जमींदार उनसे मन माना नज़राना वसूल करते थे। तत्कालीन काँग्रेस सरकार भी किसानों के पक्ष में कोई निर्णय नहीं ले पा रही थी क्योंकि उसे भय था कि किसानों का कोई संगठित संघर्ष आगे चलकर वर्ग संघर्ष का रूप ले सकता है। किसान भी लगातार जमींदारो के जुल्म से त्रस्त हो रहे थे क्योंकि सरकारी कानून भी जमींदारो के पक्ष में थे। अपने इस अध्ययन में लेखक ने यह भी जाना

कि 1920-1921 ई0 में उतर-प्रदेश में भयानक अकाल पड़ने पर भी जमींदार लगान की माँग कर रहे थे। जमींदारी प्रथा से सबसे अधिक प्रभावित क्षेत्र अवध था। उतर प्रदेश के इन सभी क्षेत्रों में किसानों को जमीदारों की बेगार भी करनी पड़ती थी। परिणामस्वरूप, किसानों ने आन्दोलन शुरू किए थे जिस कारण बाद में 1939 ई0 में काँग्रेस सरकार को 'जमींदारी उन्मूलन' कानून बनाना पड़ा था।[27]

पी0 राधाकृष्णन, पीजैन्ट स्ट्रगल्स लैंड रिफार्मस एण्ड सोशल चेंज मालाबार, (1836-1982), 1989

इस पुस्तक में लेखक ने 1836-1982 ई0 के बीच मालाबार (केरल) में हुए विभिन्न किसान आन्दोलनों का अध्ययन किया है। यह किसान आन्दोलन भूमि सुधार सम्बन्धी अधिनियम में सुधार तथा सामाजिक परिवर्तन के लिए हुए थे। इस विषय में लेखक का कहना है कि मालाबार के किसानों ने इन आन्दोलनों में बढ़-चढ़ कर भाग लिया था और अपनी माँगो को मनवाने के लिए सरकार को बाध्य किया था जिसके परिणामस्वरूप मालाबार में भूमि सुधार सम्बन्धी अनेक अधिनियम पारित किए गए थे ताकि किसानों के अधिकार सुरक्षित रह सके। यह पुस्तक मालाबार में आजादी के बाद हुए आन्दोलनों पर भी परोक्ष रूप से प्रकाश डालती है।[28]

हिमाचल प्रदेश सरकार, संघर्ष के वे दिन, 1989

यह पुस्तक निदेशक भाषा एवं संस्कृति विभाग शिमला द्वारा हिमाचल प्रदेश के 36 स्वतन्त्रता सेनानियों एवं जन-आन्दोलन के नेताओं के सहयोग से प्रकाशित की गई है। इस पुस्तक में 1857 से 1971 ई0 तक हिमाचल प्रदेश में हुए उन तमाम जन-आन्दोलनों एवं घटनाओं पर प्रकाश डाला गया है जिसके कारण इस पर्वतीय प्रदेश का निर्माण हो पाया था। इस पुस्तक के अध्ययन से ठियोग, मण्डी, सिरमौर, कुल्लू, बिलासपुर, हमीरपुर, कांगड़ा, ऊना आदि अनेक रियासतों में आजादी के दौरान हुई क्रान्तिकारी गतिविधियों एवं संघर्षो को समझने में पर्याप्त जानकारी मिलती है।[29]

चमन लाल मल्होत्रा, हिमाचल का क्रान्तिकारिक इतिहास, 1990

यह पुस्तक 14 अध्याय में विभाजित है। इस पुस्तक में लेखक ने हिमाचल प्रदेश में आजादी से पहले हुए 'दूम्ह' का वर्णन किया है। 'दूम्ह' एक प्रकार का असहयोग आन्दोलन था। 'दूम्ह' रामपुर बुशहर, नालागढ़, सिरमौर, बिलासपुर, चम्बा, बाघल, मण्डी इत्यादि रियासतों में सामन्तशाही के खिलाफ हुए थें। लेखक का कहना है कि इस प्रदेश की जनता ने अंग्रेजों के विरूद्ध भी हथियार उठाये तथा बगावते की। इस प्रकार की सबसे पहली बगावत 1848 ई0 में रामसिंह पठानिया नूरपुर (कांगड़ा) ने की थी। 1857 ई0 का विद्रोह भी इस प्रदेश से फिरंगियों को दूर खदेड़ने के लिए हुआ था। लेखक ने इस प्रदेश में हुए प्रजामण्डल आन्दोलन, धामी आन्दोलन 1939, पझौता आन्दोलन 1942, सुकेत आन्दोलन 1948 आदि आन्दोलनों पर भी प्रकाश डाला है। इन सभी आन्दोलनों का उद्देश्य स्वतन्त्रता विरोधी अंग्रेजी भक्त राजाओं के राज्य समाप्त कर प्रजातन्त्र राज्य की नींव रखना तथा विभिन्न रियासतों को एकजुट कर हिमाचल प्रदेश का निर्माण करना था।[30]

पेमाराम, शेखावटी किसान आन्दोलन का इतिहास, 1990

इस पुस्तक में लेखक ने शेखावटी (राजस्थान) मे 1922 ई0 से 1952 ई0 तक के किसान आन्दोलनों का विस्तारपूर्वक अध्ययन किया है। राजस्थान में शेखावटी किसान आन्दोलन सामन्ती व्यवस्था से मुक्ति पाने के लिए किए गये संघर्ष का एक रोचक अध्ययन है। शेखावटी की रेतीली और अनऊपजाऊ भूमि पर रहने वाला किसान दोहरी निरंकुशता यथा जयपुर महाराजा और जागीरदारों के अत्याचारों से पीड़ित था। वहाँ की भूमि दो भागों में विभाजित थी खालसा और जागीरी। खालसा भूमि के अन्तर्गत राव राजा किसानों से सीधा लगान वसूल करता था जबकि बाकि गाँवो की भूमि पर छोटे जागीरदार होते थे जो भौमियां, उदकी, इनामदार, बाढ़दार आदि कहलाते थे का कब्जा था। वे किसानों से सीधा व खालसा भूमि से ज्यादा लगान वसूल करते थे। लगान वसूली का कोई निश्चित सिद्धान्त नहीं था। जागीरदार अपने अधीन भूमि को अपनी व्यक्तिगत सम्पति समझता था और किसानों पर मनमानी करता था। शेखावटी में किसानों के वर्ग में गुज्जर, अहीर, माली और क्याम खानी मुख्य थे परन्तु इनमें से अधिक संख्या जाट की थी। लेखक ने शेखावटी किसान आन्दोलनों के कारणों में वहाँ की भूमि का बदोबस्त न होने से भूमिकर की अव्यवस्था एवं किसानों से अधिक भूमिकर वसूल करना, जागीरदारों द्वारा किसानों से अनेक प्रकार की लाग-बाग व बेगार लेना, व्यापारी वर्ग द्वारा किसानों को जागीरदारों के विरूद्ध जागृत करना आदि बताए है। परन्तु इन किसान आन्दोलनों में किसानों की जीत हुई थी और सरकार को 1952, 1954,1955,1963 ई0 में जागीरदारी उन्मूलन कानून बनाने पड़े और किसानों को जमीन का पूर्ण मालिक बनाया गया था। किसानों को जागृत करने में गाँधी और 'राजस्थान सेवा संघ' ने भी सहयोग दिया था।[31]

केहर सिंह, फार्मज मूवमेन्ट एण्ड प्रैशर ग्रुप पोलिटिक्स, 1990

प्रस्तुत पुस्तक में लेखक ने पंजाब में किसान आन्दोलन तथा उन्हें संगठित एवं नेतृत्व प्रदान करने में पी0के0जेड0यू0 (पंजाब खेतीबाड़ी जमींदारा यूनियन) बी0के0यू0 (भारतीय किसान यूनियन) आदि दबाव समूहो द्वारा निभाई गई भूमिका का अध्ययन किया है। इन संगठनो के सम्बन्ध में लेखक लिखता है कि पंजाब का राजनीतिक दल इन संगठनों को नजर अंदाज नहीं कर सकता। इस पुस्तक में लेखक ने पंजाब में आजादी के बाद 1972 से लेकर 1988 ई0 तक के किसान आन्दोलनों का भी अध्ययन किया है। 1972 ई0 तक के किसान आन्दोलन पी0के0जेड0यू0 के नेतृत्व और 1980-1988 ई0 के बीच किसान आन्दोलन बी0के0यू0 के नेतृत्व में लड़े गए थे ।इन आन्दोलनों के मुख्य मुद्दो में बिजली के कनैक्शन, प्लास्टिक पाईप, बिजली के बिलो का भुगतान, कनक रोको, कर्जा रोको,गाँव रोको, गेहूँ के बढ़ते मूल्य, धान की फसल को लेकर बनी असंतुष्ट नीति, नहर की समस्या, शराब के ठेको को बन्द करना, दोषपूर्ण ट्रेक्टर के विरूद्ध आन्दोलन आदि प्रमुख थे। इनमें से बहुत से आन्दोलनों में किसानों को सफलता भी मिली थी।[32]

कपिल कुमार, किसान विद्रोह, काँग्रेस और अंग्रेजी राज अवध, (1886-1922), 1991

यह पुस्तक पाँच अध्याय में विभाजित है। इस पुस्तक में लेखक ने अवध (उतर प्रदेश)

में सन् 1886-1922 ई0 के बीच किसान विद्रोहो का बारीकी से अध्ययन किया है। इस अध्ययन में लेखक ने यह पाया कि अवध के किसान आन्दोलन औपनिवेशिक ढाँचे में सामन्ती उत्पीड़न का नतीजा था और दमन करने वाले तालुकेदार थे। किसान तालुकेदारों की दया पर जी रहे थे और कोल्हू की बैल की तरह जूते रहते थे। प्रथम विश्व युद्ध के दौरान अवध के किसान बहुत शोषित हुए। क्योंकि इस दौरान उनसे लड़ाई के लिए चन्दा और भर्ती आदि अनेक सेवाएं माँगी गई थी। किसान तो पहले ही नजराना, मनमाने कर, गैर जबरन, वसूली, बढ़ती कीमतें की चक्की में पिस रहा था। इस प्रकार अवध ा में जो तालुकेदारों और ब्रिटिश शासन के खिलाफ किसान आन्दोलन हुए उनका नेतृत्व स्थानीय देहाती था और काँग्रेस पार्टी ने इन आन्दोलनों में ज्यादा दिलचस्पी नहीं ली थी। ज्यादातर आन्दोलन ब्रिटिश सरकार द्वारा कूचल दिए गए थे।[33]

मोहिन्दर सिंह, पीजैन्ट मूवमेन्ट इन पैप्सू पंजाब, 1991

इस पुस्तक में लेखक ने पैप्सू (पंजाब) के पटियाला, संगरूर, बरनाला, भटिंडा, फतेहगढ़ साहिब, कपूरथला, मोहिन्दरगढ़ और कण्डाघाट आदि आठ जिलों में सन् 1948 ई0 से लेकर 1956 ई0 तक किसान आन्दोलनों का विस्तारपूर्वक अध्ययन किया है। इस विषय में लेखक का कहना है कि पंजाब के इन जिलों में किसान आन्दोलन 'बिसवेदार' (जमींदारों) के खिलाफ थे। इनका उद्देश्य बिसवेदारों के अत्याचारों एवं शोषण से मुक्ति पाना था। किसान अपने कानूनी अधिकारों को पाना चाहते थें जो इनसे छीन लिए गए थे। इन जिलों में किसानों को संगठित करनें में प्रजामण्डल, किसान सभा तथा साम्यवादी दल ने महत्वपूर्ण भूमिका निभाई थी। साम्यवादी दल को कुछ क्षेत्रों में ही सफलता मिली थी क्योकि वह दो गुटों में बंटा था। परिणामस्वरूप, इन किसान आन्दोलनों में किसानों को सफलता मिली और बिसवेदारी का उन्मूलन कर काश्तकारों के हित में अनेक भूमि अधिनियम बनाए गए थे।[34]

डेविड हार्डीमेन, (स0), पीजैन्ट रीसिस्टेन्स इन इण्डिया, (1858-1914), 1992

प्रस्तुत पुस्तक आठ अध्यायों में विभाजित है। इस पुस्तक में भारत में 1860 ई0 के नील किसान विद्रोह, 1873 ई0 का पाबना किसान विद्रोह, 19वीं 20 शताब्दी में मोपला में हिंसा और किसान आन्दोलन, 1875 ई0 में दक्कन किसान विद्रोह, 1907 ई0 में पंजाब में किसान आन्दोलन तथा अनेक सामाजिक आन्दोलनों का अध्ययन किया गया है। नील किसान विद्रोह (बंगाल) के अध्ययन में लेखक ने यह पाया कि नील किसानों का जमींदारो द्वारा अत्याचार, उत्पीड़न और शोषण होता था। किसानों को धमकाकर, मारपीट कर नील की खेती करवाई जाती थी। उनसे बेगार ली जाती थी। पाबना (बंगाल) किसान आन्दोलन के सम्बन्ध में लेखक का यह कहना है कि यह आन्दोलन जमींदारों के स्थायी बन्दोबस्त, करों की दर में की गई वृद्धि को लेकर था। किसानों द्वारा आन्दोलन करने पर 1885 ई0 में काश्तकारी अधिनियम बनाया गया था। मोपला में हिंसा और किसान आन्दोलन हिन्दू भू-स्वामियों के खिलाफ हुए थे। दक्कन किसान विद्रोह गुजराती और मारवाड़ी

महाजनों के शोषण के खिलाफ था। 1907 ई0 का पंजाब किसान आन्दोलन भूमि के लगान तथा नहर के पानी के उपयोग के बदले लगने वाले टैक्स को लेकर था।[35]

हिमाचल प्रदेश सरकार, हिमाचल प्रदेश में स्वतन्त्रता संग्राम का संक्षिप्त इतिहास, 1992

यह पुस्तक निदेशक, भाषा एवं संस्कृति विभाग शिमला द्वारा हिमाचल प्रदेश के लगभग 164 स्वतन्त्रता सेनानियों के सहयोग से प्रकाशित की गई है। इस पुस्तक को 7 अध्यायों में विभाजित किया गया है। इस पुस्तक में हिमाचल प्रदेश की ऐतिहासिक पृष्टभूमि 1857 की क्रान्ति, इस पर्वतीय प्रदेश में आजादी से पहले हुए विभिन्न जन-आन्दोलन तथा हिमाचल के निर्माण एवं विकास के बारे में बताया गया है। यह पुस्तक महज स्वतन्त्रता संग्राम की क्षेत्रीय गतिविधियों का विवरण ही प्रस्तुत नहीं करती बल्कि आजादी से पूर्व की सामाजिक-आर्थिक, राजनीतिक स्थिति पर भी परोक्ष रूप से प्रकाश डालती है।[36]

बाल कृष्ण थानवी, मारवाड़ लोक परिषद् के जन-आन्दोलन, 1993

यह पुस्तक जोधपुर रियासत (मारवाड़) में 1940 एवं 1942 ई0 में हुए जन-आन्दोलनों पर परोक्ष रूप से प्रकाश डालती है। ये आन्दोलन 'मारवाड़ लोक परिषद्' के नेतृत्व में जनता द्वारा उतरदायी सरकार की स्थापना के लिए किए गए थे। लेखक ने इस पुस्तक में साफ लिखा है कि वहाँ पर जागीरदारो द्वारा जनता पर शोषण एवं अत्याचार किये जाते थे। जागीरदार लोग स्वयं मेहनत का काम करना अपनी हेठी समझते थे। वे किसानों को जमीन लटाई पर देते थे। खेत बुआई से लेकर खेत कटाई तक का सारा खर्चा किसान को करना पड़ता था। इसके साथ ही रियासत में बेगार तथा अन्य बुरे रीति-रिवाज भी प्रचलित थें जिनसे जनता मुक्ति पाना चाहती थी। 1942 ई0 के जन-आन्दोलन में जनता को सफलता भी मिली थी और कुछ माँगे सरकार ने माँग ली थी।[37]

एस0एस0 नेगी, हिमाचल प्रदेश दि लैंड एण्ड पीपल, 1993

इस पुस्तक में लेखक ने हिमाचल प्रदेश के भूगोल, इतिहास, संस्कृति एवं आर्थिक व्यवस्था पर प्रकाश डाला है। प्रस्तुत पुस्तक में लेखक ने मुस्लिम, गोरखा, सिक्ख आदि बाहरी शक्तियों के हिमाचल पर हुए आक्रमण का भी वर्णन किया है। इस सम्बन्ध में लेखक का कहना है कि ये सारे आक्रमण इस प्रदेश पर अधिपत्य स्थापित करने के लिए हुए थे परन्तु इन आक्रमणों का यहाँ के राजा तथा प्रजा ने मिलकर विरोध किया था। अपनी इस पुस्तक में लेंखक ने हिमाचल प्रदेश में 1857 ई0 से 1947 ई0 तक हुए जन-आन्दोलनों का विस्तार से अध्ययन किया है। इस जन-आन्दोलन के कारण ही 15 अप्रैल, 1948 ई0 को यह प्रदेश 'मुख्य आयुक्त' प्रान्त के अधीन आया था।[38]

ईश्वरी प्रसाद, (स0), भारत का किसान आन्दोलन, 1993

प्रस्तुत पुस्तक में लेखक ने भारत में मुगल काल से लेकर समकालीन समय तक के किसान आन्दोलनों का बारीकी से अध्ययन किया है। भारत में किसान के बारे में

लेखक का कहना है कि किसान देश की तीन चौथाई आबादी गाँवो में रहती है जिसकी जीविका मूलत: खेती से चलती है। यही वह समूह है जिसके कठिन परिश्रम के सहारे से पूरी आबादी के लिए खाद्य पदार्थ और उद्योगो के लिए कच्चा माल पैदा होता है। लेखक ने किसान को कृषि उत्पादक कहा है जो जमीन के छोटे-छोटे टुकड़े पर अपने श्रम के साथ सामाजिक जरूरतों तथा सरकारी कर दायित्व को पूरा करने के लिए कृषि धन उत्पादन करता है वही किसान है। भारत के परिप्रेक्ष्य में किसान आन्दोलन का लक्ष्य राष्ट्र के नव निर्माण का वह स्वरुप है जिसका आदर्श पारिवारिक श्रम आधारित श्रम व्यवस्था है। लेखक ने अपने अध्ययन में यह स्पष्ट किया है कि मुगल काल में भी 1660 के दशक में जार विद्रोह और 1672 ई0 में सतनामी विद्रोह जैसे किसान आन्दोलन हुए थे परन्तु इन आन्दोलनों के बावजूद कृषि भूमि पर किसानों का अधिकार पूरी तरह सम्मानित था। किसानों के बढ़ते असंतोष की अभिव्यक्ति मुगल शासन की बर्बादी के बाद में शुरु हुई। किसान विद्रोह का स्थायी सिलसिला ब्रिटिश शासन की देन है। 1765 ई0 में 'ईस्ट इण्डिया कंपनी' ने बंगाल की दीवानी हासिल करने तथा 1793 ई0 में जमीन का स्थायी बंदोबस्त जमींदारों के साथ होने से खेत जोतने वाले किसान जमींदारों के रैयत हो गए। उनके जमीन पर अधिकार नहीं रहे। वे पट्टेदार हो गए और किसानों पर लगने वाले किसान लगान लगातार बढते गए। 1770 ई0 से 1857ई0 के बीच पड़े अकालो ने किसानों की स्थिति को प्रभावित किया और जमींदारों और साहूकारों के जुल्मों के खिलाफ आन्दोलन होते रहे। भारत में 20वीं शताब्दी के पूर्वाद्ध में 1836 ई0 से 1951 तक हुए किसान आन्दोलन के सम्बन्ध में लेखक का कहना है कि ये सभी आन्दोलन ब्रिटिश साम्राज्य, जमींदारी प्रथा तथा साहूकारों के खिलाफ थे। सन् 1917 ई0 से लेकर 1951 ई0 तक किसान आन्दोलनों को गाँधी, सहजानन्द सरस्वती, किसान सभा तथा साम्यवादियों ने नेतृत्व प्रदान किया।

भारत में समकालीन किसान आन्दोलन के सम्बन्ध में लेखक का कहना है कि पिछले दो दशकों से भारतीय किसान सारे देश में आन्दोलित है। लेकिन इनका स्वरुप क्षेत्रीय है। राष्ट्र के स्तर पर एक संगठन के रुप में यह अभी तक उभरकर नहीं आया है। तमिलनाडु में 1970-72 ई0 में सी0 नारायणस्वामी के नेतृत्व में, पंजाब में 1972 ई0 में गेहूँ के लाभकारी मूल्य को लेकर, 1979 ई0 में महाराष्ट्र में प्याज उत्पादकों का आन्दोलन, शरद जोशी के नेतृत्व में हरियाणा में 1980 ई0 में भारतीय किसान यूनियन के नेतृत्व में आन्दोलन, बिहार में 'संघर्ष वाहिनी' द्वारा चलाया गया बोध आन्दोलन और शिवपूजन सिंह के नेतृत्व में किसान मजदूर आन्दोलन, कर्नाटक में प्रो0 एम0डी0 नन्जुंदास्वामी के नेतृत्व में 'कर्नाटक राज्य रैयत संघ' द्वारा किसान आन्दोलन, पशिचमी उतर प्रदेश में महेन्द्र सिंह टिकैत के नेतृत्व में 'भारतीय किसान यूनियन' द्वारा, तमिलनाडु में 'एग्रीकल्चरिस्ट एसोसिएशन', बिहार में 'एम0सी0सी0' तथा 'लिबरेशन ग्रुप', मध्य प्रदेश, उड़ीसा आदि जिलो में इन किसान संगठनों तथा नेताओ द्वारा आन्दोलन किए गए है और किये जा रहे है। सन् 1967 ई0 का नक्सलबाड़ी किसान आन्दोलन किसानों में खूनी विद्रोह की चेतना, किसान सशस्त्र छापामार युद्ध, सता हासिल करने को लेकर वर्तमान में भी बंगाल, बिहार, उड़ीसा, मध्य प्रदेश, महाराष्ट्र, तमिलनाडु तथा आन्ध्र प्रदेश आदि जिलो में सक्रिय है।[39]

के0 मुन्नीरत्ना नायडू, (स0), पीजैण्ट मूवमैन्टस इन इण्डिया, 1994

प्रस्तुत पुस्तक में लेखक ने भारत के विभिन्न जिलों में 1857 ई0 से लेकर 1991 ई0 तक हुए किसान आन्दोलनों पर प्रकाश डाला है। 1857 ई0 के जन-विद्रोह के सम्बन्ध में लेखक लिखता है कि इस विद्रोह में किसानों की भी भागीदारी रही थी और उन्होने साहूकारों, शहरी व्यापारी, गैर कानूनी कर, भ्रष्ट अधिकारियों के खिलाफ आवाज उठाई थी। महाराष्ट्र में ब्रिटिश काल के दौरान जितने भी किसान आन्दोलन हुए उनके कारण लेखक ने निम्न वेतन, खराब मौसम, बढ़ते राजस्व कर, बढ़ती कीमते आदि माने है।

आन्ध्र प्रदेश में वर्तमान समय में हो रहे किसान आन्दोलनों के विषय में लेखक यह कहता है कि इन आन्दोलनों के मुख्य मुद्दे किसानों को उत्पादन की लाभयुक्त कीमत मिलना, उपजाऊ चीजों की आपूर्ति, मानसून न होने तथा फसले खराब हो जाने पर उन्हे ऋण प्रदान करना आदि प्रमुख है। हाल के संघार्षो में किसानों ने जो प्राप्तियाँ हासिल की है वो गैर राजनीतिक रही है। बिहार में किसानों की स्थिति के बारे में लेखक यह लिखता है कि लोकतन्त्र और वयस्क मताधिकार किसानों के लिए वरदान सिद्ध हुए है और वे अपने अधिकारों तथा कर्तव्यों के प्रति पहले की अपेक्षा ज्यादा जागरुक हो गए है। किसानों की जागरुकता के कारण बिहार में 1963, 1973, 1975 ई0 में भूमि सुधार सम्बन्धी अधिनियम पारित किए गए है।

प्रस्तुत पुस्तक में लेखक ने हिमाचल प्रदेश में किसान आन्दोलन का भी अध्ययन किया है। इस सम्बन्ध में लेखक यह कहता है कि हिमाचल प्रदेश का 85 प्रतिशत क्षेत्र खाद्यान फसलों के अन्तर्गत है और 9.3 प्रतिशत क्षेत्र वाणिज्य सम्बन्धी फसलों के अन्तर्गत है। हिमाचल प्रदेश में ज्यादातर किसान सब्जी उत्पादक और फल उत्पादक है। हिमाचल प्रदेश में कृषक आन्दोलन आलू, सेब तथा अन्य फसलों को समर्थन मूल्य देने, खेतो के लिए औजार तथा आर्थिक सहायता प्रदान करने, यातायात साधनों में रियायत, ऋण में रियायत या माफ करने, हिमाचल के अन्दर फलों की मण्डिया स्थापित करने, बन्धुआ मजदूरों पर प्रतिबन्ध, भूमि का किसानों में बँटवारा, कानून द्वारा स्थापित वेतन, आसान किश्तो पर ऋण आदि अनेक मुद्दो को लेकर हुए है और किसानों को इसमें सफलता भी मिली है। किसानों की जागरुकता के कारण ही इस पर्वतीय प्रदेश में 1988 ई0 में 'समर्थन मूल्य बोर्ड' भी स्थापित किया गया है। अपनी इस पुस्तक में लेखक ने तमिलनाडु, पश्चिम बंगाल और उतर प्रदेश में आजादी से पहले और बाद के किसान आन्दोलनों के विस्तारपूर्वक अध्ययन में लेखक ने यह पाया कि किसानों में जागृति आई है और वे सरकार पर अपनी माँगे मनवाने में सफल रहे है। उतर प्रदेश में लेखक ने दो प्रकार की किसान श्रेणियाँ बताई है। 1. अमीर किसान 2. मध्यम किसान। वर्तमान समय में इन किसानों की श्रेणियों को चौधरी चरण सिंह नेतृत्व प्रदान कर रहे है। उनके नेतृत्व में 1962 ई0 में बढ़ते भूमि कर तथा 1978 ई0 में दिल्ली में किसानों की विशाल रैली का आयोजन किया जा चुका है।[40]

वी0 वर्मा, दि एमरजैंस ऑफ हिमाचल प्रदेश-ए सर्वे ऑफ कन्सटीटयूशनल डेवलपमेंट, 1995

प्रस्तुत पुस्तक में लेखक ने हिमाचल प्रदेश के इतिहास, ब्रिटिश शासन, विभिन्न पहाड़ी रियासतों में शासन प्रबन्ध, जन-आन्दोलन, सामन्तवाद की तानाशाही, हिमाचल प्रदेश में आपातकाल, भाग-सी राज्य, टैरिटोरियल कौसिल तथा पूर्ण राज्य बनने तक का विस्तारपूर्वक अध्ययन किया है। लेखक ने अपने अध्ययन में स्पष्ट किया है कि जनता द्वारा किए गए संघर्ष एवं आन्दोलन के कारण ही 15 अप्रैल, 1948 ई0 को इस पर्वतीय प्रदेश को पूर्ण राज्य का दर्जा प्राप्त हुआ था और भारतीय संघ में 18वें राज्य के रुप में शामिल हुआ था।[41]

डेविड हार्डीमेन, फीडिग दि बनियाः पीजैन्ट एण्ड यूझरर इन वेस्टरन इण्डिया, 1996

इस पुस्तक में लेखक ने पश्चिमी भारत में किसान जीवन की विशेषताओं, साहूकारो और सूदखोंरो द्वारा किए गए किसानों के शोषण का संक्षेप से अध्ययन किया है। पश्चिमी भारत में किए गये किसानों के अध्ययन में लेखक ने पाया कि पुणे जिले (महाराष्ट्र) में 95 प्रतिशत किसान बनिया और साहूकारों के ऋण के बोझ तले दबे हुए थे और बहुत सारे किसान परिवारो ने अपनी सम्पति इन वर्गो के पास गिरवी रखी हुई थी। ये सूदखोर साहूकार के नाम से जाने जाते थे और जाति से बनिया थे। साहूकार परिवार सामान्य रुप से दुकान चलाते थे। किसान खेत में जो फसल बीजते थे उसमें भी इन सूदखोरो का पूरा अधिकार होता था। लेखक ने अपने अध्ययन में स्पष्ट किया है कि इन सूदखोरों को मुगल काल में भी संरक्षण प्राप्त था। राजस्थान के अध्ययन में लेखक ने यह पाया कि वहाँ पर भी बनियों का बोलबाला था और इन्हे शासको का भी समर्थन प्राप्त था। वहाँ पर भी बनिया (साहूकार) किसानों से भूमि कर एकत्रित करते थे और बनियो के संरक्षण के लिए जागीरदार थें। लेखक ने अपने अध्ययन में यह भी स्पष्ट किया कि ब्रिटिश सरकार भी साहूकारों को संरक्षण प्रदान करती रही। अपनी इस पुस्तक में लेखक ने दक्षिणी गुजरात में 1920 ई0 के देवी आन्दोलन पर भी प्रकाश डाला है। यह आन्दोलन स्थानीय किसानों का बनिया (सूदखोरों) तथा पारसी शराब उत्पादकों के खिलाफ था। इस पुस्तक के 10 वें अध्याय में लेखक ने पूर्वी भारत में 1831-32 के कोल विद्रोह तथा 1875 ई0 के पूना दक्कन किसान विद्रोह पर भी प्रकाश डाला है जो कि साहूकारों के अत्याचारों के खिलाफ हुए थे।[42]

मियाँ गोवर्धन सिंह, हिमाचल प्रदेश इतिहास, संस्कृति एवं आर्थिक अवस्था, 1996

प्रस्तुत पुस्तक हिमाचल प्रदेश के इतिहास, संस्कृति एवं प्रशासनिक व्यवस्था के बारे में जानकारी प्रदान करती है। इस पुस्तक में लेखक ने 1857 ई0 के जन-विद्रोह का भी वर्णन किया है। इस विषय में उनका यह कहना है कि इस विद्रोह की गूंज पहाड़ो में भी सुनाई दी थी और रामपुर बुशहर, कुल्लू आदि अनेक रियासतों की जनता ने इसमें

बढ़-चढ़कर भाग लिया था। लेखक ने इस पुस्तक में 1859 ई0 में रामपुर, 1862 और 1876 ई0 में सुकेत, 1876ई0 में नालागढ़, 1883 और 1930 ई0 में बिलासपुर, 1905 ई0 में बाघल, 1909 ई0 में मण्डी आदि रियासतों में जन-आन्दोलनों एवं किसान आन्दोलनों का भी अध्ययन किया है। इस सम्बन्ध में लेखक का यह कहना है कि यें आन्दोलन रियासतों के सरकारी कर्मचारियों के अन्याय, शोषण एवं अत्याचारपूर्ण शासन के खिलाफ हुए थे। अपनी इस पुस्तक में लेखक ने 1914-15 ई0 के मण्डी षड्यन्त्र, 1939 ई0 में चम्बा, मण्डी, बिलासपुर,जुब्बल, सिरमौर तथा अन्य छोटे -छोटे राज्यों में स्थापित किए गए प्रजामण्डलों का भी अध्ययन किया है। यह प्रजामण्डल रियासतों में लोकतन्त्रीय एवं पूर्ण उतरदायी सरकार की स्थापना के लिए गठित किये गए थे और इनके माध्यम से ही रियासतों के राणा-ठाकुर को विलयपत्र पर हस्ताक्षर करने के लिए मजबूर किया गया था जिसके कारण 1948 ई0 में हिमाचल प्रदेश का निर्माण हो पाया था। इस पुस्तक के नवे और दसवें अध्याय में हिमाचल प्रदेश के संवैधानिक और प्रशासनिक इतिहास पर भी प्रकाश डाला गया है।[43]

मुजफ्फर एच0 असादी, पीजैन्ट मूवमेन्ट इन कर्नाटका, (1980-1994), 1997

इस पुस्तक में लेखक ने 1980-1994 ई0 तक कर्नाटक में हुए किसान आन्दोलनों का विस्तारपूर्वक अध्ययन किया है। अपने इस अध्ययन में लेखक ने यह भी स्पष्ट किया है कि कर्नाटक में अमीर किसान की श्रेणी उभरकर सामने आई है तथा इस जिले में किसान आन्दोलन के नेताओ पर समाजवादी विचारधारा का प्रभाव है। कर्नाटक किसान आन्दोलनों की शुरुआत लेखक 1980 ई0 में मालाप्रभा कोमांड क्षेत्र से करता है जहाँ किसानों ने 'मालाप्रभा समन्वय समिति' या समन्वय समिति के माध्यम से तत्कालीन मुख्यमन्त्री को अपनी माँगो का ज्ञापन सौपा था जिसमें मुख्य माँगे कर और जल सम्बन्धी समस्याओं को लेकर थी। तथा दूसरे चरण में राजस्व न देने सम्बन्धी माँग भी थी। अपनी माँगे मनवाने के लिए किसानों ने विशाल रैलियों का आयोजन किया था। बाद में किसानों को शांत करने के लिए सरकार द्वारा अधिनियम बनाए गए थे। कर्नाटक किसान आन्दोलन के अध्ययन में लेखक ने यह भी पाया कि 'शिमोगा रैठा संघ' जो कि किसानों का संगठन है किसानों को नेतृत्व प्रदान कर रहा है। इस संगठन के नेतृत्व में किसानों ने अनेक आन्दोलन किये है। कर्नाटक में इस संगठन के नेतृत्व में 1980-1990 के दशक में धान की उचित कीमत, तम्बाकू, ज्वार, रागी, कोकम, उचितकर, जल कर कम करना, फर्टिलाइजर की कीमते घटाने, शराब बन्दी, जंगल में अवैध कटान, भाषा आन्दोलन, तेल के बीज आदि अनेक फसलों को उचित दाम दिलाने के लिए अनेक आन्दोलन हुए है। इस विषय में लेखक का यह भी कहना है कि इन आन्दोलनों को सहयोग देना इस संगठन का राजनीतिक उद्देश्य रहा है। लेखक ने कर्नाटक में किसानों का दूसरा संगठन 'काबु बेलिगरारा' बताया है। यह गन्ना उत्पादों का संगठन है और यह संगठन गन्ना उत्पादकों को हर उचित सुविधाए दिलाने के लिए वचनवद्ध है।[44]

अयोध्या सिंह, भारत का मुक्ति संग्राम, 1997

इस पुस्तक में लेखक ने भारत में 18 वी और 19 वी सदी में भारतीय जनता द्वारा

ब्रिटिश साम्राज्यवाद के खिलाफ लड़े गये आन्दोलनों का वर्णन किया है। भारत के स्वतन्त्रता आन्दोलन के सम्बन्ध में लेखक का कहना है कि सामन्त, किसान, सिपाही, कारीगर, आदिवासी तथा आम जनता अंग्रेजों तथा राजाओं के निरंकुश शासन से प्रभावित थी। इस प्रकार इन सभी वर्गो ने इस आन्दोलन में बढ़-चढ़कर भाग लिया था। प्रस्तुत पुस्तक में लेखक ने देश की आजादी के लिए लड़े गए युद्ध में भारतीय जनता द्वारा अपनाई गई विधियों एवं तकनीकों कें बारे में भी बताया है। इस विषय में लेखक का कहना है कि आमने सामने के युद्ध के अतिरिक्त जनता ने छापामार युद्ध, बायकट, लगानबन्दी, असहयोग, हड़ताल आदि तकनीके अपनाकर अंग्रेजी शासन का विरोध किया था जिसके कारण 15 अगस्त, 1947 ई0 को भारत अंग्रेजों के चंगुल से मुक्त हुआ था। हिमाचल प्रदेश में भी इसी प्रकार की तकनीक एवं विधियां अपनाई गई थी क्योंकि इस पर्वतीय प्रदेश में भी अत्याचारी शासन का दमन करने के लिए लड़ाई लड़ी गई थी।[45]

सी0एल0 दता, दि राज एण्ड दि शिमला हिल स्टेट्स, 1997

इस पुस्तक में लेखक ने शिमला पहाड़ी राज्यों में भूमि राजस्व प्रणाली, बैठ और बेगार प्रथा, रीत प्रथा, बुशहर, क्योंथल, बिलासपुर, बाघल, कुठार, कुनिहार, धामी, कोटी एवं सिरमौर में हुए किसान आन्दोलनों एवं जन-आन्दोलनों का विस्तारपूर्वक अध्ययन किया है। इस विषय में लेखक का कहना है कि इन रियासतों में भूमि राजस्व प्राप्त करने का कोई निश्चित तरीका नहीं था यह प्रणाली इन राज्यों में 1947 ई0 तक रही। यह प्रणाली बेगार प्रथा से भी गहराई से जड़ी हुई थी। इन पहाड़ी रियासतो में जमीन का वास्तविक मालिक राजा होता था। किसानों को जमीन पटट् पर या लीज पर दी जाती थी। इस प्रणाली का चरित्र सामन्तवादी था। इन पहाड़ी रियासतों में बैठ प्रथा के बारे में लेखक का यह कहना है यह निम्न वर्ग के लोगो से बासा और सोहल भूमि में करवाई जाती थी। भूमि राजस्व न चुकाने पर बैठ के रुप में जनता को सेवाएं राजा को देनी पड़ती थी। बेगार प्रथा के बारे में लेखक का यह कहना है कि यह एक प्रकार का जबरन श्रम था जिसमें जनता को राजा और अंग्रेजो की बेगार उठानी पड़ती थी। पहाड़ी रियासतों में रोड़ बेगार, अठवाड़ा, बतरावाल बेगार, जद्दी-बद्दी, (हेला) बेगार, गावोसर बेगार, शिकार बेगार आदि अनेक प्रकार की बेगार थी। रीत प्रथा के बारे में लेखक का यह कहना है कि यह एक प्रकार का विवाह का रुप था और पैसे चुकाकर विवाह किया जाता था। इन सभी बुरे रीति-रिवाजों तथा अत्याचारों के खिलाफ जनता ने 1859 ई0 में रामपुर, 1897 ई0 में क्योंथल, 1863, 1883-1884, 1930 ई0 में बिलासपुर, 1840-1918 ई0 के बीच बाघल, 1894-1897 ई0 कुठार और बेजा, 1906-1914 ई0 कोटी, 1920 ई0 में कुनिहार, 1939 ई0 में धामी तथा 1942 ई0 में पझौता (सिरमौर) में आन्दोलन किए थे।[46]

हरिराम जस्टा, हिमाचल निर्माता डॉ0 यशवन्त सिंह परमार, 1998

प्रस्तुत पुस्तक में लेखक ने डॉ0 यशवन्त सिंह परमार के हिमाचल प्रदेश के निर्माण में दिए गए योगदान के बारे में बताया है। इस विषय में लेखक का यह कहना है कि डॉ0 परमार ने हिमाचल की विभिन्न रियासतों में हो रहे जन-आन्दोलन को सक्रिय बनाने

के लिए नेतृत्व प्रदान किया तथा जनता के अन्दर राजनैतिक चेतना पैदा की थी। वे सिरमौर प्रजामण्डल आन्दोलन के अध्यक्ष पद पर भी रहे तथा इसे संगठित भी किया। उनके इस संगठन में शामिल होने से पहले यह भागों में बँटा हुआ था। उनके सहयोग से ही फरवरी, 1948 ई0 को प्रदेश की विभिन्न रियासतों को तानाशाही शासन से मुक्त कराने के लिए जनता द्वारा सत्याग्रह आन्दोलन शुरू किया गया था। लेखक ने यह भी स्पष्ट किया है कि एक और जहाँ परमार ने जन-आन्दोलन को संगठित किया, वही दूसरी ओर दिल्ली में सरदार पटेल पट्टाभि सीतारमैय्या से भी सम्पर्क बनाए रखा। उनके उचित मार्गदर्शन के कारण ही 15 अप्रैल, 1948 ई0 को इस पर्वतीय प्रदेश का निर्माण और 25 जनवरी, 1971 ई0 को पूर्ण राज्य बनना तय हुआ था।[47]

रमेश चौहान, हिमाचल प्रदेश ए पर्सपैक्टिव, 1998

प्रस्तुत पुस्तक में लेखक ने हिमाचल प्रदेश के भूगोल, इतिहास, अर्थव्यवस्था तथा बाहरी शक्तियों द्वारा इस पर्वतीय प्रदेश में किए गए आक्रमणों का अध्ययन किया है। लेखक ने अपनी इस पुस्तक में 1857 ई0 के जन-विद्रोह, लोकप्रिय जन-आन्दोलनों, प्रजामण्डल आन्दोलन, धामी-आन्दोलन, पझौता किसान आन्दोलन, सुकेत सत्याग्रह तथा हिमाचल प्रदेश के निर्माण और विकास का भी अध्ययन किया है। इस विषय में लेखक का कहना है कि इन जन-आन्दोलनों के माध्यम से अंग्रेजों और राजाओं के अन्यायपूर्ण शासन का विरोध किया गया था और इस प्रदेश में लोकतन्त्रीय एवं उतरदायी सरकार की स्थापना के लिए संघर्ष लड़ा गया था। इन्हीं संघर्षों के कारण 25 जनवरी, 1971 ई0 को इस पर्वतीय प्रदेश को पूर्ण राज्य का दर्जा प्राप्त हुआ था। यह सब जनता और नेताओं के संघर्ष द्वारा संभव हो पाया था।[48]

हिमाचल प्रदेश सरकार, हिमाचल प्रदेश के स्वतन्त्रता सेनानी, भाग-2, 2001

इस पुस्तक को भाषा एवं संस्कृति विभाग शिमला द्वारा हिमाचल प्रदेश के जन-आन्दोलनों एवं स्वतन्त्रता सेनानियों के सहयोग से प्रकाशित किया गया है। इस पुस्तक में विभिन्न लेखकों ने सन् 1857 ई0 से लेकर हिमाचल के निर्माण तक हुए तमाम जन-आन्दोलनों तथा घटनाओं का वर्णन किया है। हिमाचल प्रदेश में हुए स्वतन्त्रता आन्दोलन के सम्बन्ध में इन सभी लेखकों का यह कहना है कि स्वतन्त्रता पूर्व यह प्रदेश पिछड़ा और दूरदराज का क्षेत्र था लेकिन इस पहाड़ी क्षेत्र में भी आजादी की लड़ाई की गूंज कम न थी। धामी गोली कांड, पझौता किसान आन्दोलन, सुकेत सत्याग्रह आदि इसके जीवंत उदाहरण है। शिमला में अंग्रेजों की ग्रीष्मकालीन राजधानी होने के कारण पहाड़ के लोगो को गुलामी का गहरा अहसास था और अनेक राष्ट्रीय नेताओं का यहाँ आना-जाना लगा रहता था। इनकी प्रेरणा से इस प्रदेश के लोग स्वतन्त्रता आन्दोलन की मुख्य धारा में कूद पड़े थे। इस प्रकार यह पहाड़ी क्षेत्र आजादी की लड़ाई में राष्ट्रीय मुख्य धारा में पूरी तरह शामिल था।[49]

अबानी लाहिरी, दि पीजैन्ट इण्डियाज फ्रीडम मूवमेन्ट, 2001

यह पुस्तक भारत में आजादी के दौरान हुए किसान आन्दोलनों तथा किसानों द्वारा राष्ट्र निर्माण में निभाई गई भूमिका पर प्रकाश डालती है। लेखक ने भारत में आजादी के दौरान हुए किसान आन्दोलनों को असंगठित माना है। इस सम्बन्ध में लेखक ने यह स्पष्ट किया है कि उस समय में हुए किसान आन्दोलनों में संगठन का अभाव था। 1765 ई0 से लेकर 1947 ई0 तक भारत में जितने भी किसान आन्दोलन हुए उनके लेखक ने बढ़ते कर, ब्रिटिश साम्राज्य की किसान विरोधी नीतियाँ, भू-स्वामी, साहूकारो तथा व्यापारियों के जुल्म आदि अनेक कारण बताए है। इनसे मुक्ति पाने के लिए भारत के किसानों ने भारतीय स्वतन्त्रता संघर्ष में 1857 ई0 से 1947 ई0 तक बढ़-चढ़ कर भाग लिया था।[50]

गिरबन रंजन बिश्वास, पीजैन्ट मूवमेन्ट इन नार्थ ईस्ट इण्डिया, (1946-50), 2002

इस पुस्तक में लेखक ने आन्ध्र प्रदेश के तेभागा किसान आन्दोलन का अध्ययन किया है। इस सम्बन्ध में लेखक का कहना है कि तेभागा किसान आन्दोलन राजनीतिक रूप से संगठित था। इस किसान आन्दोलन को साम्यवादी दल तथा किसान सभा ने नेतृत्व प्रदान किया था। यह आन्दोलन उतरी-पूर्व भारत के तीन क्षेत्रों गोलपारा, सिल्हट और केचर आदि इलाकों में फैला था। लेखक ने तेभागा किसान आन्दोलन की जन्मस्थली बंगाल को माना है। यह आन्दोलन अंग्रेजों तथा जमींदारों के खिलाफ था। इस आन्दोलन का उद्देश्य जमींदारी प्रथा को समाप्त करना, बड़े हुए लगान को कम करवाना, किसानों को उनके उत्पादन का हिस्सा प्रदान करना, जंगल बदोबस्त आदि था। तेभागा किसान आन्दोलन की कृषि व्यवस्था में जमींदार, जोतदार, बटाई और कम जमीन वाले किसान थे। इस प्रकार की संरचना को बरगादारी कहा जाता था। इस व्यवस्था के अन्तर्गत मालगुजारी कृषि उत्पादन के रुप में अदा करनी पड़ती थी। बरगादारी व्यवस्था कृषि उत्पादन के मार्ग में बड़ी बाधा थी। लेखक ने बरगादारी व्यवस्था और अकाल को भी आन्दोलन का कारण माना है। लेखक ने यह भी स्पष्ट किया है कि यह आन्दोलन बहुत लम्बे समय तक तो नहीं चला था परन्तु सामन्तवादी व्यवस्था का किसानों ने डटकर विरोध किया था।[51]

संसार चन्द प्रभाकर, हिमाचली इतिहास के सुर्ख पन्ने, 2002

इस पुस्तक में लेखक ने हिमाचल प्रदेश के राजनीतिक इतिहास, 1857 ई0 के स्वतन्त्रता संग्राम, 1883 ई0 के बिलासपुर झुग्गा आन्दोलन, 1895 ई0 के चम्बा किसान आन्दोलन, 1897 ई0 का बाघल किसान आन्दोलन, 1898 ई0 में बेजा और ठियोग में किसान आन्दोलन, 1939 ई0 के धामी जन-आन्दोलन, 1942 ई0 के पझौता किसान आन्दोलन तथा 'आजाद हिन्द फौज' में हिमाचल प्रदेश की जनता द्वारा निभाई गई भूमिका के बारे में बताया है। 1857 ई0 के विद्रोह के बारे में लेखक का यह कहना है कि इस विद्रोह में हिमाचल की जनता ने बढ़-चढ़ कर भाग लिया था। झुग्गा आन्दोलन को लेखक ने कहलूर रियासत में अपनी तरह का हृदय विदारक और अंहिसात्मक सत्याग्रह माना है जिसका

उद्देश्य आत्मोपीड़न व आत्मदाह द्वारा राजा और प्रशासन के अत्याचारों के प्रति विरोध प्रकट करना था। 1895 ई0 का चम्बा किसान आन्दोलन भूमि लगान में वृद्धि, बेगार, 1897 ई0 का बाघल आन्दोलन भूमि लगान के विरोध में, 1898 ई0 में बेजा और ठियोग में किसान आन्दोलन ठाकुरो के अत्याचारों, बन्दोबस्त में गड़बड़ी, 1939 ई0 का धामी जन-आन्दोलन बेगार बन्द करने, भूमि लगान में कमी, रियासत में प्रतिनिधि सरकार की स्थापना करने, 1942 ई0 का पझौता आन्दोलन द्वितीय विश्वयुद्ध में सरकार को सहायता न देना, बेगार, रियासतो में भ्रष्ट कर्मचारियों को बदलने, फसलों और आलूओं के खुले व्यापार के लिए कानून बनाने, रियासत में प्रजा द्वारा निर्वाचित मन्त्रीमण्डल की स्थापना करने आदि अनेक कारणों को लेकर हुआ था। अपनी इस पुस्तक में लेखक ने यह भी बताया है कि कुल्लू, ऊना, धर्मशाला, कांगड़ा, मंडी, शिमला, हमीरपुर आदि अनेक क्षेत्रों की जनता ने आजाद हिन्द फौज में भी बढ़ चढ़कर भाग लिया था।[52]

पी0 गोपीनाधन पिल्लई, लैफ्ट मूवमेन्ट एण्ड एग्रेरियन रिलेशनस, (1920-1995), 2003

प्रस्तुत पुस्तक में लेखक ने केरल (भारत) में वामपंथी आन्दोलन और कृषक सम्बन्ध ों का अध्ययन किया है। इस विषय में लेखक का यह कहना है कि केरल राज्य में वामपंथी किसानों को संगठित और आन्दोलित करनें में मुख्य भूमिका निभा रहे है। वे किसानों के हिमायती है। इन्ही के नेतृत्व में ब्रिटिश काल से आजादी के बाद तक के संघर्ष जमींदारों, जागीरदारों और ब्रिटिश साम्राज्यवाद के खिलाफ लड़े गए। केरल में कृषि व्यवस्था में परिवर्तन में भी वामपंथियों की महत्वपूर्ण भूमिका रही है क्योंकि केरल में साम्यवादी भी सता में रहे है। अपने इस अध्ययन में लेखक ने यह भी स्पष्ट किया है कि 1968 ई0 में के0एस0के0टी0यू0 (केरल स्ट्टेट एग्रीकल्चर लेबर यूनियन) जो कि मजदूरों का संगठन था बनाने में वामपंथियों ने योगदान दिया था। केरल में वामपंथियों के नेतृत्व में जितने भी किसान आन्दोलन हुए है उनके उद्देश्य सामाजिक-आर्थिक क्षेत्र में परिवर्तन रहे है।[53]

पी0डी0 श्रीमाली, एग्रेरियन स्ट्रक्चर मूवमेन्टस एण्ड पीजैन्ट आर्गानाइजेशनस इन इण्डिया, वालियम-प्प्ए उतर प्रदेश, 2004

इस पुस्तक में लेखक ने उतर प्रदेश में कृषि सम्बन्धी ढाँचे तथा 1920 ई0 से 1960 ई0 तक के किसान आन्दोलनों का विस्तारपूर्वक अध्ययन किया है। उतर प्रदेश में अंग्रेजी शासन के दौरान कृषि ढाँचे के बारे में लेखक का यह कहना है कि इनके शासनकाल में कृषि का ढाँचा किसानों के अनुकूल नहीं रहा था। 1793 ई0 में जो भूमि बन्दोबस्त किया गया था उसने किसानों को काफी प्रभावित किया था। यह जमींदारों के पक्ष में था। 1920 का किसान आन्दोलन जमींदारो के नजराना, हरी और बेगार प्रथा के खिलाफ था। यह आन्दोलन किसान सभा की अध्यक्षता में प्रतापगढ़, रायबरेली, सुल्तानपुर, फैजाबाद, हरदोई, उनाव, खैरी और लखनऊ आदि भागों में फैला था। 1930-31 ई0 के उतर प्रदेश किसान आन्दोलन के बारे में लेखक का यह कहना है कि यह आन्दोलन जमींदारों के

खिलाफ था जिसमें किसानों ने किराया और कर देना बन्द कर दिया था। 1936-1947 ई0 तक भी उतर प्रदेश में किसान सभा के नेतृत्व में जमींदारो और ब्रिटिश शासन के खिलाफ अनेक आन्दोलन हुए। लेखक ने यह भी स्पष्ट किया है कि आजादी के बाद 1950 ई0 से 1977 ई0 तक किसानों को उनके हक दिलाने के लिए अनेक भूमि सुध ार अधिनियम और काश्तकारी अधिनियम पारित किए गए थे।[54]

जी0 पार्थासारथी, एग्रेरियन स्ट्रक्चर एण्ड पीजैन्ट आर्गानाइजेशनज इन इण्डिया, आन्ध्रा प्रदेश, वॉलियम-८, 2004

इस पुस्तक में लेखक ने आन्ध्र प्रदेश में बदलते कृषि ढाँचे, किसान नेतृत्व, 1946 ई0 से लेकर आजादी के बाद तक के किसान आन्दोलनों, जनजातीय और नक्सलवादी आन्दोलनों का विस्तारपूर्वक अध्ययन किया है। आन्ध्र प्रदेश में कृषि ढाँचे के बारे में लेखक का यह कहना है कि आजादी के बाद इसमें परिवर्तन हुआ है और किसानों को उनके अधिकार दिलाने के लिए अनेक कानून बनाए गए है। अपने अध्ययन में लेखक ने यह भी पाया कि इस जिले में किसान नेतृत्व तथा किसान संगठन उभरकर सामने आये है। किसान नेतृत्व में भूमिहीन, छोटे किसान, मध्य किसान, अमीर किसान तथा जातीय नेतृत्व आदि है। किसान संगठनों के बारे में लेखक का यह कहना है कि वर्तमान समय में आन्ध ्र प्रदेश में लगभग 197 किसान संगठन सक्रिय है जो किसानों एवं मजदूरो को संगठित एवं आन्दोलित कर रहे है। तेलंगाना किसान आन्दोलन की लेखक ने नवाब और देशमुख की तानाशाही नीतियाँ, जबरन बेगार, भूमि वितरण आदि कारण बताए है। आजादी के बाद हुए जनजातीय आन्दोलन उचित वेतन को पाने, भूमि राजस्व के बढ़ने, फसलों के उचित दाम न मिलने, जमींदारों द्वारा छीनी हुई भूमि को वापस प्राप्त करने को लेकर हुए थे। आजादी के बाद आन्ध्र प्रदेश में 1954 ई0 का कुरनोल किसान आन्दोलन नये कर को लेकर, 1961 ई0 में पश्चिमी गोदावरी जिले में बिजली की वृद्धि और भूमि सुधार, 1967 ई0 में अतिरिक्त भूमि राजस्व को लेकर, 1975 ई0 मे गुड़ उत्पादको का गन्ने के अच्छे दाम के लिए आन्दोलन तथा अच्छी सिंचाई की व्यवस्था, मण्डियों की सुविध ा, बिजली की नियमित आपूर्ति आदि अनेक कारणों को लेकर हुए थे। इन आन्दोलनों ने सरकार पर दबाव बनाकर अपनी माँगे मनवाने में सफलता हासिल की थी।[55]

वाई0 वैकुन्थम, (स0), पीपल्स मूवमेन्टस इन दि प्रिंसली स्टेट्स, 2004

इस पुस्तक में लेखक ने हैदराबाद, मैसूर, त्रावनकोर, उड़ीसा, बनागनापलि, कश्मीर, ग्वालियर आदि रियासतों में जन-आन्दोलन एवं किसान आन्दोलनों का विस्तार से अध्ययन किया है। हैदराबाद में 1724 ई0 से 1950 ई0 के बीच किसान आन्दोलन के अध्ययन में लेखक ने यह पाया कि ये आन्दोलन देशमुख, जागीरदारों, सामन्ती व्यवस्था, महाजनों, नवाब आदि के अत्याचारों के खिलाफ थे। मैसूर में 1881-1947 ई0 तक उड़ीसा, ग्वालियर, बनागनापलि रियासतों में हुए जन-आन्दोलन राजाओं की तानाशाही तथा रियासत में उतरदायी सरकार की स्थापना को लेकर हुए थे। त्रावनकोर में 1809-1937 ई0 के बीच हुए किसान आन्दोलन के बारे में लेखक का यह कहना है कि ये ब्रिटिश साम्राज्यवाद

की तानाशाही तथा रियासत में उतरदायी सरकार की स्थापना को लेकर हुए थे। जम्मू तथा कश्मीर में 1846-1931 ई0 के बीच हुए किसान आन्दोलन बेगार, डोगरा राजपूतों के बुरे शासन, अनेक प्रकार के असहनीय कर तथा रियासतों में उतरदायी सरकार की स्थापना को लेकर हुए थे।[56]

मृदुला मुखर्जी, पीजैन्टस इन इण्डियाज नान-वायोलेन्ट रेवोल्यूशन, 2004

इस पुस्तक में लेखिका ने 1930 ई0 से लेकर 1953 ई0 तक पंजाब में किसानों द्वारा किए गए आन्दोलनों का अध्ययन किया है। लेखिका ने पंजाब किसान आन्दोलनों को दो भागों में बांटा है। 1. सामान्य किसान आन्दोलन 2. मुजारा और किरायेदारों का आन्दोलन। यह दोनों किसान आन्दोलन किसान सभा, प्रजामण्डल आदि के नेतृत्व में लड़े गए थे। मुजारा आन्दोलन में किरायेदारों ने सरकार को किराया देना बन्द कर घुटने टेकने पर मजबूर कर दिया था। 1930 ई0 का पटियाला का मुजारा आन्दोलन काश्तकारों द्वारा अपने पैतृक सम्पति के अधिकार खों देने के कारण हुआ था। यह आन्दोलन 1953 ई0 तक चलता रहा। 1952 ई0 में मुजारो की जीत हुई थी और सरकार को 'पैप्सू टिनेन्ट एक्ट' अस्थायी तौर पर बनाना पड़ा था। लेखिका ने अपने इस अध्ययन में यह भी बताया है कि पंजाब के किसानों ने भारत के राष्ट्रीय आन्दोलन में भी महत्वपूर्ण भूमिका निभाई थी।[57]

वी0एन0 सिंह, जनमेजय सिंह, भारत में सामाजिक आन्दोलन, 2005

प्रस्तुत पुस्तक में लेखक ने भारत में सामाजिक आन्दोलनों का अध्ययन ऐतिहासिक और प्रादेशिक दोनो आधारों पर किया है। इस पुस्तक में सामाजिक आन्दोलनों और विद्रोहो को समग्र रुप में देखने का प्रयास किया गया है। इस पुस्तक में लेंखक ने 1763-1800 ई0 का सन्यासी विद्रोह, 1783 ई0 के रंगपुर किसान विद्रोह, 1855-56 ई0 का संथाल विद्रोह, 1860-1861 ई0 का नील किसानों का विद्रोह, 1872-1873 ई0 का पाबना किसान विद्रोह, 1946-47 ई0 का तेभागा किसान आन्दोलन, 1946-1951 ई0 का तेलंगाना किसान आन्दोलन, पंजाब, बिहार और उत्तर प्रदेश में किसान आन्दोलन, भारत में समकालीन आन्दोलन, नक्सलवादी आन्दोलन अन्य सामाजिक आन्दोलनों का भी विस्तारपूर्वक अध्ययन किया है। ये सभी आन्दोलन ब्रिटिश शासन, जमींदारों, सामन्तों, महाजनों आदि के खिलाफ हुए थे। भारत में समकालीन किसान आन्दोलनों के बारे में लेखक का यह कहना है कि समकालीन समाज में आन्दोलन थमे नहीं है। किसान, खेती और इससे जुड़ी समस्याओं को लेकर स्वतन्त्र भारत में आन्दोलन कर रहा है। नगर की अपेक्षा ग्रामीण समाज अविकसित है। कानूनी रुप से तो जमींदारी प्रथा समाप्त की गई है, परन्तु व्यवहार में खेतिहर किसान जमीन पर कुछ लोगो का ही कब्जा है। समकालीन भारतीय समाज में किसान आन्दोलन राजनीतिक दलों द्वारा सामान्यतया चलाए जा रहे है। इन राजनैतिक दलों का सिद्धान्त, शोषण व अन्याय के विरुद्ध संघर्ष करना है। समकालीन किसान आन्दोलनों की एक विशेषता यह भी है कि देश के सभी राज्यों में किसान आन्दोलन में मुद्दे अलग-अलग होते है। स्वतन्त्र भारत में किसान आन्दोलन क्षेत्रीय व स्थानीय समस्याओं को लेकर किये जाते है तथा केन्द्रीय सरकार की किसान विरोधी नीतियों तथा बिजली खाद के दाम, कम ब्याज पर किसानों को ऋण आदि मुद्दों को लेकर होते है। इसी प्रकार

के आन्दोलन 1972 ई0 में तमिलनाडु में बिजली की दरें कम करने, कर्ज की वसूली न करने, 1979 ई0 में महाराष्ट्र में शरद जोशी के नेतृत्व में प्याज उत्पादकों का आन्दोलन, 1986 ई0 में बटौत जिला मेरठ में बिजली की दरों में वृद्धि कम करने, 1988 ई0 में उतर प्रदेश, हरियाणा और पंजाब के किसानों द्वारा दिल्ली में महेन्द्र सिंह टिकैत के नेतृत्व में बिजली और खाद के दाम कम करने को लेकर तथा 1988 ई0 में ही महाराष्ट्र में 'शेतकारी संगठन' के नेतृत्व में लगान व कर्जा माफ करने को लेकर हुए है। इन सभी आन्दोलनों द्वारा अपनी माँगे पूरी करने के लिए सरकार पर दबाव डाला गया था। समकालीन किसान आन्दोलन में 'भारतीय किसान यूनियन' और महेन्द्र सिंह टिकैत की भूमिका काफी महत्वपूर्ण रही है। 1967 ई0 में पश्चिमी बंगाल में शुरू हुआ नक्सलवादी आन्दोलन सामन्तवादी, साम्प्रदायिकता तथा जातिवाद के खिलाफ है और यह कई जिलों में फैल चुका है।[58]

नवीन शर्मा, हिमाचल प्रदेश का राजनीतिक इतिहास, (1206-1809), 2005

यह पुस्तक हिमाचल प्रदेश के राजनीतिक इतिहास पर परोक्ष रुप से प्रकाश डालती है। इस पुस्तक में लेखक ने हिमाचल प्रदेश पर मुगल, गोरखों तथा सिक्ख आदि शक्तिर्यों द्वारा किये आक्रमणों का अध्ययन किया है। इस विषय में लेखक का यह कहना है कि इस प्रदेश पर हुए बाहरी आक्रमणकारियों का यहाँ की जनता तथा राजाओं ने भारी विरोध किया था। हिमाचल प्रदेश में जनता शुरू से ही अन्याय एवं अत्याचारी शासन का विरोध करती रही है।[59]

किशन पटनायक, किसान आन्दोलन: दशा और दिशा, 2006

इस पुस्तक में लेखक ने दक्षिण भारत में आजादी के बाद किसान आन्दोलन तथा शरद जोशी और महेन्द्र सिंह टिकैत के किसानों के बारे कैसा दृष्टिकोण है पर प्रकाश डाला है। तमिलनाडु में 1980 ई0 में हुए किसान आन्दोलन के विषय में लेखक का यह कहना है कि यह आन्दोलन बिजली की दरों में वृद्धि को लेकर हुआ था तथा किसानों ने बिजली के बिलों का भुगतान करना बन्द कर दिया था और सरकार के खिलाफ आन्दोलन छेड़ दिया था। बदले में सरकार ने दमनात्मक कार्यवाही चलाई थी जिसमें कुछ किसान भी मारे गए थे। इसका जबाब किसानों ने 1980 ई0 के लोकसभा और विधानसभा चुनाव में दिया था। जिसमें की यह दल चुनाव में हार गया था। कर्नाटक में भी किसानों द्वारा तमिलनाडु के जैसी ही विधि अपनाई गई थी और 'सुधार लेवी' को लेकर आन्दोलन किया था। परिणामस्वरुप, यह आन्दोलन सफल रहा अैर सरकार ने घोषणा की थी दस एकड़ तक की खेती पर भू-राजस्व नहीं लगेगा। लेखक का शरद जोशी के किसान आन्दोलनों के बारे में यह कहना है कि उनके द्वारा चलाए गए आन्दोलन कभी न खत्म होने वाले है।[60]

रूप कुमार शर्मा, अंधकार से प्रकाश की ओर, 2006

यह पुस्तक हिमाचल प्रदेश के सामाजिक-आर्थिक तथा प्रशासनिक इतिहास पर परोक्ष रुप से प्रकाश डालती है। यह पर्वतीय प्रदेश निर्माण से पहले पंजाब हिल स्टेट्स और

शिमला हिल स्टेट्स के नाम से जाना जाता था। 15 अप्रैल, 1948 ई0 को इसका नाम हिमाचल प्रदेश रखा गया तथा यह 'ग' श्रेणी का राज्य बना था। प्रथम नवम्बर, 1966 ई0 को पंजाब का पुर्नगठन होने से कांगड़ा, नालागढ़, ऊना, कुल्लू तथा शिमला को अलग करके इस पर्वतीय प्रदेश के साथ मिला देने से यह विशाल हिमाचल बना था। लेखक ने इस पुस्तक में राजा और ठाकुरो के अन्यायपूर्ण एवं बुरे शासन पर भी प्रकाश डाला है जिसके खिलाफ जनता ने आन्दोलन करने शुरू किए थे।[61]

राजेन्द्र अत्री, हिमाचल प्रदेश एक बहु-आयामी परिचय, 2007

प्रस्तुत पुस्तक में लेखक ने हिमाचल प्रदेश के इतिहास का प्राचीनकाल से लेकर बाद तक का संक्षिप्त अध्ययन किया है। 1857 ई0 के विद्रोह के बारे में लेखक का यह कहना है कि इस विद्रोह की चिंगारी कसौली, अम्बाला, डगशाई, स्पाटू, जतोग, बुशहर, कांगड़ा, कुल्लू, नूरपुर, धर्मशाला, शिमला आदि रियासतों तथा क्षेत्रों में भड़की थी। बुशहर और कुल्लू के शासकों तथा जनता ने तो इस विद्रोह में खुलेआम ब्रिटिश सरकार का विरोध किया था। इस पुस्तक में लेखक ने रामपुर बुशहर, सुकेत, नालागढ़, चम्बा, मण्डी आदि रियासतों में दूम्ह (असहयोग) आन्दोलन तथा किसान आन्दोलनों का भी अध्ययन किया है जो कि रियासतों के बुरे प्रशासन, नगदी भूमि लगान के विरोध में, ठाकुरो की तानाशाही, बैठ-बेगार प्रथा के खिलाफ हुए थे। लेखक ने इस पुस्तक में धामी गोली काण्ड 1939, पझौता किसान आन्दोलन 1942, सुकेत जन-आन्दोलन आदि अनेक आन्दोलनों का भी अध्ययन किया है। इस विषय में लेखक का यह कहना है कि धामी आन्दोलन बेगार बन्द करने, भूमि लगान कम करने, रियासत में प्रतिनिधि सरकार की स्थापना करने को लेकर, पझौता किसान आन्दोलन रियासत में उतरदायी सरकार की स्थापना, आलू के खुले व्यापार के कानून बनाने, महिला रीत टैक्स की समाप्ति, भ्रष्ट कर्मचारियों का तबादला, गिरि नदी पर पुल बनाने हेतु, नये स्कूल, डाकघर, अस्पताल, बिना लाईसेंस के हथियार रखने की छूट तथा 1948 ई0 का सुकेत विद्रोह, सुकेत रियासत को भारतीय संघ में मिलाने को लेकर हुआ था। लेखक ने स्पष्ट किया है कि इस पर्वतीय प्रदेश में जन-आन्दोलन तथा नेताओं के सहयोग से 25 जनवरी, 1971 ई0 को इस प्रदेश को पूर्ण राज्य का दर्जा प्राप्त हुआ था।[62]

मोहन राम, तेलंगाना के किसानों का सशस्त्र संघर्ष, (1946-1951), 2007

इस लेख में लेखक ने तेलंगाना के किसानों के सशस्त्र संघर्ष पर प्रकाश डाला है। इस विषय में लेखक का यह कहना है कि यह संघर्ष आन्ध्र प्रदेश मे कम्युनिस्टों के नेतृत्व में लड़ा गया था। तेलंगाना क्रान्ति सर्वथा भारतीय परिस्थितियों की ऊपज थी जिसका सैद्धान्तिक आधार माओत्से-तुग की प्रसिद्ध रचना नया जनवाद थी। शुरु में किसानों का यह आन्दोलन काश्तकारी अधिकारों को कायम रखने के लिए और सामन्तवादी शोषण क विरुद्ध था। परन्तु जब निजाम सरकार और जमींदारों ने मिलकर आन्दोलन को कुचलने की कोशिश की तो आन्दोलन शीघ्र ही बड़े पैमाने पर फैल गया। तेलंगाना के किसानों के पास राजनैतिक संघर्षो में शामिल होने की कोई परम्परा नहीं थी। लेकिन फिर भी

सी0पी0आई0 के नेतृत्व मे तेलंगाना में किसानों ने संघर्ष शुरु किया और यह संघर्ष 5 वर्ष तक चला था। तेलंगाना क्षेत्र एक मध्यकालीन सामन्तवादी राजतन्त्र के अधीन था। जबकि आन्ध्र क्षेत्र सीधे इंग्लैंड के शासन के अन्तर्गत पड़ता था। उधर किसान मालगुजारी पैसे के रुप में सीधे सरकार को देते थे। इसलिए जंमीदार और किसानों के बीच अंतर्विरोध ा तेलंगाना में काफी तीव्र थे। यह संघर्ष समाप्त तो नहीं किया जा सका था बल्कि यह वापस ले लिया गया था। यह सामन्तवादी शासन को समाप्त करने के लिए किसानों का एक क्रान्तिकारी संग्राम था। इस संघर्ष का यह परिणाम निकला कि 30 एकड़ जमीन का वितरण किसानों में किया गया, बेगार बन्द कर दी गई, अवैध शोषण, सामन्तवादी दमन, बेदखली बन्द कर दी गई और न्यूनतम मजदूरी लागू कर दी गई तथा काँग्रेस पार्टी को भूमि सुधार कार्यक्रम को प्राथमिकता देने के लिए मजबूर होना पड़ा था।[63]

राजागोपालन, कोयम्बतूर जिले में किसान आन्दोलन, 2007

प्रस्तुत लेख में लेखक ने तमिलनाडु राज्य के कोयम्बतूर जिले में हुए किसान आन्दोलन का बारीकी से अध्ययन किया है। अपने इस अध्ययन में लेखक ने यह पाया कि यह किसान आन्दोलन तमिलनाडु सरकार द्वारा बिजली का किराया बढ़ाने को लेकर हुआ था। पहले प्रति यूनिट 10 पैसे था जो कि बढ़ाकर 12पैसे प्रति यूनिट किया गया था। यह अमीर किसान श्रेणी का आन्दोलन था। 1947 ई0 के बाद यह एक बहुत आश्चर्यजनक आन्दोलन था जिसमें काँग्रेस पार्टी के दोनो दल स्वतन्त्र, सी0पी0आई0, जनसंघ और एस0एस0पी0 ने साथ मिलकर भाग लिया था। यूं तो यह आन्दोलन तमिलनाडु के कई जिलों में हुआ था मगर कोयम्बतूर जिले में ज्यादा जोरदार इसलिए रहा क्योंकि वहाँ की भूमि सुखी और पथरीली है और सिंचाई के प्रबन्ध बहुत कम थे। इसलिए बिजली से चलने वाले पम्प सैट वहाँ पर अधिक मात्रा में थे। इस किसान आन्दोलन मे मजदूर संगठनों ने भी भाग लिया था। अमीर किसानों द्वारा किए गए आन्दोलन में बिजली के किराये में तो कमी नहीं की गई थी परन्तु 'द्रविड़ मुनेत्र कड़गम' और अमीर किसानों के बीच समझौते में किराया 12 पैसे से प्रति यूनिट घटाकर 10.8 पैसे प्रति यूनिट किया गया था।[64]

प्रकाश लुईस, जन शक्तिः मध्य बिहार में नक्सलवादी आन्दोलन, 2008

इस पुस्तक में लेखक ने मध्य बिहार में 1967 ई0 के नक्सलवादी आन्दोलन तथा भारत में आजादी के पहले तथा बाद में हुए अन्य किसान आन्दोलनों का भी अध्ययन किया है। नक्सलवादी आन्दोलन के बारे में लेखक का यह कहना है कि यह आन्दोलन पश्चिमी बंगाल से शुरु हुआ था और इसने भारत के कृषि आन्दोलन को भी एक नया स्वरुप प्रदान किया था। यह आन्दोलन मार्क्सवादी लेनिनवादी विचारधारा से प्रभावित है। लेखक का यह भी कहना है कि जहाँ से इस आन्दोलन की शुरुआत हुई थी वहाँ पर तो यह थम सा गया है परन्तु भारत के 10 प्रदेशों में आज भी सक्रिय है। मध्य बिहार में नक्सलवादी आन्दोलन के लेखक ने बिहार के सामाजिक-आर्थिक, राजनैतिक एवं सामाजिक परिवेश में मुखरित हो रहे भूमि एवं संसाधन में असमानता, न्यूनतम मजदूरी का मजाक उड़ाना, जातिगत उत्पीड़न, निम्न जाति की महिलाओं का यौन शोषण, विकास कार्यो

में लूट-पाट सामाजिक प्रतिष्ठा आदि कारण माने है। बिहार राज्य 17वीं सदी से संगठित और असंगठित दोनो तरह के कृषि आन्दोलनों के लिए ऊपजाऊ जमीन रहा है। 1778 ई0 में पहाड़ियां सरदारों का विद्रोह, 1807 ई0 में छोटानागपुर आदिवासी विद्रोह, 1831-32 ई0 का महान कोल और भूमिज विद्रोह, 1855 ई0 का संथाल विद्रोह, 1889 ई0 का मुण्डा विद्रोह, 1917 ई0 का चंपारण नील किसान विद्रोह, 1930 ई0 का काश्तकारों का स्वामी सहजानन्द सरस्वती के नेतृत्व में जमींदारों के प्रति किसान आन्दोलन आदि होते रहे है। इस पुस्तक में लेखक ने भारत के अन्य क्षेत्रों में हुए किसान आन्दोलनों का भी अध्ययन किया है जिसके लेखक नें सामाजिक-आर्थिक, राजनीतिक कारण बताए है। अपनी इस पुस्तक में लेखक ने आजादी के बाद के किसान आन्दोलनों के स्वरूप पर भी प्रकाश डाला है। इस विषय में लेखक का यह कहना है कि 600 राजों-रजवाड़ों के खिलाफ चल रहे कृषि आन्दोलनों का स्वरूप बदल गया है। जमींदारों, धनी किसानों, पूंजीपतियों और मुख्यत: किसानों की पार्टी भारतीय राष्ट्रीय काँग्रेस ने कृषि संरचना में बदलाव के लिए विविध कानून और शांतिपूर्ण संघर्ष चलाया। नवोदित मालिक वर्ग ने ज्यादा से ज्यादा हर सुविधा और सहायता हासिल करने के लिए सरकार के विरोध में आन्दोलन छेड़े है। उनकी माँगे बीज, खाद और उत्पाद की ज्यादा कीमतो से जुडी रही है। महाराष्ट्र में शरद् जोशी, उतर प्रदेश में महेन्द्र सिंह टिकैत और कर्नाटक में नजुंडास्वामी किसानों के हिस्से का प्रतिनिधित्व करते है। इज्जत, मजदूरी और जमीन के लिए दलित मजदूरों के आन्दोलन कृषि संघर्ष के केन्द्र में आ गये है। उग्र कम्युनिस्टों ने इन आन्दोलनों की गोलाबन्दी में महत्वपूर्ण भूमिका निभाई है।[65]

विनायक चर्तुवेदी, पीजैन्ट पास्टजः हिस्ट्री पोलिटिक्स एण्ड नेशनलिज्म इन गुजरात, 2008

प्रस्तुत पुस्तक में लेखक ने गुजरात के खेड़ा किसान आन्दोलन का अध्ययन किया है। यह किसान आन्दोलन 1918 ई0 में भूमि राजस्व के बढ़ने को लेकर हुआ था। इस किसान आन्दोलन को महात्मा गाँधी नें नेतृत्व प्रदान किया था। इस समस्या का समाधान करने के लिए गाँधी जी ने अंग्रेज अधिकारियों से भी सम्पर्क किया था और भूमि राजस्व समाप्त करने की माँग की थी। परन्तु सरकार ने गाँधी की माँग को ठुकरा दिया था। इस प्रकार गाँधी ने किसानों के साथ मिलकर खेड़ा (गुजरात) में आन्दोलन शुरु किया था। यह आन्दोलन लगभग 70 गाँवों में फैल गया था। इस आन्दोलन ने ब्रिटिश शासन की जड़ें हिला दी थी और मजबूर होकर ब्रिटिश सरकार को गाँधी और किसानों के आगे झुकना पड़ा था। इस पुस्तक के 41 और 43 वें अध्याय में किसानों द्वारा ब्रिटिश शासन के खिलाफ अपनाई गई विधियों तथा 1930 ई0 के कर नहीं आन्दोलन का भी अध्ययन किया गया है। इस आन्दोलन में किसानों ने अंग्रेजों को कर देना बन्द कर दिया था।[66]

अनिल कुमार द्विवेदी, भारत में अंग्रेजी राज्य के दौरान सशस्त्र विद्रोह, 2008

प्रस्तुत पुस्तक में लेखक ने ब्रिटिश शासन के दौरान हुए जन-आन्दोलनों का अध्ययन

किया है। इन जन-आन्दोलनों में लेखक ने 1763 से 1800 ई0 के सन्यासी किसान विद्रोह, 1768 ई0 के मिदनापुर आदिम जाति का चुआर तथा हो विद्रोह, 1786-1857 ई0 के बीच बहावी आन्दोलन, 1792 ई0 में तमिलनाडु कट्टावोमन विद्रोह, 1794 ई0 में विजयनगरम के राजाओं का विद्राह, 1801-1804 ई0 में मैसूर में घोडजी बाघ का विद्रोह, 1804 ई0 में उड़ीसा में पाइक विद्रोह, 1805 ई0 में ट्रावकोर में दीवान वेला टम्पी का विद्रोह, 1806 ई0 में वेल्लोर सैनिक विद्रोह, 1812-1819 ई0 का भील विद्रोह, 1818-1819 ई0 में बघेरा सरदारों का विद्रोह तथा कच्छ का विद्रोह, 1820-22 ई0 में बंगाल एवं उड़ीसा में होस जनजाति के विद्रोह, 1822-1841 ई0 तक रमौसी विद्रोह, 1824-1829 ई0 में किट्टूर विद्रोह, 1824 से 1850 ई0 तक सैनिको का विद्रोह, 1825 ई0 में बंगाल पागल पंथी तथा फरैजियों का विद्रोह, 1827-1830 ई0 में विशाखापटनम विद्रोह, 1828 ई0 में असाम में अहोम विद्रोह, 1829-1839 ई0 के बीच कोलो का विद्रोह, 1835 ई0 में गंजाम विद्रोह, 1836-1854 ई0 में मोपला विद्रोह, 1840-41 ई0 में सतारा में विद्रोह, 1844 ई0 का सूरत का नमक आन्दोलन तथा कोल्हापुर एवं सावन्तवाड़ी विद्रोह, 1846-47 ई0 का बुंदेला विद्रोह तथा 1857 ई0 के विद्रोह आदि अनेक जन-आन्दोलनों को शामिल किया है। इन सभी आन्दोलनों के लेखक ने ब्रिटिश सरकार की दमनकारी नीतियां, अत्याचारी शासन, जमींदारी प्रथा तथा बेगार प्रथा आदि अनेक कारण माने है।[67]

रवि रंजन, एम0के0 सिंह, सरदार वल्लभ भाई पटेल, 2009

इस पुस्तक में लेखकों द्वारा खेड़ा किसान आन्दोलन, पंजाब तथा राजस्थान में हुए किसान आन्दोलनों का संक्षिप्त अध्ययन किया गया है। खेड़ा सत्याग्रह और बारदोली किसान आन्दोलन सरदार वल्लवभाई पटेल के नेतृत्व में गुजरात में हुए थे। ये दोनो आन्दोलन राज्य में सूखा ग्रस्त, अकाल तथा भारी राजस्व के कारण हुए थे। इसमें किसानों को सफलता मिली थी। पंजाब में किसान आन्दोलन ब्रिटिश शासन के खिलाफ हुए थे। राजस्थान में 1922, 1931-32 ई0 में किसान आन्दोलन सामन्तवाद, जागीरप्रथा तथा बेगार प्रथा के खिलाफ हुए थे। 2004 ई0 में घरसाना किसान आन्दोलन 'किसान मजदूर व्यापार संघर्ष समिति' के नेतृत्व में सिंचाई के पानी को लेकर हुआ था। इस आन्दोलन में किसानों ने एस0डी0एम0 (सब डिविजनल मजिस्ट्रेट) के दफ्तर को घेर लिया था। बाद में जनता पार्टी ने समस्या का समाधान कर आन्दोलन को शांत किया था।[68]

के0 वेणुगोपाल रेड्डी, डोमिनेन्स एण्ड रिसिस्टेन्स: ए स्टडी ऑफ नरसिम्हा रेड्डी रिवोल्टस इन आन्ध्रा, (1846-1847), 2010

इस लेख में लेखक ने आन्ध्र प्रदेश में 1846-1847 ई0 में हुए नरसिम्हा रेड्डी विद्रोह का अध्ययन किया है। इस विद्रोह की शुरुआत कुडापह जिले से हुई थी। इसमें लगभग 5,000 किसान तथा निचले तबके की जनता शामिल हुई थी। यह विद्रोह अंग्रेजो के बुरे प्रशासन, उनके द्वारा राजस्व प्राप्त करने की दमनात्मक नीति, राजस्व सम्बन्धी दोषपूर्ण नियम आदि अनेक कारणों को लेकर शुरु हुआ था।[69]

सन्दर्भ

1. सुरेन्द्र नाथ सेन, अठारह सौ सतावन, सूचना एवं प्रसारण मन्त्रालय, (भारत सरकार), दिल्ली, 1947
2. वी0पी0 मेनन, दि स्टोरी आफ दि इन्टिग्रेशन ऑफ इण्डियन स्टेट्स, आरियेन्ट लांगमेन्ज, बम्बई, 1961
3. राजेन्द्र लाल हांडा, देशी रियासतो में स्वाधीनता संग्राम का संक्षिप्त इतिहास, स्ट्रलिग पब्लिशर्स, दिल्ली, 1969
4. ऐरिक आर0 वोल्फ, पीजैन्ट वारज ऑफ दि ट्वेन्टिइथ् सैन्चुरी, फिबर एण्ड फिबर, लंदन, 1971
5. एम0एस0 अहलुवालिया, एस0के0 गुप्ता, प्राण खोसला, एन0 के शारदा, रणवीर शर्मा, मियाँ गोवर्धन सिंह, हिमाचल प्रदेश पास्ट प्रेजैन्ट एण्ड फ्यूचर, डारैक्टोरेट ऑफ कोरसपोन्डेन्स कोर्स, शिमला, 1976
6. घनश्याम शाह, प्रोटेस्ट मूवमेन्टस टू इण्डियन स्टेट्स: ए स्टडी ऑफ गुजरात एण्ड बिहार मूवमेन्टस, अजन्ता पब्लिकेशन्स, दिल्ली, 1977
7. रणवीर शर्मा, पार्टी पोलिटिक्स इन ए हिमालयन स्टेट, नेशनल पब्लिशिंग हॉऊस, नई दिल्ली, 1977
8. ए0आर0 देसाई, पीजैन्ट स्ट्रगल इन इन्डिया, ऑक्सफोर्ड यूनिवसिटी प्रैस, दिल्ली, 1979
9. सुखदेव सिंह चरक, हिस्ट्री एण्ड कल्चर ऑफ हिमालयन स्टेट्स, वॉलियम-ष्ष्, लाइट एण्ड लाइफ पब्लिशर्स, नई दिल्ली, 1979
10. क्रिस्टियन सिग्रिस्ट, अमलेन्दु गुहा, गेरहार्ट हाऊक, वी0 सर्मामार्ला, भारत में किसान संघर्ष, (1756-1975), म्युंटर, फेडरल रिपब्लिक ऑफ जर्मनी, 1979
11. गैरिट हुईजर, पीजैन्ट मूवमेन्टस एण्ड देयर काऊटरफोर्सज इन साऊथ ईस्ट एशिया, मारवाह पब्लिकेशन्स, नई दिल्ली, 1980
12. डेविड हार्डीमेन, पीजैन्ट नेशनलिस्टस ऑफ गुजरात खेडा डिस्ट्रिक्ट, (1917-1934), ऑक्सफोर्ड यूनिवर्सिटि प्रैस, दिल्ली, 1981
13. सुनील सेन, पीजैन्ट मूवमेन्टस इन इण्डिया, (मिड-नाइनटिथ एण्ड ट्वेन्टिइथ् सैन्चुरिज), के0पी0 बागची एण्ड कम्पनी, कलकता, नई दिल्ली, 1982
14. ज्ञान पाण्डे, पीजैन्ट एण्ड इण्डियन नेशनलिज्म: दि पीजैन्ट मूवमेन्ट इन अवध, (1919-1922), (रणजीत गुहा, (स0), सबअलटरन स्टडीज-ए राईटिंगस ऑन साऊथ एशियन हिस्ट्री एण्ड सोसाइटी, ऑक्सफोर्ड यूनिवर्सिटी प्रैस, न्यूयार्क, 1982)
15. अरविन्द एन0 दास, एग्रेरियन अनरैस्ट एण्ड सोशियों इकोनोमिक चेंज इन बिहार, (1900-1980), मनोहर पब्लिशर्स, नई दिल्ली, 1983
16. ए0एन सेठ, पीजैन्ट आर्गानाइजेशन इन इण्डिया, बी0आर0 पब्लिशिंग कॉरपोरेशन, दिल्ली, 1984
17. घासीराम, बिजौलिया के किसानों में असंतोष तथा संघर्ष का सूत्रपात: एक प्रगतिशील आयाम, राज्यशास्त्र समीक्षा, वर्ष: 14, अंक: 1, राजनीति विज्ञान विभाग, राजस्थान विश्वविद्यालय, जयपुर, जनवरी, 1984
18. डेविड आर्नोल्ड, फेमिन इन पीजैन्ट कनशियसनैस एण्ड पीजैन्ट एक्शन: मद्रास, (1876-1878), (रनजीत गुहा, (सम्पादक), सबअल्टरन स्टडीज ष्ष्, राइटिंगस ऑन साऊथ एशियन हिस्ट्री एण्ड सोसाइटी, ऑक्सफोर्ड यूनिवर्सिटी प्रैस, दिल्ली, 1984

19. डेविड हार्डीमेन, आदिवासी असरशन इन गुजरातः दि देवी मूवमेन्ट ऑफ (1922-1923), (रणजीत गुहा, सबअल्टरन स्टडीज-IV ए राइटिंगस ऑफ साउथ एशियन हिस्ट्री एण्ड सोसाइटी, ऑक्सफोर्ड यूनिवर्सिटी प्रैस, दिल्ली, 1984
20. चित्रलेखा भट्टाचार्य, दि भील राइजिंग, (1857-1858), (निसिथ रंजन रे, कल्पना जोशी (दत), चिनमोहन सेहनाविस, अजय चन्द्रा बनर्जी, कमला मुखर्जी, जी0जे0 रामा राव, बेरन रे, (स0), चैलेंज ए सागा ऑफ इण्डियाज स्ट्रगल फार फ्रीडम), पीपल पब्लिशिंग हॉऊस, नई दिल्ली, 1984
21. लेखराम भारद्वाज, बिलासपुर प्रजामण्डलः राजनैतिक व स्वतन्त्रता संघर्ष, भारद्वाज प्रकाशन, बिलासपुर, (हिमाचल प्रदेश), 1985
22. स्टीफेन वलास्टोय, पीजैन्ट प्रोटेस्टस एण्ड अपराईजिंगस इन तोकुगावा जापान, यूनिवर्सिटी ऑफ केलिफोर्निया प्रैस, बकले, लॉस एंजेल्स, लन्दन, 1986
23. ऐरिक स्टोक्स, दि पीजेन्ट आर्मडः दि इण्डियन रिबेलियन ऑफ 1857, क्लोरेनडन प्रैस ऑक्सफोर्ड, न्यूयार्क, 1986
24. अतुल गोस्वामी, (स0), लैंड रिफार्मस, एण्ड पीजेन्ट मूवमेन्टः ए स्टडी ऑफ नार्थ ईस्ट इण्डिया, ओमसन्स पब्लिकेशन्स, नई दिल्ली, 1986
25. ए0आर0 देसाई, (स0), एग्रेरियन स्ट्रगल्स इन इण्डिया आफ्टर इन्डिपैन्डैन्स, ऑक्सफोर्ड यूनिवर्सिटि प्रैस, बम्बे, कलकता, मद्रास, 1986
26. नरोतम दत शास्त्री, बिलासपुर प्रजामण्डल के सात सुरमें, हिमाचल कला, संस्कृति और भाषा अकादमी, शिमला, 1987
27. महेन्द्र प्रताप, उतर प्रदेश में किसान आन्दोलन, वाणी प्रकाशन, नई दिल्ली, 1988
28. पी0 राधाकृष्णन, पीजैन्ट स्ट्रगल्स, लैड रिफार्मस एण्ड सोशल चेंज (मालाबार), 1836-1982, सेज पब्लिकेशन्स, दिल्ली, 1989
29. हिमाचल प्रदेश सरकार, संघर्ष के वे दिन, भाषा एवं संस्कृति विभाग शिमला, 1989
30. चमनलाल मल्होत्रा, हिमाचल का क्रान्तिकारिक इतिहास, जयश्री प्रिंटर्ज पब्लिशर्ज, शिमला, 1990
31. पेमाराम, शेखावटी किसान आन्दोलन का इतिहास, श्री गणेश सेवा समिति, जसनगर, (राजस्थान), 1990
32. केहर सिंह, फार्मज मूवमेन्ट एण्ड प्रैशर ग्रुप पोलिटिक्स, दीप एण्ड दीप पब्लिकेशन्स, नई दिल्ली, 1990
33. कपिल कुमार, किसान विद्रोह, काँग्रेस और अंग्रेजी राज अवध, (1886-1922), मनोहर पब्लिकेशन्स, नई दिल्ली, 1991
34. मोहिन्दर सिंह, पीजैन्ट मूवमैन्टस इन पैप्सू पंजाब, नेशनल बुक आर्गानाइजेशन, पब्लिशर्स एण्ड डिस्ट्रीब्यूटर्स, नई दिल्ली, 1991
35. डेविड हार्डीमेन, (स0), पीजैन्ट रीसिस्टेन्स इन इण्डिया, (1858-1914), ऑक्सफोर्ड यूनिवसिटी प्रैस, नई दिल्ली, बम्बे, मद्रास, कलकता, 1992
36. हिमाचल प्रदेश सरकार, हिमाचल प्रदेश में स्वतन्त्रता संग्राम का संक्षिप्त इतिहास, भाषा एवं संस्कृति विभाग, शिमला, 1992
37. बालकृष्ण थानवी, मारवाड़ लोक परिषद् के जन-आन्दोलन, राजस्थानी ग्रन्थागार, जोधपुर, 1993
38. एस0एस0 नेगी, हिमाचल प्रदेश दि लैड एण्ड पीपल, इण्डस पब्लिशिंग कम्पनी, नई दिल्ली, 1993
39. ईश्वरी प्रसाद, भारत का किसान आन्दोलन, ग्रामीण साहित्य माला, नई दिल्ली, 1994

40. के0 मुन्नीरत्ना नायडु, (स0), पीजैन्ट मूवमेन्टस इन इण्डिया, रिलायेंस पब्लिशिंग हॉऊस, नई दिल्ली, 1994
41. वी0 वर्मा, दि एमरजैन्स ऑफ हिमाचल प्रदेशः ए सर्वे ऑफ कन्स्टीटयूशनल डेवलपमेंट, इण्डस पब्लिशिंग कम्पनी, नई दिल्ली, 1995
42. डेविड हार्डीमेन, फीडिग दि बनियाः पीजैन्ट एण्ड यूझरर इन वेस्टरन इण्डिया, ऑक्सफोर्ड यूनिवसिटी प्रैस, बम्बे, कलकता, मद्रास, 1996
43. मिँया गोवर्धन सिंह, हिमाचल प्रदेश इतिहास, संस्कृति एवं आर्थिक अवस्था, मिर्नवा बुक हॉऊस, शिमला, 1996
44. मुजफ्फर एच0 असादी, पीजैन्ट मूवमेन्ट इन कर्नाटका, (1980-1994), शिप्रा पब्लिकेशन्स, दिल्ली, 1997
45. अयोध्या सिंह, भारत का मुक्ति संग्राम, प्रकाशन संस्थान, नई दिल्ली, 1997
46. सी0एल0 दता, दि राज एण्ड दि शिमला हिल स्टेट्स, (सोशल-इकोनोमिक प्राब्लम्स, एग्रेरियन डिस्टरबेन्सिस एण्ड पैरामाऊटेन्सी), ए0बी0एस0 पब्लिकेशन्स, जालन्धर, (भारत), 1997
47. हरिराम जस्टा, हिमाचल निर्माता डॉ0 यशवन्त सिंह परमार, हिमाचल कला एवं संस्कृति अकादमी, शिमला, 1998
48. रमेश चौहान, हिमाचल प्रदेश ए पर्सपैक्टिव, मिनर्वा बुक हॉऊस, शिमला, 1998
49. हिमाचल प्रदेश सरकार, हिमाचल प्रदेश के स्वतन्त्रता सेनानी, भाग-2, भाषा एवं संस्कृति विभाग, शिमला, 2001
50. अंबानी लाहीरी, दि पीजैन्ट एण्ड इण्डियाज फ्रीडम मूवमेन्ट, मानक पब्लिकेशन्स, नई दिल्ली, 2001
51. गिरबन रंजन विश्वास, पीजैन्ट मूवमेन्टस इन नार्थ ईस्ट इण्डिया, (1946-1950), रिजैन्सी पब्लिकेशन्स, नई दिल्ली, 2002
52. संसार चन्द प्रभाकर, हिमाचली इतिहास के सुर्ख पन्ने, नीरज प्रकाशन, कांगड़ा, (हिमाचल प्रदेश), 2002
53. पी0 गोपीनाधन पिल्लई, लैफ्ट मूवमेन्टस एण्ड एग्रेरियन रिलेशन्स, (1920-1995), साऊथ एशियन पब्लिशर्स, नई दिल्ली, 2003
54. पी0डी0 श्रीमाली, एग्रेरियन स्ट्रक्चर मूवमेन्टस एण्ड पीजैन्ट आर्गानाइजेशन्स इन इंडिया, मानक पब्लिकेशन्स, नई दिल्ली, 2004
55. जी0 पार्थासारथी, एग्रेरियन चेंज एण्ड पीजैन्ट आर्गानाइजेशन्स इन इण्डिया आन्ध्र प्रदेश, वॉलियम-८, मानक पब्लिकेशन्स, नई दिल्ली, 2004
56. वाई0 वैकुन्थम, (स0), पीपल्स मूवेन्टस इन दि प्रिंसली स्टेट्स, मनोहर पब्लिशर्स एण्ड डिस्ट्रीब्यूटर्स, दिल्ली, 2004
57. मृदुला मुखर्जी, पीजैन्टस इन इण्डियाज नान-वायोलेन्ट रेवोल्यूशन, (प्रैक्टिस एण्ड थियोरी), सेज पब्लिकेशन्स, नई दिल्ली, 2004
58. वी0एन सिंह, जनमेजय सिंह, भारत में सामाजिक आन्दोलन, रावत पब्लिकेशन्स, जयपुर व नई दिल्ली, 2005
59. नवीन शर्मा, हिमाचल प्रदेश का राजनीतिक इतिहास, (1206-1809), सोसाइटी फार रिसर्च इन एजुकेशन एण्ड इन्फारमेशन टैक्नालोजी, शिमला, 2005

60. किशन पटनायक, किसान आन्दोलन: दशा और दिशा, राजकमल प्रकाशन, नई दिल्ली, इलाहबाद, पटना, 2006
61. रुप कुमार शर्मा, अंधकार से प्रकाश की ओर, करन प्रकाशन, मण्डी, (हिमाचल प्रदेश), 2006
62. राजेन्द्र अत्री, हिमाचल प्रदेश: एक बहु-आयामी परिचय, सरला पब्लिकेशन, शिमला, 2007
63. मोहनराम, तेलंगाना के किसानों का सशस्त्र संघर्ष, (1946-1951), (वीर भारत तलवार, (सं0), नक्सलबाड़ी के दौर में, अनामिका पब्लिशर्स एण्ड डिस्ट्रीब्यूटर्स, नई दिल्ली, 2007)
64. राजा गोपालन, कोयम्बूतर जिले मे किसान आन्दोलन, (वीर भारत तलवार, (सं0), नक्सलबाडी के दौर में)
65. प्रकाश लुईस, जन शक्ति: मध्य बिहार में नक्सलवादी आन्दोलन, मानक पब्लिकेशन्स, दिल्ली, 2008
66. विनायक चतुर्वेदी, पीजैन्ट पास्टज: हिस्ट्री, पोलिटिक्स एण्ड नेशनलिज्म इन गुजरात, परमानेंट बलैक, रानीखेत, 2008
67. अनिल कुमार द्विवेदी, भारत में अंग्रेजी राज्य के दौरान सशस्त्र विद्रोह, आविष्कार प्रकाशन, दिल्ली, 2008
68. रवि रंजन, एम के सिंह, सरदार वल्लभ भाई पटेल, के0के0 पब्लिकेशन्स, नई दिल्ली, 2009
69. के0 वेणुगोपाल रेड्डी, डोमिनेन्स एण्ड रिसिस्टेशन: ए स्टडी ऑफ नरसिम्हा रेड्डी रिवोल्टस इन आन्ध्रा, (1846-1847), सोशल साइटिस्ट, वॉलियम-38, न0 1-2, जनवरी-फरवरी, 2010

दूसरा अध्याय

हिमाचल प्रदेश का राजनीतिक इतिहास

हिमाचल प्रदेश $30^{0}22'$ से $33^{0}12'$ उतरी अक्षांश तथा $75^{0}47'$ से $79^{0}4'$ पूर्व देशान्तर के मध्य स्थित है। इसके पूर्व में तिब्बत, उतर में जम्मू कश्मीर, दक्षिण पूर्व में उतरांचल, दक्षिण में हरियाणा तथा पश्चिम में पंजाब राज्य स्थित है।[1] हिमाचल शब्द संस्कृत के दो शब्दों 'हिम' और 'अचल' की सन्धि से बना है। हिम का अर्थ बर्फ और अचल का अर्थ पर्वत से है। इस प्रकार हिमाचल से अभिप्राय बर्फ के पर्वत से है। इस पर्वतीय प्रदेश को देवभूमि (देवताओं की भूमि) से भी सम्बोधित किया गया है।[2] प्राचीन काल में भौगोलिक दृष्टि से जिस क्षेत्र को 'जलन्धर' कहा जाता था प्रायः वही भू-भाग आज हिमाचल प्रदेश के अर्न्तगत आता है। जो जल को धारण करता है उसे 'जलन्धर' कहा गया है। हिमाचल जल का स्त्रोत है क्योंकि यहाँ पर सतलुज, व्यास, यमुना, रावी, चन्द्रभागा (चिनाब) आदि नदियां प्रचुर मात्रा में जल प्रदान करती है।[3] पुराणों में 'जलन्धर' नामक दैत्यराज की राजधानी होने के कारण भी इस क्षेत्र को 'जलन्धर' कहा जाता था।[4] हिमाचल प्रदेश पश्चिमी हिमालय में स्थित है।[5] 15 अप्रैल, 1948 ई0 को 30 रियासतों को मिलाकर 'हिमाचल प्रदेश' का निर्माण हुआ है।[6] उस समय हिमाचल में चम्बा, मण्डी, महासू और सिरमौर चार जिले थे तथा प्रदेश का क्षेत्रफल 25,839 वर्ग मील था।[7] सन् 2009-10 ई0 की जनगणना रिपोर्ट के अनुसार इस पर्वतीय प्रदेश की जनसंख्या 66.44 है। इस प्रदेश का क्षेत्रफल 55,673 वर्ग मील में फैला है और इसका विभाजन 12 जिलों में किया गया है।[8] आजादी से पूर्व इस पर्वतीय प्रदेश को 'पंजाब हिल स्टेट्स' और 'शिमला हिल स्टेट्स' के नाम से जाना जाता था।[9] इन पहाड़ी रियासतों में आजादी से पहले अंग्रेजों और राजाओं का अत्याचारपूर्ण एवं तानाशाही शासन था जिससे मुक्ति पाने के लिए पहाड़ों

की भोली-भाली जनता ने आन्दोलन किये थे जिसमें हिमाचल प्रदेश का नेतृत्व भी उभरा था। इन जन-आन्दोलनों के कारण ही 25 जनवरी, 1971 ई0 को इस प्रदेश को पूर्ण राज्य का दर्जा प्राप्त हुआ था तथा जनता को लोकप्रिय सरकार प्राप्त हुई थी।[10] प्राचीन काल में हिमाचल के पाँच खण्ड थे जिन्हे नेपाल, कुमचिल, केदार, जलन्धर तथा कश्मीर कहा जाता था। इसमें कुमचिल-कुमाऊँ केदार गढ़वाल का तथा जलन्धर-हिमाचल प्रदेश का प्रतिनिधित्व करता है। हिमाचल क्षेत्र को प्राचीन काल में 'इलावर्त' भी कहा जाता था।[11] हिमाचल प्रदेश में बिलासपुर, चम्बा, हमीरपुर, कांगड़ा, किन्नौर, कुल्लू, लाहौल-स्पीति, शिमला, सिरमौर, सोलन, मण्डी और ऊना आदि 12 जिलें है तथा शिमला इस पर्वतीय प्रदेश की राजधानी है।[12]

प्राकृतिक दृष्टि से हिमाचल प्रदेश के भू-भागों को तीन भागों में बांटा जा सकता है। 1.शिवालिक क्षेत्र अथवा बाहरी हिमालय 2. मध्य हिमालय 3. वृहत् हिमालय या उच्च पर्वतीय क्षेत्र।

1. शिवालिक अथवा निचला पहाड़ी क्षेत्र

इस क्षेत्र की समुद्र तल से ऊँचाई 350 मीटर से 1500 मीटर तक पाई जाती है तथा औसतन वर्षा लगभग 1500 मिलीमीटर से 1800 मिलीमीटर के मध्य होती है। इस क्षेत्र में जिला कांगड़ा, हमीरपुर, ऊना, बिलासपुर, मण्डी जिले के निचले क्षेत्र तथा सोलन और सिरमौर जिले के निचले क्षेत्र आते है। शिवालिक क्षेत्र के महत्वपूर्ण स्थानों में पांवटा घाटी, नाहन, पच्छाद, रेणुका (जिला सिरमौर), बल्ह घाटी, जोगिन्द्रनगर (जिला मण्डी), नूरपुर, देहरा, ज्वाली, कांगड़ा, पालमपुर (जिला कांगड़ा), डलहौजी, चम्बा, भटियात, चुराह (जिला चम्बा) है। प्राचीन काल में शिवालिक क्षेत्र को मानक पर्वत के नाम से भी जाना जाता था।

2. मध्य हिमालय

इस क्षेत्र की समुद्र तल से ऊँचाई लगभग 1500 मीटर से 4500 मीटर के मध्य पाई जाती है। इस क्षेत्र की पहाड़ियों की ऊँचाई धौलाधार और पीर पंजाल पर्वत श्रृंखला की ओर बढ़ती जाती है। धौलाधार (जिला कांगडा) और पीर पंजाल (जिला चम्बा) इस क्षेत्र की मुख्य पहाड़ियाँ है। इस क्षेत्र में जिला सिरमौर के पच्छाद व रेणुका के ऊपरी क्षेत्र, मण्डी जिले के चच्योट व करसोग तहसील, कांगड़ा तथा पालमपुर के ऊपरी क्षेत्र, शिमला जिला की ऊपरी पहाडियां, चम्बा जिले के चुराह तहसील के ऊपरी क्षेत्र आते है। शिमला तथा सिरमौर जिले के मध्य चूड़धार (3647) मीटर चोटी इस क्षेत्र में स्थित है।

3. वृहत हिमालय या उच्च-पर्वतीय क्षेत्र

ये क्षेत्र समुद्र तल से 4500 मीटर से अधिक ऊँचाई पर स्थित है। पीर पंजाल और धौलाधार पर्वत श्रृंखला के उतर में ऊँची- ऊँची पर्वत श्रृंखलाएं इस क्षेत्र में आती है।[13]

नदियां

हिमाचल प्रदेश में पाँच नदियां बहती है। ये नदियां यमुना (कालिन्दी), सतलुज (शुतुद्री),

ब्यास (विपाशा), रावी (परुष्णी), चिनाब (अस्किनी) है। हिमाचल प्रदेश में बहने वाली पाँच नदियों में चार नदियों का वर्णन ऋग्वेद में भी मिलता है। इन नदियों में से सतलुज सबसे बड़ी नदी है।[14]

जलवायु

हिमाचल प्रदेश की जलवायु की मुख्य विशेषता मौसमों का आवर्तन तथा ऊँचाई साथ अन्तर मिलता है। पंजाब के मैदानी क्षेत्रों की अपेक्षा यहाँ की जलवायु कठोर है। यहाँ की शीत ऋतु अति ठण्डी तथा वर्षा अधिक मात्रा में होती है। इस प्रदेश के दक्षिणी भाग में उष्ण व उपआर्द्र उष्ण कटिबन्धीय जलवायु से लेकर शीतोष्ण, ठण्डी जलवायु (अल्पाइन) उतरी पूर्वी भाग में पाई जाती है। हिमाचल में लगभग 70 प्रतिशत वर्षा साल में जुलाई से सितम्बर, 20 प्रतिशत वर्षा अक्तूबर से मार्च के बीच तथा 10 प्रतिशत वर्षा अप्रैल से जून महीने के बीच होती है। अल्पाइन क्षेत्र पूरे साल में पाँच-छः महीने बर्फ से ढका रहता है। इस प्रदेश में सबसे अधिक वर्षा धर्मशाला में होती है।[15]

वन

वनों की दृष्टि से यह प्रदेश अत्यन्त समृद्ध है। भारत के कतिपय सर्वोतम वन यही पर है।[16] इसका लगभग एक तिहाई क्षेत्रफल वनों से ढका रहता था जिनमें देवदार, कैल, चीड़, राई, तोश, बान, मोहरु, खेरस, नेउजा और बांस के वृक्ष प्रमुख है। वन-विशेषज्ञों के अनुसार कुल मिलाकर 250 से भी ऊपर वृक्षों की जातियां यहाँ प्राप्य है। सबसे मूल्यवान वन देवदार के है। सहस्राब्दियों से इसका प्रयोग होता आ रहा है। मोहनजोदड़ो और हड़प्पा में सिंधु घाटी नामक सभ्यता के अवशेष खोदने पर मकानों में देवदार की लकड़ी के चिन्ह पाए गए है, जिसमें विदित है कि आज से पाँच हजार वर्ष पूर्व भी हिमाचल की यह लकड़ी भारत के प्रधान नगरों में विशेष आग्रह से स्वीकार की जाती रही।[17] इस पर्वतीय क्षेत्र में जड़ी-बूटियों तथा पशु-पक्षियों की जातियां-प्रजातियां भी मौजूद है।[18]

कृषि

हिमाचल प्रदेश में कृषि लोगों का मुख्य व्यवसाय है। हिमाचल की लगभग 79 प्रतिशत भूमि या तो वनों से आच्छादित है या बीहड़ निर्जन पहाड़ों से घिरी हुई है। अनुमानतः 21 प्रतिशत भूमि ही कृषि योग्य है।[19] इसमें भी अधिकांश भूमि सीढ़ीदार खेतों के रूप में है, जो कहीं तो केवल मीटर-डेढ़ मीटर चौड़े है। इस प्रदेश में दो फसलें रबी और खरीफ उगाई जाती है। आठ से नौ हजार फुट से ऊपर तो कृषि संभव भी नही है। रबी की फसल में मुख्य रूप से गेहूँ, जौ, चना तथा खरीफ में धान, मक्की, राजमाह और माश की ऊपज होती है।[20] आलू और अदरक इस प्रदेश की नगदी फसलें है इसके साथ ही हॉप्स, मशरूम, जैतून, केसर, जीरा बेमौसमी, सब्जियां आदि फसलों के लिए भी पहाड़ उपयुक्त भूमि है।[21] इस पर्वतीय प्रदेश में कृषि लगभग वर्षा पर निर्भर है। हिमाचल प्रदेश में प्रायः सीढ़ीनुमा, ढलानदार व छोटे खेत पाए जाते हैं। हिमाचल प्रदेश में चिकनी, दोमट, एसिड तथा रेतीली मिट्टी पाई जाती है।[22]

बागवानी

हिमाचल प्रदेश की प्राकृतिक स्थिति कृषि तथा खाद्यान्न उत्पादन के लिए भले ही उपयुक्त न हो, फलों के लिए वह सर्वथा अनुकूल है। इस प्रदेश में सेब, आम, आड़ू, नाशपाती, आलू बुखारा, चेरी, अंगूर, चिलगोजा, बादाम आदि अनेक फल प्रचुर मात्रा में पाये जाते है।[23] बागवानी के क्षेत्र में सेब हिमाचल प्रदेश का मुख्य फल है जो कि हिमाचल के 12 जिलों में से मुख्यतया पाँच जिलों शिमला, कुल्लू, मण्डी, किन्नौर और चम्बा में पाया जाता है।[24] हिमाचल प्रदेश में सेब की फसल अमेरिकन सैम्यूल इवानस स्टोक्स द्वारा शुरू की गई थी। सेब की फसल में हिमाचल के किसान काफी पैसा प्राप्त करते है। इससे किसानों की आर्थिक स्थिति में काफी परिवर्तन हुआ है। हिमाचल प्रदेश के निर्माण के बाद इस प्रदेश में वैज्ञानिक ढंग से बागवानी को प्रोत्साहित करने के कदम उठाये गए है। सन् 2009-10 ई0 के अन्त तक हिमाचल में सेब का उत्पादन 280.1 तक पहुँच गया है।[25]

उद्योग

हिमाचल प्रदेश ने पिछले कुछ वर्षो में औद्योगिक क्षेत्रों में भी महत्वपूर्ण प्रगति की है। उदारीकृत अर्थ-व्यवस्था और अनुवर्ती लाइसेंसी को खत्म करने के निर्णय से राज्य में निवेश प्रवाह कई गुणा बड़ा है। वर्तमान समय में प्रदेश में लगभग 194 मध्यम व बड़े तथा लगभग 30,000 हजार लघु पैमाने के उद्योग कार्यरत है। हिमाचल में बिजली की क्षमता को बढ़ाने के लिए अनेक जल विद्युत् परियोजनाएं भी शुरू की गई है। हिमाचल प्रदेश में बहने वाली प्रमुख पाँच नदियों में 21 हजार मैगावाट से भी ज्यादा विद्युत क्षमता है। राज्य सरकार ने जल विद्युत उत्पादन को सर्वोच्च प्राथमिकता प्रदान कर रखी है।[26] हिमाचल प्रदेश में हिन्दू, मुस्लिम, क्रिश्चियन, सिक्ख, बौद्ध और जैन धर्म के लोग रहते है। इनमें हिन्दुओं की मात्रा ज्यादा है।

सड़क और परिवहन

हिमाचल प्रदेश ने सड़क एवं परिवहन के क्षेत्र में भी काफी विकास किया है। सन् 1948 ई0 में इस प्रदेश में 288 कि0मी0 वाहन योग्य तथा 300 कि0मी0 जीप योग्य सड़क थी। वर्तमान समय में इस क्षेत्र में महत्वपूर्ण बढ़ौतरी हुई है तथा सड़कों का क्षेत्रफल 2009-10 तक 33171 कि0मी हो गया है। हिमाचल प्रदेश में दो रेलवे गेज लाईन है। एक कालका से शिमला 96 कि0मी0 तथा दूसरी पठानकोट से जोगिन्द्रनगर 113 कि0मी लम्बी है। ब्रॉड गेज लाईन नंगल से ऊना तक है जो 14 कि0मी0 ही रेल योग्य है। शिमला-कालका रेलमार्ग में पहली रेल 1903 ई0 में चली थी।[27]

शिक्षा

हिमाचल प्रदेश के गठन के बाद शिक्षा को बढ़ावा देने के लिए अनेक कदम उठाये गये थे। सबसे पहले अप्रैल, 1948 ई0 में प्रदेश में मुख्य शिक्षा अधिकारी की नियुक्ति की गई थी। स्वतन्त्रता से पूर्व शिक्षा का सुव्यवस्थित ढांचा नही था। प्रदेश में शिक्षा

को एक निश्चित दिशा तब मिली जब श्री के0 एल0 सेठी को पहला शिक्षा निदेशक नियुक्त किया गया। हिमाचल प्रदेश की साक्षरता दर जो प्रदेश के गठन के समय 7.98 प्रतिशत थी 2001 में बढ़कर 77.13 प्रतिशत हो गई है। वर्तमान समय में हिमाचल प्रदेश को केन्द्र द्वारा शिक्षा, स्वास्थ्य, महिला सशक्तिकरण में कई पुरस्कार भी मिल चुके है।[28]

हिमाचल प्रदेश का प्रारम्भिक इतिहास

पृथ्वी पर आदिमानव का जन्म लगभग 6 लाख वर्ष पूर्व हो चुका था। परन्तु आदिमानव का क्रमिक विकास धीरे-धीरे हुआ और जंगली जीवन से सभ्य जीवन की ओर अग्रसर हुआ।[29]

हिमाचल प्रदेश का प्राचीनतम इतिहास भारत के अन्य भागों की तरह प्रायः अज्ञात ही है। वैसे एशिया के दक्षिणी भू-खण्ड में प्रारम्भिक जीवन के प्रमाण प्रायः इसी क्षेत्र से अब तक प्रकाश में आये हैं, क्योंकि जहां आजकल हिमाचल की पहाड़ियां और घाटियां आबाद है, वहाँ अत्यन्त अज्ञात अतीत में धरातल था और पानी से भरी दलदली जमीन थी, जो वनस्पतियों के उगने तथा बढ़ने के लिए उपयुक्त होती है।[30] हिमाचल प्रदेश का इतिहास बहुत पुराना है। आज के हिमाचल प्रदेश जैसा पहले यहाँ कोई प्रदेश न था। परन्तु इस अंचल में छोटे-छोटे पहाड़ी राज्य थे जिनका अपना पौराणिक और ऐतिहासिक महत्व युगों से रहा है।[31] हिमालय का महत्व मानव इतिहास के साथ जुड़ा है। हिन्दू सभ्यता के बारे में बैरल ने यह विचार रखे थे कि मध्य उषा कालीन युग के लगभग अन्त के दस लाख वर्ष पहले मानव और हिमालय एक साथ अस्तित्व में आए होंगे।[32] डॉ0 राधा कुमुद मुखर्जी ने यह तर्क दिया कि आदि मानव पंजाब और शिवालिक पर्वत जैसे ऊँचे क्षेत्रों में विकसित हुआ। विकास का यह क्रम प्रथम आन्तरिक हिमयुग की समाप्ति से लेकर बाद के तीन युगों और दो आन्तरिक हिम युगों की ओर संकेत करता है। मनुष्य जिन उपकरणों को उपयोग में लाता था। उसी से मानवता का इतिहास खोजा जाता है।

प्राचीन पाषाण युग

वास्तव में आदि मानव के विकास की कहानी पाषाण युग से आरम्भ होती है। शिवालिक तथा हिमालय की पहाड़ियों मे पाषाण युग के अवशेष मिले है। शिवालिक एवं हिमालय की पहाडियों में पाषाण युग के अवशेष श्री औलाफ प्रफुर को 1951 ई0 में सतलुज की सहायक नदी सिरसा के दायी और के भाग में प्राप्त हुए। ये रंगीन पत्थरों के औजार काफी सुदृढ़ और गोल पत्थरों के बने है।[33] उसी प्रकार बी0बी0 लाल और आर0वी0 जोशी को कांगड़ा में ब्यास और बाणगंगा की घाटी, गुलेर, हरिपुर, देहरा, ढलियारा, कांगड़ा, बिलासपुर, नालागढ़ की सतलुज घाटी, सिरमौर की मारकण्डा घाटी के सुकेती क्षेत्र, कुल्लू की ब्यास नदी घाटी क्षेत्र में भी आदि मानव के पत्थरों के उपकरण मिले है।[34] उपकरणों से यह अनुमान लगाया जा सकता है कि आदि मानव ने 6,00,000 वर्ष से 6,000 वर्ष पूर्व तक किस प्रकार अपना जीवन-यापन किया और भौतिक विकास की प्रक्रिया आरम्भ हुई। पाषाण युग के बाद ताम्र युग में लगभग 5000 वर्ष पूर्व सिन्धु

नदी से लेकर हिमाचल प्रदेश के तराई वाले क्षेत्रों में अभूतपूर्व विकास हुआ। इसके अवशेष मोहनजोदड़ों, हड़प्पा और शिमला की पहाड़ियों में बसे रोपड़ के समीप विद्यमान है। खुदाई तथा अस्थि-पंजरो से यह पता चलता है ये पंजर आदिम आग्नेयकुल या निषादवंशी, मंगोल, किरात, भू मध्य सागरीय कुल और पर्वत प्रदेशीय नामक चार नस्लों के थे। आज इन चार नस्लों की कल्पना द्रविड़, असुर, ब्रात्य, दास, नाग, यक्ष, किन्नर, किरात, ब्राहुई, पार्ण और समैरियन के साथ की जाती है। सिन्धु और हड़प्पा सभ्यता पूर्व में सरस्वती नदी के ऊपरी भाग और उतर में सतलुज-ब्यास नदियों के भीतरी भाग तक फैली हुई थी। सन् 1964 ई0 में रोहड़ू नामक स्थान पर पब्बर नदी के किनारे प्राप्त अवशेष इस बात की पुष्टि करते है कि हिमाचल की इन घाटियों में भी सिन्धु तथा सरस्वती सभ्यता के लोगों के सम्बन्ध थे।[35]

सिन्धु सभ्यता का काल

सिन्धु सभ्यता का काल 3000 ई0 पूर्व से 1750 ई0 पूर्व तक माना जाता है।[36] सैन्धव युग में हिमाचल के आदिम कबीलों में सिन्धु घाटी की विकसित सभ्यता का धार्मिक, आर्थिक, सामाजिक परम्पराओं तथा रीति-रिवाजों का प्रभाव और विकास हुआ माना जाता है।[37] पाषाण युग के बाद रोपड़ में ताम्र युग के पहले के प्रमाण पाए गए है। रोपड़, मोहनजोदड़ो, स्यालकोट, चण्डीगढ़ आदि स्थानों की खुदाई में निषाद, मंगोल, किरात पर्वतीय प्रदेशों के वासी लोगों के अस्थिपंजर मिले है। ये लोग दास, असुर, पिशाच, राक्षस, किन्नर रहे होंगे। सिन्धु घाटी की सभ्यता के समय हिमाचल मे कोल, किरात, यक्ष, गन्धर्व, किन्नर, दास, असुर, राक्षस, पिशाच जैसी जातियों के होने का अनुमान लगाया जाता है। सिन्धु घाटी में देवदार की लकड़ी का प्रयोग वहाँ की सभ्यता से पर्वतीय संस्कृति का सम्पर्क सिद्ध करता है। सभी आदिम जातियों की तरह हिमाचल में भी आरम्भ में कंदमूल-फल खाने, शिकार खेलने, पशुपालक बनने, घास की खोज मे जगह-जगह घूमने, शीत होने पर खाले पहनने, गुफाओं से लेकर घर में रहने, खेती करने, बस्तियां बसाने तथा प्रशासन के लिए देव-व्यवस्था के अस्तित्व में आने की एक लम्बी कहानी है। खाल, ऊन का प्रयोग, घुमन्तु जीवन, जौ की फसल उगाना, ग्राम देवताओं का प्रशासन आज भी हिमाचल के अधिकांश क्षेत्रों की विशेषता है।[38]

कोल जाति

कोल जाति को हिमाचल का मूल निवासी और नवपाषाणयुगीन संस्कृति का संस्थापक माना जाता है। अधिकतर इतिहासकार कोलों को निषादों अथवा प्रोटोआस्ट्रेलायड की एक उप जाति मानते है। यह लोग आज से छः साढ़े छह हजार वर्ष पूर्व सारे पश्चिमी हिमालय में फैले हुए माने जाते है। कृषि और पशुपालन इनका मुख्य व्यवसाय था। ये झुंड बनाकर रहते थे तथा शिल्प से भी इनका परिचय था। हिमाचल प्रदेश की जनसंख्या का एक विशेष वर्ग कोली कहलाता है। अनुमान लगाया गया है कि यह कोली समुदाय इन्हीं प्रागैतिहासिक कोलों की संतति है। कुछ विद्वानों का मानना है कि शम्बर कोली ही था और ऋग्वेद में उसे 'कोलितर' कहा गया है। उक्त वेद के अनुसार भरतों के राजा दिवोदास

के लिए इन्द्र ने उसकी हत्या कर दी। ऐंटिकवीटीज ऑफ इण्डियन तिब्बत में ए0 एन0 फोडन का कहना है कि निरमंड के कोली वहाँ के प्राचीनतम निवासी है जिनका सीधा सम्बन्ध आस्ट्रेलायड कोल आबादी से है। किन्तु ये दोनो दावे निमूल है। कोलितर किसी आस्ट्रेलायड कोली का पुत्र नहीं था। वह वृत्र की तरह दास मानव था। दानव दनु की संतान थे। वर्तमान समय में सिरमौर, पालमपुर, शिमला आदि अनेक क्षेत्रों में कोली (नये राजपूत) की गिनती सुवर्ण जाति में की जाती है। इन्हें राजपूत जाति का ही वंशज माना गया है।[39]

किरात

किरात जाति का वर्णन कई संस्कृत ग्रन्थों में मिलता है। महाभारत मे किरातों को हिमालय का निवासी बताया गया है। ये लोग फल-फूलों का आहार करते थे और मृगछाला पहनते थे। वनपर्व के अध्याय 140 मे भी किरात और तगणों के निवास का वर्णन मिलता है। किरात जाति पूर्व की ओर से ब्रह्मपुत्र तथा उसकी सहायक नदियों के किनारे-किनारे यहाँ कोल जाति के बाद आई। यह मंगोल आकृति की जाति थी। यजुर्वेद और अथर्ववेद मे इस जाति को पर्वतीय गुफाओं के निवासियों की संज्ञा दी गई है। किरातों को पहाड़ी तलहटियों से आर्यो ने भगाया। उनको उतर की ओर भगाने वाले मध्य एशिया के खश थे। किरातों और खशों के बीच अनेक युद्धों में खशों की जीत हुई। महाकवि कालिदास ने भी चौथी शताब्दी में रघु द्वारा किरातों को युद्ध में हराने का उल्लेख किया है। वर्तमान समय में चम्बा, लाहौल, मलाणा, (कुल्लू) किन्नौर के लोग किरातों के वंशज है।[40]

यक्ष

यक्षों की आदिम बस्ती भारत के उतर में (अलकापुरी) मानी जाती है। यह अलकापुरी संभवतः गढ़वाल-कुमाऊँ क्षेत्र में थी। वैदिक साहित्य में यक्षों के लिए 'ब्रह्म' शब्द का प्रयोग हुआ है और परवर्ती साहित्य में इन्हें 'वीर' कहा गया है। यमुना उपत्यका के डोडरा-क्वार झख देवता संभवतः यक्ष ही थे। यक्षों को उतर पश्चिम में पामीर क्षेत्र का निवासी माना जाता है और पामीर से निकलने वाली बड़ी नदी, यक्षु का नामकरण भी इन्हीं यक्षों पर हुआ है।

किन्नर

किन्नर जाति किन्नौर, लद्दाख, लाहौल-स्पिति तथा गढ़वाल के कुछ क्षेत्रों में रहती थी। हिमाचल का सम्पूर्ण उतरी भाग किन्नरों का देश है। किन्नर को किरात वंश के साथ भी जोड़ा जाता है। उनका स्वभाव एकदम साधुवृति का था। वे शांतिप्रिय थे। किन्नर कला प्रेमी और शिल्पी थे। कहा जा सकता है कि अपने कंठ के अनुरूप उनका स्वभाव भी मधुर था। संम्भवतः यही कारण है कि जहाँ कालीदास इन कंठ की प्रशंसा करते नही थकता, वहाँ कुछ अन्य ग्रन्थों में इन्हें 'किमपुरुष' भी कहा गया है।[41]

नाग

इस जाति के लोग हिमाचल की पहाड़ियों तथा मैदानों में हर जगह बसते थे। वे नागो अर्थात सर्पो और विशेषकर मणिधारी सर्पो की पूजा करते थे और नाग उनका कुल चिन्ह था। नाग जाति सबसे पहले मैदानों से लगने वाले हिमाचल की घाटियों में बसती थी तथा धीरे-धीरे हिमालय के ऊँचे भागो की ओर फैली। आज प्राय: सभी गाँवों में नही तो सभी परगनों में नागों की पूजा की जाती है। कई नाग मन्दिरों में नाग को शासक के रूप में दिखाया गया है। नागों का उल्लेख महाभारत में भी मिलता है। उस काल में उनके यमुना नदी में रहने का वर्णन मिलता है। महाभारत से यह भी पता चलता है कि पांडव पुत्र अर्जुन ने हरिद्वार के नाग राजा वासुकी की ऊलोपी नामक नाग-कन्या से गंधर्व विवाह किया था। इसी वासुकी नाग की उपासना अब तक पश्चिमी हिमालय अर्थात चम्बा, कुल्लू आदि में वासुकी नाग के नाम से की जाती है। पुराणों में भी नाग राजाओं का वर्णन आता है। किन्नर, किरातों की भांति हिमाचल के नागों को पराजित करने वाले खश ही थे।[42]

खश

खश जाति मध्य एशिया से आई थी। उपनिवेश की खोज में निकले इस समुदाय की तीन टोलिया बन गई थी। एक टोली तो सीधे ईरान होते हुए यूरोप तक बढ़ती गई। दूसरी टोली दो दलों में बंटकर हिन्दु-कुश पर्वत माला को लांघते हुए सिन्धु घाटी की ओर मुड़ी। तीसरी टोली ही मूलत: हिमाचल की खश जाति मानी जाती है। इस जाति के लोग हिमाचल प्रदेश, गढ़वाल, कुमाऊँ और पूर्वी नेपाल तक फैल गये थे। खशों को इन क्षेत्रों में कोल, किन्नर, किरात, नाग और यक्ष जैसी जातियों का सामना करना पड़ा। खशों का वर्णन मनुस्मृति, महाभारत और पुराणों में भी है। प्राचीन हिन्दु शास्त्रों में भी खश देश का वर्णन है। इन्हें खशिये कहा जाता था।[43]

आर्यो का हिमाचल मे प्रवेश

आर्य कौन थे और इनका मूल स्थान क्या था इस बात को लेकर विद्वानों में मतभेद रहे है। आर्यो के मूल निवास पर विद्वानों के बीच एकमत नही है। आर्यो का मूल निवास आल्पस के पूर्वी क्षेत्र में जो यूरेशिया कहलाता है, कहीं पर बतलाया जाता है। गंगानाथ झां ने आर्यो का मूल स्थान ब्रह्मर्षि देश, डी0एस0 त्रिवेदी ने मुल्तान स्थित देविका, एल0 डी0 कल्ल ने कश्मीर तथा हिमालय क्षेत्र, बाल गंगाधर तिलक ने उतरी ध्रुव, मैक्समूलर ने मध्य एशिया, एडवर्ड मैयर ने पामीर का पठार, ब्रन्डेस्टीन ने यूराल पर्वत पर किरजिंग का मैदान, गाइल्स ने हंगरी (डेन्यूब नदी घाटी) गार्डन चाइल्ड, मेयर पीक ने दक्षिणी रूस को माना है। आर्यो का आरम्भिक जीवन पशुचारी था और कृषि उनका गौण व्यवसाय था। आर्यो के समाज में पुरुष प्रधानता थी।[44] वैदिक आर्य सात सिन्धु को ही अपना मूल देश मानते थे। वेदों मे वर्णित सब नदियां भारत की है। ऋग्वेद में इन नदियों का क्रम पूर्व से पश्चिम की ओर इस प्रकार मिलता है: गंगा, यमुना, सरस्वती, शुतुद्री (सतलुज), परूष्णी (रावी), अस्किनी (चिनाब), मरूदबृधा (चिनाब और झेलम के बीच की' मरूवर्दमान

नामक सहायक नदी), वितस्ता (झेलम), सुषोमा (सोहन) तथा अर्जीकिया (व्यास)। इनके बीच का प्रदेश आर्यो का माना गया है।

आर्य जाति की एक शाखा पामीर पर्वत को लांघकर कश्मीर घाटी की ओर मुड़ी और हिमाचल प्रदेश, गढ़वाल, कुमाऊँ होती हुई नेपाल तक फैल गई। वे भारत में आक्रान्ता बनकर नही आये, प्रत्युत यहाँ शान्तिप्रिय प्रवासियों की भांति अपना पशुधन, गृहस्थी का सामान और देवताओं को लेकर साथ आये। जब वे भारत मे आये तो उनका मुकाबला सिन्धु घाटी के सुसंस्कृत तथा सभ्य लोगों से हुआ जो सुरक्षित पुरों और दुर्गो में रहते थे। सिन्धु प्रदेश में पुरी तरह छा जाने के बाद आर्य लोग पंजाब (सात सिन्धु) की और बढ़े। सात सिन्धु में बस जाने के लिए उन्हे 400 वर्ष का समय लग गया। पंजाब में आकर जब वे शिवालिक की पहाड़ियों तथा हिमाचल की निचली घाटियों के आन्तरिक भागों की ओर बढ़ने लगे तो यहाँ पर उनका सामना पहले से ही बसे कोल, किन्नर-किरात और नाग-जाति के लोगों से हुआ। आर्य ने अपने प्रतिद्वन्दियों को दास, दस्यु तथा यक्ष कहकर पुकारा। इनका मुखिया शम्बर था जो हिमाचल की पहाड़ियों में पत्थर के बने 99-100 दुर्गो में रहता था। शम्बर का राज्य विस्तार हिमाचल की पहाड़ियों में रावी नदी से पूर्व की ओर गढ़वाल तक विद्यमान था। दूसरे पर्वतीय राजे चुमुरि, धनि, शुष्ण, अशुष, पिप थे जो शम्बर के समकालीन और सहयोगी थे।

दिवोदास और शम्बर युद्ध

दिवोदास शम्बर का एक शक्तिशाली समकालीन राजा था। वह भरत कुल से था। उसका राज्य उस समय मैदानी भाग में रावी, (परूष्णी) और सतलुज-ब्यास (शुतुद्री-विपाशा) नदियों के बीच वाले भू-भाग में फैला हुआ था। शम्बर धन-सम्पति एवं पुरों से शक्तिशाली राजा था। दोनो राजाओं के शक्तिशाली होने के कारण उनका आपस में युद्ध छिड़ गया।[45] दोनों के बीच यह युद्ध लगभग 40 वर्षो तक चलता रहा। यह युद्ध हिमाचल की पहाड़ियों में हुआ। अन्त में 40 वर्ष के निरन्तर युद्ध के बाद उदब्रज नामक स्थान पर वीर राजा शम्बर की मृत्यु हुई। शम्बर के पुरों को ध्वस्त करने के बाद आर्य लोगों ने धन-सम्पन्न पर्वत में प्रवेश किया। वीर शम्बर के अतिरिक्त आर्यो को और कई पहाड़ी राजाओं से भी संघर्ष करना पड़ा। परन्तु कुशल सैन्य संगठन के कारण आर्य लोग विजयी होते हुए आगे बढ़ते गए और इन्होने स्थानीय समुदायों के लोगों को दुर्गम पहाड़ियों की ओर जाने के लिए मजबूर कर दिया। आर्य शम्बर तथा उनके सहयोगियों को हरानें के बाद घाटियों में भीतर की ओर नही बढ़े। उन्होंने अपना विजय अभियान सतलुज को पार करके सरस्वती और युमना नदियों की ओर मोड़ दिया। इस प्रकार वैदिक आर्यो के एक शक्तिशाली राजा ययाति ने सरस्वती नदी के किनारें एक बड़े राज्य की नींव रखी जो उसके बाद उसके पुत्र पुरू के नाम से पुरू वंश से प्रसिद्ध हुआ।

दाशराज्ञ युद्ध

आर्यो द्वारा पंजाब और सरस्वती, यमुना के मैदान में अपने-अपने छोटे-बड़े राज्य स्थापित करने के बाद जो सबसे बड़ी घटना घटी वह थी दाशराज्ञ युद्ध। ऋग्वैदिक काल

में सामान्य जीवन में युद्धों एवं आक्रमणों की अधिकता थी। आर्य पूर्व जनों से संघर्ष करते थे और स्वयं भी संघर्षरत रहते थे।[46] दाशराज्ञ युद्ध में पंचजन (पुरू) अनु, द्रुह्य, युद्ध एवं तुर्वस) ने पांच अनार्य जनों (अलिन, पक्थ, भलानस, शिव एवं विशनि) के साथ संयुक्त होकर भरतकुल की श्रेष्ठता को समाप्त करने का प्रयत्न किया था। भरत जन के सुदास ने परूष्णी तट पर हुए इस युद्ध में अपने प्रतिद्वन्द्वियों को पराजित कर अपनी श्रेष्ठता सिद्ध की थी। इस युद्ध में भरत जन के पुरोहित वशिष्ट तथा पुरूओं के पुरोहित विश्वामित्र थे।[47] कई इतिहासकार यह भी मानते है कि इस युद्ध में 30 से भी अधिक राजाओं ने भाग लिया था। इस युद्ध में अनु और द्रुह्य की सेनाए जल में डूब गई थी।[48]

महाभारत काल (1000 ई0पूर्व)

महाभारत काल में हिमाचल में आर्य संस्कृति एवं राजनीति से प्रभावित अनेक नये जनपदों का विकास हुआ। इस काल में जनपदों को 'गण' व 'गणराज्य' कहते थे। जनपदों का आविर्भाव वैदिक युग के अन्त में हुआ जिसके द्वारा सही मायनों में भारतीय संस्कृति का विकास हुआ। महाभारत के अनुसार उस समय पर्वतीय क्षेत्र में सबसे महत्वपूर्ण गणराज्य त्रिर्गत-गण था जो विपाशा, शुतुद्री और परुष्णी नदी की घाटियों में फैला था।[49] त्रिगर्त जनपद स्पष्ट रूप से कांगड़ा राज्य है। लगभग सौ-दो सौ वर्ष पूर्व कांगड़ा को त्रिगर्त कहा जाता था।[50] इस गणराज्य का वर्णन पाणिनी ने भी अपने ग्रन्थ में किया है। त्रिगर्त का प्रथम शासक भूमिचन्द्र और 231 वाँ शासक सुशर्मा था। सुशर्मा ने कौरवों के पक्ष में महाभारत युद्ध में भाग लिया था। मार्कण्डेय और मतस्य पुराणों में त्रिगर्त को पर्वतीय क्षेत्र और विष्णु पुराण में त्रिगर्त का वर्णन औदुम्बरों और कुलूतों के साथ है।[51] आज के शिमला और सिरमौर क्षेत्रों में कुलिन्द गण भी एक शक्तिशाली राज्य था, जिसका क्षेत्र विस्तार सतलुज से यमुना की घाटी तक था।

किन्नौर क्षेत्र में गन्धर्व गण स्थापित था। अनुश्रुति के अनुसार इसकी राजधानी (कामरूप) कामरू थी। इसी युग में बुशहर में 'असुर गण' था और शौणितपुर (सराहन) इसकी राजधानी थी।[52] औदुम्बर भी एक पुराना गणराज्य था।[53] महाभारत में औदुम्बरों का उल्लेख उतर-भारत के लोगों के साथ किया गया है। पाणिनी ने औदुम्बरों को जालन्धर के लोगों के साथ गिना है और बराहमिहिर ने उन्हे मध्य देश का निवासी माना है।[54] औदुम्बरों से सम्बन्धित सर्वाधिक ज्ञान हमें उनके सिक्कों से प्राप्त होता है। इनके सिक्के प्रमुखतः कांगड़ा जिले के ज्वालामुखी, पठानकोट, हमीरपुर, होशियारपुर मे मिले है। इन्हीं खोजो के कारण औदुम्बरों को कांगड़ा, गुरदासपुर और होशियारपुर क्षेत्रों के प्राचीन शासक माना जाता है। कनिंघम का कथन है कि वर्तमान नूरपुर क्षेत्र का प्राचीन नाम (धमेरी) औदुम्बरों के कारण ही पड़ा था। औदुम्बर अपने आप को विश्वामित्र का वंशज मानते है।[55] कुलिदों के सिक्कों की भांति औदुम्बरों के सिक्कों पर भी प्राचीन बौद्ध धर्म चिन्ह पाये गये है। कुछ विद्वानों का मत है कि औदुम्बरों का राज्य प्रशासन महादेव के नाम पर चलता था और इसका पड़ौसी राज्य यौधेयों भी था।[56] महाभारत में कुलूत जनपद का भी वर्णन मिलता है। रामायण, महाभारत, बृहतसंहिता, ह्यून्सांग, बाण और अलबेरूनी में भी कुलूत गणराज्य का वर्णन मिलता है।[57] पुराणों में इस गणराज्य की स्थिति उतर

दिशा में बताई गई है। मुद्राराक्षस में कुलूत का राजा चित्रवर्मा उन पाँच राजाओं में था जिन्होंने चन्द्रगुप्त मौर्य का विरोध किया था। प्राचीन मुद्रा पर अंकित 'राजनः कुलूतस्य वीरश्य' कुलूत गणराज्य के अस्तित्व को दर्शाते है। इस गणराज्य की एकमात्र शासिका हिडिम्बा थी।[58]

इसके अतिरिक्त बिलासपुर क्षेत्र में 'शतद्रुज गण' तथा नूरपुर क्षेत्र में 'औदुम्बर-गण स्थापित थे। पर्वतीय क्षेत्र के ये गणराज्य अर्धगणतन्त्रात्मक थे। महाभारत युद्ध में हिमाचल के कुलिन्द, त्रिगर्त, औदुम्बर और शतद्रुज के हार जाने पर सुशर्मा ने जालन्धर को छोड़कर नगरकोट (कांगड़ा) मे अपनी राजधानी स्थापित की थी। पर्वतीय क्षेत्र के सभी गणों के शासकों ने पाण्डव की प्रधानता स्वीकार कर ली थी और पाण्डव साम्राज्य के अंग बन गये थे।[59]

बौद्ध काल (600 ई0 पूर्व)

छठी शताब्दी ई0 पूर्व में भारतीय समाज को नए प्रतिरोधों, चुनौतियों का सामना करना पड़ा। जिस कारण बौद्ध एवं जैन धर्म को काफी बढ़ावा मिला।[60] बौद्ध काल में हिमाचल में बौद्ध धर्म का प्रचार हुआ। आर्यो के वैदिक धर्म में विकार आने के कारण इस काल में बौद्ध धर्म एवं जैन धर्म का प्रचार हुआ। बौद्ध धर्म के जन्मदाता महात्मा बुद्ध ने अपने अनुयायियों के साथ कांगड़ा, मण्डी, लाहौल और कुलूत देश का भ्रमण किया। इस दौरान उन्होंने सिरमौर क्षेत्र में भी बौद्ध धर्म का प्रचार किया। इस काल में आर्यो की शक्ति क्षीण हो जाने से धार्मिक-उथल-पुथल, राजनैतिक अस्थिरता और अशान्ति का वातावरण था। आर्यो की शक्ति क्षीण हो जाने से पर्वतीय राज्यों में एक प्रकार से सैनिक राजतन्त्र स्थापित हो चुका था। पाणिनी ने अपने ग्रन्थ 'अष्टाध्यायी' और कौटिल्य ने 'अर्थशास्त्र' में इन सैनिक गणों को 'आयुद्धजीवी' व 'शस्त्रोपजीवी' संघो की संज्ञा दी है। संघों के वयस्क सदस्य शस्त्रधारी होते थे। ये आयुद्धजीवी कबीले कहलाते थे। ये कबीले यमुना, व्यास, सतलुज और रावी नदी के तटों पर आबाद थे।[61]

मौर्य काल (345 ई0 पूर्व)

मौर्य राजवंश की स्थापना चन्द्रगुप्त मौर्य ने 321 ई0 पूर्व में नन्दों को पराजित कर की थी।[62] चन्द्रगुप्त भारतीय इतिहास का प्रथम महान् सम्राट था जिसने मौर्य साम्राज्य की स्थापना करते हुए भारत को एक राजनीतिक सूत्र में बांधा था।[63] इसके पश्चात् उसने पहाड़ी गणों को भी अपने अधीन कर लिया। तत्पश्चात् सम्राट अशोक ने हिमाचल के गणराज्यों में बौद्ध धर्म का भ्रमण कर महात्मा बुद्ध के सिद्धान्तों का प्रचार किया। सम्राट अशोक ने कुल्लू, कांगड़ा और सिरमौर में बौद्ध स्तूप बनवाये और बौद्ध बिहार खोले। अशोक महान् के समय में हिमाचल के गणराज्य मौर्य साम्राज्य के प्रभुत्व में थे। इस काल में पर्वतीय क्षेत्र में ब्राह्मी और खरोष्टी लिपि का प्रयोग तथा दर्शन साहित्य एवं कला के क्षेत्र में भी विकास हुआ। अशोक के बाद विदेशी यूनानी शासक ऐन्टिऑक्स, अपोलोडोटस, मिनेन्डर, ऐन्टिमेकस आदि (230-150 वर्ष पूर्व) का भी इस पर्वतीय क्षेत्र पर प्रभुत्व रहा। ज्वालामुखी, कांगड़ा, अर्की और चम्बा से प्राप्त सिक्को से इसकी प्रामाणिकता स्पष्ट होती है।[64]

मौर्य साम्राज्य के पतन और विदेशी यूनानी शासकों के चले जाने के बाद प्राचीन कबायली गणों को पुनः विकसित होने का अवसर प्राप्त हुआ। ईसा से पूर्व दूसरी शताब्दी के पश्चात् कुलूत, कुनिन्द (कुलिन्द), औदुम्बर, त्रिगर्त, गन्धर्व और यौद्धेय आदि गण पुनः अधिक शक्तिशाली राजतन्त्र के रूप में स्थापित हुए तथा लगभग 200 वर्ष तक स्वतन्त्र रहे। इस काल में चांदी-तांबे के सिक्के, राजा की उपाधि और हिन्दू नामकरण की प्रथा की शुरूआत हुई। पहली शताब्दी के अन्त में शको और कुषाणों ने हिमालय और उतरी भारत में अपने-अपने राज्य स्थापित किए। परन्तु संगठित होकर पंजाब और हिमालय के गणराज्यों ने कुषाणों को हरा दिया। इस दौरान कनिष्क ने बौद्ध धर्म का प्रचार भी किया था।[65]

गुप्तकाल (320 ई0)

मौर्यकाल के पश्चात् भारतीय इतिहास में नवनिर्माण एवं नवोत्कर्ष के प्रतीक जिस महान युग की प्रतिष्ठापना हुई उसे गुप्त युग के नाम से जाना जाता है। इस युग को भारतीय इतिहास में स्वर्णयुग के नाम से जाना जाता है। गुप्तयुगीन शासन प्रणाली इस युग के महान शासकों के कठिन परिश्रम का प्रतिफल था। शासन-व्यवस्था को सुदृढ़ स्वरूप प्रदान करने में समुद्रगुप्त, चन्द्रगुप्त द्वितीय, विक्रमादित्य, कुमारगुप्त प्रथम एवं स्कन्दगुप्त जैसे शासकों का योगदान रहा।[66] गुप्त वंश का संस्थापक चन्द्रगुप्त प्रथम था। इस काल में मगध के सम्राटों ने फिर से पहाड़ी राज्य को अपने अधीन कर लिया। वार्षिक कर व उपहार देने की प्रथा इन्ही दिनों शुरू हुई। इसी काल में पुराने कबायली राज्य फिर से विलुप्त हो गये। चन्द्रगुप्त के बाद लगभग 340 ई0 पूर्व में समुद्रगुप्त ने राज्यों व जनपदों का एकीकरण किया। समुद्रगुप्त ने त्रिगर्त, औदुम्बर, कुलूत, आदि को जीतकर अपने अधीन किया। कुमारगुप्त प्रथम (425-455) के समय हुणों के आक्रमण आरम्भ हुए। कुमारगुप्त के बाद स्कन्दगुप्त ने हुणों को रोके रखा किन्तु बाद में गुप्त शासन कमजोर हो गया।[67] इसी बीच 525 ई0 के लगभग हुणों के साथ-साथ गुज्जर भी आए जो पंजाब सिन्ध तथा हिमालय में बसे।[68] इन आक्रमणों के फलस्वरूप गुप्त साम्राज्य का पतन और हिमालय में प्राचीन जनपदों के साथ मैदानों से आए क्षत्रिय राजाओं ने छोटे-छोटे राज्य स्थापित किए। कुलूत में प्रयाग के राजकुमार विहंगमणि पाल ने स्थानीय राणों और ठाकुरों को हराकर पालवंश राज्य की नींव रखी। रामपुर बुशहर के चन्द्रवंशी प्रद्युमन ने किन्नौर तक का क्षेत्र अपने राज्य में सम्मिलित कर बुशहर राज्य, चम्बा के ब्रह्मपुर में मेरूवर्मन के वर्मन वंश, स्पिति में सेन वंश के राजाओं का शासन तथा कांगड़ा में कटोच वंश का शासन आरम्भ हुआ।[69]

हर्षवर्धन काल और हिमाचल (606-647 ई0)

हर्षवर्धन प्राचीन भारत का अन्तिम सम्राट था, जिसने भारत को राजनीतिक एकता के सूत्र में बाँधने का प्रयास किया था। यद्यपि वह अपने उतरी अभियान में सफल रहा पर दक्षिणी अभियान में सफल न हो सका। राज्यवर्धन की असामयिक और दुःखद मृत्यु एवं तात्कालिक राजनैतिक परिस्थितियों को देखते हुए सोलह वर्षीय 'हर्ष' ने थानेश्वर की सता को संभाला।[70] हर्षवर्धन का जन्म 590 ई0 के आस-पास हुआ माना जाता है। सन्

606 ई0 के लगभग गुप्त शासन के अवशेषों पर हर्षवर्धन ने अपना राज्य संगठित किया।[71] चीनी यात्री ह्यून्सांग जो कि हर्ष के शासन काल के दौरान भारत आया था और लगभग 14 वर्ष यहाँ भ्रमण करता रहा ने अपने यात्रा विवरण में लिखा कि हर्षवर्धन 6 वर्ष तक युद्ध करता रहा था।[72] उसके शासन के समय हिमालय में कुमाऊँ से लेकर जम्मू तक के छोटे-छोटे राज्यों को जीत लिया गया था। हर्षवर्धन का काल (606-647ई0) शान्ति और समृद्धि से भरपूर था।

इसी दौरान ह्यून्सांग ने त्रिगर्त (कांगड़ा) राज्य का उल्लेख किया है। चम्बा राज्य की राजधानी उस समय भरमौर (ब्रह्मपुर) थी। ह्यून्सांग को हर्षवर्धन ने जालन्धर के राजा उदित के समय मे ही पहाड़ी प्रदेशों में बौद्ध धर्म का प्रचार करने भेजा था। सन् 647 ई0 में हर्षवर्धन की मृत्यु के पश्चात् हिमाचल के लघु राज्यों की पराधीनता समाप्त हो गई और नए राज्यों की स्थापना होती रही। इस दौरान मण्डी और सुकेत में राणों और ठाकुरों के सामंती शासन का बोलबाला जारी था। 8वीं शताब्दी के अन्त में बौद्ध भिक्षु एवं शिक्षक तथा धर्मप्रचारक पदमसम्भव तिब्बत के राजा स्तोंग इडइलेटजन के निमन्त्रण पर बौद्ध धर्म के प्रचार के लिए तिब्बत गए। जाते हुए उन्होंने गर्चा (लाहौल) में त्रिलोकीनाथ के मन्दिर में 'अवलोकितम्' (स्वयं पदमसंभव) की मूर्ति स्थापित की।

900 ई0 के लगभग चन्देरी, बुन्देल खण्ड के राजकुमार वीरचन्द ने राणों और ठाकुरों को हराकर सतलुज घाटी में बिलासपुर राज्य की नींव रखी। उसने कोट कहलूर में राजधानी बनाकर राज्य का नाम कहलूर रखा और नैना देवी का मन्दिर भी बनवाया।[73] सन् 920 ई0 में साहिल वर्मन ने रावी घाटी के निचले इलाकों को जीतकर भरमौर से चम्बा आकर अपनी राजधानी बनाई और अपने राज्य का नाम (चम्बा) रखा। चम्बा के अन्य क्षेत्रों में राणों और ठाकुरों का शासन जारी रहा।[74]

राजपूत काल (600 ई0 से 1000 ई0)

600 ई0 से 1000 ई0 तक हिमाचल प्रदेश में राजपूतकाल और राणा, ठाकुरों के सामन्ती शासन का काल माना जाता है। इस काल में कांगड़ा, भरमौर, लाहौल, कुमारसैन, बिलासपुर, नीरथ, सिरमौर, बलग, बैजनाथ, विराट, हाटकोटी आदि स्थानों पर मन्दिरों का निर्माण किया गया। इस काल में धर्म, दर्शन, वास्तुकला, शिल्प और चित्रकला का भी विकास हुआ। ह्यून्सांग के यात्रा विवरण के अनुसार इस काल में व्यास, सतलुज और यमुना घाटियों के लोग कृषि कार्य करते थे और फसलों, फलों-फूलों की बहुतायत थी। सोने-चांदी और तांबे की कमी न थी, हिन्दु और बौद्ध दोनो धर्मो की मान्यता थी। परन्तु राजपूत काल में हिमाचल की राजनैतिक स्थिति अत्यन्त शोचनीय थी। प्रदेश छोटी-छोटी रियासतों और ठकुराइयों में बंटा हुआ था।[75] हिमाचल प्रदेश की जनश्रुति संकेत करती है कि पुराने जमाने में मवाना नाम की जाति छोटी-छोटी ठकुराइयों के रूप में शासन करती थी। 'मवाना' का शाब्दिक अर्थ ऐसे व्यक्ति से है जो पूर्ण रूप से स्वतन्त्र हो, प्रभुसता सम्पन्न हो। ऐसे छोटे राज्य ठकुराइयां थी। ऐसा प्रतीत होता है कि गणों के बाद मवाना ठकुराइयों का उदय हुआ। परन्तु पहाड़ी क्षेत्रों में अधिकांशत: छोटी-छोटी ठकुराइयां थी और ये ठकुराइयां तीसरी चौथी सदी से लगभग सोलहवी-सतरहवी सदी तक

किसी न किसी रूप में जीवित रही। पहले ये ठकुराइयां स्वतन्त्र मवाना शासन के अधीन थी पर बाद में बड़े राज्यों के अधीन उनके सामन्त के रूप में रही।[76] राणा और ठाकुर के लिए राजन्यक, राजाना आदि शब्द प्रयोग किए जाते थे।[77] ठकुराइयों का युग तो मुख्यत: मध्यकालीन युग में रहा। चम्बा राज्य में जनश्रुति के अनुसार सौ ठकुराइयां तथा गढ़वाल में बावन ठकुराइयां थी।[78] वर्तमान हिमाचल प्रदेश के अधिकांश भागों में भी ठकुराइयों का अस्तित्व रहा। हिमाचल प्रदेश में आजादी से पहले 18 और 12 ठकुराइयों का अस्तित्व था। राजपूत शासकों के इस पर्वतीय प्रदेश में आने से छोटी-छोटी ठकुराइयों को बड़ा धक्का लगा।[79] मवाना ठाकुर छोटे-छोटे इलाकों के स्वामी थे। हचिसन और वोगल ने अपनी पुस्तक में स्वतन्त्र और अधीनस्थ ठकुराइयों में भेद किया है। उन्होंने सर्वथा स्वतन्त्र 'आप ठकुराइ' और 'अधीनस्थ ठकुराइ' नाम से वर्ग भेद किया है ये ठाकुर सदा एक दूसरे के साथ कलह-रत रहते थे। ये ठाकुर प्राय: एक दूसरे के इलाके पर लूट-खसोट करते थे। ठकुराइयों का युग व्यक्ति की गरिमा का युग नही था। इस काल में गरिमा तो केवल शासक की ही थी या उसके प्रमुख करिन्दों की। ठाकुर या राजा अपनी भूमि का असीम शक्ति का स्वामी था। जमींदार उसकी भूमि पर खेती करता था, उसके जंगल से लकड़ी प्राप्त करता था। इस प्रकार उसका जीवन राजा के अधीन था। इस कृपा के बदले उसके राजा के प्रति कुछ अनिवार्य दायित्व थे। इस भूमि से जो कुछ वह प्राप्त करता था उसका कुछ भाग राजा या ठाकुर को देना पड़ता था। बैठ-बेगार और कर का जो रूप इन राज्यों में प्रचलित था वह अज्ञात अतीत से चला आ रहा था। उन्नीसवीं सदी के उतरार्द्ध में अधिकांश राज्यों और ठकुराइयों में जमीन की पैमायश हुई। उस समय कर और बैठ-बेगार के रीति-रिवाजों मे कुछ परिवर्तन किये गये। जिससे जमींदार एवं किसानों का कर और बेगार का बोझ कम हुआ परन्तु इस प्रथा की पूर्ण समाप्ति रियासतों के भारत में विलय होने पर हुई। कुछ राज्यों में राजा या ठाकुर खेती योग्य भूमि का नजराने के आधार पर हस्तान्तरण भी करते थे। राजा जब चाहे अधिक नजराना देने वाले को जमीन को एक कृषक से छुड़ाकर दूसरे कृषक को दे देता था और ऐसा हस्तान्तरण प्राय: होता रहता था। निर्बल किसान की कोई सुनवाई नही होती थी। राजा को प्रजा के किसी व्यक्ति के जीवन का पूरा अधिकार था।[80]

राजपूत काल मे नित नई राजपूत रियासतों की स्थापना का सिलसिला जारी रहा। 11 वी शताब्दी के आरम्भ तक नगरकोट (कांगड़ा) कुल्लू, लाहौल, चम्बा, भरमौर, बुशहर, सिरमौर और बिलासपुर आदि लघु राज्यों की स्थापना हो चुकी थी। इन लघु राज्यों में प्राय: संघर्ष होता रहता था। आपसी संघर्ष, युद्ध, असहयोग और फूट के कारण राष्ट्रीय भावना की कमी का लाभ विदेशी आक्रमणकारियों ने उठाया।[81]

महमूद गजनवी के आक्रमण

महमूद गजनी का शासक था जो उसे उसके पिता सुबुक्तगीन से विरासत में मिली थी। महमूद गजनवी ने नव स्थापित इस्लाम धर्म की धर्मान्धता का जोश व धर्म की कट्ट्रता का पूरा फायदा उठाया तथा मूर्तिभंजकता को अपना पवित्र ध्येय बना लिया।

उसने भारत के एक के बाद एक उन सभी मन्दिरों पर आक्रमण करने का निश्चय किया जहां अपार-धन सम्पदा थी।[82] फलतः 1000-1026 ई0 की अवधि में उसने 17 बार भारत पर विनाशकारी आक्रमण किये।[83] महमूद गजनवी ने अपने भारत आक्रमणों के अन्तर्गत 1008-09 ई0 के अभियान के समय कांगड़ा (नगरकोट) पर सातवाँ आक्रमण किया। 1008-09 ई0 में लाहौर के राजा आनन्द पाल को पराजित करने के बाद महमूद गजनवी कांगड़ा की और बढ़ा।[84] प्राचीनकाल में नगरकोट को सुशर्मपुर, त्रिगर्तपुर और भीमकोट तथा मुस्लिम काल में इसे (कोट कांगड़ा) तथा बाद में कांगड़ा किला के नाम से जाना जाता था। इस किले को त्रिगर्त शासक सुशर्मा द्वारा बनाया गया था।[85] महमूद के आक्रमण के समय कांगड़ा पर कटोच वंशी राजा जगदीश चन्द का शासन था। गजनवी की फौज ने सबसे पहले नगरकोट के आस-पास के इलाके को नष्ट-भ्रष्ट कर मूर्तियों को तोड़ डाला और मंदिरो को गिरा दिया। मुस्लिम इतिहासकार फरिशता के अनुसार-महमूद गजनवी की सेना ने बड़ी तेजी से किले पर घेरा डाल दिया और अग्नि बरसाते बाणों की वर्षा कर दी।[86] तीन दिन के संघर्ष के पश्चात् थोड़े से सिपाहियों, सेवादारों और पुजारियों ने हथियार डाल दिए तथा किले का द्वार खोल दिया। कटोच राजा जगदीश चन्द को इस आक्रमण की जरा भी आशंका नही थी।[87] नगरकोट के किले को जीतने के लिए महमूद गजनवी को कोई रक्त-पात नहीं करना पड़ा था क्योंकि इस किले के रक्षक सैनिक और तत्कालीन राजा जगदीश चन्द कहीं अन्यत्र सैन्य अभियान में गये हुए थे।[88] महमूद गजनवी, अबूनासर, अल्तुन्ताश, असिघतगिन तथा अन्य सेवादारों के साथ किले में प्रविष्ट हुआ। उसने सोना, चांदी, हीरे-जवाहरात और मोतियों के भण्डार पर कब्जा कर लिया।[89] महमूद के सचिव उतवी के अनुमान से नगरकोट की लूट में उन्हे इतनी धन-राशि मिली कि जिसे ऊंटो पर भी न ढोया जा सका। उसे बर्तनों में भी नही भरा जा सकता था। फरिश्ता के अनुसार, महमूद को किले से 7,00,000 सोने के दीनार, 700 मण सोने और चांदी की तश्तरियां, 200 मण शुद्ध सोने की ईंटे, 2000 मण चांदी की छड़े और 20 मण हीरे, मोती, मूंगे, अन्य मणि रत्न जड़ित आभूषण, 28 गज लम्बा और 14 गज चौड़ा चांदी का घर, 40 गज लम्बा और 20 गज चौड़ा चन्दवा (केनौपी) दो सोने और चांदी के खम्बे तथा बेशुमार कीमती वस्त्र प्राप्त हुए। महमूद इस अमूल्य धरोवर को लूटकर गजनी चला गया। नगरकोट का किला 1043 ई0 तक महमूद के कब्जे मे रहा।

इसी वर्ष दिल्ली के तोमर वंश के राजा 'महिपाल' ने माता ब्रजेश्वरी देवी को सपने में देखा। इसके बाद राजा महिपाल ने माता के निर्देशानुसार अपनी सेना के साथ किले पर आक्रमण करके उसे गजनवी के नियन्त्रण से मुक्त कराया। 1070 ई0 में गजनी के सुल्तान इब्राहिम ने जालन्धर पर अपना अधिकार कर लिया, जिससे त्रिगर्त शासकों का जालन्धर पर अधिकार समाप्त हो गया।[90] 1192ई0 में गजनी के ही सुल्तान मुहम्मद गौरी ने बहुत बड़ी फौज लेकर भारत की और कूच किया। तराई के क्षेत्र में उसका मुकाबला पृथ्वीराज चौहान से हुआ।[91] इस युद्ध में कांगड़ा के राजाओं ने पृथ्वीराज का साथ दिया। इस युद्ध में गौरी को विजय प्राप्त हुई और भारत में मुस्लिम राज्य की स्थापना हुई। मुस्लिम आक्रमणों और प्रारम्भिक शासन का प्रभाव हिमाचल पर भी पड़ा। मैदानों के लोगों

ने पहाड़ों की ओर भागना शुरू किया। ब्राह्मण, राजपूत (चंदेल, चौहान, तोमर, सेन, राठौर, परमार, तनवर, पवार) तथा अन्य कबीले इसी काल में हिमाचल में आए।[92]

नूरपुर, कुटलैहड़, जसवां, कुनिहार, नालागढ़, भंगाहल राज्यों की स्थापना

11वीं और 12वीं शताब्दी मे नूरपुर, कुटलैहड़, जसवां, कुमारसैन, कुनिहार, नालागढ़ और भंगाहल में नये राज्यों की स्थापना हुई। सिरमौर के राठौर वंश के कर्मचन्द ने हाटकोटी में राजधानी बनाकर जुब्बल राज्य की नीव, उसके भाई मूलचन्द ने सारी मे और दूनीचन्द ने रावी मे लघु राज्यों की स्थापना की। भंगाहल के वीरसेन ने सुकेत मे सेन वंश तथा उसके छोटे भाई गिरिसेन ने जुन्गा में क्योंथल राजधानी बनाई।[93]

गुलाम वंश और हिमाचल (1206–1290 ई0)

1206 ई0 में सुल्तानों का शासन आरम्भ होने पर तथा कथित दास वंश के आरम्भिक सुल्तानों के शासन की अवधि में हिमाचल की स्थिति सामान्य रही।[94] इस काल में गुलाम सुल्तानों ने पूर्व और दक्षिण दिशा में अपने राज्य का विस्तार किया परन्तु पश्चिम के भागों को अछूता छोड़ दिया। इस काल में हिन्दू और मुस्लिम शरणार्थी हिमाचल आए। 1210 ई0 के लगभग सिरमौर के राजा माल्ही प्रकाश ने पर्वतीय क्षेत्र में अपना राज्य स्थापित किया। बाद में उसने अपने राज्य का विस्तार पब्बर, तौंस, भागीरथी नदी तक किया। उस समय इस राज्य की राजधानी राजबन (सिरमौरी ताल) थी। 1236 ई0 में दिल्ली की सुल्ताना रजिया बेगम के विरोधी निजाम उल-मुल्क जुनैदी ने भागकर सिरमौर के राजा कौल प्रकाश की शरण ली। 1248 ई0 में उसका सौतेला भाई जलालुद्दीन मसूद, 1256 ई0 में कुअतलग खान दिल्ली सम्राट से दुश्मनी लेकर सिरमौर मे रहा।

खिलजी वंश (1290–1320 ई0) के बीच हिमाचल प्रदेश मुस्लिम आक्रमणों से बचा रहा। परन्तु इसके सीमावर्ती क्षेत्र किन्नौर और लाहौल-स्पीति, लद्दाख के भोट साम्राज्य के प्रभाव मे थे। इसी काल में सुकेत राज्य ने अपना प्रभाव बढ़ाते हुए कुल्लू राज्य को अपने नियन्त्रण में ले लिया था।[95]

तुगलक वंश के हिमाचल पर आक्रमण

तुगलक वंश के सुल्तान (1320–1414) अपने पूर्वजों से भी अधिक राजनैतिक आशावादी थे। मुहम्मद बिन तुगलक (1325–1351) ने निकटवर्ती देशों को विजयी करने का सपना देखा और हिमालय के राजाओं के विरूद्ध एक अभियान छेड़ दिया।[96] सुल्तान मुहम्मद विलक्षण गुण सम्पन्न एवं प्रतिभाशाली था। उसमें अत्यधिक सूझ-बूझ, योग्यता, बुद्धिमता, दानशीलता एवं उच्च कोटि के गुण विद्यमान थे। मुहम्मद तुगलक ने 1337 ई0 में नगरकोट (कांगड़ा) पर आक्रमण करके पृथ्वी चन्द को पराजित किया। राजा ने अधीनता स्वीकार कर ली। मुहम्मद तुगलक ने राज्य राजा को लौटा दिया। ज्वालामुखी के पवित्र मन्दिर को ध्वस्त नही किया गया।[97] इसके बाद 1365 ई0 में फिरोजशाह तुगलक ने नगरकोट (कांगड़ा) पर आक्रमण किया।[98] उसने 6 महीने तक नगरकोट के किले को घेरे रखा। अन्त में रूप चन्द को फिरोजशाह की अधीनता स्वीकार करनी पड़ी।[99] दोनों राजाओं

के बीच सन्धि हुई। फिरोजशाह तुगलक ज्वालामुखी से 1300 पुस्तके (विज्ञान, ज्योतिष, फिलासपी) आदि पुस्तकों को भी साथ ले गया और इसका शाही कवि से फारसी भाषा में अनुवाद करवाया गया।[100] सन् 1379 ई0 में फिरोजशाह ने सिरमौर रियासत को भी अपने अधीन किया।[101]

मंगोलो के हिमाचल पर विनाशकारी हमलें

मंगोलो ने भी पहाड़ी राज्यों पर आक्रमण किये। उनमें सबसे विनाशकारी और आतंकपूर्ण आक्रमण तैमूरलंग ने किया। वह मध्य एशिया का तुर्क था। मध्य एशिया को विजयी करने के बाद उसने अपनी तलवारों का रूख भारत की ओर कर दिया। 1398 ई0 में तैमूरलंग ने दिल्ली पर आक्रमण करके उसे नष्ट-भ्रष्ट किया। वह दिल्ली में केवल 14 दिनों तक रहा।[102] इसके बाद उसने सहारनपुर, देहरादून, सिरमौर, नालागढ़, पठानकोट, जसवाँ, नूरपुर व जसरोटा आदि स्थानों पर लूट मचाई और कण्डी तक आ पहुँचा। परन्तु नगरकोट में कड़ा संघर्ष होने के कारण वह किले को न जीत सका और फिर जम्मू होते हुए वापस चला गया।[103] उस समय कांगड़ा में राजा मेघचन्द का शासन था।[104]

लोधी वंश (1451-1526) के सिकन्दर लोधी ने भी नगरकोट पर आक्रमण किया और मन्दिरों को गिराया तथा मूर्तिया तोड़ी। सन् 1540 ई0 में शेरशाह सूरी ने अपने सेनापति खवास खान को नगरकोट और अन्य पहाड़ी राज्यों को परास्त करने के लिए भेजा। खवास खान ने नगरकोट, ढडवाल, ज्वालामुखी, जम्मू, गुलेर और चम्बा के शासकों को शेरशाह सूरी का प्रभुत्व स्वीकार कराया।[105]

मुगलकालीन हिमाचल

पानीपत की ऐतिहासिक लड़ाई ने भारतीय इतिहास में महत्वपूर्ण परिवर्तन लाया। इस लड़ाई के परिणामस्वरूप सुल्तानों का शासन समाप्त होकर भारत में मुगल शासन की स्थापना हुई।[106] सन् 1526 ई0 में अकबर ने दिल्ली में मुगल साम्राज्य की स्थापना की। नूरपुर, कांगड़ा, सिरमौर, चम्बा और अन्य सभी छोटे राज्यों ने सम्राट अकबर की अधीनता स्वीकार कर ली। मुगल आक्रमणों से कांगड़ा, नूरपुर, पठानकोट, चम्बा, सिरमौर, बिलासपुर और कुटलैहड़ अधिक प्रभावित हुए। कुल्लू, लाहौल-स्पीति, सुकेत, बुशहर, जुब्बल, क्योंथल, थरोच, बाघल और बघाट के शासक अपने राज्यों के विस्तार तथा सुरक्षा करने में व्यस्त रहे। पन्द्रहवी और सोलहवी शताब्दी में गुलेर, सीबा, दत्तारपुर, शांगरी, दांडी, थरोच और हरिपुर में छोटे राज्य बने। सुकेत के अजबरसेन ने 1527 ई0 में मण्डी राज्य की स्थापना की और मण्डी शहर बसाया।[107]

इसी काल में पंजाब में भक्ति आन्दोलन के अन्तर्गत सिख धर्म के प्रचार का अभियान जारी था तथा सिक्खों के 5वें गुरू अर्जुन देव अमृतसर में हरमन्दिर साहिब का निर्माण कर रहे थे। गुरू के आदेश पर मण्डी, कुल्लू, चम्बा, सुकेत और हरिपुर के राजाओं ने अमृतसर जाकर निर्माण कार्य में योगदान दिया। अर्जुन देव (1563-1606 ई0) अकबर महान् के समकालीन थे। पानीपत की 1556 ई0 की लड़ाई जीतने के बाद अकबर ने 1556, 1572, 1588, 1595 और 1604 ई0 में नूरपुर, गुलेर, कांगड़ा, कुल्लू, बिलासपुर, मण्डी,

सुकेत और चम्बा रियासतों पर विजय प्राप्त करके नजराना वसूल करना शुरू कर दिया।[108] पहाड़ी शासकों ने अकबर को मन से स्वीकार नही किया था ये उनकी मजबूरी थी। सन् 1588-89 ई0 में राजा विधिचन्द ने कांगड़ा और जम्मू के शासकों को संगठित कर अकबर के खिलाफ विद्रोह शुरू किया था परन्तु वह असफल रहा था और इस विद्रोह में 13 राजा बन्दी बनाये गए थे।[109]

परन्तु दूसरी ओर इस विद्रोह के दौरान सिरमौर और शिमला क्षेत्र की छोटी ठकुराइयां अकबर के आक्रमण से बची रही। अपनी कांगड़ा विजय के दौरान अकबर कांगड़ा दुर्ग नही जीत पाया था। उसका कांगड़ा विजय का सपना अधूरा रहा था।[110] सन् 1605 ई0 में जहाँगीर (सलीम) द्वारा मुगल सता संभालने पर 1615 ई0 में उसने कांगड़ा के किले को जीतने का प्रयास किया। इससे पहले इस किले को जीतने के लिए 52 आक्रमण हो चुके थे। जहाँगीर की सेना ने कांगड़ा किले को हथियाने के लिए 3 बार प्रयास किया। परन्तु वह असफल रहा। कांगड़ा का राजा हरिचन्द उस समय नाबालिग था। अतः रानी के भाई ने चम्बा से आकर युद्ध का संचालन किया था। मुगल सेना का घेराव चौथी बार 14 महीने तक रहा। किले में खाद्य और युद्ध सामग्री के अभाव में नवम्बर, 1620 ई0 में कटोच सेना को आत्म समर्पण करना पड़ा। इसी दौरान नबाब अली खान को पहाड़ी रियासतों का प्रथम गवर्नर जनरल बनाया गया। इस किले की हार के पश्चात् व्यास नदी के पार की रियासतों में एक समृद्ध राजसी शक्ति का अन्त हो गया।[111] जहाँगीर ने किले मे एक मस्जिद का भी निर्माण करवाया।[112]

सन् 1627 ई0 में शाहजहाँ दिल्ली का शासक बना। उसने राजा जगतसिंह, उसके पुत्र राजरूप व अन्य विद्रोही तत्वों को दबाया और मकोट, माऊ और तारागढ़ किलों को जीता। इस काल में हिमाचल में इस्लाम धर्म का व्यापक प्रचार हुआ तथा फारसी और उर्दू भाषा का भी प्रचलन हुआ। सन् 1634 ई0 में कांगड़ा के गवर्नर निजाबत खां ने सिरमौर को भी मुगल साम्राज्य का अंग बनाया। बिलासपुर के राजा कल्याण चन्द ने सन् 1643 ई0 के लगभग सिक्खों के गुरू हरगोविन्द को सतलुज नदी के किनारे कुछ क्षेत्र भेंट स्वरूप प्रदान किए। हरगोविन्द ने मुगलों के आतंक से बचने के लिए इस भू-भाग को अपना मुख्य धार्मिक केन्द्र बनाया और अनुयायियों सहित वहाँ डेरा डाल दिया। उसके बाद हर राय सिक्खों के सातवें गुरू ने मुगल आक्रमण से बचने के लिए सिरमौर के राजा कर्म प्रकाश के राज्य में शरण ली।[113]

सन् 1658 ई0 में औरंगजेब (1658-1707 ई0) मुगल साम्राज्य का बादशाह बना। उसके शासन काल में कांगड़ा, नूरपुर, बिलासपुर, चम्बा, सिरमौर, कहलूर, जसवाँ, पठानकोट, मण्डी, गुलेर, कोटला, नालागढ़, बसौली और तारागढ़ आदि पराधीन राज्य थे और अन्य पहाड़ी राज्य वार्षिक नजराना देते थे। मुगल शासन काल में बिलासपुर के राजा दीपचन्द, सिरमौर के राजा सुभाग प्रकाश, नूरपुर के राजा मन्धाता पठानिया तथा सैनिक आदि उच्च पदों पर आसीन रहे। औरंगजेब के शासन काल में सिक्खों ने भी पहाड़ी राज्यों को अनेक प्रकार से प्रभावित किया। सन् 1664 ई0 में गुरू तेग बहादुर कहलूर के राजा से जमीन खरीदकर मुखोवाल मे रहने लगे। 1675 ई0 में गुरू गोविन्द सिंह सिक्खों के दसवें गुरू

बने। उन्होंने सैनिक शक्ति को बढ़ाने के प्रयास किये। मुखोवाल गाँव में उन्होंने आनन्दपुर की स्थापना की। बाद में कहलूर के राजा के साथ उनकी अनबन हो गई और सिरमौर में राजा मेदिनी प्रकाश के यहाँ शरण ली। सिरमौर राजा ने उन्हें पाँवटा का क्षेत्र प्रदान किया जहाँ पर गुरू ने पाँवटा साहिब नगर स्थापित किया। यहीं से पहाड़ी रियासतों में सिक्खों के हस्तक्षेप, आक्रमण और प्रभुत्व का युग आरंम्भ हुआ। सन् 1686 ई0 में गोबिन्द सिंह ने पाँवटा से 6 मील दूर भंगाणी में बिलासपुर, गुलेर, कहलूर, कटोच, गढ़वाल और नालागढ़ के राजाओं से छदम युद्ध कर उन्हे हराया।

सन् 1687 ई0 में गुरू गोविन्द सिंह ने नादौन युद्ध में पहाड़ी राजाओं की सहायता की और मुगलों को पराजित किया। सन् 1699 ई0 में खालसा पंथ की स्थापना हुई और सिक्खों के धार्मिक आन्दोलन ने वास्तविक रूप में राजनैतिक और सैनिक शक्ति की नींव रखी। परन्तु गुरू के सैनिकों ने बिलासपुर, कुटलैहड़ आदि क्षेत्रों में भारी आतंक फैलाया और लूटमार शुरू की। अन्त में पहाड़ी राजाओं ने संगठित होकर 1703 ई0 में आनन्दपुर पर घेरा डाल दिया और मुगल सेना की सहायता से 1704 ई0 में गुरू गोबिन्द सिंह को आनन्दपुर छोड़ने पर मजबूर किया। पहाड़ी राजाओं को सिक्खों के अतिरिक्त मुगल सेना से भी कई बार टक्कर लेनी पड़ी। इसी काल में औरंगजेब की हिन्दू धर्म विरोधी नीति के कारण अनेको मन्दिर नष्ट किए गए, मूर्तियां तोड़ी गई और मस्जिदों का निर्माण किया गया।[114]

दूसरी ओर सत्रहवीं शताब्दी में ठियोग, मधान, घून्ड और रतेश नामक छोटे राज्यों की स्थापना हुई। इसी काल में बुशहर के राजा केहरी सिंह ने (1639-1696) ई0 में अपने राज्य के क्षेत्र विस्तार में करांगला, सारी, देलठ, ठियोग, कोटखाई, दरकोटी और शांगरी को अपने अधीन किया। मण्डी, सुकेत, सिरमौर, गढ़वाल और तिब्बत में भी अद्भुत सफलताएं हासिल की। औरंगजेब ने उनके पराक्रम और प्रभुत्व को देखकर राजा केहरी सिंह को 'छत्रपति' राजा की उपाधि से सम्मानित किया। सन् 1707 ई0 में औरंगजेब की मृत्यु के पश्चात् मुगल साम्राज्य का पतन हुआ। उनके उतराधिकारी बड़े कमजोर शासक निकले जिसका भरपूर फायदा सिक्खों ने उठाया। उन्होंने पहाड़ी रियासतों पर अधिपत्य की तैयारी शुरू कर दी थी।[115]

सन्दर्भ

1. मीनाक्षी चौधरी, हिमाचल ए कम्पलीट गाइड टू दि लैंड ऑफ गॉडस, रूपा एण्ड कम्पनी, नई दिल्ली, 2006, पृ0 1 एण्ड के0 एल0 जोशी, जिओग्राफी ऑफ हिमाचल प्रदेश, नेशनल बुक ट्रस्ट, इण्डिया, 1984, पृ0 1
2. एम0एस0 अहलूवालिया, सोशल, कल्चरल एण्ड इकोनोमिक हिस्ट्री ऑफ हिमाचल प्रदेश, इण्डस पब्लिशिंग कम्पनी, नई दिल्ली, 1998, पृ0 11
3. राजेन्द्र अत्री, हिमाचल प्रदेशः एक बहु-आयामी परिचय, सरला पब्लिकेशन, शिमला, 2007, पृ0 289
4. एस0एस0 नेगी, हिमाचल प्रदेश दि लैंड एण्ड पीपल, इण्डस पब्लिशिंग कम्पनी, नई दिल्ली, 1993, पृ0 9

5. लालता प्रसाद पाण्डेय, प्राचीन हिमाचलः इतिहास, धर्म एवं संस्कृति, इण्डियन क्लासिक्स, नई दिल्ली, 1981, पृ0 1
6. मनोज जरेट, ज्योग्राफी ऑफ हिमाचल प्रदेश, इण्डस पब्लिशिंग कंपनी, नई दिल्ली, 2006, पृ0 15
7. हिमाचल प्रदेश सरकार, ब्रीफ फैक्टस, हिमाचल प्रदेश, 2003, इकोनोमिक्स एण्ड स्टाटिसटिक्स डिपार्टमेन्ट, शिमला, पृ0 1
8. मीनाक्षी चौधरी, हिमाचल ए कम्पलीट गाइड टू दि लैंड ऑफ गॉडस, पृ0 1 एण्ड हिमाचल प्रदेश सरकार, स्टाटिस्टिकल आऊटलाइन ऑफ हिमाचल प्रदेश, 2009-10, इकोनोमिक्स एण्ड स्टाटिस्टीकल डिपार्टमेन्ट, शिमला, पृ0 3
9. नवीन शर्मा, हिमाचल प्रदेश का राजनीतिक इतिहास, (1206-1809), सोसाइटी फॉर रिसर्च इन एजुकेशन एण्ड टैक्नालोजी, शिमला, 2005, पृ0 1
10. वी0 वर्मा, दि एमरजैन्स ऑफ हिमाचल प्रदेश, ए सर्वे ऑफ कन्स्टीटयूशनल डेवलपमेन्टस, इण्डस पब्लिशिंग कम्पनी, नई दिल्ली, 1995, पृ0 11
11. परमेश्वरीलाल गुप्ता, न्यूमिस्मेटिक हिस्ट्री ऑफ हिमाचल प्रदेश, बी0 आर0 पब्लिशिंग कारपोरेशन, दिल्ली, 1988, पृ0 3
12. बी0आर0 शर्मा, हिमाचल प्रदेश, पब्लिकेशन्स डिवीजन, मिनिस्ट्री ऑफ इनफारमेशन एण्ड ब्राडकास्टिंग, गवर्नमेंट ऑफ इण्डिया, नई दिल्ली, 1997, पृ0 9
13. राजेन्द्र अत्री, हिमाचल प्रदेशः एक बहु-आयामी परिचय, पृ0 289-290
14. हरीश कपाड़िया, एक्रोस पीक्स एण्ड पासेस इन हिमाचल प्रदेश, इण्डस पब्लिशिंग कंपनी, नई दिल्ली, 1999, पृ0 201 एण्ड शिवानन्द नौटियाल, हिमाचल-दर्शन, सुलभ प्रकाशन, लखनऊ, 1990, पृ0 12-13
15. एम0एस0 अहलूवालिया, सोशल, कल्चरल एण्ड इकोनोमिक हिस्ट्री ऑफ हिमाचल प्रदेश, पृ0 13 एण्ड रमेश चौहान, हिमाचल प्रदेश ए पर्सपेक्टिव, मिनर्वा बुक हॉऊस, शिमला, 1998, पृ0 82
16. एच0सी0 सारस्वत, हिमाचल प्रदेश, प्रकाशन विभाग, सूचना और प्रसारण मंत्रालय, भारत सरकार, नई दिल्ली, 1971, पृ020
17. पद्म चन्द्र काश्यप, भारतीय संस्कृति और हिमाचल प्रदेश, हिमाचल पुस्तक भण्डार, दिल्ली, 2003, पृ0 17-18
18. बी0आर शर्मा, हिमाचल प्रदेश, पृ0 6-7
19. हिमाचल प्रदेश सरकार, ब्रीफ फैक्टस, हिमाचल प्रदेश, पृ0 4
20. पद्म चन्द्र काश्यप, भारतीय संस्कृति और हिमाचल प्रदेश, पृ0 18
21. के0एल0जोशी, जिओग्राफी ऑफ हिमाचल प्रदेश, पृ0 111-114 एण्ड हिमाचल प्रदेश सरकार, बीफ्र फैक्टस, हिमाचल प्रदेश, पृ0 4
22. राजेन्द्र अत्री, हिमाचल प्रदेशः एक बहु-आयामी परिचय, पृ0 377-379
23. पद्म चन्द्र काश्यप, भारतीय संस्कृति और हिमाचल प्रदेश, पृ0 19
24. हिमाचल प्रदेश सरकार, ब्रीफ फैक्टस, हिमाचल प्रदेश, पृ0 4 एण्ड के0सी0 आजाद, आर0 स्वरूप, बी0के0 सिक्का, हारिटिकल्चरल डेवलपमेन्ट इन हिल एरियाजः ए स्टडी ऑफ हिमाचल प्रदेश, मितल पब्लिकेशन्स, दिल्ली, 1988, पृ0 21
25. राजेन्द्र अत्री, हिमाचल प्रदेशः एक बहु-आयामी परिचय, पृ0 411 एण्ड हिमाचल प्रदेश सरकार, स्टाटिस्टिकल आऊटलाइन ऑफ हिमाचल प्रदेश, पृ0 3

26. वही, ,, ,, ,, पृ0 452, 464, 465
27. एस0के0 गुप्ता, दि पीपल, (हिमाचल प्रदेश पास्ट, प्रेजैंट एण्ड फ्यूचर, डारैंक्टोरेट ऑफ कोरसपोन्डेन्स कोर्स, शिमला, 1976, पृ0 15) एण्ड एच0सी0 सारस्वत, हिमाचल प्रदेश, पृ0 24 एण्ड जगमोहन बलोखरा, दि पैराडाइस हिमाचल प्रदेश, एच0जी0 पब्लिकेशन्स, नई दिल्ली, 2007, पृ0 241 एण्ड हिमाचल प्रदेश सरकार, स्टाटिस्टिकल आऊटलाइन ऑफ हिमाचल प्रदेश, पृ0 117
28. राजेन्द्र अत्री, हिमाचल प्रदेश: एक बहु-आयामी परिचय, पृ0 656, एण्ड हिमाचल प्रदेश सरकार, ब्रीफ फैक्टस, हिमाचल प्रदेश, पृ0 6
29. राधेशरण, प्राचीन भारत का राजनैतिक एवं सांस्कृतिक इतिहास, (आदिकाल से 1206 ई0 तक), राधा पब्लिकेशन्स, नई दिल्ली, 2002, पृ0 24
30. लालता प्रसाद पाण्डेय, प्राचीन हिमाचल: इतिहास, धर्म एवं संस्कृति, पृ0 29
31. शिवानन्द नौटियाल, हिमाचल-दर्शन, सुलभ प्रकाशन, लखनऊ, 1990, पृ0 22
32. गौतम शर्मा व्यथित, हिमाचल प्रदेश: लोक संस्कृति और साहित्य, नेशनल बुक ट्रस्ट, नई दिल्ली, 1980, पृ0 4-5 एण्ड पद्म चन्द्र काश्यप, भारतीय संस्कृति और हिमाचल प्रदेश, पृ0 21
33. राजेन्द्र अत्री, हिमाचल प्रदेश: एक बहु-आयामी परिचय, पृ0 1
34. वी0वर्मा, दि एमरजैन्स ऑफ हिमाचल प्रदेश, पृ0 28 एण्ड राधाकमल मुकर्जी, भारत की संस्कृति और कला, राजपाल एण्ड सन्ज, दिल्ली, 1959, पृ0 41 एण्ड राजेन्द्र अत्री, हिमाचल प्रदेश: एक बहु-आयामी परिचय, पृ0 1-2 एण्ड एस0एस0 नेगी, डिस्कवरी ऑफ हिमालया, वॉलियम-2, इण्डस पब्लिशिंग कंपनी, नई दिल्ली, 1998, पृ0 342
35. एम0एस0 अहलूवालिया, हिस्ट्री ऑफ हिमाचल प्रदेश, इन्टीलैक्चूयल पब्लिशिंग हॉऊस, नई दिल्ली, 1988, पृ0 39 एण्ड बुरजोर अवरी, इण्डिया: दि एनशियेन्ट पास्ट, ए हिस्ट्री ऑफ दि इण्डियन सब-कन्टीनेन्ट फ्रॉम सी0 7000 बी0सी0 टू ए0डी0 1200, रूटलेज टेलर एण्ड फ्रान्सिस ग्रुप, लंदन एण्ड न्यूयार्क, 2007, पृ0 38-40
36. हिमाचल प्रदेश सरकार, हिमाचल प्रदेश मे स्वतन्त्रता संग्राम का संक्षिप्त इतिहास, भाषा एवं संस्कृति विभाग, शिमला, 1992, पृ0 11
37. एम0एच0 सईद, इण्डिया: ए जरनी थ्रू एजिज, किलासो बुक्स, नई दिल्ली, 2004, पृ0 9 एण्ड सुदर्शन वशिष्ठ, हिमाचल, आत्मा राम एण्ड संस, दिल्ली, 1997, पृ0 15
38. पद्म चन्द्र काश्यप, भारतीय संस्कृति और हिमाचल प्रदेश, पृ0 26-27
39. मियाँ गोवर्धन सिंह, जयदीप नेगी, हिमाचल प्रदेश: एक ऐतिहासिक सर्वेक्षण, रिलायेंस पब्लिशिंग हॉऊस, नई दिल्ली, 1999, पृ0 29-30
40. पद्म चन्द्र काश्यप, भारतीय संस्कृति और हिमाचल प्रदेश, पृ0 27-29 एण्ड गौतम शर्मा व्यथित, हिमाचल प्रदेश: लोक संस्कृति और साहित्य, पृ0 1
41. मियाँ गोवर्धन सिंह, जयदीप नेगी, हिमाचल प्रदेश: एक ऐतिहासिक सर्वेक्षण, पृ0 30-31
42. राजेन्द्र अत्री, हिमाचल प्रदेश: एक बहु-आयामी परिचय, पृ0 3
43. प्रशान्त गौरव, प्राचीन भारत, (लगभग 600 ई0 तक), राजकमल प्रकाशन, नई दिल्ली, 2009, पृ0 95 एण्ड गजेन्द्र सिंह, सत्येन्द्रनाथ द्विवेदी, प्राचीन भारत: एक तथ्यपूर्ण विवेचन, ज्योति इन्टरप्राइजिज, दिल्ली, 2006, पृ0 38-39
44. मियाँ गोवर्धन सिंह, जयदीप नेगी, हिमाचल प्रदेश: एक ऐतिहासिक सर्वेक्षण, पृ0 44-46 एण्ड एस0एस0 नेगी, हिमाचल प्रदेश दि लैंड एण्ड पीपल, पृ0 124 एण्ड डी0पी0 मिश्रा, स्टडीज इन दि प्रोटो हिस्ट्री ऑफ इण्डिया, ओरियेन्ट लांगमेन, नई दिल्ली, 1971, पृ0 86
45. एल0एन0 रेनू, इण्डियन एनसेस्टरज ऑफ वैदिक आर्यनज, भारतीय विद्या भवन, बम्बे, 1994, पृ0 10 एण्ड मियाँ गोवर्धन सिंह, जयदीप नेगी, हिमाचल प्रदेश: एक ऐतिहासिक सर्वेक्षण, पृ0 46-47

46. मानिक लाल गुप्त, प्राचीन भारतः प्रागैतिहासिक काल से गुप्त काल तक, एटलाण्टिक पब्लिशर्स एण्ड डिस्ट्रीब्यूटर्स, नई दिल्ली, 2006, पृ0 54
47. दिवाकर लाल श्रीवास्तव, प्राचीन भारत के ऐतिहासिक निबन्ध, आविष्कार पब्लिशर्स एण्ड डिस्ट्रीब्यूटर्स, जयपुर, (राजस्थान), 2003, पृ0 72
48. गज़ेटियरज ऑफ दि पंजाब डिस्ट्रिक्ट, वॉलियम-टप्, पार्ट-ट कांगड़ा डिस्ट्रिक्ट सुपरिन्टेन्डेन्ट, गवर्नमेन्ट प्रिंटिंग प्रैस, लाहौर, (पंजाब), 1926, पृ0 46 एण्ड हिमाचल प्रदेश सरकार, हिमाचल प्रदेश में स्वतन्त्रता संग्राम का संक्षिप्त इतिहास, पृ0 12
49. पद्म चन्द्र काश्यप, भारतीय संस्कृति का इतिहास, पृ0 96
50. जगदेव सिंह, कांगड़ाः दि कटोच सागा, (फ्राम संसार चन्द्रा टू संसार चन्द्रा) रचना पब्लिकेशन्स, कांगड़ा, (हि0प्र0), 1993, पृ0 6 एण्ड राजेन्द्र अत्री, हिमाचल प्रदेशः एक बहु-आयामी परिचय, पृ0 6
51. हिमाचल प्रदेश सरकार, हिमाचल प्रदेश में स्वतन्त्रता संग्राम का संक्षिप्त इतिहास, पृ0 12
52. के0एस0 सिंह, पीपल ऑफ इण्डिया, वॉलियम-ग्गप्टए हिमाचल प्रदेशः एन्थ्रोपोलोजिकल सर्वे ऑफ इण्डिया, मनोहर पब्लिशर्स एण्ड डिस्ट्रीब्यूटर्स, नई दिल्ली, 1996, पृ0 5
53. ओ0सी0 हांडा, न्यूमिसमेटिक सोर्सेज ऑन दि अर्ली हिस्ट्री ऑफ वेस्टरन हिमालया, बी0आर0 पब्लिशिंग कॉरपोरेशन, दिल्ली, 1984, पृ0 8 एण्ड लालता प्रसाद पाण्डेय, प्राचीन हिमाचलः इतिहास, धर्म एवं संस्कृति, पृ0 46
54. सी0आर0 बी0 ललित, भारतीय इतिहास का स्वर्णयुग गुप्तकाल, हिमप्रस्थ, वर्षः 40, अंकः 56, हिमाचल प्रदेश प्रिंटिंग प्रैस परिसर, शिमला, सितम्बर, 1995, पृ0 6-7
55. पी0एन0 सेमवाल, पश्चिमी हिमालय क्षेत्र के अतीत की झांकी, सन्मार्ग प्रकाशन, दिल्ली, 1983, पृ0 13
56. सुखदेव सिंह चरक, हिमाचल प्रदेश, पार्ट-1 लाइट एण्ड लाइफ पब्लिशर्स, नई दिल्ली, 1978, पृ0 86-87
57. मियाँ गोवर्धन सिंह, जयदीप नेगी, हिमाचल प्रदेशः एक ऐतिहासिक सर्वेक्षण, पृ0 61
58. हिमाचल प्रदेश सरकार, हिमाचल प्रदेश में स्वतन्त्रता संग्राम का संक्षिप्त इतिहास, पृ0 12
59. दिवाकर लाल श्रीवास्तव, प्राचीन भारत के ऐतिहासिक निबन्ध, पृ0 21
60. हिमाचल प्रदेश सरकार, हिमाचल प्रदेश में स्वतन्त्रता संग्राम का संक्षिप्त इतिहास, पृ0 12-13
61. गजेन्द्र सिंह, सत्येन्द्रनाथ द्विवेदी, प्राचीन भारतः एक तथ्यपूर्ण विवेचन, पृ0 131
62. राधेशरण, प्राचीन भारत का राजनैतिक एवं सांस्कृतिक इतिहास, (आदिकाल से 1206 ई0 तक), प७0 143
63. हिमाचल प्रदेश सरकार, हिमाचल प्रदेश में स्वतन्त्रता संग्राम का संक्षिप्त इतिहास, पृ0 13
64. राजेन्द्र अत्री, हिमाचल प्रदेशः एक बहु-आयामी परिचय, पृ0 7-8
65. सीमा मिश्रा, गुप्तयुगीन केन्द्रीय प्रशासन, विश्वविद्यालय प्रकाशन, वाराणसी, 2005, पृ0 18 एण्ड बुरजोर अवरी, इण्डियाः दि एनशियन्ट पास्टः ए हिस्ट्री ऑफ दि इण्डियन सबकन्टीनेंन्ट फ्रॅाम सी0 7000 बी0सी0 टू ए0डी0 1200, रूटलेज लंदन एण्ड न्यूयार्क, 2008, पृ0 155
66. जी0पी0 सिंह, अर्ली इण्डियन हिस्टोरिकल ट्रडिशन एण्ड आर्किलाजी, (पुराणिक किंगडम्ज एण्ड डायनेस्टिक्स विद जेनियोलोजिज रिलेटिव क्रानोलाजी एण्ड डेट ऑफ महाभारता वार), डी0 के प्रिंटर्सवर्लड प्राइवेट लिमिटेड, नई दिल्ली, 1994, पृ0 197 एण्ड सुदर्शन वशिष्ठ, हिमाचल, पृ0 21
67. विश्वेश्वरनाथ रेउ, भारत के प्राचीन राजवंश, (प्रथम भाग), पब्लिकेशन स्कीम, जयपुर, (राजस्थान), 2000, पृ0 270-271
68. सुदर्शन वशिष्ठ, हिमाचल, पृ0 21

69. राधेशरण, प्राचीन भारत का राजनैतिक एवं सांस्कृतिक इतिहास, (आदिकाल से 1206 ई0 तक), पृ0 309
70. श्री राम गोयल, हर्ष शीलादित्य, कुसुमांजलि प्रकाशन, मेरठ 1986, पृ0 88
71. दिवाकर लाल श्रीवास्तव, प्राचीन भारत के ऐतिहासिक निबन्ध, पृ0 169
72. राजेन्द्र अत्री, हिमाचल प्रदेशः एक बहु-आयामी परिचय, पृ0 8-9
73. हिमाचल प्रदेश सरकार, हिमाचल प्रदेश में स्वतन्त्रता संग्राम का संक्षिप्त इतिहास, पृ0 14-15
74. संसार चन्द प्रभाकर, हिमाचली इतिहास के सूर्ख पन्ने, नीरज प्रकाशन, कांगड़ा, (हिमाचल प्रदेश), 2002, पृ0 84
75. हिमाचल प्रदेश सरकार, हिमाचल प्रदेश में स्वतन्त्रता संग्राम का संक्षिप्त इतिहास, पृ0 15
76. पी0एन0 सेमवाल, पश्चिमी हिमालय क्षेत्र के अतीत की झांकी, पृ0 19
77. जे0 हचिसन एण्ड जे0 पीएच0 वोगल, हिस्ट्री ऑफ दि पंजाब हिल स्टेट्स, वॉलियम-१, भाषा एवं संस्कृति विभाग, शिमला, 1982, पृ0 12-13
78. पी0 एन0 सेमवाल, पश्चिमी हिमालय क्षेत्र के अतीत की झांकी, पृ0 19
79. अमर सिंह रणपतिया, हिमाचली इतिहास और संस्कृति के अंश, सन्मार्ग प्रकाशन, दिल्ली, 1988, पृ0 30-33
80. पी0एन0 सेमवाल, पश्चिमी हिमालय क्षेत्र के अतीत की झांकी, पृ0 21-26
81. राजेन्द्र अत्री, हिमाचल प्रदेशः एक बहु-आयामी परिचय, पृ0 9
82. जे0एन0 नन्दा, भारतीय इतिहास तथा संस्कृति की झलकियाँ, कॉनसेप्ट पब्लिशिंग कम्पनी, नई दिल्ली, 2006, पृ0 53
83. मोती लाल भार्गव, मध्यकालीन भारत का इतिहास, (1000 ई0 से 1707 ई0 तक), मीनाक्षी प्रकाशन, नई दिल्ली, 1980, पृ0 24
84. आशिरबादी लाल श्रीवास्तव, सल्तनत ऑफ दिल्ली, (711-1526 ए0डी0), शिवलाल अग्रवाल एण्ड कम्पनी, जयपुर, 1982, पृ0 54, 56 एण्ड दिलीप के0 चक्राबर्ती, एस0जे0 हसन, दि आन्टिक ऑफ कांगड़ा, मुन्शीराम, मनोहर लाल पब्लिशर्स, नई दिल्ली, 1984, पृ0 36
85. जे0 हचिसन एण्ड जे0 पीएच0 वोगल, हिस्ट्री ऑफ कांगड़ा एण्ड कुल्लू स्टेट्स, नॉर्दन बुक सेन्टर, नई दिल्ली, 1986, पृ0 12 एण्ड हिमाचल प्रदेश सरकार, हिमाचल प्रदेश में स्वतन्त्रता संग्राम का संक्षिप्त इतिहास, पृ0 15
86. संसार चन्द प्रभाकर, हिमाचली इतिहास के सुर्ख पन्ने, पृ0 20
87. सुदर्शन वशिष्ठ, हिमाचल, पृ0 22
88. पी0 एन0 सेमवाल, पश्चिमी हिमालय क्षेत्र के अतीत की झांकी, पृ0 41
89. संसार चन्द प्रभाकर, हिमाचली इतिहास के सुर्ख पन्ने, पृ0 20
90. जे0 हचिसन एण्ड जे0 पीएच0 वोगल, हिस्ट्री ऑफ कांगड़ा एण्ड कुल्लू स्टेट्स, पृ0 16 एण्ड परमेश्वरी लाल गुप्ता, न्यूमिसमेटिक हिस्ट्री ऑफ हिमाचल प्रदेश, बी0आर0 पब्लिशिंग कॉरपोरेशन, दिल्ली, 1988, पृ0 38 एण्ड हिमाचल प्रदेश सरकार, हिमाचल प्रदेश में स्वतन्त्रता संग्राम का संक्षिप्त इतिहास, पृ0 16-17
91. मोतीलाल भार्गव, मध्यकालीन भारत का इतिहास, (1000 ई0 से 1707 ई0 तक), पृ0 44-45 एण्ड जे0 एल0 मेहता, सरिता मेहता, हिस्ट्री ऑफ एनशियन्ट इण्डिया, (फ्राम दि अरलियस्ट टाइम्स टू 1206 ए0डी0), लोटस प्रैस, नई दिल्ली, 2008, पृ0 743-744
92. सुदर्शन वशिष्ठ, हिमाचल, पृ0 22
93. राजेन्द्र अत्री, हिमाचल प्रदेशः एक बहु-आयामी परिचय, पृ0 10

94. आशिरबादी लाल श्रीवास्तव, सल्तनत ऑफ दिल्ली, पृ0 88 एण्ड नवीन शर्मा, हिमाचल प्रदेश का राजनीतिक इतिहास, (1206-1809), पृ0 34
95. हिमाचल प्रदेश सरकार, हिमाचल प्रदेश में स्वतन्त्रता संग्राम का संक्षिप्त इतिहास, पृ0 18
96. मियाँ गोवर्धन सिंह, जयदीप नेगी, हिमाचल प्रदेशः एक ऐतिहासिक सर्वेक्षण, पृ0 125
97. मोतीलाल भार्गव, मध्यकालीन भारत का इतिहास, (1000 ई0 पूर्व से 1707 ई0 तक), पृ0 152, 165 एण्ड जगदेव सिंह, कांगड़ाः दि कटोच सागा, पृ0 45
98. सुखदेव सिंह चिब, दिस ब्यूटीफुल इण्डियाः हिमाचल प्रदेश, लाइट एण्ड लाइफ पब्लिशर्स, नई दिल्ली, 1977, पृ0 6
99. पी0 एन0 सेमवाल, पश्चिमी हिमालय क्षेत्र के अतीत की झांकी, पृ0 45
100. आर0सी0 जौहरी, फिरोज तुगलक, (1351-1388 ए0डी0) ए0बी0 एस0 पब्लिकेशन्स, जालन्धर, (भारत), 1990, पृ0 75 एण्ड संसार चंद प्रभाकर, हिमाचली इतिहास के सुर्खपन्ने, पृ0 26, एण्ड पदम चन्द्र काश्यप, हिमाचली संस्कृति का इतिहास, आर्य प्रकाशन मण्डल, दिल्ली, 1986, पृ0 192
101. राजेन्द्र अत्री, हिमाचल प्रदेश-एक बहु-आयामी परिचय, पृ0 11
102. आशिरबादी लाल श्रीवास्तव, सल्तनत ऑफ दिल्ली, पृ0 220 एण्ड मियाँ गोवर्धन सिंह, जयदीप नेगी, हिमाचल प्रदेशः एक ऐतिहासिक सर्वेक्षण, पृ0 132
103. हिमाचल प्रदेश सरकार, हिमाचल प्रदेश में स्वतन्त्रता संग्राम का संक्षिप्त इतिहास, पृ0 19
104. सुदर्शन वशिष्ठ, पहाड़ों का गौरव कांगड़ा का किला, हिमप्रस्थ, वर्षः 47, अंकः 2, हिमाचल प्रदेश प्रिंटिंग प्रैस परिसर, शिमला, मई, 2001, पृ0 5
105. राजेन्द्र अत्री, हिमाचल प्रदेशः एक बहु-आयामी परिचय, पृ0 11
106. नवीन शर्मा, हिमाचल प्रदेश का राजनीतिक इतिहास, (1206-1809), पृ0 72
107. राजेन्द्र अत्री, हिमाचल प्रदेशः एक बहु-आयामी परिचय, पृ0 11-12
108. हिमाचल प्रदेश सरकार, हिमाचल प्रदेश में स्वतन्त्रता संग्राम का संक्षिप्त इतिहास, पृ0 19-20
109. पद्म चन्द्र काश्यप, हिमाचली संस्कृति का इतिहास, पृ0 194
110. संसार चन्द प्रभाकर, हिमाचली इतिहास के सुर्ख पन्ने, पृ0 31
111. मुहम्मद अकबर, दि पंजाब अंडर दि मुगल, ईदारह- ईअदाबियत ई देल्ली, दिल्ली, 1974, पृ0 150-152 एण्ड हिमाचल प्रदेश सरकार, हिमाचल प्रदेश में स्वतन्त्रता संग्राम का संक्षिप्त इतिहास, पृ0 20
112. सुदर्शन वशिष्ठ, पहाडों का गौरव कांगड़ा का किला, पृ0 7
113. राजेन्द्र अत्री, हिमाचल प्रदेशः एक बहु-आयामी परिचय, पृ0 12-13
114. गज़ेटियर ऑफ दि सिरमौर स्टेट्, 1934, इण्डस पब्लिशिंग कंपनी, नई दिल्ली, 1996, पृ0 16 एण्ड हिमाचल प्रदेश सरकार, हिमाचल प्रदेश में स्वतन्त्रता संग्राम का संक्षिप्त इतिहास, पृ0 20-21
115. वही, ,, ,, ,, पृ0 21-22 एण्ड ईश्वरी प्रसाद, भारतवर्ष का नवीन इतिहास, दि इण्डियन प्रैस प्राइवेट लिमिटेड, अलाहाबाद, 1972, पृ0 208

भाग–I

हिमाचल प्रदेश और बाहरी शक्तियाँ

इस लघु अध्याय में हिमाचल प्रदेश पर बाहरी शक्तियों द्वारा किए गए आक्रमणों का संक्षिप्त अध्ययन किया गया है। बाहरी शक्तियों द्वारा किए गए इन आक्रमणों से इस पर्वतीय प्रदेश की जनता में राजनीतिक और सामाजिक परिवर्तन आया और हिमाचली चेतना को बनाने में सहायक रहा। 1707 ई0 में भारत में मुगल साम्राज्य का पतन होने के बाद गुरू गोबिन्द सिंह ने पंजाब और पहाड़ी रियासतों पर अधिपत्य स्थापित करने की योजना बनाई। इस योजना को अंजाम देने के लिए उन्होंने बन्दा बहादुर को सेना का नेतृत्व सौंपा। बन्दा बहादुर ने पंजाब के अनेक क्षेत्र अपने कब्जे में करने के पश्चात् पहाड़ी रियासतों में आतंक फैलाया।[1] उसने बिलासपुर में भारी आतंक फैलाया और राजा भीम चन्द के राज्य को भारी नुकसान पहुँचाया।[2] मण्डी और कुल्लू के राजाओं ने तो बिना युद्ध के ही बन्दा वैरागी की अधीनता स्वीकार कर ली थी। चम्बा के राजा ने वैरागी से अपनी लड़की का विवाह करवाकर सिक्खों से मैत्री कर ली। 1745 ई0 में पंजाब के मुगल गवर्नर अदिना बेग ने गुलेर, जसवां, मनकोट, नूरपुर, कुटलैहड़, भंगाहल और अन्य रियासतों को अपने अधीन करके जयसिंहपुर और बीजापुर को नष्ट-भ्रष्ट किया। मण्डी के राजा शमशेर सेन ने भी अदिना बेग की अधीनता स्वीकार कर ली। वह कांगड़ा दुर्ग को अपने अधिकार में न ले सका।[3] ,

1752 ई0 में पर्वतीय क्षेत्र के अधिकांश राजे जिनमें नूरपुर और कांगड़ा क्षेत्र के शासक भी सम्मिलित थे मुगल शासन के अन्त के बाद अहमदशाह दूरानी (अफगान) के नियन्त्रण में आ गए थे। परन्तु यह अवधि अल्पकालीन रही।[4] मुगल साम्राज्य के पतन के पश्चात् पहाड़ो के स्थानीय शासकों ने भी राज्य का विस्तार करने के लिए प्रयत्न किये।[5] पहाड़ी राजाओं में घामण्ड चन्द पहले राजा थे जिन्होंने अपने पूर्वजों के क्षेत्र कांगड़ा पर कब्जा कर लिया था तथा गुलेर, जसवां, दत्तारपुर और सीबा आदि क्षेत्रों की ओर अपने शासन

का विस्तार किया। इस उभरते सितारे की प्रतिभा देखकर अहमदशाह अब्दाली ने अपने आखिरी हमले के दौरान उसे जालन्धर और पड़ोसी पहाड़ी क्षेत्रों का उप-गवर्नर नियुक्त किया था। परन्तु राजा घमण्ड चन्द की ये विस्तारवादी नीतियां बहुत दिनों तक न चल सकी। उसे रामगढ़िया सिक्ख मिस्ल के प्रमुख सरदार जस्सा सिंह द्वारा पराजित किया गया तथा 1770 ई0 में कर देने के लिए मजबूर किया गया। 1773 ई0 में घमण्ड चन्द की मृत्यु हो गई। घमण्ड चन्द के समय मे कांगड़ा का प्रसिद्ध किला मुस्लिम गवर्नर नवाब सैफ अली खान के हाथों में रहा।[6] 1775 ई0 में संसारचन्द कांगड़ा के राज सिंहासन पर बैठा।[7] उसने फिर से कांगड़ा दुर्ग को वापस जीतने का प्रयास किया। उसने कन्हैया मिसल के मुखिया जय सिंह से प्रार्थना की कि उसे कांगड़ा किले को जीतने में सहायता दे। 1782 ई0 में राजा संसार चंद ने जयसिंह की सहायता से कांगड़ा किले पर घेरा डाल दिया। बीमार और बुढ़े मुगल गवर्नर नवाब सैफ अली खान ने आत्म समर्पण करके किले का परित्याग कर दिया। परन्तु जयसिंह ने छल-कपट से किला अपने अधिकार में ले लिया। इस प्रकार पहाड़ी रियासतों में मुगल शासन के प्रशासन का अन्त हो गया।[8]

इसके बाद संसार चंद और कन्हैया सरदार के बीच कांगड़ा किले को लेकर लम्बी लड़ाई चलती रही।। यह लड़ाई महाराजा रणजीत सिंह के हस्तक्षेप से एक समझौते से खत्म हुई।[9] इस समझौते के अनुसार किला संसार चंद को दे दिया गया और उसमें रखी युद्ध सामग्री जयसिंह को दी गई। इस प्रकार 1786 ई0 में 166 वर्षो के बाद कांगड़ा किला कटोच वंश के राजा संसार चंद के हाथों में आ गया।[10] संसार चंद ने नादौन में राजधानी बनाकर अपने राज्य क्षेत्र का विस्तार आरम्भ किया। कुछ ही वर्षो में राजा संसार चंद ने सभी छोटे राज्यों मण्डी, सुकेत, कुल्लू, बिलासपुर और चम्बा आदि अनेक क्षेत्रों के राजाओं को अपने अधीन कर अपना प्रभुत्व स्वीकार कराया।[11] उसने पंजाब के अनेक क्षेत्रों को भी अपने अधीन किया और पहाड़ी क्षेत्रों में सबसे शक्तिशाली राजा बन बैठा।

लगभग डेढ़ दशक तक संसार चन्द की शक्ति बरकरार रही और पहाड़ी रियासतों के शासक उसके दरबार में उपस्थित हुआ करते थे तथा उसके सैनिक अभियान के लिए रियासतों से जवान भेजा करते थे। अंग्रेजों की प्रसिद्धि को सुनकर और सिक्खों की शक्ति से डरकर संसार चंद ने अंग्रेजों के साथ मैत्रीपूर्ण सम्बन्ध स्थापित करने के लिए पत्र-व्यवहार भी किया। 1801 ई0 में उसने बटाला के कुछ क्षेत्रों पर भी कब्जा कर लिया था। परन्तु महाराजा रणजीत सिंह के हस्तक्षेप के कारण उसे वापिस पहाड़ो की ओर अपना रूख करना पड़ा। 1804 ई0 में राजा संसार चंद ने फिर से होशियारपुर और बजवाड़ा पर लूटपाट आरम्भ कर दी। लेकिन फिर से रणजीत सिंह ने उसे इन क्षेत्रों से भगा दिया।

मैदानों में हुई अपनी असफलताओं से निरूत्साहित होकर संसार चंद ने अपने हथियारों का रूख कहलूर की ओर कर दिया और सतलुज का बायें किनारे का क्षेत्र हथिया लिया। इस पर पहाड़ी राजाओं में भय उत्पन्न हो गया। अतः उन्होंने उसके विरूद्ध एक संगठन तैयार कर लिया। राजा संसार चंद का शासन अधिक देर तक न चल सका।[12]

हिमाचल प्रदेश और गोरखे

राजा संसार चंद के अत्याचारों से तंग आकर बिलासपुर, मण्डी, चम्बा और कांगड़ा क्षेत्र के छोटे शासकों ने 1804 ई0 में नेपाल के गोरखा सेनापति अमर सिंह थापा को कांगड़ा पर आक्रमण करने का निमन्त्रण दिया। 1804 ई0 में अमर सिंह थापा ने यमुना पार करके सिरमौर में प्रवेश किया।[13] कहलूर (बिलासपुर) और कांगड़ा क्षेत्रों के शासकों के अनुरोध पर इस महत्वाकांक्षी गोरखा सेनापति ने 1805 ई0 में 40,000 सैनिकों समेत पहाड़ी राजाओं सहित कांगड़ा पर आक्रमण कर दिया।[14] महाराजा संसार चंद की सेना की पहली टक्कर 1806 ई0 में गोरखों की सेना से महल मोरिया नामक स्थान पर हुई। दोनों की सेनाओं के कड़े मुकाबले में संसार चंद की सेना हार गई और अमर सिह थापा की विजय हुई।[15] इसके बाद गोरखा और पहाड़ी राजाओं की संयुक्त सेना आगे बड़ी।[16] नादौन में इस सेना ने मण्डी के राजा ईश्वरी सेन को जेल से मुक्त कर दिया जो कि लगभग 14 वर्षो से संसार चंद द्वारा जेल में बन्द किया हुआ था। मुक्त होने के बाद उसने भी पहाड़ी सेना और गोरखों को सहयोग दिया। महाराजा संसार चंद की गोरखों के साथ दूसरी टक्कर टिहरा-सुजानपुर में हुई परन्तु इस दौरान उसे असफलता ही हाथ लगी। संसार चंद ने अन्त में कांगड़ा के किले में आकर शरण ली।[17] अमर सिंह थापा को ज्वालामुखी कैम्प में नूरपुर, सुकेत, बिलासपुर, जसवां और गुलेर के शासकों ने सैनिक सहायता दी। उसने भारी सेना के साथ नादौन और सुजानपुर-टिहरा के किले को कुचलते हुए 1806 ई0 में कांगड़ा किले पर घेरा डाल दिया। अमर सिंह थापा के सैनिकों ने पुरे कांगड़ा राज्य को लूट कर नष्ट किया।[18] परन्तु किले को हथियाने के प्रयास मे वे सफल न हुए। लगभग 4 वर्षो तक वे लूटपाट मचाते रहे और राज्य की स्थिति को कमजोर करते रहे। उन्होंने लोगों पर इस तरह कहर ढाये कि उन्हें अपने जान माल की रक्षा करने के लिए दूसरी रियासतों में शरण लेनी पड़ी। राज्य विरान हो गया, जमीनें बिना हल चले रह गई। दूर-दूर तक कोई आदमी या पशु नजर नही आता था। शहर में जंगली जानवर घूमते थे। गलियाँ सुनी और घास से भरी पड़ी थी।[19]

राज्य को तहस-नहस होते हुए देख राजा संसार चंद बहुत दुःखी हुआ। उसे सहायता की कोई आशा नजर नही आ रही थी।[20] इसी बीच संसार चंद अपने परिवार सहित वेश बदल कर किले से भाग निकला और सुजानपुर-टिहरा में जा पहुँचा। वहाँ से उसने लाहौर के शासक रणजीत सिंह से सहायता मांगी।[21] रणजीत सिंह उन दिनों ज्वालामुखी दर्शन के लिए आया हुआ था। कहा जाता है कि ज्वालामुखी में लगभग एक महीने तक दोनों राजाओं के बीच वार्ता चली। रणजीत सिंह ने कांगड़ा से गोरखों को खदेड़ने के बदले कांगड़ा किले की मांग की जिसे देने से संसार चंद ने आनाकानी की। अंत में चम्बा के वजीर नत्थू तथा गुलेर के राजा के बीच में पड़ने से समझौता हुआ। महाराजा रणजीत सिंह ने ज्वालामुखी की जोत पर हाथ रख कर शपथ ली कि वह राजा को कोई हानी नहीं पहुँचाएगा। गोरखा नायक ने भी इस सन्धि के विषय में सुनकर किले तथा पुरे क्षेत्र के बराबर धनराशि देने की पेशकश की जिसे रणजीत सिंह ने नही माना।[22] 1809 ई0 में रणजीत सिंह भारी सेना लेकर कांगड़ा की ओर बढ़े। उस समय गोरखा सैनिक चार

वर्ष के युद्ध से थक चुके थे। अमर सिंह थापा सिक्ख सेना से युद्ध करने की स्थिति में नहीं था। इसलिए उसने रणजीत सिंह से सन्धि कर ली और गोरखा सैनिक सतलुज पार के क्षेत्रों में चले गये।[23] गोरखा सैनिकों ने बाघल के शासक कों भगाकर अर्की में कैम्प लगाया।[24] उधर रणजीत सिंह ने राजा संसार चंद को कांगड़ा का राज्य तो सौंपा परन्तु 24 अगस्त, 1809 ई0 को कांगड़ा किले पर स्वयं अधिकार कर लिया।[25] इस प्रकार सन्धि के मुताबिक राजा संसार चंद ने महाराजा रणजीत सिंह को गोरखों से सुरक्षा के बदले 66 गांव, किला तथा अन्य क्षेत्र छोड़ दिए थे। इस प्रकार रणजीत सिंह ने कांगड़ा किले पर अपना अधिपत्य जमाये रखा।[26] उसने देसा सिंह मजीठिया को किलादार और पहाड़ी रियासतों का गवर्नर नियुक्त किया तथा अन्य रियासतों से नजराना भी वसूल किया। इसके बाद वह वापस चला गया। इसी के साथ ही पहाड़ी रियासतों में सिक्ख शासन का काल आरम्भ हो गया।[27]

गोरखो का पहाड़ी रियासतों पर आक्रमण

कांगड़ा क्षेत्र से हटने के बाद गोरखों ने पहाड़ी रियासतों में अपनी विस्तारवादी नीति जारी रखी। 1810 ई0 में अमर सिंह थापा के नेत७त्व में गोरखों ने नालागढ़, जुब्बल, पुन्दर और धामी आदि को अपने अधीन किया। मई, 1811 ई0 में गोरखों ने बुशहर की सेना को हराकर ठियोग, बलसन, कोटगढ़, जुब्बल और रामपुर को अपने अधिकार मे कर लिया। 1812 ई0 में अमर सिंह थापा ने रामपुर में रहकर आस-पास के अन्य राज्यों और ठकुराइयों को अपने अधीन कर लिया। इसके बाद वह 1813 ई0 में अर्की वापस आ गया।

उसने बुशहर राज्य को 12,000 रूपये वार्षिक शुल्क पर नाबालिग युवराज मोहिन्दर सिंह को सौंप दिया। अर्की आकर अमर सिंह थापा ने पंजाब के सरहिन्द और पटियाला के मैदानी क्षेत्रों की ओर अपना विजय अभियान शुरू किया। ये क्षेत्र उस समय ब्रिटिश 'ईस्ट इण्डिया कंपनी' की सुरक्षा में थे। गोरखा सेनापति अमर सिंह थापा ने ब्रिटिश कंपनी के मैनेजरों और कमांडरों से विरोध लेकर यहाँ इस पर्वतीय प्रदेश की भूमि पर ब्रिटिश शक्ति का पर्दापर्ण कराया। 'ईस्ट इण्डिया कंपनी' के मेनेजर और व्यापारी पहले से ही रामपुर, लद्दाख और तिब्बत के व्यापार मार्ग को प्राप्त करना चाहते थे।[28]

अंग्रेज गोरखा युद्ध

गोरखा सेनापति अमर सिंह थापा के ब्रिटिश कंपनी विरोध तथा लालच के कारण नवम्बर, 1814 ई0 में अंग्रेजों ने गोरखों के विरूद्ध युद्ध की घोषणा कर दी। शिमला के पहाड़ी राज्यों के शासकों और जन साधारण ने गोरखों के दमन से तंग आकर अंग्रेजों को सहायता प्रदान की। अंग्रेजों ने इन राजाओं को दोबारा शासन प्रदान करने का आश्वासन दिया। मेजर जनरल रोल्लो गिल्लेस्पी के नेतृत्व में अंग्रेजी सेना ने देहरादून, क्यारदादून होते हुए कालंगा किले पर कब्जा कर लिया।[29] इसके बाद अंग्रेजी सेना ने 19 दिसम्बर, 1814 ई0 को नाहन में प्रवेश किया। वहाँ पर अमर सिंह थापा का पुत्र वीर रणजोर सिंह थापा जीथक किले में पहले से ही युद्ध करने के लिए तैयार था। जीथक किले

पर पहले आक्रमण में ब्रिटिश सेना बुरी तरह हारी तथा उसे जान–माल की भारी क्षति उठानी पड़ी।[30] लेकिन इसी बीच अंग्रेजों ने बुशहर, जुब्बल, और कुल्लू के शासकों तथा सेना के सहयोग से गोरखों को जुब्बल, बुशहर, कुम्हारसैन, हाटकोटी, कोटगढ़, चौपाल और रावीगढ़ से निष्कासित करने में भारी सफलता प्राप्त की। दूसरी ओर ब्रिटिश मेजर जनरल ऑक्टरलोनी ने गोरखों को घेरने के उद्देश्य से रोपड़ से आगे बढ़ना शुरू कर दिया तथा आसानी से तारागढ़ और नालागढ़ को अपने कब्जे में करने के बाद फिर अर्की की ओर बढ़ना शुरू किया। अर्की में अमर सिंह थापा ने भी रामगढ़ किले में सुरक्षा के उपाय किए हुए थे। जनरल ऑक्टरलोनी ने थापा के मुख्य बिलासपुर के राजा को अपनी ओर कर लिया और थापा को नालागढ़ से भागने के लिए मजबूर कर दिया। गोरखा शासक ने अपनी सेना सहित मलौण किले में शरण ली।

मलौण युद्ध

गोरखों और ब्रिटिश सेना के बीच मलौण किले के पास भयानक युद्ध हुआ। इस युद्ध में गोरखा सेना ने अंग्रेजी सेना का डटकर मुकाबला किया। इस युद्ध के दौरान अमर सिंह थापा का शूरवीर और विश्वसनीय सेनानायक भक्ति थापा मारा गया। इसके बाद गोरखा सैनिक हताश और निराश होकर युद्ध मैदान से भागने लगे। अन्त में गोरखा सैनिक शासक अमर सिंह थापा ने अंग्रेजों से सन्धि कर ली।[31] यह सन्धि 28 नवम्बर, 1815 ई0 में अमर सिंह थापा और अंग्रेजों के बीच हुई। इस सन्धि के अनुसार गोरखों ने पहाड़ी क्षेत्रों पर अपने अधिकार छोड़ दिए।[32] अंग्रेजों ने सन्धि के अन्तर्गत अमर सिंह थापा, उसके पुत्र रणजोर सिंह तथा साथियों को व्यक्तिगत सम्पति सहित सुरक्षित नेपाल वापस जाने दिया। इस विजय के साथ सतलुज घाटी और शिमला की पहाड़ी रियासतों पर अंग्रेजी राज स्थापित हो गया तथा गोरखो का सैनिक प्रभुत्व समाप्त हो गया।[33]

अंग्रेजों का पहाड़ी रियासतों पर नियन्त्रण

1815 ई0 में हिमाचल के विभिन्न क्षेत्रों में अंग्रेजों ने गोरखा शासन को समाप्त कर पहाड़ी रियासतों पर अपना अधिपत्य स्थापित करने के प्रयास शुरू किये। 1815 ई0 में अंग्रेजों ने सिरमौर, बिलासपुर, बुशहर, बघाट, क्योंथल, बाघल, नालागढ़, शांगरी, कुमारसेन, कुठार और बलसन रियासतों को अपने अधीन कर लिया। इसके अतिरिक्त धामी, भज्जी, ठियोग, थरोच, बेजा, मांगल, कुनिहार और दरकोटी की ठकुराइयों को संरक्षण में लेकर इनके शासकों को सनदे प्रदान की। संरक्षण मे ली गई सभी रियासतों के शासकों को आन्तरिक शासन में स्वायतता प्रदान की गई।[34] केवल बुशहर के राजा को 15,000 रूपये वार्षिक नजराना देने की शर्त लगाई गई। अंग्रेजों ने गोरखा युद्ध से पहले रियासतों के शासकों को दिए गये सभी वचनों का पालन नही किया।[35] युद्ध के दौरान अधिकार मे लिए गए सभी किले, क्षेत्र और भू–सम्पति को उन्होंने अपने कब्जे में रखा और अपने व्यापारिक केन्द्र तथा सैनिक शिविर बसाये। राज्यों के आन्तरिक मामलों मे भी अंग्रेज हस्तक्षेप बढ़ता गया। किसी भी राज्य के क्षेत्र और सीमा में ब्रिटिश शासकों की इच्छा से फेर बदल होने लगा। 1830 ई0 में अंग्रेजों ने क्योंथल के राणा संसार सेन से 15 गांव प्राप्त करके शिमला शहर का निर्माण और विकास आरम्भ किया।

कांगड़ा की पहाड़ी रियासतें एवं सिक्ख सता

अंग्रेजी शासन के दौरान कांगड़ा की पहाड़ी रियासतों पर महाराजा रणजीत सिंह का प्रभाव था। रणजीत सिंह केवल नजराना लेकर ही संतुष्ट नही था। उसका उद्देश्य पहाड़ी रियासतों को नष्ट करना और पुरी तरह से अपने राज्य में मिलाना था। अपनी विस्तारवादी नीति के कारण रणजीत सिंह ने कोटला, गुलेर, जसवां, नूरपुर, दतारपुर, कांगड़ा, कुल्लू और लाहौल-स्पीति के शासकों को हराकर उन्हें छोटी-छोटी जागीरे दे दी। चम्बा, मण्डी और सुकेत से वह भारी धन राशी नजराने के रूप में वसूलता रहा। कांगड़ा, जसवां, गुलेर, दतारपुर, नूरपुर, कुल्लू, लाहौल-स्पीति के शासकों को अपदस्थ करके उन्हें पेन्शन और जागीरे देकर उनके राज्य छीन लिए। परन्तु 1839 ई0 में सिक्ख सेना के छोटे-छोटे दस्ते कुल्लू, मण्डी और सुकेत के गाँवों में लूटमार करने गए तो स्थानीय लोगों ने उन पर हमला बोल दिया और उन्हे बुरी तरह पीटा। इस घात-अपघात में अनगिनत सिक्ख सैनिक मारे गए तथा कुछ जान बचाकर भाग निकले।[36] 1839 ई0 में महाराजा रणजीत सिंह की मृत्यु के पश्चात् सिक्खों की शक्ति कमजोर पड़ गई।[37]

अंग्रेज सिक्ख युद्ध और हिमाचल

महाराजा रणजीत सिंह की मृत्यु के बाद गृह-युद्ध और अराजकता का वातावरण बन गया था। इस वातावरण में 1845-46 ई0 में अंग्रेज सिक्ख युद्ध शुरू हुआ।[38] इस युद्ध में मण्डी, कुल्लू, सुकेत, कांगड़ा, जसवां, गुलेर, नूरपुर, और चम्बा आदि रियासतों के शासकों ने सिक्खों के आतंक से तंग आकर अंग्रेजों का साथ दिया। इन रियासतों की जनता तथा राजाओं ने अपनी-अपनी रियासतों में तैनात सिक्ख सैनिक दस्तों तथा अधिकारियों को बलपूर्वक निष्कासित किया। 1846 ई0 के अंग्रेज-सिक्ख युद्ध में अंग्रेज विजयी हुए।[39] 9 मार्च, 1846 ई0 को ब्रिटिश सरकार और सिक्खों के बीच लाहौर में सन्धि हुई। इस सन्धि के अनुसार सिक्खों ने सतलुज के दक्षिण का क्षेत्र तथा जालन्धर दोआब का क्षेत्र जो सतलुज और व्यास के मध्य स्थित था अंग्रेजों को सौंप दिया। युद्ध क्षति के रूप में लाहौर दरबार द्वारा लगभग डेढ़ करोड़ रूपया भी अंग्रेजों को दिया गया। इसके साथ ही सिन्धु के बीच की रियासतें जिनमें कश्मीर और हजारा भी शामिल थी, अंग्रेजों को सौंप दी गई। सौंपी गई रियासतों को उनके शासकों को सौंपने के बजाय अंग्रेजों ने उन्हें अपने अधीन रखा और बाकी क्षेत्र को जम्मू के गुलाब सिंह को दे दिया।[40]

लाहौर सन्धि के अन्तर्गत कांगड़ा, गुलेर, जसवां, दतारपुर, नूरपुर, सुकेत, मण्डी, कुल्लू और लाहौल एवं स्पीति अंग्रेजों के सीधे नियन्त्रण में आ गये। इस प्रकार हिमाचल में सिक्ख शासन का अन्त हुआ और समस्त हिमाचल ब्रिटिश कम्पनी सरकार के प्रभुत्व में आ गया। इस युद्ध के बाद अंग्रेजों ने मण्डी, सुकेत और चम्बा के राजाओं को शिमला क्षेत्र की भांति उनके राज्य लौटा दिये और शासन में आन्तरिक स्वायतता प्रदान की। परन्तु दूसरी ओर लाहौल-स्पीति, कुल्लू, कांगड़ा, जसवाँ, गुलेर, नूरपुर, दतारपुर, हरिपुर, कोटला आदि शासकों के राज्य छीन लिये और अंग्रेजी साम्राज्य में मिला दिये। इनके शासकों को छोटी-छोटी जागीरे देकर जागीरदार बना दिया गया परन्तु उनके राज्य उन्हें

वापस नहीं दिये गए। इस पर 1848 ई0 में कांगड़ा क्षेत्र के विस्थापित शासकों ने गुप्त मन्त्रणा की तथा अंग्रेजों द्वारा उनके राज्य छीने जाने का विरोध किया।[41]

राम सिंह पठानिया और अंग्रेज

राम सिंह पठानिया कांगड़ा जिला की नूरपुर रियासत के वजीर श्याम सिंह का पुत्र था। 1848 ई0 में वह नूरपुर रियासत का वजीर बना। अंग्रेजों ने नूरपुर के नाबालिग राजा जसवन्त सिंह को नूरपुर रियासत का राजा मानने से इन्कार कर दिया था। इस बात से नूरपुर रियासत का वजीर राम सिंह पठानिया आग-बबूला हो उठा और उसने अंग्रेजों से बदला लेने तथा उन्हें पहाड़ी क्षेत्र से बाहर खदेड़ने के लिए योजना बनानी शुरू कर दी।[42] अंग्रेजों को पहाड़ी क्षेत्र से बाहर खदेड़ने के उद्देश्य से वजीर राम सिंह पठानिया ने जम्मू क्षेत्र से सेना का प्रबन्ध किया और अंग्रेजों के विरूद्ध युद्ध की घोषणा कर दी। राम सिंह ने रात के समय साहस के साथ आक्रमण करके रावी के तट पर स्थित शाहपुर किले पर कब्जा कर लिया।[43] यहाँ पर उसने नूरपुर के राजा वीर सिंह के नाबालिग पुत्र जसवन्त सिंह को राजा घोषित किया और स्वयं उसका मन्त्री बना।[44] शाहपुर के आसपास की जनता ने भी राम सिंह को पुरा सहयोग दिया। इसी समय कांगड़ा के राजा प्रमोद चन्द, जसवाँ के राजा उम्मेद सिंह, राजकुमार जय सिंह और दतारपुर के राजा जगत चन्द आदि ने भी अंग्रेजी सरकार के विरूद्ध विद्रोह किया।[45] इस विद्रोह को दबाने के लिए अंग्रेजों ने कमिश्नर हैनरी लारेन्स के नेतृत्व में भारी सेना कांगड़ा भेजी। उन्होंने शाहपुर किले को घेर लिया। राम सिंह और उनके साथियों ने इस कड़े मुकाबले में अपनी वीरता और बहादुरी का परिचय दिया। परन्तु युद्ध सामग्री खत्म होने पर राम सिंह को किला छोड़ना पड़ा। दुर्ग छोड़ने के पश्चात् उन्होंने नूरपुर के समीप जंगलों में मोर्चे लगा दिए जिसे 'राजा का डेरा' कहा जाता था। यहाँ पर भी अंग्रेजी सेना से युद्ध हुआ। इस युद्ध में राम सिंह पठानिया पराजित हुआ और रसूल (गुजरात) की तरफ चला गया।[46] अंग्रेज उसे न पकड़ सके। दूसरी ओर अंग्रेजों और राजाओं के घमासान युद्ध में अंग्रेजों ने राजाओं को पकड़ लिया तथा उन्हें देश निकाला देकर अल्मोड़ा जेल में नजर बन्द कर दिया।[47]

1849 ई0 में राम सिंह पठानिया ने वापस आकर अंग्रेजों को फिर से युद्ध के लिए ललकारा। राम सिंह ने दो सिक्ख रेजीमेन्टों और पहाड़ी फौजो के साथ शाहपुर के पास 'डल्ले की धार' नामक पहाड़ी पर मोर्चा लगाया। अंग्रेजों ने जनरल व्हीलर के नेतृत्व में भारी सेना लेकर आक्रमण किया। दोनों सेनाओं के बीच घमासान युद्ध हुआ। इस युद्ध में असंख्य योद्धा मारे गए। कई अंग्रेज अफसरों को रामसिंह पठानियां ने मौत के घाट उतार दिया। तत्कालीन ब्रिटिश प्रधानमन्त्री रॉबर्ट पील का भतीजा जॉन पील लैफ्टिनेन्ट भी इस युद्ध में मौत का शिकार हुआ। परन्तु अन्त में इस युद्ध में राम सिंह पठानिया की पराजय हुई[48] जॉन पील की मृत्यु के बाद वीर राम सिंह पठानिया को अंग्रेजों ने षड़यन्त्र द्वारा पकड़ लिया और उन पर फौजी मुकदमा चलाया। मुकदमें में उन्हें कालेपानी की सजा दे कर सिंगापुर की जेल में भेज दिया गया। वहाँ 1849 ई0 में यह स्वतन्त्रता सेनानी स्वर्ग सिधार गए।[49]

1849 ई0 में अंग्रेजों ने कांगड़ा में विद्रोह को दबाने के बाद कांगड़ा, कुल्लू और

लाहौल-स्पीति के क्षेत्र को एक जिला प्रशासनिक इकाई बनाकर डिप्टी कमिश्नर के अधीन कर दिया। मण्डी, सुकेत, बिलासपुर और चम्बा रियासतों के अधीक्षक के लिये सुपरिनटेन्डेंट 'सिस-सतलुज स्टेट्स' नियुक्त किया गया तथा 'शिमला हिल स्टेट्स' शिमला के सुपरिनटेन्डेंट के अधीन कर दी गई। इस प्रकार से 1849 ई0 में सारा हिमाचल प्रदेश अंग्रेजी कम्पनी सरकार के अधीन हो गया। 1850 ई0 में गवर्नर जनरल लॉर्ड डलहौजी ने 'लैप्स की नीति' के अन्तर्गत बघाट के राजा की मृत्यु के पश्चात् पैतृक उतराधिकारी न होने पर उनका राज्य छीन लिया।[50] 1853 ई0 के 'चार्टर एक्ट' व 'इण्डियन कौंसिल एक्ट' के अन्तर्गत भारत में ब्रिटिश संसदीय प्रणाली का आंशिक सूत्रपात हुआ। परन्तु केन्द्रीय और प्रान्तीय परिषदों में भारत के प्रतिनिधि न होने से कम्पनी सरकार मनमाने कानून बनाती रही।[51] हिमाचल के पर्वतीय क्षेत्र में कांगड़ा, नूरपुर, जतोग, डगशाई, कसौली और सपाठु में ब्रिटिश सैनिक छावनियों को नई क्षमता प्रदान की गई। देशी शासकों के प्रशासन पर भी कड़ी नजर रखी गई। इस प्रकार जनता के सामाजिक-आर्थिक, धार्मिक जीवन में कम्पनी सरकार का हस्तक्षेप बढ़ता ही गया।[52] 1856 ई0 तक अंग्रेज हिमाचल में मनमाने ढंग से शासन करते रहे। अंग्रेजों के मनमाने हस्तक्षेप के कारण हिमाचल प्रदेश की जनता बहुत दु:खी हो गई थी और अन्दर ही अन्दर अंग्रेजों के खिलाफ विद्रोह की चिन्गारी सुलगने लग पड़ी थी।

सन्दर्भ

1. खुशवन्त सिंह, सिक्खों का इतिहास, खण्ड 1, (1469-1839), किताब घर प्रकाशन, नई दिल्ली, 2009, पृ0 111 एण्ड हरबंस कौर सागू, बन्दा सिंह बहादुर एण्ड सिक्ख सवरेन्टी, दीप एण्ड दीप पब्लिकेशन्स, नई दिल्ली, 2001, पृ0 57-58
2. संसार चंद प्रभाकर, हिमाचली इतिहास के सुर्ख पन्ने, नीरज प्रकाशन, कांगडा, (हिमाचल प्रदेश), 2002, पृ0 113
3. राजेन्द्र अत्री, हिमाचल प्रदेश: एक बहु-आयामी परिचय, सरला पब्लिकेशन, शिमला, 2007, पृ0 14
4. पी0एन0 सेमवाल, पश्चिमी हिमालय क्षेत्र के अतीत की झांकी, सन्मार्ग प्रकाशन, दिल्ली, 1983, पृ0 68
5. एच0 सी0 सारस्वत, हिमाचल प्रदेश, प्रकाशन विभाग, सूचना एवं प्रसारण मंत्रालय, भारत सरकार, नई दिल्ली, 1971, पृ0 13
6. एम0एस0 अहलूवालिया, सोशल, कल्चरल एण्ड इकोनोमिक हिस्ट्री ऑफ हिमाचल प्रदेश, इण्डस पब्लिशिंग कंपनी, नई दिल्ली, 1998, पृ0 26-27 एण्ड गज़ेटियर ऑफ दि पंजाब डिस्ट्रिक्ट, वॉलियम-टप्प, पार्ट-1, कांगड़ा डिस्ट्रिक्ट, 1924-25, सुपरिनटेन्डेन्ट, गवर्नमेन्ट प्रिंटिंग प्रैस, लाहौर (पंजाब), 1926, पृ0 68
7. पदम चन्द्र काश्यप, हिमाचली संस्कृति का इतिहास, आर्य प्रकाशन मण्डल, दिल्ली, 1986, पृ0 196
8. हिमाचल प्रदेश सरकार, हिमाचल प्रदेश में स्वतन्त्रता संग्राम का संक्षिप्त इतिहास, भाषा एवं संस्कृति विभाग, शिमला, 1992, पृ0 22
9. एम0एस0 अहलूवालिया, सोशल, कल्चरल एण्ड इकोनोमिक हिस्ट्री ऑफ हिमाचल प्रदेश, पृ0 27
10. गज़ेटियर ऑफ दि पंजाब डिस्ट्रिक्ट, वॉलियम-टप्प, पृ0 69 एण्ड पद्म चन्द्र काश्यप, हिमाचली संस्कृति का इतिहास, पृ0 197

11. सुदर्शन वशिष्ठ, हिमाचल, आत्मा राम एण्ड संस, दिल्ली, 1997, पृ0 23
12. मियाँ गोवर्धन सिंह, जयदीप नेगी, हिमाचल प्रदेश: एक ऐतिहासिक सर्वेक्षण, रिलायेंस पब्लिशिंग हॉऊस, नई दिल्ली, 1999, पृ0 176
13. राजेन्द्र अत्री, हिमाचल प्रदेश: एक बहु-आयामी परिचय, पृ0 14
14. सुखदेव सिंह चरक, हिमाचल प्रदेश, पार्ट-1, लाइट एण्ड लाइफ पब्लिशर्स, नई दिल्ली, 1978, पृ0 199-200
15. वी0वर्मा, शिमला हिल स्टेट्स इन दि नाइनटिथ सैन्चुरी, बी0 आर0 पब्लिशिंग कारपोरेशन, नई दिल्ली, 2008, पृ0 27, दि एमरजैन्स ऑफ हिमाचल प्रदेश ए सर्वे ऑफ कन्स्टीटयूशनल डेवलपमेंट, इण्डस पब्लिशिंग कंपनी, नई दिल्ली, 1995, पृ0 34
16. मधु शर्मा, पहाड़ी रियासतों पर गोरखों के आक्रमण व अधिपत्य, हिमप्रस्थ, वर्ष: 50, अंक: 5, हिमाचल प्रदेश प्रिंटिंग प्रैस परिसर, शिमला, अगस्त, 2004, पृ0 30 एण्ड संसार चंद प्रभाकर, हिमाचली इतिहास के सुर्ख पन्ने, पृ0 72
17. गज़ेटियर ऑफ दि मण्डी स्टेट्, 1920, इण्डस पब्लिशिंग कंपनी, नई दिल्ली, 1996, पृ0 43 एण्ड मियाँ गोवर्धन सिंह, जयदीप नेगी, हिमाचल प्रदेश: एक ऐतिहासिक सर्वेक्षण, पृ0 177
18. राजेन्द्र अत्री, हिमाचल प्रदेश: एक बहु-आयामी परिचय, पृ0 14
19. मियाँ गोवर्धन सिंह, जयदीप नेगी, हिमाचल प्रदेश: एक ऐतिहासिक सर्वेक्षण, पृ0 178
20. सुखदेव सिंह चरक, हिमाचल प्रदेश, पार्ट-1, पृ0 201
21. हिमाचल प्रदेश सरकार, हिमाचल प्रदेश में स्वतन्त्रता संग्राम का संक्षिप्त इतिहास, पृ0 23
22. वी0 वर्मा, दि सिक्खज एण्ड दि कांगड़ा हिल स्टेट्स, (1469-1846 ए0डी0), बी0आर0 पब्लिशिंग कारपोरेशन, दिल्ली, 2010, पृ0 125 एण्ड सुदर्शन वशिष्ठ, पहाड़ों का गौरव कांगड़ा का किला, हिमप्रस्थ, वर्ष: 47, अंक: 2, हिमाचल प्रदेश प्रिंटिंग प्रैस परिसर, शिमला, मई, 2001, पृ0 9 एण्ड नरेन्द्रा कृ७णा सिन्हा, रणजीत सिंह, ए0 मुखर्जी एण्ड कम्पनी प्राइवेट लिमिटेड, कलकता, 1968, पृ0 38
23. मियाँ गोवर्धन सिंह, जयदीप नेगी, हिमाचल प्रदेश: एक ऐतिहासिक सर्वेक्षण, पृ0 179
24. एस0सी0 बाजपयी, किन्नौर इन दि हिमालयॉज: मीथोलोजि टू मोडरनिटि, कन्सेप्ट पब्लिशिंग कम्पनी, नई दिल्ली, पृ0 59 एण्ड मियाँ बशीर अहमद फारूकी, ब्रिटिश रिलेशनस विद दि सिस-सतलुज स्टेट्स, (1809-1823), पंजाब गवर्नमेंट रेकार्ड ऑफिस पब्लिकेशन्स, पंजाब, 1941, पृ0 43
25. सुदर्शन वशिष्ठ, पहाड़ों का गौरव कांगड़ा का किला, पृ0 9
26. शिवानन्द नौटियाल, हिमाचल दर्शन, सुलभ प्रकाशन, लखनऊ, (उतर-प्रदेश), 1990, पृ0 26
27. वी0 वर्मा, दि सिक्खज एण्ड दि कांगड़ा हिल स्टेट्स, पृ0 126 एण्ड संसार चंद प्रभाकर, हिमाचली इतिहास के सुर्ख पन्ने, पृ0 73 एण्ड अमर सिंह रणपतिया, हिमाचली इतिहास और संस्कृति के अंश, सन्मार्ग प्रकाशन, दिल्ली, 1988, पृ0 17
28. हिमाचल प्रदेश सरकार, हिमाचल प्रदेश में स्वतन्त्रता संग्राम का संक्षिप्त इतिहास, पृ0 23-24 एण्ड पी0 एन0 सेमवाल, पश्चिमी हिमालय क्षेत्र के अतीत की झांकी, पृ0 111-112
29. डिस्ट्रिक्ट एण्ड स्टेट् गजेटियरज ऑफ दि अनडिवाइडिड पंजाब, (प्रायर टू इन्डिपेन्डेन्स), वॉलियम-प्ट, बी0आर0पब्लिशिंग कारपोरेशन, दिल्ली, 1985, पृ0 559 एण्ड राजेन्द्र अत्री, हिमाचल प्रदेश: एक बहु-आयामी परिचय, पृ0 15

30. एम0एस0 अहलूवालिया, हिस्ट्री ऑफ हिमाचल प्रदेश, इन्टीलैक्चूयल पब्लिशिंग हॉऊस, नई दिल्ली, 1988, पृ0 159-160
31. संसार चंद प्रभाकर, हिमाचली इतिहास के सुर्ख पन्ने, पृ0 118 एण्ड गज़ेटियर ऑफ दि शिमला हिल स्टेट्स, 1910, पंजाब स्टेट्स गज़ेटियर, वॉलियम-टप्प्, इण्डस पब्लिशिंग कंपनी, नई दिल्ली, 1995, पृ0 7
32. वी0 वर्मा, दि एमरजैन्स ऑफ हिमाचल प्रदेश, पृ0 35
33. एम0एस0 अहलूवालिया, हिस्ट्री ऑफ हिमाचल प्रदेश, पृ0 161
34. राजेन्द्र अत्री, हिमाचल प्रदेशः एक बहु-आयामी परिचय, पृ0 16
35. मियाँ गोवर्धन सिंह, जयदीप नेगी, हिमाचल प्रदेशः एक ऐतिहासिक सर्वेक्षण, पृ0 198
36. हिमाचल प्रदेश सरकार, हिमाचल प्रदेश में स्वतन्त्रता संग्राम का संक्षिप्त इतिहास, पृ0 25
37. जगमोहन महाजन, सरकमस्टेन्सिस लीडिंग टू दि एनेक्सेशन ऑफ दि पंजाब, (1846-1849), ए हिस्टोरिकल रिविजन, किटाबिस्टन, अलाहाबाद एण्ड कराची, 1949, पृ0 15 एण्ड एम0 एस0 त्यागी, आधुनिक भारत, (1707-1857), राधा पब्लिकेशन्स, नई दिल्ली, 2000, पृ0 25
38. पी0एल0 गौतम, आधुनिक भारत का इतिहास, मलिक एण्ड कंपनी, जयपुर, 2004, पृ0 110 एण्ड मृदु राय, हिन्दू रूलरज, मुस्लिम सबजेक्टस, इस्लाम राइटस एण्ड दि हिस्ट्री कश्मीर, परमानेन्ट ब्लैक, दिल्ली, 2004, पृ0 21
39. हिमाचल प्रदेश सरकार, हिमाचल प्रदेश में स्वतन्त्रता संग्राम का संक्षिप्त इतिहास, पृ0 25
40. खुशवंत सिंह, सिक्खों का इतिहास, खण्ड-2, (1839-2004), किताब घर प्रकाशन, नई दिल्ली, 2009, पृ0 56-57
41. हिमाचल प्रदेश सरकार, हिमाचल प्रदेश में स्वतन्त्रता संग्राम का संक्षिप्त इतिहास, पृ0 25-26
42. संसार चंद प्रभाकर, हिमाचली इतिहास के सुर्ख पन्ने, पृ0 62
43. गज़ेटियर ऑफ दि कांगड़ा डिस्ट्रिक्ट, पार्ट-1, कांगड़ा, (1883-1884), इण्डस पब्लिशिंग कंपनी, नई दिल्ली, 1994, पृ0 45
44. एम0एस0 अहलूवालिया, हिस्ट्री ऑफ हिमाचल प्रदेश, पृ0 183
45. राजेन्द्र अत्री, हिमाचल प्रदेशः एक बहु-आयामी परिचय, पृ0 17
46. राजेन्द्र सिंह गुलेरिया, शूरवीर श्री राम सिंह पठानिया, (हिमाचल प्रदेश सरकार, संघर्ष के वे दिन, भाषा एवं संस्कृति विभाग, शिमला, 1989, पृ0 79)
47. हिमाचल प्रदेश सरकार, हिमाचल प्रदेश में स्वतन्त्रता संग्राम का संक्षिप्त इतिहास, पृ0 26
48. सुखदेव सिंह चरक, हिमाचल प्रदेश, पार्ट-1, पृ0 305
49. संसार चन्द प्रभाकर, हिमाचली इतिहास के सुर्ख पन्ने, पृ0 65
50. हिमाचल प्रदेश सरकार, हिमाचल प्रदेश में स्वतन्त्रता संग्राम का संक्षिप्त इतिहास, पृ0 26
51. नारायण दास, ब्रिटिश भारत में प्रशासनिक एवं संवैधानिक सुधार, आर0 के पब्लिशर्स एण्ड डिस्ट्रीब्यूटर्स, दिल्ली, 2009, पृ0 118-119
52. सुदर्शन वशिष्ठ, हिमाचल, पृ0 24

भाग–II

हिमाचल प्रदेश में 1857 ई0 का जन–विद्रोह: संगठन एवं नेतृत्व

प्रस्तुत लघु अध्याय में हिमाचल प्रदेश में 1857 ई0 के विद्रोह, संगठन एवं नेतृत्व का अध्ययन किया गया है। इस अध्ययन के माध्यम से यह भी जानने का प्रयास किया गया है कि इस विद्रोह में हिमाचल प्रदेश की जनता ने कितना योगदान दिया। भारतीय इतिहास में सन् 1857 ई0 की क्रान्ति का महत्त्वपूर्ण स्थान है। यह समस्त भारतवासियों द्वारा अंग्रेजी हुकूमत को ध्वस्त करने का सर्वाधिक सर्वप्रथम प्रयास था।[1] 1857 ई0 का भारतीय स्वातन्त्रय समर एक अभूतपूर्व इतिहास ग्रन्थ तो है ही पर उसका मूलस्वर देश और काल की सीमाओं से परे एक ऐसा शाश्वत स्वर है, जो स्वतन्त्रता की पुकार पर मर मिटने वाले क्रान्तिवीरों को युगों–युगों तक प्रेरित करता रहेगा।[2] 1857 ई0 की महान् क्रान्ति की अग्नि से उतर भारत अग्निमय हो उठा था। उसकी ज्वालाओं ने सम्पूर्ण भारत को अपनी पुरवरता से झुलसा दिया और एक बार तो ऐसा प्रतीत होने लगा कि ब्रिटिश सत्ता भारत में खत्म हो गई, उस महान् क्रान्ति की अग्नि में जलकर भस्म हो गई। अत्यन्त विनम्र और याचक बनकर जो अंग्रेज भारत में व्यापारी के रूप में आये वे प्लासी के युद्ध (1757 ई0) के उपरान्त विजेता की भाँति आचरण करने लगे और भारत की अस्थिर और निर्बल राजनीतिक स्थिति का लाभ उठाकर छल, कपट और विश्वासघात के द्वारा उन्होंने समस्त भारत पर अधिपत्य जमा लिया।

1857 ई0 का युद्ध अंग्रेजों की इस कपट नीति के विरूद्ध एक भयंकर विस्फोट था। भारतीय उनके छद्म रूप को बहुत देर बाद समझे जबकि उन्होंने अपनी स्थिति को बहुत दृढ़ कर लिया था। फिर भी 1857 ई0 की सशस्त्र क्रान्ति से ब्रिटिश साम्राज्य हिल उठा था।[3] 1857 ई0 का विद्रोह विश्व में 19वीं शताब्दी का सबसे बड़ा, सबसे शक्तिशाली,

ब्रिटिश शासन विरोधी तथा उपनिवेशवादी विरोधी विद्रोह था जिसमें विभिन्न प्रान्तों के लाखों लोगों ने भाग लिया था।[4] इस विद्रोह की शुरूआत 10 मई, 1857 ई0 को सिपाहियों द्वारा मेरठ से हुई थी।[5] इतिहासकारों में इस सशस्त्र विद्रोह के स्वरूप को लेकर मतभेद रहे हैं। अधिकतर आंगल इतिहासकारों ने इस विद्रोह को सिपाही विद्रोह का नाम दिया है। यदि वास्तव में वह सेना के भारतीय सिपाहियों का विद्रोह मात्र था तो उसमें क्रान्ति के नेता मुगल सम्राट बहादुरशाह, नाना साहब, तात्यांटोपे, महारानी लक्ष्मीबाई, मौलवी अहमदशाह, कुंवर सिंह तथा अजीमुल्ला खाँ क्यों सम्मिलित हुए थे? वे तो अंग्रेजी सेना के सैनिक या अधिकारी नहीं थे। इस विषय में कुछ इतिहासकार यह भी कहते हैं कि अंग्रेजों ने उनके राज्यों को छीन लिया था और उनके अधिकारों को समाप्त कर दिया था डलहौजी की लैप्स नीति इसके लिए जिम्मेवार थी। इस कारण वे इस विद्रोह में शामिल हुए थे।[6]

1857 ई0 के विद्रोह के अन्य विद्वानों तथा इतिहासकारों ने अलग-अलग कारण बताए हैं। मन्मथनाथ गुप्त ने इस विद्रोह को जन-विद्रोह की संज्ञा दी है।[7] सुरेन्द्र नाथ सेन का इस विद्रोह के सम्बन्ध में यह कहना है कि आमतौर पर चर्बी वाले कारतूसों को इस विद्रोह के लिए जिम्मेवार ठहराया जाता है। चर्बी वाले कारतूस तो सिर्फ तत्कालिक कारण थे परन्तु इसके बावजूद अनेक सामाजिक, आर्थिक एवं धार्मिक कारण भी इस विद्रोह के लिए जिम्मेदार थे।[8] वी0डी0 सावरकर ने इस विद्रोह को भारतीय स्वतन्त्रता संग्राम, शशि भूषण चौधरी ने सैनिक व असैनिक विद्रोह तथा रमेशचन्द्र मजूमदार ने इस विद्रोह को राष्ट्रीय आन्दोलन कहने से इन्कार किया।[9] बेजामिन डिजरायली तथा अशोक मेहता ने इसे राष्ट्रीय विद्रोह माना है। यदि इस विद्रोह के बारे में मार्क्सवादी व्याख्या करें तो यह विद्रोह सैनिक और किसानों का प्रजातान्त्रिक गठजोड़ था जो विदेशी तथा सामन्तशाही दासता से मुक्ति प्राप्त करना चाहते थे।[10] पं0 जवाहर लाल नेहरू ने 1857 ई0 के विद्रोह को सामन्तशाही विद्रोह बताया है।[11] के0एन0 पणिक्कर का 1857 ई0 के विद्रोह के विषय में यह कहना था कि यह विद्रोह किसान, जमींदार, आदिवासी और भूतपूर्व शासकों का ब्रिटिश शासन के खिलाफ था।[12] रामविलास शर्मा ने 1857 ई0 के संघर्ष को जन क्रान्ति की संज्ञा दी। वह जन क्रान्ति इसलिए था कि उसमें जनता ने सक्रिय रूप से भाग लिया था। अनेक प्रदेशों में किसानों ने अंग्रेजी सरकार को लगान देना बन्द कर दिया था। जनता के सक्रिय सहयोग के बिना न शहरों में, न गाँवों में एक दिन को भी युद्ध चल सकता था। दिल्ली, मेरठ, लखनऊ, झांसी, कानपुर, पटना, बरेली, पंजाब, सीमान्त प्रदेश, राजस्थान, महाराष्ट्र, कर्नाटक, हैदराबाद, बिहार, अवध, दिल्ली, रूहेलखण्ड आदि प्रान्तों की जनता ने इस विद्रोह में सहयोग दिया था।[13] इस विद्रोह में 'कमल का फूल' और चपाती को एक विशेष प्रतीकवादी महत्त्व प्राप्त हुआ था। कमल का फूल फौजों में तथा चपाती गाँव के चौकीदारों में घुमायी जाती थी। इस प्रकार इन चीजों को घुमाने का मतलब था कि पलटन या आम विद्रोह के लिए तैयार है।[14]

1857 ई0 के विद्रोह को प्रारम्भ करने की तिथि 31 मई, 1857 ई0 निश्चित की गई थी, परन्तु मंगलपाण्डे नामक बहादुर सैनिक इस निश्चित तिथि का इन्तजार न कर

सका।[15] मंगल पाण्डे बैरकपुर में 34वीं पैदल सेना का एक सिपाही जवान था।[16] जब उसे पता चला कि अंग्रेजों ने सैनिको को ऐसे कारतूस दिये हैं जिसमें गाय और सुअर की चर्बी मिली हुई है और ऐसे कारतूसों को मुँह से खोलना पड़ता है। उसने सोचा कि अंग्रेजों ने जान-बुझकर हिन्दुओं और मुसलमानों को धर्म नष्ट करने के लिए इस प्रकार के कारतूस बनाये हैं। मंगल पाण्डे इस बात को सहन न कर सका[17] उसने क्रुद्ध होकर अपने साथियों के सहयोग से एजुटेंट ब्रिटिश अधिकारी पर आक्रमण करके उसकी हत्या कर दी।[18] जिस कारण मंगल पाण्डे और उनके साथियों को फांसी के फंदे में चढ़ा दिया गया था। 1857 ई0 के जन-विद्रोह की शुरूआत तो 10 मई, को हो चुकी थी। परन्तु इस कार्य को अंजाम तक पहुँचाने के लिए नेतृत्व की जरूरत थी इसलिए सैनिक दिल्ली की ओर चल पड़े और उन्होंने 11 मई, 1857 ई0 को बुढ़े मुगल सम्राट बहादुर शाह जफर (द्वितीय) को अपना नेता बनने के लिए मजबूर किया। अन्त में बहादुर शाह ने इस क्रान्ति का नेता बनना स्वीकार कर लिया।[19]

हिमाचल प्रदेश में भी 1857 ई0 के स्वतन्त्रता संग्राम की गूंज सुनाई दी थी। यह पर्वतीय क्षेत्र भी इस विद्रोह की चिंगारी से नहीं बच सका था।[20] 19वीं शताब्दी के पूर्वाद्ध में हिमाचल की पहाड़ी रियासतों में पराजय के बाद भी राजशाही और सामन्तवाद का अस्तित्व बना रहा। रियासतों में अंग्रेजों के प्रशासन के विरूद्ध अंसतोष था। अंग्रेज लोगों की धार्मिक गतिविधियों और रीति-रिवाजों में अनावश्यक हस्तक्षेप करते थे। उनकी पक्षपातपूर्ण नीतियों से जनता में परेशानी थी। सीधे-सादे लोगों को असभ्य और हीन समझा जाता था। संर्कीण, दोषपूर्ण प्रशासनिक नीतियों के कारण लोगों में अंग्रेजों के प्रति विद्रोह की भावना घर कर रही थी। पहाड़ी रियासतों के शासक भी अंग्रेजों के अनावश्यक हस्तक्षेप से असन्तुष्ट थे। कांगड़ा की पहाड़ी रियासतों को खत्म करने के कारण राजाओं और सामन्तों में अंसतोष था। शासक वर्ग अपनी खोई हुई सता प्राप्त करना चाहते थे।[21]

प्रारम्भ से ही अंग्रेजों की नीति भारतीयों में फूट डालने की रही थी। पहाड़ों पर अधिपत्य जमाने के बाद उन्होंने इस सारे इलाके को दो विभिन्न प्रशासकीय खण्डो में विभाजित किया था। एक भाग सीधा अंग्रेजी राज्य के अधीन था जिसकी सुरक्षा के लिए उन्होंने सेना-शिविर खोले थे और अंग्रेज अफसरों के अधीन देसी सैनिकों का वहाँ प्रशिक्षण चल रहा था। दूसरा भाग रियासतों का था जहाँ कहने को तो राजाओं को प्रशासकीय मामलों में स्वतन्त्रता थी लेकिन उन पर अंग्रेज रेजीडेंट का अंकुश था। उन्हें अंग्रेज भक्ति का पाठ पढ़ाया जा रहा था और उन्हें पंगु बनाने के लिए उनकी रक्षा-व्यवस्था अंग्रेजों ने अपने हाथों में ले ली थी। सेना का खर्चा राजाओं को अपने राज कोष से देना पड़ता था और यह सेना अंग्रेजों की सहायतार्थ तैयार की जा रही थी। कहने को कम्पनी सरकार राजाओं के प्रति उदार थी लेकिन इस उदारता के पीछे उनकी धन-लोलुपता और स्वार्थ निहित था।[22] अंग्रेजी साम्राज्य का अजगर जिस प्रकार से झांसी, सतारा, नागपुर, उदयपुर को हड़पना चाहता था उससे यह अंदेशा। सहज ही हो जाता था कि मण्डी, बिलासपुर, कुल्लू, रामपुर-बुशहर, जुब्बल आदि शिमला हिल स्टेट्स भी इससे बच नहीं पायेगी। अतः पहाड़ी शासक व जनता इस दमन नीति के खिलाफ उठने को तत्पर हुए। मेरठ, कानपुर,

लखनऊ, ग्वालियर में जो अंग्रेजों के प्रति विद्रोह फैला, उसका प्रभाव पहाड़ो पर पड़े बिना नही रहा। 1857 ई0 के इस स्वाधीनता संग्राम में पहाड़ी जनता ने भी समान रूप से भाग लिया। पहाड़ी जनता की जागरूकता के सम्बन्ध में कैप्टन डी0 बिग्ज सुपरिन्टेन्डेन्ट हिल रोड़ की टिप्पणी विचारणीय है: "मैं यह केवल इसलिए लिखता हूँ कि इन दूरस्थ तथा स्वभाव से शान्त इलाकों पर भी या तो बाहर से प्रभाव पहुँच चुका है या अन्य इलाकों के साथ इनमें भी क्रान्ति की वह उत्तेजित भावना जागृत हुई जो बहुत सी दशाओं में विद्रोह का प्रमुख कारण है।"[23] हिमाचल प्रदेश में कम्पनी सरकार के विरूद्ध विद्रोह की पहली चिन्गारी तब भड़की जब 20 अप्रैल, 1857 ई0 को अम्बाला राईफल डिपों के छह देशी सैनिकों ने कसौली में पुलिस चौकी को आग लगा दी। घुड़सवार सैनिक जान बचाकर भाग निकले। कसौली सैनिक छावनी पहाड़ों में ब्रिटिश शक्ति का केन्द्र थी। विद्रोह के पश्चात् अंग्रेज देशी सैनिकों और कर्मचारियों पर सन्देह करने लगे। भारतीय सैनिकों और जनता के प्रति अंग्रेजों का व्यवहार कठोर हो गया। कसौली, डगशाई, स्पाटु, जतोग, बुशहर, कांगड़ा, नूरपुर, धर्मशाला और सिरमौर रियासतों में देशी सैनिक विद्रोह की भावना से उतेजित होते गए। बुशहर के राजा शमशेर सिंह, कुल्लू (सिराज) के युवराज प्रताप सिंह, सुजानपुर के प्रतापचन्द तथा अन्य रियासतों के असन्तुष्ट शासक गुप्त रूप से क्रान्तिकारी गतिविधियों में संलिप्त थे। यही नहीं जनसाधारण में भी विद्रोह की भावना जोर पकड़ रही थी। किसान भी अंग्रेजों की कठोरता, निर्दयता तथा भूमि सम्बन्धी नीति से खिन्न थे। इस प्रकार रियासती शासक, सेना और प्रजा में अंग्रेजों के प्रति विद्रोह की भावना जागी।[24]

1857 ई0 की क्रान्ति का शिमला क्षेत्र में प्रभाव

1857 ई0 के विद्रोह का शिमला के क्षेत्रों में भी व्यापक प्रभाव पड़ा। मेरठ और दिल्ली से होती हुई विद्रोह की सूचना 13 मई, 1857 ई0 को शिमला पहुँची। जब ब्रिटिश सेना के कमाण्डर-इन-चीफ जनरल जॉन एनसन को इस विद्रोह का समाचार प्राप्त हुआ तो उसने जतोग, स्पाटू, डगशाई और कसौली छावनियों के नसीरी बटालियन की सैनिक टुकड़ी को अम्बाला की ओर कुच करने के आदेश दिए। परन्तु सैनिक टुकड़ी ने उनके आदेश को मानने से इन्कार कर दिया।[25] गाय और सुअर की चर्बी लगे कारतूसों के प्रयोग से क्रोधित सेना ने अंग्रेज अफसरों का घेराव किया और उन्हें धमकाया। जतोग में तैनात नसीरी सेना (गोरखा रेजिमेंट) ने देशी सेना के सुबेदार भीम सिंह के नेतृत्व में जतोग छावनी और खजाने पर कब्जा कर लिया। मेरठ, दिल्ली और जतोग के विद्रोह की खबर सुनकर शिमला के अंग्रेजों में भी आंतक छा गया। आंतक की इस स्थिति में शिमला के डिप्टी कमिश्नर लॉर्ड विलियम हेय लोगों को उचित सुरक्षा प्रदान न कर सके। जिसके परिणाम स्वरूप सरकारी दफ्तर, दुकानें तथा घर-बार छोड़कर अंग्रेज शिमला से भाग निकले। कुछ फिरंगी मुख्य मार्ग को छोड़कर पगडंडियों से कसौली छावनी की ओर भागे। कुछ डगशाई की सैनिक बैरकों में जाकर चैन की सांस ले सके और कुछ ने जुन्गा के राजमहल में जाकर शरण ली। कुछ अंग्रेज धामी, कोटी, बलसन, बघाट, मशोबरा, डगशाई, स्पाटु के देशी शासकों की शरण में जा पहुँचे। इस अपूर्व आतंक में

मची भगदड़ के कारण शिमला के फिरंगियों को 'भगौड़ादल' (फलाईंग स्क्वैड्रन) का नाम दिया गया था। अंग्रेजों की इस कायरता और अराजकता का यह ऐतिहासिक प्रमाण 'शिमला आतंक' के समय देखने को मिला।[26]

16 मई, 1857 ई0 को अंग्रेजी सेना के मुकाबले देशी सेना कम होने के कारण भी देशी सैनिकों ने कसौली में विद्रोह की घोषणा कर दी और ब्रिटिश सेना पर धावा बोल दिया।[27] सैनिकों ने सरकारी खजाने पर कब्जा कर ब्रिटिश सैनिको को भगाके सारा धन इक्टठा करके जतोग की ओर बढ़ना शुरू किया।[28] सुबेदार भीम सिंह के नेतृत्व में कसौली की क्रान्तिकारी सेना ने जतोग की ओर बढते हुए मार्ग में हरीपुर नामक स्थान पर ब्रिटिश सेना के कमाण्डर इन–चीफ, जनरल एनसन के टैंटो को आग लगा दी तथा शस्त्र व सामान लूटा। नसीरी सेना के कसौली से कूच करने के पश्चात् स्थानीय पुलिस गॉर्ड ने क्रान्ति की बागडोर अपने हाथ में ले ली। छावनी के थाने के दरोगा बुद्ध सिंह क्रान्तिकारियों के नेता बने। उनके नेतृत्व में पुलिस क्रान्तिकारियों ने एसिस्टेंट कमिश्नर टेलर और कैप्टन ब्लैकाल के आदेशों का उल्लंघन किया। पुलिस क्रान्तिकारियों ने फिरंगियों को ललकारा और कसौली खजाने पर कब्जा कर लिया। खजाने पर कब्जा करने के पश्चात् धन और शस्त्र लूट कर वे अन्य क्रान्तिकारियों के साथ कन्धे से कन्धा मिलाकर अंग्रेजों से लड़ने के लिए जतोग की ओर बढ़े परन्तु अंग्रेजों द्वारा इन सिपाहियों का पीछा करने के बाद ये पकड़े गए, कुछ मुठभेड़ में मारे गए। पुलिस क्रान्तिकारी नेता दरोगा बुद्ध सिंह ने फिरंगी सेना के हाथ मरने के बजाय स्वयं अपनी पिस्तौल से अपने आप को गोली दाग दी। 17 मई, 1857 ई0 को आश्रम के शरणार्थी तथा अन्य फिरंगियों को कसौली छावनी की मिलिटरी बैरको में शरण दी गई। 18 मई, 1857 ई0 को कैप्टन मोफट ''75''–फुट बटालियन के 100 जवान लेकर कसौली पहुँचे। डगशाई से कैप्टन ब्रुक और स्पाटू से कर्नल कांगरीव भी अपने–अपने सैनिक दस्ते लेकर कसौली की सुरक्षा के लिए पहुँच गए। परन्तु 19 मई, 1857 ई0 तक शिमला, जतोग, कसौली, डगशाई, कालका और सिरमौर से कोई सैनिक सहायता अम्बाला नहीं पहुँची।[29] देशी सेना के विद्रोही हो जाने से जनरल जॉर्ज एनसन बहुत हताश हुआ। अम्बाला में एनसन के हैजे से बीमार होने के कारण पहाड़ी क्षेत्रों से मैदानों की ओर सेना भिजवाने की जिम्मेवारी हिन्दुस्तान–तिब्बत रोड़ के निर्माता कैप्टन डेविड ब्रिगज़ को सौंपी गई।

20 मई, 1857 ई0 को ब्रिगज अम्बाला, कालका और सपाटू होते हुए शिमला पहुँचे। रास्ते में उन्हें कसौली की देशी सेना से अपमानित होना पड़ा। 20 मई, 1857 ई0 को शिमला मुर्दों का शहर लगता था। चारो तरफ भय और सन्नाटा छाया हुआ था। शिमला के डिप्टी कमिश्नर विलियम हेय और कैप्टन डी0 ब्रिगज ने जतोग रेजीमेंट को समझाकर शान्त करने का प्रयास किया। इससे पूर्व विलियम हेय ने मण्डी के राजा विजयसेन के चाचा मियाँ रतन सिंह को जतोग भेजकर सेना से समझौता करने की कोशिश भी की थी। परन्तु इन सभी प्रयासों के बावजूद भी विद्रोही देशी सैनिकों पर कोई असर न हुआ।[30] स्वतन्त्रता संग्राम की इस पहली लड़ाई में शिमला हिल्ज़ की सभी पहाड़ी रियासतों ने अंग्रेजों का घोर विरोध किया। उतेजित प्रजा ने जुब्बल, कोटगढ़, कोटखाई, रामपुर, कल्पा और किन्नौर आदि क्षेत्रों में अंग्रेज व्यापारियों तथा अधिकारियों का विरोध किया और

उन्हें अपमानित कर भागने पर मजबूर किया।[31] शिमला की पहाड़ी रियासतों में बुशहर रियासत की जनता तथा शासक ने अंग्रेजों का खुलकर विरोध किया। उन्होंने जगह-जगह जाकर ब्रिटिश शासन के खिलाफ नारे लगाकर उन्हे अपमानित किया। 1857 ई0 के इस विद्रोह में रामपुर बुशहर की जनता ने बढ़चढ़ कर भाग लिया तथा अंग्रेजों को भारत छोड़ जाने को कहा। 19वीं शताब्दी के उतरार्द्ध में रामपुर बुशहर में महाराजा शमशेर सिंह का शासन था। उनका हृदय देश-प्रेम की भावना से पूर्णरूपेण ओत-प्रोत था। राजा शमशेर सिंह के मन में अंग्रेजों की नीति के विरूद्ध एक तीव्र रोष था क्योंकि अंग्रेजों ने बुशहर राज्य की सारी वन सम्पदा हथिया ली थी। शमशेर सिंह ने साधु-सन्यासियों और घूमन्तु फकीरों के माध्यम से कसौली, सपाटू, जतोग आदि अंग्रेज छावनियों में नियुक्त भारतीय सैनिकों से सम्पर्क बनाए रखा था।[32]

इस विद्रोह के दौरान राजा शमशेर सिंह ने अपने सभी सम्मान ब्रिटिश शासको को लौटा दिए थे और उनसे कोई भी सहायता लेने से इन्कार कर दिया था।[33] राजा ने अंग्रेज सरकार द्वारा लगाया गया 15,000 रूपये वार्षिक नजराना देना बन्द कर ब्रिटिश सरकार की आर्थिक और सैनिक सहायता नहीं की थी और अपनी रियासत को स्वतन्त्र घोषित कर दिया था।[34] पहाड़ी रियासतों के पोलिटिकल एजेन्ट और शिमला के डिप्टी कमिश्नर विलियम हेय ने बुशहर के राजा के विरूद्ध सेना भेजने का इरादा बनाया परन्तु सैनिक टुकड़ी उपलब्ध न होने के कारण वह ऐसा न कर सका।[35] 24 मई, 1857 ई0 को जतोग की क्रान्तिकारी नसीरी सेना ने अपने नेता सुबेदार भीम सिंह के नेतृत्व में एक क्रान्तिकारी बैठक का आयोजन किया। इस बैठक में कैप्टन ब्रिगज और डिप्टी कमिश्नर विलियम हेय द्वारा दिये गए आश्वासनों पर विचार किया। क्योंकि इन्हे दिल्ली, मेरठ और अम्बाला आदि स्थानों से कोई सहयोग और सहायता नहीं मिल रही थी। 28 मई, 1857 ई0 तक जतोग, सपाटु, कसौली, डगशाई और कालका के देशी सैनिको ने विद्रोह त्याग दिया था। 10 जून, 1857 ई0 को जालन्धर के क्रान्तिकारी सैनिको ने पहाड़ो की ओर कुच किया। इनके शिमला के पहाड़ी रियासतों की ओर बढ़ने से अंग्रेज और भी भयभीत हुए। इस प्रकार शिमला, सपाटु, कसौली, डगशाई और कोटगढ़ में सुरक्षा के और कड़े इंतजाम किए गये। कालका में 60-नेटिव इन्फैन्ट्री के एक दस्ते को निरस्त किया गया तथा कसौली में कैप्टन ब्लैकाल ने एक सैनिक दस्ता लेकर क्रान्तिकारी अड्डो की छानबीन की।[36] शिमला की पहाड़ी रियासतों में इस क्रान्ति के संचालन के लिए एक गुप्त संगठन भी बनाया गया था जिसके मुख्य नेता रामप्रसाद वैरागी थे। वे सपाटू के परेड मैदान के पास एक मन्दिर में पुजारी थे। इस संगठन का प्रमुख उद्देश्य एवं प्रयोजन जन-विद्रोह द्वारा फिरंगियों को देश से बाहर खदेड़ना था। अपने उद्देश्य की पूर्ति के लिये यह संगठन गुप्तचर भेजकर अथवा पत्रों द्वारा क्रान्ति की योजना और प्रेरणा का संदेश सेना जनसाधारण और देशी शासक वर्ग तक पहुँचाता था। 12 जून, 1857 ई0 को इस गुप्त संगठन के कुछ पत्र अम्बाला के कमीश्नर जी0सी0 बार्नस के हाथ लगे और संगठन की गतिविधियों का भेद खुल गया। इनमें से दो पत्र राम प्रसाद वैरागी के थे। इस कार्य के लिये उन्हें अम्बाला ले जाया गया और अम्बाला में कैद के भीतर फांसी दे दी गई।[37] शिमला शहर में शान्ति व्यवस्था स्थापित करने के लिए ब्रिटिश सरकार को कहलूर (बिलासपुर) ने 50, सिरमौर

रियासत ने 60 सैनिक, क्योंथल, भज्जी, धामी, कोटी रियासत ने 60 सैनिक, बाघल, जुब्बल, कोटी तथा क्योंथल, के शासक ने 250 जवान दिए। कुछ समय बाद फिरंगी शिमला लौट आए। अगस्त, 1857 ई0 तक शिमला की पहाड़ी रियासतों में विद्रोह शान्त हो गया था।[38]

1857 ई0 की क्रान्ति और नालागढ़

1857 ई0 के विद्रोह की नालागढ़ में भी विशेष हलचल हुई। जतोग और कसौली से विद्रोह की खबर नालागढ़ रियासत में भी फैली।[39] नालागढ़ का प्रशासक अमर सिंह अंग्रेजों का भक्त था और उसने क्रान्तिकारियों पर नजर रखी हुई थी। नालागढ़ के मलौण किले में अंग्रेजों के हथियार और बारूद का भण्डार था। शिमला के डिप्टी कमीश्नर ने संदेश भेजकर नालागढ़ के प्रशासक से हथियार और बारूद की मांग की। क्रान्तिकारियों को राजा द्वारा अंग्रेजों को हथियार और बारूद भेजने का पता चल गया था। जब हथियार और बारूद लेकर स्थानीय सैनिक गॉर्द का दस्ता मलौण किले से बाहर निकला तो क्रान्तिकारियों ने जमींदारों के साथ मिलकर उन पर हमला कर दिया। मुठभेड़ में हथियार और बारूद छीनकर अपने कब्जे में कर लिए। इस प्रकार हथियार और बारूद शिमला न पहुँच सके।[40] 10 जून, 1857 ई0 को जालन्धर के कुछ क्रान्तिकारी सतलुज नदी पार करके नालागढ़ पहुँचे और वहाँ धावा बोलकर कोषागार को लूट लिया। उसके पश्चात् वे सैनिक पहाड़ों को छोड़कर दिल्ली की ओर चल पड़े। नालागढ़ के विद्रोह को दबाने के लिये शिमला से डिप्टी कमीश्नर विलियम हेय ने कैप्टन ब्रिगज़ और बाघल के मियाँ जय सिंह को भेजा। 20 जून, तक नालागढ़ में स्थिति पर नियन्त्रण पा लिया गया।[41] इस विद्रोह को दबाने में बिलासपुर रियासत ने भी सहयोग दिया।[42]

1857 ई0 की क्रान्ति और सिरमौर

1857 ई0 की क्रान्ति के दौरान सिरमौर रियासत में भी भारी उथल-पुथल हुई। देशी सैनिक द्वारा गाय और सुअर की चर्बी लगे कारतूसों के प्रयोग बारे जारी अंग्रेजों के आदेश से सिरमौर रियासत के नाहन नगर के जन-साधारण में भारी असंतोष एवं रोष व्याप्त था। कमाण्डर-इन-चीफ जनरल एनसन की ओर से सिरमौर बटालियन के गोरखा सैनिकों को अम्बाला की ओर कूच करने का आदेश मिलने के बाबजूद मेजर चार्ल्स रीड असन्तुष्ट सैनिको को ऐसा करने पर विवश न कर सका। लेकिन नाबालिग राजा शमशेर प्रकाश की सहायता हेतु अंग्रेजों द्वारा नियुक्त सहायक प्रशासक कुंवर सुरजन सिंह और वीर सिंह ने बड़ी चतुराई से सिरमौर बटालियन में फैली उतेजना को शान्त कर दिया। 28 मई, 1857 ई0 को गोरखा सैनिक दिल्ली की ओर कूच करने को तैयार हो गए। सिरमौर दरबार ने विद्रोह के दौरान 20 हजार रूपयों की आर्थिक सहायता के अतिरिक्त कुंवर वीर सिंह की अगुआई में 60 सिरमौरी सैनिक भी प्रदान किये। सिरमौर की इन सेवाओं के एवज में अंग्रेजों ने राजा शमशेर प्रकाश को 7 तोपों की सलामी का अधिकार प्रदान कर सम्मानित किया जबकि कुंवर सुरजन सिंह तथा वीर सिंह को प्रशंसा पत्र और खिल्लत (बादशाह द्वारा दी गई सम्मानजनक पोशाक) प्रदान की गई।[43]

कांगड़ा क्षेत्र में 1857 ई0 की क्रान्ति

सन् 1857 ई0 में जब देश के बहुत से प्रान्तों और फौजों में विद्रोह की ज्वाला प्रचण्ड हुई तो जिला कांगड़ा भी उससे वंचित न रहा।[44] मेरठ और दिल्ली में घटी घटनाओं का समाचार 14 मई, 1857 ई0 को टास सतलुज़ स्टेट्स के सुपरिन्टेन्डेन्ट एवं कमीशनर मेजर एडवर्ड जॉन लेक को कांगड़ा में तार द्वारा और डिप्टी कमीशनर मेजर टेयलर को धर्मशाला में पत्र से मिला। उसी दिन इन स्थानों पर सियालकोट में हुए सैनिक विद्रोह का भी समाचार प्राप्त हुआ। कांगड़ा जिला के छोटे-बड़े सभी कस्बो में जनता भी इन घटनाओं के बारे में जान चुकी थी जिस कारण असन्तोष उतेजना एवं विद्रोह की भावना जोर पकड़ रही थी। कांगड़ा एवं नूरपुर के किलों के सामाजिक महत्त्व को ध्यान में रखते हुए अंग्रेजों द्वारा वहाँ तैनात 4 नैटिव इन्फैन्ट्री की देशी सैनिक टुकड़ियों को निहत्था करके तथा किलों में तोपों की उपयुक्त व्यवस्था करके अंग्रेज़ महिलाओं, बच्चों तथा अधिकारियों की सुरक्षा करने का निर्णय लिया गया। आसपास के सभी पहाड़ी राजाओं को इस विस्फोटक स्थिति से निपटने के लिए रसद, गोला-बारूद, विश्वासपात्र सैनिक एवं धन तथा तीर्थ यात्रियों पर कड़ी नजर रखने के आवश्यक आदेश एवं सन्देश भेजे गए।

उस समय स्थानीय कहावत यह थी कि जो कांगड़ा के किले को अधिकार में लेता है वही पहाड़ो पर अधिकार जमाता है। इस प्रकार इस क्रान्ति के दौरान अंग्रेजों द्वारा इस किले को अपने अधिकार में लेने के प्रयास किए गए।[45] यह सारी व्यवस्था करने के उपरान्त टेलर ने यंग हस्बैंड को पुलिस के 300 सिपाहियों के साथ रातों-रात कांगड़ा के लिए कूच करने के आदेश दिये जिससे भोर होने से पहले कांगड़ा जिले में तैनात चौथी नेटिव इन्फैन्ट्री की टुकड़ी को निहत्था किया जा सके। यंग हस्बैंड ने प्रात: 5 बजे कांगड़ा के किले में प्रवेश किया। देशी सेना की टुकड़ियां अभी अपनी बैरको में ही थी कि उन्हें निहत्था कर दिया गया। उनके पास से बन्दूके, गोला बारूद तथा कारतूस छीन लिये गये। यह सब इतना अकस्मात हुआ कि सिपाही हक्का-बक्का रह गये और कुछ न कर सके।[46] विद्रोह की खबर जैसे ही शहरों, गाँव और घाटियों में फैलती गई, इसी के साथ जनसाधारण में असन्तोष, आवेश और आन्दोलन की भावना भी बढ़ने लगी। लोगों ने सरकार के आदेशों को मानने से इन्कार किया और कानून का खुला उल्लंघन करने लगे। स्वाधीनता की भावना से उतेजित आन्दोलनकारी दिन के समय धर्मशाला में कोलाहल मचाने लगे। अंग्रेजों के साथ विरोध का व्यवहार होने लगा और अंग्रेज अफसरों को धमकियां दी जाने लगी।

19 मई, 1857 ई0 को ऊना (होशियारपुर) में भी स्थानीय क्रान्तिकारियों ने देशी पुलिस के साथ मिलकर भयानक विद्रोह किया और सरकारी सम्पति नष्ट की। परन्तु धर्मशाला में कड़े सुरक्षा प्रबन्धों के कारण क्रान्तिकारियों की खुली बगावत पर रोक लगा दी गई। दूसरी ओर सुजानपुर टीहरा में राजा प्रताप चन्द गुप्त रूप से अपने किले में क्रान्ति की तैयारियों में लगे रहे। कटोच वंश के इस क्रान्तिकारी राजा ने अकेले ही अंग्रेजों से लोहा लेने की ठान रखी थी। उसने अपने इलाके में अपने सहयोगियों द्वारा जनता को अंग्रेजों का विरोध और आन्दोलन करने के लिए प्रेरित किया। उन्ही दिनों ब्रिटिश सरकार ने भी

राजा प्रताप चन्द से विद्रोह को दबाने के लिये सैनिक सहायता मांगी परन्तु उसने डिप्टी कमीश्नर आर0 टेलर के आदेश की अवहेलना की और सैनिक सहायता नहीं दी। इस प्रकार अंग्रेजों को उसकी गतिविधियों का पता चल गया और उसे उसके महल में नजर बन्द कर दिया गया।[47] जसवां, गुलेर, हरिपुर, सुजानपुर, नादौन, कांगड़ा, धर्मशाला, नूरपुर, पठानकोट और ऊना में हजारों लोगों ने इस स्वाधीनता संग्राम में बढ़-चढ़ कर भाग लिया तथा अंग्रेजों को खदेड़ने का पूरा प्रयास किया। जून, 1857 ई0 में जालन्धर में '36 नेटिव इन्फैन्ट्री' और '61 नेटिव इन्फैन्ट्री' के भयानक विद्रोह करने के कारण कांगड़ा में सुरक्षा के कड़े प्रबन्ध किए गए। परन्तु सुरक्षा के कड़े प्रबन्ध होते हुए भी स्थानीय क्रान्तिकारी अंग्रेजों को मार भगाने की योजना में लगे रहे। क्रान्तिकारी गाँव-गाँव में गुप्तचर भेजकर जनसाधारण को क्रान्ति के लिए प्रोत्साहित करते रहे। 9 जुलाई, 1857 ई0 को सियालकोट में '46 नेटिव इन्फैन्ट्री' और '9 कैवेलरी' सेना घुड़सवार सेना ने भयानक विद्रोह किया और इसके बाद वे कांगड़ा की ओर चल पड़े। इसी बीच ज्यूडीशियल कमीश्नर रॉबर्ट मांटगोमरी और ब्रिगेडियर निकोलसन के आदेश पर कांगड़ा में तैनात 4- नेटिव इन्फैन्ट्री के निरस्त्रीकरण का जोखिम भरा कार्य आरम्भ हुआ ताकि देशी सेना सियालकोट और जेहलम के क्रान्तिकारियों के साथ मिलकर विद्रोह न कर सके। उन्हें इस कार्य में सफलता मिली और 12 जुलाई, को सैनिको को निरस्त्र कर दिया गया।[48] मजबूर होकर देशी सेना ने हथियार डाल दिये। सियालकोट और जेहलम के क्रान्तिकारी कांगड़ा और नूरपुर में अंग्रेजों के सुरक्षा प्रबन्धो के कारण प्रवेश न कर सके। 30 जुलाई, 1857 ई0 को मियाँ मीर के 26 नेटिव इन्फैन्ट्री ने भयानक विद्रोह किया और क्रान्तिकारी सेना के कुछ जवान कांगड़ा की ओर बड़े। कांगड़ा क्षेत्र की सीमा की पूर्ण नाकाबन्दी होते हुए भी कुछ क्रान्तिकारी सैनिको ने अनेक घाटों, सड़को और घने जंगलो से होते हुए प्रवेश किया और कांगड़ा, नूरपुर, धर्मशाला तथा हरिपुर में विद्रोह किया। नूरपुर में स्थानीय जनता, क्रान्तिकारियों और सैंकड़ो बाहर से आये सैनिक क्रान्तिकारियों ने विद्रोह किया। इस संघर्ष में सियालकोट के 9 लाईट कैवेलरी के सेना कमांडर ब्रिगेडियर रमजान तथा 46 नेटिव इन्फैन्ट्री के हवलदार गुगादीन ग्रिनेडियर तथा 5 अन्य क्रान्तिकारियों को नूरपुर में फांसी की सजा दी गई। अन्य क्रान्तिकारियों को धर्मशाला में फांसी दी गई। स्वाधीनता संग्राम की प्रथम लड़ाई में कांगड़ा क्षेत्र से 200 से अधिक क्रान्तिकारी पकड़े गए जिन्हे अम्बाला, जालन्धर, पठानकोट और अमृतसर की जेलों में बन्द किया गया। 10 अगस्त तक कांगड़ा क्षेत्र में 1857 ई0 के जन-विद्रोह को दबा दिया गया था।[49]

कुल्लू-लाहौल में 1857 ई0 की क्रान्ति

हिमाचल के दुर्गम एवं सीमान्त क्षेत्रों कुल्लू और लाहौल-स्पीति में भी 1857 ई0 के प्रथम स्वतन्त्रता संग्राम में स्वतन्त्रता प्राप्ति के लिए भारी जन-संघर्ष हुआ। इस सीमान्त क्षेत्र के सीधे-सादे लोगों ने आजादी की भावना से आन्दोलित होकर अंग्रेजों की शक्ति को ललकारा और स्वाधीनता संग्राम में कूद पड़े थे। कुल्लू क्षेत्र की जनता को जब इस क्रान्ति की खबर का पता चला तो उन्होंने भी जन क्रान्ति कर अंग्रेजों को दूर मार-भगाने का निर्णय लिया। इस जन-क्रान्ति की योजना का नेतृत्व स्थानीय युवराज प्रताप सिंह ने

किया। प्रताप सिंह अंग्रेजों का कट्ट्र शत्रु था और द्वितीय सिक्ख युद्ध में वह सिक्खो की ओर से अंग्रेजों से लड़ा था। युवक प्रताप सिंह ने पंजाब पहुँचकर अंग्रेजों के अमानवीय व्यवहार को जैसा देखा और सुना उससे उसके मन में फिरंगियों को देश से मार भागने की लगन जगी।[50] सन् 1846 ई0 के अंग्रेज-सिक्ख युद्ध में युवराज प्रताप सिंह सिक्खों का साथ देते हुए मुदकी अलीवाल के युद्ध क्षेत्र में गंभीर रूप से घायल हो गया था।[51] अंग्रेजों ने समझा कि प्रताप सिंह युद्ध में मारा गया है।[52] परन्तु वह अपने एक वीर साथी की सहायता से घायल अवस्था में सिराज पहुँच गया और कुछ समय बाद उपचार के दौरान ठीक हो गया था। मेरठ, दिल्ली, अम्बाला, जालन्धर, शिमला और कांगड़ा में भारतीय स्वाधीनता संग्राम के समय हुई जन-क्रान्ति से सूचित होकर युवराज प्रताप सिंह ने 16 मई, सन् 1857 ई0 में सारे सिराज क्षेत्र का दौरा कर के जन-साधारण में आजादी की भावना जागृत की और युवको को अंग्रेजों के विरूद्ध हथियार उठाने तथा उन्हें देश से बाहर निकालने के लिए प्रेरित किया।

पहाड़ी प्रदेश में अंग्रेजों के विरूद्ध जन-क्रान्ति की इस योजना में बैजनाथ के मियाँ वीर सिंह जो युवराज प्रताप सिंह के साले थे, मुख्य सलाहकार बने। इन दोनों ने कुल्लू और सिराज के गाँवो के मुखिया, लोगों, नेगी, कारदारों, नम्बरदारों और जमीनदारों का समर्थन और सहयोग प्राप्त किया। सशस्त्र क्रान्ति के लिए युवराज प्रताप सिंह ने अनेक गाँवो के नवयुवकों का एक क्रान्तिकारी दल तैयार कर के उन्हें अस्त्र-शस्त्रों से लैस कर दिया। युवराज प्रताप सिंह ने क्रान्ति के लिए भारी मात्रा में हथियार, बन्दूके गोला-बारूद, तलवारे, बरछे और गंडासे एकत्र किए। जन-क्रान्ति की यह लहर कुल्लू जैसे पहाड़ी क्षेत्र में घर-घर गूंज उठी। 28 मई, 1857 ई0 को प्रताप सिंह और वीर सिंह की गतिविधियों की खबर कुल्लू के एसिस्टेन्ट कमीश्नर मेजर विलियम सी0 हेय को लग गई। उसने प्रताप सिंह को कड़ी चेतावनी दी परन्तु तब तक प्रताप सिंह कुल्लू, सिराज, बीड़, केलांग, भंगाल, लाहौल और स्पीति में मुखियाओं से सम्पर्क बना चुके थे और योजनाओं को अंजाम दिया जा चुका था। दोनों वीरों ने गाँवो के मुखियाओं को यह खबर भी पहुँचाई की शिमला, कांगड़ा, पंजाब, लाहौर और दिल्ली में अंग्रेज मारे गए हैं। अब भारत में ब्रिटिश राज समाप्त होने वाला है। इसलिए अपने क्षेत्र में अंग्रेजों को मार भगाने के लिए क्रान्तिकारियों की सहायता करें।[53] परन्तु बहुत बड़े दु:ख की बात थी कि प्रताप सिंह के एक क्रान्तिकारी गुप्तचर को पकड़ लिया गया और क्रान्ति की योजना के कुछ पत्र ब्रिटिश अधिकारियों के हाथ में आ गये। इस प्रकार कुल्लू के ऐसिस्टेन्ट कमीश्नर को क्रान्ति की सारी योजना का पता चल गया। जब प्रताप सिंह को अपने गुप्तचर के पकड़ने का पता चला तो उसने अपने सहयोगी वीर सिंह के साथ पहाड़ी क्षेत्र के क्रान्तिकारियों को सिराज क्षेत्र में इक्ट्ठा होने तथा अंग्रेजों के विरूद्ध बगावत करने को कहा।[54] युवराज प्रताप सिंह की इस घोषणा की सूचना कुल्लू-लाहौल आदि अनेक क्षेत्रों में उचित समय पर न पहुँच सकी परन्तु फिर भी सारे सिराज क्षेत्र में भयानक विद्रोह भड़क उठा। जब क्रान्तिकारी सिराज से कुल्लू की ओर बड़े तो उनकी मुठभेड़ बंजार में ब्रिटिश सेना से हुई जिसमें प्रताप सिंह, वीर सिंह और दूसरे क्रान्तिकारी पकड़े गये।[55] पकड़े हुए जन-क्रान्ति

के नेता प्रताप सिंह, वीर सिंह उनके साथी सरदूल, कांशीराम, सूरत राम, केशव राम, देवी दत और अन्य 12 क्रान्तिकारियों को भागसू जेल (धर्मशाला) में बन्द कर दिया गया।[56] ब्रिटिश सरकार का तख्ता पलटने तथा राजद्रोह के विरोध में प्रताप सिंह, वीर सिंह तथा अन्य क्रान्तिकारियों को अगस्त, 1857 ई0 में धर्मशाला जेल में फांसी दे दी गई और विद्रोह को दबा दिया गया।[57]

चम्बा और 1857 ई0 की क्रान्ति

1857 ई0 के जन-विद्रोह की चिंगारी चम्बा के क्षेत्रों में भी उठी थी। 16 मई, 1857 ई0 में ब्रिटिश पोलिटिकल एजैन्ट और चीफ कमीश्नर पंजाब, जॉन लारैंस के आदेश पर रियासती सरकार ने रियासत के अन्दर कड़ी सुरक्षा के इन्तजाम किये थे परन्तु 8-10 जून, 1857 ई0 को जालन्धर में '36-नेटिव इन्फैन्ट्री' और '61 नेटिव इन्फैन्ट्री' के देशी सैनिक द्वारा विद्रोह किये जाने से डलहौजी में बसे अंग्रेज आंतकित हो गये। जिसके कारण कुछ बच्चों और महिलाओं ने आकर चम्बा के राजा की शरण ली थी। राजा ने उनके ठहरने का प्रबन्ध करके उन्हे पूरी-पूरी सुरक्षा प्रदान की।[58] डलहौजी की सुरक्षा के लिए मियाँ अतर सिंह के नेतृत्व में एक सैनिक टुकड़ी भेजी गई। रियासती सरकार के आदेश पर इस सैनिक दस्ते ने डलहौजी में रह रहे अंग्रेजों और चम्बा में प्रवेश को रोकने के सभी सम्भव उपाय किये। जुलाई, 1857 ई0 में जब जालन्धर में '36 नेटिव इन्फैन्ट्री' और '9 कैवेलरी घुड़सवार सेना' ने भयानक विद्रोह किया तो रियासती सरकार ने रावी नदी के नौ घाटो की नावों को नष्ट कर दिया ताकि क्रान्तिकारी सैनिक चम्बा में आकर विद्रोह को अंजाम न दे सके। रियासत के सभी मार्गो की नाकाबन्दी कर दी गई। इसी दौरान राजा चम्बा ने कांगड़ा के डिप्टी कमीश्नर मेजर रेयनैल्ल टेलर को रावी, सतलुज और ब्यास नदी के घाटों की सुरक्षा के लिए 300 जवान भी दिए। कड़ी सुरक्षा व्यवस्था के बावजूद भी सियालकोट, जेहलम और जालन्धर के क्रान्तिकारी सैनिकों ने चम्बा में प्रवेश किया और स्थानीय क्रान्तिकारियों के साथ मिलकर विद्रोह करने की कोशिश की। परन्तु रियासती सरकार ने जगह-जगह पर 60 क्रान्तिकारियों को पकड़ लिया और अंग्रेजों के हवाले कर दिया। इस प्रकार चम्बा में 1857 ई0 की क्रान्ति में स्थानीय राजा श्री सिंह के अंग्रेजों के प्रति वफादार रहने के कारण जनता को विद्रोह में शामिल होने का ज्यादा मौका न मिल पाया।[59]

मण्डी-सुकेत में 1857 ई0 का उगद्रव

1857 ई0 में जब विद्रोह की ज्वाला भारतवर्ष में धधकी तो मण्डी और सुकेत के क्षेत्र भी इस ज्वाला से नहीं बच पाये थे। बाहर से विद्रोह की सूचना पाकर रियासत के अन्दर उतेजित जनता ने भी इस विद्रोह में शामिल होकर अंग्रेजी शासन का विरोध कर उन्हें इस रियासत से बाहर भगाने की सोची थी। परन्तु अंग्रेजों के वफादार बजीर गोसाऊं ने विद्रोह को भड़कने से पहले ही दबा दिया।[60] 1857 ई0 के विद्रोह के समय मण्डी के राजा विजयसेन केवल मात्र 10 वर्ष के थे और वजीर गोसाऊं के हाथ में सारा शासन था। उसके शासन में स्थानीय क्रान्तिकारियों को शासक वर्ग, जमींदार और स्थानीय

पुलिस का सहयोग प्राप्त न हो सका बल्कि रियासती प्रशासन ने क्रान्तिकारियों के सभी इरादे निष्फल कर दिए। आन्दोलनकारियों को रियासत के बाहर से भी सहयोग व समर्थन प्राप्त न हो सका। मण्डी रियासत के वजीर ने अंग्रेजों को अन्य रियासतों की तरह इस रियासत में विद्रोह को दबाने में पूरा सहयोग दिया।[61] सुकेत रियासत की जनता में भी ब्रिटिश सरकार के प्रति मन में गहरा अंसतोष था परन्तु रियासत में राजाओं और नरोतम वजीर के बीच चले गृहयुद्ध के कारण आन्दोलनकारियों को विशेष सहयोग प्राप्त न हो सका। वे अपने आक्रोश को व्यक्त न कर सके।[62]

1857 ई0 के जन-विद्रोह को अगस्त 1857 ई0 में दबा दिया गया था। शिमला, जतोग, कसौली, सपाटू, नालागढ़, सोलन, कांगड़ा, नूरपुर, टिहरा-सुजानपुर, कुल्लू, सिराज और बुशहर में सैंकड़ो क्रान्तिकारियों के घर-बार नष्ट कर दिये गए थे और सम्पति जब्त कर दी गई थी। इस महान् क्रान्ति में हिमाचल के 50 देशभक्त को फांसी की सजा, 500 लोगों को जेल तथा 30 आन्दोलनकारियों को देश निकाला दिया गया था।[63] हाँलाकि इस विद्रोह को दबा दिया गया क्योंकि इस पर्वतीय प्रदेश के बहुमत देशी शासकों ने अंग्रेजों का साथ दिया था परन्तु इसके बावजूद भी इस पर्वतीय प्रदेश की जनता ने इस विद्रोह में बढ़-चढ़कर भाग लिया और फिरंगियों को बाहर खदेड़ने का संगठित प्रयास किया था।

सन्दर्भ

1. भरत मिश्र, 1857 की क्रान्ति और उसके प्रमुख क्रान्तिकारी, राधा पब्लिकेशन्स, नई दिल्ली, 1992, पृ0 1
2. विनायक दामोदर सावरकर, 1857 का भारतीय स्वातंत्र्य समर, राजधानी ग्रन्थागार, नई दिल्ली, 1966, पृ0 11
3. शंकर सहाय सक्सेना, क्रान्तिकारी आन्दोलन का इतिहास, ग्रन्थ विकास, जयपुर, 1999, पृ0 16
4. सयद नजमुल रजा रिजवी, सैय्यद जाहिर हुसैन जाफरी, (सं0), दि ग्रेट अपराइजिंग ऑफ 1857: कमैन्टरीज, स्टडीज एण्ड डोकोमैन्टस, अनामिका पब्लिशर्स एण्ड डिस्ट्रीब्यूटर्स, नई दिल्ली, 2009, पृ0 11
5. रोशन तकवी, लखनऊ 1857, (दि टू वारज ऑफ लखनऊ: दि डस्क ऑफ एन अरा), न्यू रायल बुक कम्पनी, लखनऊ, 2001, पृ0 62 .
6. शंकर सहाय सक्सेना, क्रान्तिकारी आन्दोलन का इतिहास, पृ0 16-17
7. मन्मथनाथ गुप्त, 1857 की महाक्रान्ति और उसका दमन, (प्रदीप सक्सेना, (स0), 1857 निरन्तरता और परिवर्तन, अंक: 75, वर्ष: 23, अप्रैल-जून, गाजियाबाद, 2007, पृ0 84)
8. सुरेन्द्रनाथ सेन, अठारह सौ सतावन का स्वतन्त्रता संग्राम, सूचना एवं प्रसारण मन्त्रालय, भारत सरकार, नई दिल्ली, 2006, पृ0 1
9. गुरूरामजी विश्वकर्मा मधुकर, हम और हमारी आजादी, कल्पज़ पब्लिकेशन्स, दिल्ली, 2004, पृ0 12-13
10. मनोज कुमार पाण्डेय, भारतीय स्वतन्त्रता संग्राम की राष्ट्रवादी प्रवृतियां, आर0के0 पब्लिशर्स एण्ड डिस्ट्रीब्यूटर्स, दिल्ली, 2009, पृ0 15-17

11. जवाहर लाल नेहरू, सन् 1857 का महाविद्रोह: जातीय अहंकार, (प्रदीप सक्सेना, (स0), 1857 निरन्तरता और परिवर्तन, पृ0 73)

12. के0एन0 पणिक्कर, राष्ट्रीय आन्दोलन का प्रारम्भ: विद्रोह से आन्दोलन की ओर, (प्रदीप सक्सेना, (स0), 1857 निरन्तरता और परिवर्तन, पृ0 209)

13. रामविलास शर्मा, महान जन-क्रान्ति और सिपाही, (प्रदीप सक्सेना, (स0), 1857 निरन्तरता और परिवर्तन, पृ0 334)

14. मन्मथनाथ गुप्त, 1857 की महाक्रान्ति और उसका दमन, पृ0 88

15. एस0एल0 नागोरी, कान्ता नागोरी, हमारे स्वतन्त्रता सेनानी, आर0बी0ए0 पब्लिशर्स, जयपुर, 2006, पृ0 3

16. सुरेन्द्रनाथ सेन, अठारह सौ सतावन का स्वतन्त्रता संग्राम, पृ0 8

17. एस0एल0 नागोरी, कान्ता नागोरी, हमारे स्वतन्त्रता सेनानी, पृ0 3

18. अनिल कुमार द्विवेदी, भारत में अंग्रेजी राज्य के दौरान सशस्त्र विद्रोह, आविष्कार प्रकाशन, दिल्ली, 2008, पृ0 66

19. समीक्षा ट्रस्ट, 1857: एसेज, फ्रॉम इकोनोमिक एण्ड पोलिटिकल वीकली, ओरियेन्ट लागमेन, हैदराबाद, 2008, पृ0 3-4

20. मियाँ गोवर्धन सिंह, हिमाचल प्रदेश का इतिहास, रिलायेंस पब्लिशिंग हॉऊस, नई दिल्ली, 1996, पृ0 349

21. राजेन्द्र अत्री, हिमाचल प्रदेश: एक बहु-आयामी परिचय, सरला पब्लिकेशन्स, शिमला, 2007, पृ0 18

22. चमन लाल मल्होत्रा, हिमाचल का क्रान्तिकारिक इतिहास, जयश्री प्रिंटर्स पब्लिशर्स, शिमला, 1990, पृ0 47

23. हिमाचल प्रदेश सरकार, हिमाचल प्रदेश के स्वतन्त्रता सेनानी, प्रथम-खण्ड, भाषा एवं संस्कृति विभाग, शिमला, 1985, पृ0 17

24. `., हिमाचल प्रदेश में स्वतन्त्रता संग्राम का संक्षिप्त इतिहास, भाषा एवं संस्कृति विभाग, शिमला, 1992, पृ0 29

25. पंजाब गवर्नमेंट रेकार्डस, म्यूटिनि रेकार्डस रिपोर्टस, वॉलियम टण्ए भाग-1, सुपरिन्टेन्डेन्ट पंजाब गवर्नमेंट प्रैस, लाहौर, 1911, पृ0 57-58

26. हिमाचल प्रदेश सरकार, हिमाचल प्रदेश में स्वतन्त्रता संग्राम का संक्षिप्त इतिहास, पृ0 30-31 एण्ड सी0एल0 दत्ता, दि राज एण्ड दि शिमला हिल स्टेट्स, (सोशल-इकोनोमिक प्राबलम्स, एग्रेरियन डिस्टरबेन्सिस एण्ड पैरामाऊटेन्सी), ए0बी0एस0 पब्लिकेशन्स, जालन्धर, (भारत), पृ0 166, 283 एण्ड गज़ेटियर ऑफ दि शिमला डिस्ट्रिक्ट, 1888-1889, हिलमेन पब्लिशिंग हॉऊस, दिल्ली, 1992, पृ0 29-30

27. मियाँ गोवर्धन सिंह, हिमाचल प्रदेश का इतिहास, पृ0 350

28. लैटर ऑफ डब्ल्यू0 एम0 हे0, सुपरिन्टेन्डेन्ट शिमला हिल स्टेट्स टू ई0एच0 पास्के, सैक्रेटरी टू चीफ कमीशनर लाहौर, फोरन पोलिटिकल डिपार्टमेन्ट, प्रोगस0, नं0 534, 6 अगस्त, 1858, राष्ट्रीय अभिलेखागार, भारत, नई दिल्ली

29. हिमाचल प्रदेश सरकार, हिमाचल प्रदेश में स्वतन्त्रता संग्राम का संक्षिप्त इतिहास, पृ0 32-33

30. वही, ,, ,, ,, पृ0 33-34

31. सुदर्शन वशिष्ठ, हिमाचल, आत्मा राम एण्ड संस, दिल्ली, 1997, पृ0 24
32. नागेन्द्र शर्मा, हिमालय का उतरांचल रामपुर बुशहर, बलीभद्र प्रकाशन, शिमला, 1996, पृ0 50
33. अमिता शर्मा, संग्राम की एक और झलक, (शेखर पाठक, (स0) पहाड़ 3-4, पीपुल्स एसोसिएशन फॉर हिमालय एरिया रिसर्च, दिल्ली, 1989, पृ0 243)
34. मियाँ गोवर्धन सिंह, हिमाचल प्रदेश का इतिहास, पृ0 350
35. गज़ेटियर ऑफ दि शिमला हिल स्टेट्स, 1910, पंजाब स्टेट्स गज़ेटियर, वॉलियम-टण्ए इण्डस पब्लिशिंग कम्पनी, दिल्ली, 1995, पृ0 10 एण्ड गज़ेटियर ऑफ दि किन्नौर डिस्ट्रिक्ट, हिमाचल प्रदेश, कविक प्रिंटर्स, अम्बाला, 1971, पृ0 62
36. हिमाचल प्रदेश सरकार, हिमाचल प्रदेश में स्वतन्त्रता संग्राम का संक्षिप्त इतिहास, पृ0 34-35
37. पंजाब गवर्नमेन्ट रेकार्डस, म्यूटिनि रेकार्डस रिपोर्ट, वॉलियम-टण्, भाग-1, 1911, पृ0 79
38. संसार चन्द प्रभाकर, हिमाचली इतिहास के सुर्ख पन्ने, नीरज प्रकाशन, कांगड़ा, (हिमाचल प्रदेश), 2002, पृ0 122
39. पंजाब गर्वनमेंट रेकार्डस, म्यूटिनि रेकार्डस रिपोर्ट, वॉलियम-टण्ए भाग-1, पृ0 70, 139
40. राजेन्द्र अत्री, हिमाचल प्रदेशः एक बहु-आयामी परिचय, पृ0 21
41. पंजाब गवर्नमेन्ट रेकार्डस, म्यूटिनि रेकाडर्स रिपोर्ट, वॉलियम-टण्ए भाग-1, पृ0 139
42. राजेन्द्र अत्री, हिमाचल प्रदेशः एक बहु-आयामी परिचय, पृ0 21
43. विनोद कुमार लखनपाल, भारतीय स्वाधीनता संग्राम और हिमाचल, हिमप्रस्थ, वर्षः 53, अंकः 5, हिमाचल प्रदेश प्रिंटिंग प्रैस परिसर, शिमला, अगस्त, 2007, पृ0 21-22 एण्ड गज़ेटियर ऑफ दि सिरमौर स्टेट्, 1934, इण्डस पब्लिशिंग कम्पनी, नई दिल्ली, 1996, पृ0 19
44. सी0आर0 प्रेम, कांगड़ा में स्वतन्त्रता संग्राम का इतिहास, (हिमाचल प्रदेश सरकार, संघर्ष के वे दिन, भाषा एवं संस्कृति विभाग, शिमला, 1989, पृ0 71)
45. विनोद कुमार लखनपाल, भारतीय स्वाधीनता संग्राम और हिमाचल, पृ0 20 एण्ड गज़ेटियर ऑफ दि कांगड़ा डिस्ट्रिक्ट, पार्ट-1, कांगड़ा, 1883-1884, इण्डस पब्लिशिंग कम्पनी, नई दिल्ली, 1994, पृ0 47-48
46. चमन लाल मल्होत्रा, हिमाचल का क्रान्तिकारिक इतिहास, पृ0 50-51
47. हिमाचल प्रदेश सरकार, हिमाचल प्रदेश में स्वतन्त्रता संग्राम का संक्षिप्त इतिहास, पृ0 40-42, एण्ड गज़ेटियर ऑफ दि कांगड़ा डिस्ट्रिक्ट, पार्ट-1, पृ0 47-49
48. हिमाचल प्रदेश सरकार, हिमाचल प्रदेश में स्वतन्त्रता संग्राम का संक्षिप्त इतिहास, पृ0 42-43
49. वही, ,, ,, ,, पृ0 43-45 एण्ड विनोद कुमार लखनपाल, भारतीय स्वाधीनता संग्राम और हिमाचल, पृ0 20-21 एण्ड एम0 एस0 अहलूवालिया, सोशल, कल्चरल एण्ड ईकोनोमिक हिस्ट्री ऑफ हिमाचल प्रदेश, इण्डस पब्लिशिंग कम्पनी, नई दिल्ली, 1998, पृ0 56
50. चमन लाल मल्होत्रा, हिमाचल का क्रान्तिकारिक इतिहास, प७0 54
51. राजेन्द्र अत्री, हिमाचल प्रदेशः एक बहु-आयामी परिचय, पृ0 23-24
52. गज़ेटियर ऑफ दि कांगड़ा डिस्ट्रिक्ट, कुल्लू, लाहौल एण्ड स्पीति, 1897, भाग-प्.प्टए इण्डस पब्लिशिंग कम्पनी, नई दिल्ली, 1994, पृ0 27
53. संसार चन्द प्रभाकर, हिमाचली इतिहास के सुर्ख पन्ने, पृ0 114 एण्ड फोरन सैक्रेट कन्सलटेशनस, 25 सितम्बर, 1857 एन0ओ0एस0 33-36, राष्ट्रीय अभिलेखागार, भारत, नई दिल्ली

54. जे0 हचिसन एण्ड जे0 पीएच0 वोगल, हिस्ट्री ऑफ दि पंजाब हिल स्टेट्स, वॉलियम-प्प्ए पृ0 473 एण्ड गज़ेटियर ऑफ दि कांगड़ा डिस्ट्रिक्ट, कुल्लू, लाहौल एण्ड स्पीति, 1897, भाग-II-IV, पृ0 27

55. सुदर्शन वशिष्ठ, हिमाचल, पृ0 25

56. राजेन्द्र अत्री, हिमाचल प्रदेश: एक बहु-आयामी परिचय, पृ0 24

57. दिला राम शबाब, कुल्लू, हिमालयन एबोड ऑफ दि डिवाइन, इण्डस पब्लिशिंग कंपनी, नई दिल्ली, 1996, पृ0 43 एण्ड जे0बी0 लयाल, रिर्पोट ऑफ दि लैंड रेवेन्यू सेटलमेन्ट ऑफ दि कांगड़ा डिस्ट्रिक्ट, 1865-1872, सेन्टर जेन प्रैस, लाहौर, (पंजाब), 1874, पृ0 80 एण्ड सुखदेव सिंह चरक, हिस्ट्री एण्ड कल्चर ऑफ हिमालयन स्टेट्स, (हिमाचल प्रदेश), वॉलियम-प्, लाइट एण्ड लाइफ पब्लिशर्स, नई दिल्ली, 1979, पृ0 266

58. हिमाचल प्रदेश सरकार, हिमाचल प्रदेश में स्वतन्त्रता संग्राम का संक्षिप्त इतिहास, पृ0 48

59. गज़ेटियर ऑफ दि चम्बा स्टेट्, 1904, पंजाब स्टेट् गज़ेटियर, वॉलियम-XXII-ए, इण्डस पब्लिशिंग कम्पनी, नई दिल्ली, 1996, पृ0 109 एण्ड जे0 हचिसन एण्ड जे0 पीएच0 वोगल, हिस्ट्री ऑफ पंजाब हिल स्टेट्स, वॉलियम-I, भाषा एवं संस्कृति विभाग, शिमला, 1982, पृ0 329, एण्ड हिमाचल प्रदेश सरकार, हिमाचल प्रदेश में स्वतन्त्रता संग्राम का संक्षिप्त इतिहास, पृ0 48

60. मनमोहन सिंह, हिस्ट्री ऑफ मण्डी स्टेट्, सिविल एण्ड मिलिटरी प्रैस, लाहौर, 1930, पृ0 120

61. हिमाचल प्रदेश सरकार, हिमाचल प्रदेश में स्वतन्त्रता संग्राम का संक्षिप्त इतिहास, पृ0 49

62. गज़ेटियर ऑफ दि सुकेत स्टेट्, 1927, इण्डस पब्लिशिंग कम्पनी, नई दिल्ली, 1997, पृ0 33

63. हिमाचल प्रदेश सरकार, हिमाचल प्रदेश में स्वतन्त्रता संग्राम का संक्षिप्त इतिहास, पृ0 49

तीसरा अध्याय

हिमाचल प्रदेश की जनता में राजनीतिक चेतना का विकास

इस अध्याय में यह जानने का प्रयास किया गया है कि हिमाचल प्रदेश की जनता में राजनैतिक चेतना का विकास कैसे हुआ उनके अन्दर राजनीतिक चेतना कैसे उत्पन्न हुई। इस पर्वतीय प्रदेश की जनता अपने अधिकारों तथा कर्तव्यों के प्रति कैसें जागरुक हुई। सबसे पहले तो इस बात पर विचार किया गया है कि 1857 ई0 के विद्रोह का इस प्रदेश में क्या प्रभाव पड़ा और भविष्य में ऐसे विद्रोह को रोकने के लिए क्या-क्या परिवर्तन किए गए। 1857 ई0 के विद्रोह के कई महत्वपूर्ण प्रभाव पड़े जिनमें एक कम्पनी शासन का अन्त था। संवैधानिक विकास का भारत में यही से सूत्रपात हुआ और धीरे-धीरे भारतीयों को अपने देश के शासन में भाग लेने का अवसर दिया जाने लगा। इस दृष्टिकोण से क्रान्ति उदारवादी भी थी। यद्यपि सन् 1857 ई0 के विद्रोह का पूर्णत्या दमन किया गया फिर भी इसने भारत में अंग्रेजी साम्राज्य को मूल से हिला दिया। भारत पर नियन्त्रण की विधियाँ यद्यपि परिपक्व हो चुकी थी उनको पुनः स्थापित किया गया। भारतीय प्रशासन का नियन्त्रण 1858 ई0 के भारत सरकार अधिनियम द्वारा कम्पनी से छीनकर ब्रिटिश राजमुकुट को सौंप दिया गया। दोहरा नियन्त्रण 1858 ई0 की घोषणा से समाप्त हो गया और सरकार ही सीधे भारतीय मामलों के लिए उतरदायी हो गई। इस अधिनियम द्वारा गवर्नर जनरल को 'वायसराय' का नाम दिया गया और इंग्लैंड में 'भारतीय राज्य सचिव' तथा उसकी सहायता के लिए अनेक सदस्यों की भी नियुक्ति की गई।[1]

1858 ई0 में महारानी विक्टोरिया ने एक महत्वपूर्ण घोषणा पत्र जारी किया। इस घोषणा पत्र द्वारा भारतीय प्रशासन के अधिग्रहण के अतिरिक्त यह बात भी स्पष्ट कर दी गई कि सरकार भारत के विस्तारवादी और साम्राज्यवादी नीति का पालन नहीं करेगी,

बल्कि देशी राजाओं के अधिकारों उनके सम्मान एवं गौरव की रक्षा करेगी। भारत की जनता को विश्वास में लाने के लिए महारानी ने यह भी घोषणा की कि उनके पारम्परिक रिवाजों को अनदेखा नहीं किया जाएगा, सरकारी नौकरियों में जाति, धर्म आदि भेदभाव किए बिना योग्यता के आधार पर सबको समान अवसर प्रदान किए जाएंगे।[2] विक्टोरिया के घोषणा पत्र में भारतीय राजा, राणों तथा ठाकुरों को पूरा विश्वास दिलाया गया कि न ही उनके राज्यों को छीना जाएगा और न ही उन्हें विरासत में मिले पैतृक उतराधिकारों को।[3] वायसराय कैनिंग ने विक्टोरिया घोषणा पत्र को अनुवाद करवाकर इसे जन-जन तक पहुँचाया ताकि हर जन साधारण को इसके बारे में जानकारी मिल सके और जनता का विश्वास प्राप्त किया जा सके।[4] शिमला में भी इस घोषणा पत्र का प्रकाशन किया गया और इसे शहर के मुख्य स्थानों पर चिपकाया गया ताकि पहाड़ों की जनता को भी इसके बारे में जानकारी हासिल हो सके।

भारत सरकार अधिनियम 1858 ई0 के अन्तर्गत हिमाचल के पर्वतीय क्षेत्रों पर ब्रिटिश सरकार का सीधा और सुदृढ़ नियन्त्रण स्थापित हो गया। उस समय हिमाचल में दो प्रकार का शासन प्रबन्ध प्रचलित था। पंजाब हिल स्टेट्स में नूरपुर, कांगड़ा, जसवाँ, गुलेर, सिबा, दतारपुर, कोटला, कुल्लू, भंगाहल, लाहौल-स्पीति की रियासतें अपना अस्तित्व खो बैठी थी। अंग्रेजों ने इन रियासतों को जीतकर ब्रिटिश साम्राज्य में मिलाकर शासकों को छोटी-छोटी जागीरे व पैन्शन देकर जमींदार व जागीरदार बना दिया था। इन सब रियासतों के क्षेत्र को संगठित करके एक प्रशासनिक इकाई के रुप में 'जिला कांगड़ा' बना दिया गया।[5] इसका प्रशासन डिप्टी कमिश्नर कांगड़ा के नियन्त्रण में था। इसके अतिरिक्त शिमला हिल स्टेट्स में जतोग, स्पाटू, कसौली, डगशाई, कोटगढ़, कोटखाई, बहरोली, सनावर एवं शिमला शहर के अलग-थलग क्षेत्रों को मिलाकर 'जिला शिमला' बना दिया गया था जो डिप्टी कमिश्नर शिमला के प्रत्यक्ष नियन्त्रण के अधीन था। उपरोक्त जिला कांगड़ा, जिला शिमला और चम्बा रियासत के डलहौजी एवं बकलोह छावनी क्षेत्र अंग्रेजों के प्रत्यक्ष नियन्त्रण में थे और ये पंजाब प्रान्त के पर्वतीय भाग थे।[6] इस प्रकार हिमाचल का आधे से अधिक क्षेत्र ब्रिटिश साम्राज्य में सम्मिलित था और इसमें अंग्रेजी सरकार का प्रत्यक्ष शासन तथा नियन्त्रण था।[7] देशी शासकों के अधीन लघु राज्यों में शिमला हिल स्टेट्स और सतलुज के आर-पार की रियासतें आती थी। शिमला हिल स्टेट्स अथवा सिस-सतलुज स्टेट्स में बुशहर, क्योंथल, बाघल, कुमारसैन, जुब्बल, कुनिहार, बघाट, बलसन, सांगरी, कुठार, बेजा, भज्जी, दरकोटि, धामी, मधान, रतेश और रावी रियासते आती थी। छोटी ठकुराइयों में करांगला, खनेटी, थरोली, देलठ और शांगरी आदि बुशहर रियासत के अधीन थी। इसी प्रकार रावी, दाडी और सारी पर जुब्बल के शासक का नियन्त्रण था।[8] ठियोग, घुण्ड, मधान, रतेश और कोटि के शासक क्योंथल स्टेट् की अधीनता स्वीकार किए हुए थे।[9] इन ठकुराइयों का अपना अलग और स्वतन्त्र अस्तित्व कभी नहीं रहा। ये ठकुराइयां प्रायः बुशहर, सिरमौर, नालागढ़, क्योंथल, बिलासपुर और जुब्बल जैसे बड़े राज्यों के प्रशासकों के प्रभुत्व में थी। यद्यपि इन रियासतों ने अंग्रेजों का प्रभुत्व स्वीकार किया परन्तु ये अपने आन्तरिक शासन में स्वायत थी। ब्रिटिश सरकार ने इनके नियन्त्रण के लिए सुपरिन्टेन्डेन्ट और कमिश्नर शिमला हिल स्टेट्स को नियुक्त

किया था। सतलुज पार की रियासतों मण्डी, सुकेत, बिलासपुर, चम्बा, सिरमौर और कुटलैहड़ में देशी राजाओं का शासन था। अंग्रेजों के प्रभुत्व में इनके अधीक्षण और नियन्त्रण के लिए सुपरिन्टेन्डेन्ट सिस-सतलुज स्टेट्स की नियुक्ति की गई थी। इन सभी रियासतों पर पंजाब सरकार द्वारा नियुक्त ब्रिटिश अधिकारियों का नियन्त्रण था। इन रियासतों के प्रशासन के लिए ब्रिटिश सरकार ने पोलिटिकल डिपार्टमेंट खोला था। इस विभाग के अधिकारी जैसे पोलिटिकल रेजिडेंटस, एजेन्ट्स और सुपरिन्टेन्डेन्ट रियासतों के प्रशासन का निरीक्षण और नियन्त्रण रखते थे तथा वे वायसराय के प्रति उतरदायी थे।[10]

1858 ई0 के अधिनियम के अन्तर्गत हिमाचल की सभी रियासतों के शासकों को अपने राज्यों के आन्तरिक शासन प्रबन्ध में स्वायतता प्रदान की गई। इनके राज्यों की सीमा निश्चित करके इन्हे क्षेत्र विस्तार के अधिकार से वंचित कर दिया गया तथा अन्य रियासतों के प्रशासन में हस्तक्षेप करने का अधिकार भी इनके पास से छीन लिया गया। ब्रिटिश सरकार को किसी भी राजा, राणा और ठाकुर के राज्य क्षेत्र में आन्तरिक अशान्ति और कुप्रशासन की अवस्था में हस्तक्षेप का अधिकार था। अंग्रेजों को सभी रियासतों में स्वतन्त्र व्यापार की सुविधा प्रदान की गई। रियासत के शासकों को अंग्रेज अधिकारियों के रियासती दौरे के सभी प्रबन्ध और सारा व्यय भी वहन करना पड़ता था।[11] जनता से बेगार भी ली जाती थी। बेगार प्रथा पुराने छोटे-बड़े सभी राज्यों में तत्कालीन राजस्व और कर व्यवस्था का एक अनिवार्य अंग थी। जब कभी ब्रिटिश अधिकारी तथा उनके परिवार के सदस्य पहाड़ी रियासतों में दौरे में आते थे तो उनकी बेगार चकने का प्रबन्ध पहाड़ी राजाओं को करना पड़ता था।[12] 'बेगार' शब्द फारसी भाषा का शब्द है जिसका अर्थ मजदूरी रहित जबरन श्रम से है।[13] अफसरों को खुश करने के लिए कीमती भेंट प्रदान की जाती थी। सभी रियासते ब्रिटिश सरकार को नकद वार्षिक कर व नजराना देती थी। वायसराय द्वारा अपने अधीन कार्यरत राजनीतिक विभाग के अधिकारियों के माध्यम से इन रियासतों के ऊपर नियन्त्रण रखे जाने का भी प्रावधान किया गया। महारानी विक्टोरिया की घोषणा के अनुसार देशी शासकों के प्रति क्षमाशील रवैया अपनाया गया।

इसी के तहत् बुशहर रियासत के राजा शमशेर सिंह के 1857 ई0 की क्रान्ति के दौरान किए विद्रोही व्यवहार को भी नजरअंदाज किया गया। जसवां के विद्रोही राजा रण सिंह को अलमोड़ा बन्दीगृह से मुक्त किया गया। बाद में जागीर भी दी गई। दतारपुर के राजा जगत सिंह के पुत्र देवी सिंह को भी अपने देश आने की आज्ञा तथा नूरपुर के शासक वीर सिंह की पैंशन दुगनी कर दी गई थी। ब्रिटिश सरकार ने विस्थापित शासकों को राजकीय सेवा में नियुक्त किया तथा उनके बच्चों के लिए शिक्षा के उचित प्रबन्ध भी किए।[14] विद्रोह के समय अंग्रेजों की सहायता करने वाले देशी शासकों को विशेष रुप से सम्मानित किया गया और इनाम भी दिए गए। बाघल, क्योंथल, कोटी, बलसन, बिलासपुर, सिरमौर, धामी, भज्जी, जुब्बल, चंबा, नूरपुर, मण्डी, सिबा और नादौन आदि रियासतों के शासकों को खिल्लत और राजा की उपाधि से सम्मानित कर नजराना आदि माफ कर दिया गया।[15] हालांकि ब्रिटिश शासकों ने पहाड़ी शासकों और जनता को अपने प्रभाव में लाने की पूरी कोशिश की परन्तु क्रान्ति में शहीद हुए पहाड़ी वीर जनता के दिलों में अपना स्थान बना चुके थे। लेकिन साधारण जनता को अभी तक अपने

राजनीतिक अधिकारों का ज्ञान न था क्योंकि उनमें राजनीतिक चेतना केवल नाममात्र की थी। अत: हिमाचल की पहाड़ी जनता दोहरी गुलामी का शिकार थी। एक ओर देशी शासकों की हुकूमत तो दूसरी ओर अंग्रेजों की गुलामी की। इस प्रकार दोहरी गुलामी का जीवन जीने पर पहाड़ों की जनता ने अंग्रेजी शासन का विरोध करने के बाद पहाड़ी शासकों की अन्यायपूर्ण एवं अत्याचारपूर्ण नीति का विरोध करना भी शुरु कर दिया था।

बुशहर में (दूम्ह) किसान आन्दोलन

बुशहर रियासत में सन् 1859 ई0 में दूम्ह किसान आन्दोलन हुआ।[16] 'दूम्ह' से अभिप्राय: असहयोग से है। इस आन्दोलन का उद्देश्य रियासत के राजा को किसानों एवं जनता द्वारा किसी भी प्रकार का सहयोग न देना था।[17] यह किसान आन्दोलन नकदी भूमि लगान के विरोध में था। अंग्रेजी सरकार के निर्देशानुसार राजा शमशेर सिंह ने रियासत की भूमि की पैमाइश करवाई थी और इस पैमाइश का कार्यभार तहसीलदार श्याम लाल ब्रिटिश अधिकारी को सौंपा गया था। इस अधिकारी द्वारा नकदी के रुप में लगान निश्चित किया गया था। इससे पहले रियासत के किसान लगान के रूप में ऊपज का पाँचवा भाग, अन्न, घी, तेल, ऊन, भेड़-बकरी आदि प्राचीन प्रथा के रुप में राज्य को देते थे। किसानों के पास नकद सिक्कों की कमी रहती थी। अत: वे नकद भूमि लगान देने में असमर्थ थे। किसानों ने इस अनुचित आर्थिक कानून के विरोध में अंहिसात्मक असहयोग आन्दोलन करना शुरु कर दिया था। बुशहर रियासत का रोहड़ू क्षेत्र इस आन्दोलन का प्रमुख केन्द्र था। इस आन्दोलन का सम्बन्ध समकालीन राज्य व्यवस्था से भी था क्योंकि इन्ही वर्षो में खानदानी वजीरों की प्रथा भी समाप्त कर दी गई थी। किन्नौर के पुआरी वजीरों ने भी इस आन्दोलन को तुल दी थी।[18] इस अनुचित कानून का विरोध करने के लिए किसान अपने गाँव छोड़कर जंगल में चले गए थे। वे अपने साथ अपने परिवार और पशुओं को साथ ले जाकर जंगल में कष्टमय जीवन बसर करने लगे थे। उन्होंने राजा की आज्ञा न मानकर लगान देना भी बन्द कर दिया था। किसानों द्वारा इस प्रकार की गतिविधियां अपनाने से खेतो में खड़ी फसलें नष्ट हो गई थी। इस प्रकार के 'दूम्ह' आन्दोलन को समाप्त करने के लिए ब्रिटिश सरकार का हस्तक्षेप आवश्यक हो गया था। इस समस्या का समाधान करने के लिए 'शिमला हिल स्टेट्स' के सुपरिन्टेन्डेन्ट जी0सी0 बानर्स बुशहर गए और इस सम्बन्ध में राजा शमशेर सिंह से विचार-विमर्श किया। आन्दोलनकारी किसानों ने अपना आन्दोलन समाप्त करने के लिए तीन मांगे सरकार के सामने रखी।[19] पहली मांग उस समय की लगान व्यवस्था को समाप्त करना, दूसरी मांग- लगान वसूली परम्परागत विधि से ऊपज और वस्तुओं के माध्यम से करना और तीसरी मांग- खानदानी वजीरो को पुराने रीति-रिवाजों के अनुसार सता सौंपना प्रमुख थी। बार्नस ने स्थिति को गम्भीरतापूर्वक देखते हुए किसानों की तीनों मांगें मान ली थी। इस प्रकार इस किसान आन्दोलन में किसानों को देशी शासक और ब्रिटिश सरकार से अपनी मांगे मनवाने में सफलता मिली थी। इस प्रकार एक ओर जहाँ इस तरह के आन्दोलन चल रहे थे तो दूसरी ओर ब्रिटिश सरकार अपने देश की संवैधानिक, प्रशासनिक परम्पराओं एवं प्रणालियों को धीरे-धीरे भारत में प्रवेश करवा रही थी।[20]

भारतीय प्रदेशों को सीधा अपने अधिकार में लेने के पश्चात् ब्रिटिश पार्लियामेंन्ट ने उनके शासन के सम्बन्ध में एक एक्ट पास किया जिसे 1861 ई0 का 'इण्डियन कौंसिल एक्ट कहते है। यह एक्ट अंग्रेजों की भारतीयों के साथ सहयोग की नीति का आरम्भ था। इस अधिनियम द्वारा जनता को अपने कष्ट को सरकार के समक्ष रखने का अवसर प्राप्त हुआ।[21] इसके साथ भारतीयों को प्रशासन में भाग लेने का भी अधिकार प्राप्त हुआ और उनकी विधानपरिषदों में नियुक्तियां की गई।[22] ब्रिटिश सरकार को यह अधिनियम पारित करना जरुरी हो गया था क्योंकि जनता शासन में सुधार लाने की मांग कर रही थी। वह शासन में भाग लेना चाहती थी। अतः लोकप्रिय आकांक्षा की पूर्ति के लिए संसदीय अधिनियम को पारित किया गया था।[23] इस अधिनियम के पारित होने से हिमाचल प्रदेश के तत्कालीन क्षेत्रों कांगड़ा और शिमला में भी व्यापक प्रभाव पड़ा और योग्यता और प्रतियोगिता के आधार पर राजकीय सेवा में नियुक्ति का कानून औपचारिक रुप से लागू किया गया। परन्तु अन्य सभी पहाड़ी रियासतों में वंश परम्परा के आधार पर ही प्रशासन पद्धति चलती रही। रियासत के वजीर, दीवान, पुरोहित, नेगी, विष्ट, कायथ, वैद्य, मुन्शी और अन्य सभी कर्मचारी वंश परम्परा के अनुसार ही नियुक्त किए जाते थे। ये कर्मचारी राजा की लापरवाही तथा अयोग्यता का लाभ उठाते हुए जनता पर निरंकुश नियन्त्रण रखते थे। अनेक पहाड़ी रियासतों में प्रजा प्रायः वजीर और उनके अधीन कर्मचारियों के कुप्रशासन और दमन से परेशान थी। इस प्रकार समय-समय पर इनके खिलाफ आन्दोलन होते रहे।[24]

सुकेत रियासत में जन-आन्दोलन

1862ई0 में सुकेत रियासत में भ्रष्ट और दमनकारी वजीर के विरोध में भारी जन-आन्दोलन हुआ। जनता रियासत के वजीर नरोतम के अत्याचारी शासन से बहुत दुःखी थी।[25] राजा उग्रसेन के पुत्र रुद्रसेन ने भी वजीर के विरुद्ध शिकायत कर जनता का साथ दिया था। अन्त में जनता द्वारा विरोध करने पर राजा द्वारा नरोतम वजीर को पद से हटा दिया गया और उसके स्थान पर ढुंगल वजीर को नियुक्त किया गया। परन्तु ढुंगल वजीर ने भी आशा के विपरीत दमन की नीति अपनाई। उसने भी रियासत के ब्राह्मण और राजपूतों पर 'डांड' नाम का कर लगाया। इससे पूर्व इन वर्गों के लोगो से किसी प्रकार का कर नहीं लिया जाता था। ढुंगल वजीर ने दस वर्ष पूर्व राजा उग्रसेन के गद्दी पर बैठने का कर ब्राह्मण और राजपूतों से वसूल किया। लोगों ने कुछ समय तक तों दमनकारी शासन को सहन किया क्योंकि उनका राजा के साथ सीधा सम्पर्क नहीं था। परन्तु जब रियासत के वजीर का दमन और शोषण बहुत बढ़ गया तो विद्रोह की स्थिति उत्पन्न हो गई थी।[26] एक दिन ढुंगल वजीर जब रियासत के पहाड़ी क्षेत्रों में दौरें पर गया तो वहाँ पर लोगों ने उसे पकड़कर गढ़-चवासी स्थान पर 12 दिन तक बन्दी बनाए रखा। इलाके के स्त्री, पुरुष, बूढ़े-जवान, छोटे-बड़े सभी लोगों ने इस जन-आन्दोलन में बढ़-चढ़ कर भाग लिया। भारी जन-आन्दोलन को देखकर राजा उग्रसेन ने जनता से वजीर को रिहा करने की अपील की और उसके विरुद्ध जनता की शिकायतें सुनने तथा उन पर उचित कार्यवाही करने का आश्वासन दिया। आश्वासन के अनुसार राजा उग्रसेन ने

गढ़-चवासी के क्षेत्र में वजीर के विरुद्ध जनता की शिकायतें सुनी। राजा ने वजीर को अपराधी घोषित किया और उस पर 20,000 रुपये का जुर्माना कर 9 महीनें की सजा सुनाई। उसे पद से निकालकर उसके भाई लौगूं को रियासत का वजीर नियुक्त किया गया। इस प्रकार यह जन-आन्दोलन सफल हुआ था और राजा को जनता की मांगे माननी पड़ी थी।[27] हिमाचल की अन्य रियासतों में भी इस प्रकार के जनता के सामूहिक आन्दोलनों का खतरा बना हुआ था। 1863 ई0 में चम्बा के राजा का प्रशासन अवस्थित था। रियासत की आर्थिक स्थिति खराब हो गई थी और जन-आन्दोलन का खतरा बना हुआ था। राजा की प्रार्थना पर ब्रिटिश सरकार ने मेंजर ब्लेयर रीड को चम्बा रियासत का सुपरिन्टेन्डेन्ट नियुक्त किया था। इस प्रकार चम्बा भी अंग्रेजों के नियन्त्रण में आ गया था।[28] इसी प्रकार मण्डी रियासत में भी वजीर गोसाऊ और पुरोहित शिव शंकर के भ्रष्ट और अत्याचारी शासन के कारण ब्रिटिश सरकार ने हस्तक्षेप किया। पुरोहित शिव शंकर और उसके पुत्र को राज्य से निकाल दिया गया तथा गोसाऊँ को 2,000 रुपये जुर्माना किया गया।[29] डेविड क्लार्क को इस रियासत के नाबालिग राजा विजयसेन का सलाहकार नियुक्त किया गया। सन् 1872 ई0 में सिरमौर के राजा शमशेर प्रकाश ने भी अपने प्रशासन को अंग्रेजी स्वरुप देने का प्रयत्न किया और ब्रिटिश अफसर को अपनी सेना का कमांडर नियुक्त किया।

इस तरह पहाड़ी रियासतों के प्रशासन में अंग्रेजों का हस्तक्षेप बढ़ता गया और सबसे महत्वपूर्ण बात यह थी कि शिमला अंग्रेजों की शक्ति का केन्द्र बन चुका था तथा पंजाब सरकार का मुख्यालय भी यही पर था। शिमला हिल स्टेट्स और सिस-सतलुज स्टेट्स के सुपरिन्टेन्डेन्ट तथा पोलिटिकल डिपार्टमेंट के अधिकारी शिमला में ही रहते थे। भारतीय ब्रिटिश सेना का ग्रीष्मकालीन मुख्यालय भी यही पर था। ब्रिटिश सरकार द्वारा शिमला को ग्रीष्मकालीन राजधानी बनाने से पर्वतीय क्षेत्रों पर अंग्रेज अफसरों का नियन्त्रण और भी कड़ा हो गया। रियासतों से वार्षिक कर के अतिरिक्त कच्चा माल भी वसूल किया जाने लगा। बुशहर, कुल्लू, चम्बा, मण्डी और कांगड़ा के जंगल ब्रिटिश सरकार ने अपने अधीन कर लिए थे। इसके विपरीत भारत में संवैधानिक, प्रशासनिक और सार्वजनिक विकास अवश्य हुआ। प्रान्तों में विधान परिषदों का गठन और ब्रिटिश शासन प्रणाली का प्रवेश विकास की दृष्टि से भारत के हित में था।[30]

सिरमौर रियासत की पालवी तहसील में जन-आन्दोलन

सिरमौर रियासत की पालवी तहसील में जन-आन्दोलन 1870-1874 ई0 में राजा शमशेर प्रकाश के बन्दोबस्त कानून के समय हुआ था। यह बन्दोबस्त 1869 ई0 में शुरु हुआ था। अन्य रियासतों में तो यह बन्दोबस्त आसानी से अथवा बिना विरोध के सम्पन्न हुआ था परन्तु पालवी तहसील की जनता ने इसका विरोध किया था। राजा शमशेर प्रकाश को अपनी रियासत में चल रहे कार्यक्रमों के लिए धन की आवश्यकता थी। उस समय राज्य की आय का मुख्य स्त्रोत भूमि कर था जो पाँच रुपये प्रति हल या करा (एक रुपया प्रति 5 बीघा) और कातला (2 मण कच्चा अनाज प्रति हल) प्रणाली द्वारा लिया जाता था। इस बन्दोबस्त के गुणों के बारे में जनमत तैयार नहीं किया गया था। उस समय राजा की इच्छा ही जन इच्छा होती थी।[31] इस शक्ति और विशेषाधिकार का प्रयोग

करके राजा ने यह बन्दोबस्त जनता पर थोप दिया था। लोग पहले ही करों के बोझ से दबे हुए थे। इस आन्दोलन का मुख्य कारण लोगो के अन्दर छुपा अन्धविश्वास भी था। जनता का मानना था कि यदि लोहे कि जरीबों से उनकी भूमि को मापा जाएगा तो इससे कहीं उनकी भूमि का ऊपजाऊपन खत्म न हो जाए। अत: उन्होंने अछबू संगड़ाह और प्रीतम लुधियाना वाले के नेतृत्व में विद्रोह कर दिया था तथा 4 वर्षों तक भूमि कर देना बन्द कर दिया था। इस विद्रोह को राजा द्वारा ब्रिटिश सरकार के सहयोग से दबा दिया गया था। परन्तु इस आन्दोलन ने रियासती प्रशासन को हिलाकर रख दिया था।[32]

1876 ई0 में ब्रिटिश सरकार के वैधानिक विकास के अन्तर्गत वायसराय लॉर्ड लिटन ने सिरमौर के राजा शमशेर प्रकाश को शाही वैधानिक कौंसिल का सदस्य नियुक्त किया। इसके अतिरिक्त सार्वजनिक कल्याण के लिए डाकघर, अस्पताल, थाना, कचहरी, स्कूल, लोकनिर्माण, वन विभाग, कृषि विभाग आदि खोलकर विकास कार्य आरम्भ किए। शिक्षा के प्रसार से सारे देश में राजनीतिक चेतना का विकास हुआ। पहाड़ों की जनता में भी शिक्षा के द्वारा राजनैतिक चेतना आनी शुरु हुई। वे अपने अधिकारों तथा कर्तव्यों के प्रति जागरुक होने लगे। पहाड़ों के शिक्षित वर्ग को पाश्चात्य लोकतन्त्र के सिद्धान्तों का ज्ञान होने लगा और उन्होंने जनता को भी जागृत किया। देश की इन राजनीतिक परिस्थितियों में पहाड़ी क्षेत्रों की जनता अंग्रेजों और देशी शासकों के निरंकुश एवं दमनकारी शासन के खिलाफ लड़ती रही।[33]

नालागढ़ में किसान आन्दोलन

1876-77 ई0 में नालागढ़ रियेंासत में किसानों एवं जनता ने प्रशासन के दमनकारी शासन के खिलाफ भारी आन्दोलन किया।[34] इस अवधि के दौरान नालागढ़ में राजा ईश्वर सिंह का शासन था। उसके समय में गुलाम कादिर खाँ रियासत का वजीर था। उसने इस राजा के शासन सम्भालते ही प्रजा पर नये कर लगाये और भूमि लगान भी बढ़ा दिया। प्रजा के लिए कर का बोझ असहनीय हो गया था। किसान बढ़ा हुआ लगान देने में असमर्थ थे। किसानों द्वारा राजा से प्रार्थना की गई कि वे बढ़ा हुआ लगान कम कर दे परन्तु राजा पर उनकी प्रार्थना का कोई असर न हुआ। वजीर ने भी टैक्स व लगान कम करने से इन्कार कर दिया। इससे उतेजित जनता व किसानों में असन्तोष की लहर दौड़ गई और उन्होंने कर और लगान देने से इन्कार कर दिया। जनता एवं किसानों ने प्रशासन के खिलाफ जलूस निकाले और बढ़े हुए करों तथा भू-राजस्व का विरोध कर कर्मचारियों के काम में बाधा डालनी शुरु कर दी।[35] अशान्ति और गड़बड़ी की अवस्था में अंग्रेज सरकार ने इस आन्दोलन में हस्तक्षेप किया। इस आन्दोलन पर काबू पाने के लिए शिमला के सुपरिन्टेन्डेन्ट शिमला हिल स्टेट्स स्वयं ब्रिटिश पुलिस दल को साथ लेकर नालागढ़ पहुँचे। उन्होंने आन्दोलनकारियों का पुलिस शक्ति से दमन किया। आन्दोलन के प्रमुख नेताओं को हिरासत में लेकर प्रजा को तितर-बितर कर दिया। आन्दोलनकारियों ने अंग्रेज पुलिस अफसरों की लाठियां खाई परन्तु अपनी मांग पर अड़े रहे। अन्त में राजा और अंग्रेज अफसरों को जनशक्ति के आगे झुकना पड़ा और वजीर गुलाम कादिर खाँ

को रियासत से निकाल कर लगान में भी कमी करनी पड़ी। इसके साथ कैद किए हुए आन्दोलनकारियों को रिहा किया गया तथा उनके विरुद्ध दर्ज मुकद्दमें भी वापिस ले लिए गए।[36]

सुकेत में दूसरा जन-आन्दोलन

1876 ई0 में सुकेत रियासत में रुद्रसेन गद्दी पर बैठा। उसने फिर ढुंगल को वजीर नियुक्त किया। राजा रुद्रसेन द्वारा रियासत में जनता पर चार रुपये प्रति 'खार अन्न' लगान लगाया गया। एक खार अन्न लगभग 16 मण के बराबर होता था। बाद में इस दर को बढ़ाकर 8 रुपयें प्रति खार अन्न कर दिया गया। परन्तु राजा द्वारा ढुंगल को वजीर नियुक्त करने पर उसने लगान की दर 16 रुपये प्रति खार-अन्न कर दी। इसके अतिरिक्त लकड़ी, घास और पशु धन पर भी कर लगा दिया गया। जनता ने राजा से लगान कम करने तथा करों का बोझ कम करने की प्रार्थना की। परन्तु राजा रुद्रसेन द्वारा जनता की अपील पर कोई ध्यान न दिए जाने से रियासत की जनता में अशान्ति और असन्तोष फैल गया था। इसी अवधि में राजवंश के लोगो ने भी प्रजा को समर्थन दिया।[37] मियाँ शिव सिंह के नेतृत्व में प्रजा ने राजा के विरोध में प्रदर्शन किए और बढ़ा हुआ लगान और अन्य कर देने से इन्कार कर दिया। परन्तु राजा ने शिव सिंह और अन्य जन-आन्दोलनों के नेताओं को रियासत से निकाल दिया तथा आन्दोलनकारियों को सख्त सजा देने की चेतावनी दी। इस प्रकार की दमन नीति से प्रजा में रोष और बढ़ गया और करसोग के किसानों ने भ्रष्ट प्रशासन के खिलाफ बगावत कर दी तथा रियासत के मुन्शी परमेंशरी दास को बन्दी बना लिया।[38] जनता ने सरकारी आदेश मानने से इन्कार कर दिया।

इस अराजकता की स्थिति से निपटने के लिए जालन्धर का कमिश्नर मिस्टर ट्रिमलेट्रट सुकेत आया। उसने सारी स्थिति की जाँच पड़ताल कर ढुंगल वजीर को हटाकर रामदिता मल को वजीर बनाया। क्षेत्र के सक्रिय आन्दोलनकारियों को हिरासत में ले लिया गया और उन्हें सजा भी दी गई। परन्तु आन्दोलन का प्रभाव कम न हुआ। जनता ने प्रशासन से असहयोग की नीति अपनाई। विद्रोह की स्थिति में रियासत का राजा रुद्रसेन लाहौर चला गया। रियासत का प्रशासन ब्रिटिश सरकार द्वारा संभालने पर आन्दोलन की जाँच की गई और राजा को गद्दी से हटाकर उसके पुत्र को पुनः गद्दी पर बिठाया गया। आन्दोलन के नेता मियाँ शिव सिंह को कांगड़ा से वापस बुलाकर रियासत का मैनेजर नियुक्त किया गया। आन्दोलनकारियों की माँग पर लगान में कमी कर दी गई और लकड़ी, घास और पशु कर समाप्त कर दिए गए। इस प्रकार इन जन-आन्दोलन में जनता को सफलता प्राप्त हुई थी।[39]

बिलासपुर का झुग्गा जन सत्याग्रह

1883 ई0 में कहलूर (बिलासपुर) रियासत में अपनी ही तरह का हृदय विदारक और अंहिसात्मक सत्याग्रह हुआ। इस सत्याग्रह का उद्देश्य आत्मोपीड़न व आत्मदाह द्वारा राजा और प्रशासन के अत्याचारों और तानाशाही के प्रति विरोध प्रकट करना था। तत्कालीन

बिलासपुर रियासत का राजा अमर चन्द कुशल प्रशासक नहीं था। उसके वजीर और कर्मचारी भी दुराचारी और भ्रष्ट थे। सारा प्रशासन अस्त-व्यस्त था। प्रशासन द्वारा मनमाने ढंग से भूमि लगान और काश्तकारी की अवधि में परिवर्तन किया गया था। प्रजा पर जुल्म ढाए जा रहे थे। जनता राजा और उसके प्रशासनिक अधिकारियों के जुल्मों को सहन कर पाने में असमर्थ हो गई थी। इस प्रकार मजबूर होकर जनता ने आन्दोलन का मार्ग अपना लिया था। उन दिनों ब्राह्मणों का दर्जा समाज में उच्च समझा जाता था। किसी भी सलाह मशवरें के लिए लोग ब्राह्मणों के पास जाते थे और उनकी आज्ञा व आदेशों का पालन भी करते थे।

बिलासपुर रियासत की प्रजा ने ब्राह्मणों और पुरोहितों से इस अत्याचारी शासन के विरुद्ध आवाज उठाने का अनुरोध किया। ब्राह्मणों ने राजा के पास जाकर जनता की फरियाद सुनाई पर राजा ने उनकी एक न सुनी और उनका निरादर किया। इस पर निराश होकर ब्राह्मणों और पुरोहितों ने प्रजा के साथ मिलकर आन्दोलन करने की योजना बनाई।[40] परम्परा के अनुसार कोट, लुलहाण, नाडा, गेहड़वी और पड़तेहड़ा आदि के गाँवों के ब्राह्मण गेहड़वी गाँव में एकत्रित हुए। उन्होंने जनता की सहायता से झुग्गे (सुखे घास की झोपड़िया) बनाए। इन झुग्गो के ऊपर ब्राह्मणों ने अपने-अपने कुलदेवों के झण्डे ऊँचे करके गाड़ दिए और वहाँ पर टोलियों में रहना शुरु कर दिया। इस प्रकार उन्होंने राजा और प्रशासन के खिलाफ एक नए प्रकार का सत्याग्रह शुरु कर दिया। आत्मोपीड़न देवी-देवता और धार्मिक शक्ति की भावना से प्रशासन में न्याय और सदाचार की भावना जागृत करना ही इस आन्दोलन का अभिप्राय था। राजा को जब इन सत्याग्रहियों का पता चला तो उसने क्रुद्ध होकर रियासत के तहसीलदार निरंजन सिंह के नेतृत्व में एक पुलिस गार्द गेहड़वी भेजकर झुग्गों में धरने में बैठै सभी सत्याग्रहियों को हिरासत में लेने के आदेश दिए।[41] जब ब्राह्मणों और पुरोहितों को पुलिस गॉर्दो के झुग्गे के पास आने की सुचना मिली तो उन्होंने क्रुद्ध होकर अपने-अपने झुग्गों में आग लगा दी। आत्मदाह के इस हृदय विदारक दृश्य को देखकर वहाँ इक्ट्ठी जनता भड़क उठी। परिणामस्वरुप शान्तिप्रिय सत्याग्रह ने भयानक विद्रोह का रुप धारण कर लिया। प्रजा और पुलिस में भयानक मुठभेड़ होने से क्रोधित प्रजा के नेता गुलाबा राम नड्डा ने पुलिस गॉर्द के नेता तहसीलदार निरंजन सिंह को गोली मार दी। लोगों ने घायल निरंजन सिंह को उठाकर जलते हुए झुग्गों में फैंक दिया। राजा ने इस आन्दोलन को दबाने के लिए ब्रिटिश सरकार से सहायता मांगी और रियासत में आन्दोलन को दबा दिया।[42]

इस घटना के कारण 140 ब्राह्मण परिवार रियासत छोड़कर कांगड़ा चले गए। विद्रोह के नेता गुलाबा राम नड्डा को छः साल की कड़ी सजा देकर सरीऊन किले में बन्दी बना दिया गया अन्य आन्दोलनकारियों को किला बसेह और बछरेटू में कड़ी सजा सुनाई। परन्तु 1884 ई0 में राजा का हृदय परिवर्तन हुआ और उसने सत्याग्रहियों की विधवाओं को पेंशन लगाई तथा रियासत छोड़कर गए ब्राह्मणों और पुरोहितों को सम्मान सहित वापस बुलाकर उनकी जमीन-जायदाद उन्हें सौंप दी। भूमि लगान नकद कर दिया तथा राज्य में बेगार प्रथा भी बन्द कर दी।[43]

उन्नीसवीं शताब्दी के आठवें दशक में हिमाचल के पर्वतीय क्षेत्र में जहाँ एक ओर साधारण जनता अंग्रेजी और रियासती प्रशासन के दमन और अत्याचार के विरुद्ध संघर्षरत थी वहीं दूसरी ओर अल्पसंख्यक शिक्षित एवं प्रबुद्ध वर्ग जनता में राष्ट्रीय भावना जगाने, राजनैतिक चेतना पैदा करने और सामाजिक जागृति लाने में व्यस्त था। राष्ट्रवाद तथा लोकतन्त्र की वह उठती लहर जिसने स्वतन्त्रता के संघर्ष को जन्म दिया था उन आन्दोलनो के रुप में भी सामने आई थी जिनका उद्देश्य सामाजिक संस्थाओं तथा भारतीय जनता के दृष्टिकोण का सुधार करना और उनका लोकतन्त्रीकरण करना था। अनेक भारतीयों ने यह अनुभव किया कि सामाजिक और धार्मिक सुधार आधुनिक ढ़ंग से देश का चौतरफा विकास करने तथा राष्ट्रीय एकता और एकजुटता को विकसित करने के लिए आवश्यक है। राष्ट्रवादी भावनाओं का विकास, नई आर्थिक शक्तियों का उदय, शिक्षा का प्रसार, आधुनिक पश्चिमी विचारों तथा संस्कृति का प्रभाव तथा दुनिया के बारे में पहले से अधिक जानकारी, इन सभी बातों ने भारतीय समाज के पिछड़ेपन तथा पतन के बारे में लोगों की चेतना को बढ़ाया ही नहीं बल्कि सुधार के संकल्प को और मजबूत किया।[44] राष्ट्रवाद शब्द को भिन्न-भिन्न विद्वानों द्वारा भिन्न-भिन्न प्रकार से परिभाषित किया गया है।

ऐनसाइक्लोपीडिया ब्रिटेनिका में राष्ट्रवाद की परिभाषा इस प्रकार दी गई है। 'राष्ट्रवाद' से अभिप्राय उस मनोदशा से है जिसके अन्तर्गत व्यक्ति की सर्वोच्च निष्ठा राष्ट्र राज्य के प्रति होती है। इस प्रकार राष्ट्रवाद एक ऐसी भावना है। जो कि व्यक्ति को राष्ट्र के प्रति समर्पण की भावना के लिए प्रेरित करती है। राष्ट्र के प्रति समर्पण की भावना उन्ही लोंगों में तथा उसी समय उत्पन्न होती है जिनकी समान भाषा, संस्कृति एवं समान ऐतिहासिक परम्पराएं होती है और जो समान राजनीतिक व्यवस्था में रहते है।[45] भारत में यदि जनता के अन्दर राजनीतिक चेतना की बात करे तो इसमें किसी एक तत्व ने योगदान नहीं दिया अपितु इसके लिए अनेक कारण उतरदायी रहे। जिनमें मुख्य रुप से अंग्रेजी राज का प्रभाव, अंग्रेजों द्वारा भारत में शान्ति तथा प्रशासनिक एकता की स्थापना, तीव्र परिवहन तथा संचार साधनों का विकास, आधुनिक शिक्षा का प्रचलन, मध्यवर्गीय बुद्धिजीवियों का उत्थान, सर विलियम्स जोन्स, मोनियर विलियम्ज, मैक्समूलर, रॉथ तथा सस्सन जैसें विदेशी विद्वानों द्वारा प्राचीन इतिहास पर किए गए शोध, स्पेन, पुर्तगाल, दक्षिणी अमेंरिका, यूनान, इटली तथा आयरलैंड में जनता द्वारा लड़े गए स्वतन्त्रता संग्राम आदि प्रमुख थे। इसके साथ ही अंग्रेजों द्वारा किया गया भारतीयों का शोंषण, सामाजिक-धार्मिक सुधार आन्दोलन, एडमण्ड बर्क, हरबर्ट स्पेन्सर, माण्टेस्क्यू वाल्टेयर, जॉन लॉक, रुसो, जर्मी बेन्थम, जॉन स्टुअर्ट मिल आदि पाश्चात्य विद्वानों की रचनाओं ने भी भारतीय जनता को अपने अधिकारों तथा कर्तव्यों के प्रति जागरुक किया।[46] भारतीय राष्ट्रवाद का स्वरुप समय तथा परिस्थितियों के अनुसार बदलता रहा। आरम्भ में इसका स्वरुप एक सामाजिक-सांस्कृतिक जागृति के रुप में हुआ। इस अवधि में राजा राममोहन राय, महर्षि देवेन्द्र नाथ टैगोर, स्वामी विवेकानन्द तथा महर्षि दयानन्द सरस्वती आदि समाज सुधारक हुए जिन्होंने भारतीय समाज को जो शताब्दियों से सामाजिक व्याधियों से ग्रस्त था मुक्ति दिलाने के लिए संघर्ष किया।[47] राजा राममोहन राय ने 1828 ई0 में बंगाल में ब्रह्म समाज की स्थापना की थी। वे पहले भारतीय नेता थे जिन्होंने राजनीतिक सुधारों के लिए आन्दोलन शुरु किया था।

शुरु में तो उन्होंने सामाजिक कुरितियों जैसें सती प्रथा, बाल विवाह पर प्रहार किया और विधवा विवाह को प्रचलित करवाने के लिए सतत् संघर्ष किया। तदोपरान्त समाचार पत्रों द्वारा तथा सामाजिक असमानता का विरोध कर जनता के अन्दर राष्ट्रीय चेतना का संचार करने में महत्वपूर्ण भूमिका निभाई।[48] राजा राममोहन राय के बाद ब्रह्म समाज के कार्यो को महर्षि देवेन्द्र नाथ ठाकुर और केशवचन्द्र सेन ने पूरा किया।[49]

1857 ई0 के बाद भारत में समाचार पत्रों का बड़ी तीव्रता से जो विकास हुआ उसने भी जनता के अन्दर राजनैतिक चेतना पैदा करने में महत्वपूर्ण योगदान दिया। अमृत बाजार पत्रिका, ट्रिब्यून, पायनियर आदि अनेक समाचारपत्र राष्ट्रीय भावनाओं से ओत प्रोत थे तथा ब्रिटिश सरकार की दमनकारी नीतियों की खुलकर आलोचना करते थे। देश के प्रमुख राष्ट्रीय नेता राजा राममोहन राय, केशवचन्द्र सेन, गोपाल कृ७ण गोखले, बाल गंगाधर तिलक, फिरोजशाह मेंहता, दादाभाई नौरोजी, सुरेन्द्रनाथ बनर्जी आदि किसी न किसी पत्रिका के सम्पादक थे। इनके द्वारा लिखे लेखों ने जनता को जागृत करनें में योगदान दिया। साहित्य जगत् में भी राष्ट्रीय साहित्य का सृजन होने लगा था। दीन बन्धु मित्रा, हेमचन्द्र बनर्जी, नवीनचन्द्र सेठ, बंकिम चंद्र चटर्जी, रमेंशचन्द्र दत्त और रवीन्द्रनाथ टैगोर आदि के लेखों ने जन साधारण में राष्ट्रीय चेतना भर दी। बंकिम चन्द्र चटर्जी का 'आनन्द मठ' उस समय में राष्ट्रीय जागरण का एक अपूर्व साधन सिद्ध हुआ। दीन बन्धु मित्रा ने 'नील दर्पण' नामक नाटक में भारतीय किसानों की दयनीय दशा का चित्रण बड़े ही प्रभावशाली ढंग से किया।[50] 1867 ई0 में आत्माराम पाण्डुरंग द्वारा महाराष्ट्र में 'प्रार्थना समाज' की स्थापना की गई थी। इसका उद्देश्य तो समाज एवं धर्म में व्याप्त बुराईयों को दूर करना था। परन्तु बाद में इसमें आर0 जी0 भण्डारकर और महादेव गोविन्द रानाडे के जुड़ने से समाज में व्याप्त बुराईयों का विरोध किया गया तथा महाराष्ट्र में अनेक पाठशालाओं, अनाथालायों तथा विधवाश्रमों की स्थापना की गई जिससे जनता के अन्दर राष्ट्रीय चेतना जागी।[51] अप्रैल, 1875 ई0 में बम्बई में स्वामी दयानन्द सरस्वती द्वारा 'आर्य समाज' नामक संगठन की स्थापना ने भी समाज में फैली कुरीतियों को दूर करने तथा जनता के अन्दर राष्ट्रीयता की भावना का संचार करनें में महत्वपूर्ण योगदान दिया। उनका 'आर्य समाज' नामक संगठन धार्मिक होने के साथ-साथ लोकतन्त्रीय भी था। उसका उद्देश्य धार्मिक और सामाजिक सुधार के साथ-साथ राष्ट्रीय भावोद्दीपन भी था। इस संगठन से देश में लोकतन्त्रीय विचारों को दो प्रकार से बल मिला। प्रथम, उसने जाति को जन्म से न मानकर गुण, कर्म और स्वभाव के अनुकूल माना। द्वितीय समाज के संगठन में चुनाव द्वारा प्रतिनिध्यात्मक प्रणाली अपनाई गई।[52]

वे महान देशभक्त थे। उन्होंने अपने ग्रन्थ 'सत्यार्थ प्रकाश' में यह लिखा कि स्वदेशी राज्य विदेशी राज्य से अच्छा है चाहे उसमें कितनी ही बुराईयां क्यों न हो। उन्होंने स्वराज्य का नारा लगाकर भारतीय एकता पर बल दिया।[53] 1875 ई0 में ही बाबू शिशिर कुमार घोष द्वारा 'इण्डियन लीग' की स्थापना कर भारतीय जनता में राष्ट्रवाद की भावना भरने के प्रयास किये गए। 1876 ई0 में इसका स्थान 'इण्डियन एसोसियेशन' ने लिया जिसे आनन्द मोहन बोस और सुरेन्द्र नाथ बनर्जी ने स्थापित किया था।[54] 1876 ई0 में ही लॉर्ड लिटन भारत के वायसराय की भारतीयों के प्रति अन्यायपूर्ण नीति जिनमें इण्डियन सिविल

सर्विस की आयु 21 वर्ष से घटाकर 19 वर्ष करना, भारत में अकाल की अवस्था में महारानी विक्टोरिया का शानदार दरबार लगाकर बहुत अधिक धन खर्च करना, 1878ई0 में 'वर्नाक्यूलर एक्ट' प्रैस एक्ट पास कर समाचार पत्रों पर प्रतिबन्ध लगाना, आर्म एक्ट पास करने जैसे घिनौने कामों ने भारतीयों को सोचने पर मजबूर किया जिससे उनके अन्दर अपने देश के प्रति प्रेम जागा।[55] गुरु राम कृष्ण ने भी समाज में फैली बुराइयों का विरोध किया तथा जनता को देश प्रेम के प्रति जागृत किया। उनके विचारों को आगे उनके शिष्य स्वामी विवेकानन्द ने बढ़ाया। स्वामी विवेकानन्द विश्व प्रसिद्धि के शिखर पर पहुँचे जब शिकागो के 'विश्वधर्म सम्मेंलन' में उन्होंने धर्म और संस्कृति की विशेषता विश्व में सर्वश्रेष्ठ सिद्ध कर दी। स्वामी विवेकानन्द ने अपने कार्यक्रम को सुव्यवस्थित ढंग से आगे बढ़ाने के लिए 1899 ई0 में कलकता के समीप वैलूर में 'रामकृष्ण मिशन' की स्थापना की। स्वामी विवेकानन्द ने हिन्दू संस्कृति की श्रेष्ठता सिद्ध कर भारतीयों में अपने राष्ट्र के प्रति अनुराग जगाया और विदेशी सता की श्रृंखलाओं को तोड़ने की भी प्रबल प्रेरणा दी। स्वामी विवेकानन्द ने देश को आत्म विश्वास, आत्मशक्ति और स्वाभिमान की शिक्षा दी। उन्होंने नवयुवकों को विदेशी सता का विरोध करने के लिए नवीन उत्साह प्रदान किया।[56] इल्बर्ट बिल विवाद भी भारत के राष्ट्रवाद के विकास के लिए विशेंष सहायक सिद्ध हुआ जिसमें कि भारतीय मजिस्ट्रेटों को अंग्रेज अपराधियों को दण्ड देने का प्रावधान किया गया था। परन्तु अंग्रेजों को यह बात बुरी लगी और उन्होंने इस अधिनियम को रद्द करवा दिया था। इससे जनता के अन्दर विदेशी शासन के प्रति मुक्ति के लिए जोश पैदा हुआ। दिसम्बर, 1883 ई0 में सुरेन्द्रनाथ बनर्जी की अध्यक्षता में हुआ सम्मेंलन भी जनता के अन्दर राजनैतिक चेतना पैदा करने में काफी सहायक सिद्ध हुआ।[57]

परन्तु अंग्रेजों की साम्राज्यवादी शक्ति के विरुद्ध संघर्ष के लिए राष्ट्रीय एकता और देशव्यापी राजनैतिक संगठन की आवश्यकता थी। यदि हिमाचल प्रदेश में जनता के अन्दर राजनैतिक चेतना के विकास की बात करे तो यहाँ पर ब्रिटिश सरकार की राजधानी शिमला में कुछ विदेशी सज्जन पहाड़ी जनता के समाज कल्याण और जन जागृति के कार्यों में सक्रिय रहे। श्रीमती ऐनी बेसेन्ट, कर्नल ऑलकाट, मैडम बलावत्सकी, विलियम बैडरबर्न, मिस्टर सिन्नेटर, एलन आक्टेवियन हयूम और मैडम हयूम आदि भारतीय संस्कृति से प्रभावित और भारतीय प्रजा के मित्र तथा शुभ चिन्तक थे। इनमें से ए0ओ0 हयूम और उनकी पत्नी श्रीमती हयूम शिमला के निवासी थे। वे जाखु की पहाड़ी के मध्य बने 'राँथनी कैसल' नामक भवन में रहते थे। हयूम एक 'इण्डियन सिविल सर्विस' के अवकाश प्राप्त अधिकारी थे।[58] वह स्वतन्त्र विचारों के व्यक्ति थे और भारतीयों के प्रति सहानुभूति रखते थे। कभी कभी खुलकर सरकारी नीतियों की आलोचना भी करते थे। भारतीय लोगों के प्रति प्रेम और सहानुभूति के कारण उनकी प्राय: ब्रिटिश अफसरों से अनबन रहती थी। लोकतन्त्र के समर्थन एवं मानवता के मित्र हयूम भारतीय जनता के प्रति अत्याचार और दमन नीति का विरोध करते थे। इसी विरोध के कारण 1879 ई0 में उन्हें वायसराय लॉर्ड लिटिन ने पदावन्त कर दिया था। आगे चलकर उनका अपमान करके भारत के सचिव पद से हटा दिया गया था। वे कुछ दिनों के लिए थियोसोफिकल सोसाइटी के अध्यक्ष भी रहे परन्तु सोसाइटी के सदस्यों से तालमेंल न होने के कारण उन्हें यह संस्था भी

छोड़नी पड़ी थी। 1882 ई0 में वे सरकारी पद से सेवानिवृत हो गये। वे सरकारी पद पर रहते हुए भी भारतीयों और अंग्रेजों को समान समझते थे। प्रशासनिक सेवा के दौरान उन्हें अनुभव हुआ कि भारतीयों की अनेक आर्थिक समस्यायें है जिन पर ब्रिटिश सरकार ध्यान नहीं दे रही है। वे दिन प्रतिदिन जटिल हो रही है। विशेष रुप से किसानों और श्रमिकों की समस्यायें शोचनीय थी। उन्हें यह भी लगा कि सरकार और जनता के मध्य सम्पर्क सूत्र का भी अभाव था। सरकार और जनता के मध्य सम्बन्ध स्थापित करने के लिए ए0ओ0 हयूम ने एक अखिल भारतीय स्तर की संस्था स्थापित करने का विचार किया।[59]

1882 ई0 में ए0ओ0 हयूम अपनी पत्नी तथा बेटी के साथ शिमला आए तथा अपने भवन 'राँथनी कैसल' में रहने लगे।[60] यहाँ पर उनके साथ 'थियोसोफिकल सोसाइटी' की एनी बेसेन्ट, कर्नल ऑलकॉट, सीन्नेटर, वैडरबर्न, बलावत्सकी आदि सदस्य भारतीय जनता एवं हिमाचल की जनता को जागरुक और सक्रिय बनाने के उपायों पर विचार-विमर्श करते थे। इनमें से मैडम बलावत्सकी सोसाइटी की मुख्य प्रवक्ता थी। वे सम्भ्रान्त परिवार की रुसी महिला थी जो अपना देश छोड़कर भारत के लोगों के कल्याण और सामाजिक उत्थान के लिए भारत आई थी। बलावत्सकी ने भारतीय संस्कृति और इतिहास का गहरा अध्ययन किया था। उन्होंने शिमला में रहकर यूरोपीय लोंगों में भारत के प्रति प्रेम और इसके नागरिकों के प्रति सहानुभूति जागृत करने के लिए अनथक प्रयत्न किए। उन्होंने पेरिस, लन्दन और न्यूयार्क में जाकर भी भारतीयों के लिए सहयोग मांगा और यहां की गौरवमय प्राचीन संस्कृति का प्रचार किया।[61] वास्तविकता में हयूम भारत के समाज सुधार और कल्याण के कार्यो से सन्तुष्ट न थे। उनके मन में भारत के राजनैतिक कल्याण की प्रबल इच्छा थी। 1883 ई0 में हयूम ने शिमला से कलकता विश्वविद्यालय के स्नातकों के नाम एक पत्र लिखा जिसमें उसने देश के शिक्षित नवयुवकों से अपनी मातृभूमि की उन्नति के लिए प्रयत्न करने की अपील की ताकि भारतीय राष्ट्र का बौद्धिक, सामाजिक और राजनैतिक पुर्नजागरण हो सके और उसके लिए एक सुसज्जित सेना तैयार हो सके। शिक्षित युवकों पर इस पत्र का गहरा प्रभाव पड़ा।[62] 1884 ई0 में हयूम ने भारतीय नेताओं की अखिल भारतीय स्तर की संस्था बनाने का प्रस्ताव रखा।[63] हयूम ने शिमला में जब लॉर्ड डफरिन के समक्ष अपने विचार को रखा तो उन्होंने भी इसका स्वागत किया। वहाँ उन्होंने इस विषय में लॉर्ड रिपन, लॉर्ड डलहौजी, सर जेम्स केअर्ड, जॉन ब्राइट, मि0 रीड, मि0 प्लेग तथा कई अन्य राजनीतिज्ञों से भी बातचीत की।[64] नवम्बर, 1885ई0 में वे भारत लौट आए। दिसम्बर, 1885 ई0 में पूना में कान्फ्रैस करने का निर्णय लिया गया था परन्तु पूना में फैले हैजे के कारण इस कान्फ्रैन्स का स्थान पूना से बदलकर बम्बई कर दिया गया।[65] वहाँ पर 28 दिसम्बर, 1885 ई0 को बम्बई के गोकुलदास तेजपाल संस्कृत पाठशाला के विशाल भवन में सम्मेंलन का आयोजन किया गया। इसमें देश के विभिन्न भागों से आए 72 प्रतिनिधियों ने भाग लिया। इस अधिवेशन की अध्यक्षता व्योमेंश चन्द्र बनर्जी ने की।

इस सम्मेंलन में इस संगठन का नाम 'इण्डियन नेशनल काँग्रेस' रखा गया।[66] इस प्रकार शिमला के 'राँथनी कैसल' में काँग्रेस के विचार का अंकुरण हुआ और बम्बई में इसके नामकरण का समारोह मनाया गया। काँग्रेस की स्थापना से हिमाचल प्रदेश की जनता में

राजनैतिक चेतना का विकास अवश्य हुआ परन्तु अंग्रेजों ने पर्वतीय क्षेत्र पर नियन्त्रण रखा हुआ था। 1888 ई0 में शिमला में बालुगंज और समरहिल के मध्य की पहाड़ी में 'आबजरवेट्री' पर नया वायसरीगल लाँज बनने से ब्रिटिश सरकार द्वारा पहाड़ी प्रान्तो तथा भारतवर्ष पर नियन्त्रण रखने के प्रयास किए गए और शिमला के नजदीक की रियासतों कोटी, धामी, क्योंथल, ठियोग, बघाट, बाघल आदि में अपना प्रभाव रखने के भी प्रावधान किये गयें।

परन्तु 1890 ई0 तक कुलीन वर्ग के अनेक शिक्षित व्यक्ति राजकीय सेवा में प्रविष्ट हो चुके थे। इनमें धामी के राणा हीरा सिंह, मण्डी में मियाँ भीमसेन, काँगडा के राजा जयचन्द और सिरमौर के विक्रम सिंह अंग्रेजी शिक्षा प्राप्त करके ब्रिटिश राजकीय सेवा में योग्य प्रशासक बन चुके थे और वे अपने अधिकारों तथा कर्तव्यों के प्रति जागरुक हो गए थे। कांगड़ा के राजा जयचन्द ने छोटी-बड़ी संस्थाओं से जुड़कर पहाड़ी क्षेत्रों में प्रजा के अन्दर जागृति लाने के प्रयास किए। इसी काल में 'इण्डियन नेशनल काँग्रेस' में पहाड़ी जनता की भागीदारी बढ़ती जा रही थी। 1891 ई0 में काँग्रेस ने ब्रिटिश सरकार की खुली आलोचना शुरु कर दी थी। प्रजा के निर्वाचित प्रतिनिधि विधानपरिषदों में सम्मिलित करने की मांग कर रहे थे। इसी काल में स्वदेशी प्रैस ने भी अंग्रेजी सरकार के विरुद्ध प्रचार करना शुरु कर दिया था।

1892 ई0 में काँग्रेस को एक सशक्त प्रभावशाली एवं देशव्यापी संगठन बनाकर ए0ओ0 हयूम स्वयं इंग्लैंड चले गए और वहाँ पर काँग्रेस तथा भारत के लिए कार्य करते रहे।[67] अंग्रेजी सरकार ने भारत में बढ़ते हुए जनाक्रोश और काँग्रेस की मांगो को ध्यान में रखते हुए 1892 ई0 में 'भारतीय कौंसिल अधिनियम' पारित किया। इस अधिनियम के अन्तर्गत भारत में वायसराय की केन्द्रीय परिषद् तथा प्रान्तीय परिषदों के सदस्यों की संख्या में वृद्धि कर दी गई। इस अधिनियम के अन्तर्गत सदस्यों को सार्वजनिक प्रशनों के विषय में कार्यकारिणी से प्रशन पूछने का अधिकार भी मिल गया।[68] लेकिन उन्हें बजट पर वोट देने तथा पूरक प्रश्न पूछने का अधिकार नहीं था। सपरिषद् गवर्नर जनरल तथा सपरिषद् गवर्नरों को वार्षिक वित विवरण पर वाद-विवाद और प्रशन पूछने के सम्बन्ध में नियम बनाने का अधिकार दिया गया। प्रान्तीय विधान परिषदों को गवर्नर जनरल की स्वीकृति से नये और पूराने कानूनों में आवश्यकतानुसार रद्द करने की शक्ति दी गई। इसके साथ ही गवर्नर जनरल और गवर्नर कतिपथ प्रतिनिधि संस्थाओं की सिफारिश पर कुछ गैर सरकारी सदस्यों को मनोनीत कर सकते थे। इस प्रकार अप्रत्यक्ष निर्वाचन की प्रक्रिया शुरु कर दी गई।[69] गवर्नर जनरल की विधानपरिषद् तथा प्रान्तीय विधान परिषदों में सरकारी अधिकारियों का बहुमत रखा गया ताकि सरकार को किसी प्रकार की कोई कठिनाई न हो। इन परिषदों में चुने हुए सदस्य बहुत ही थोड़े थे।

अधिकतर गैर-सरकारी अधिकारी भी प्रायः नामजद ही किए जाते थे। यूनिवर्सिटियों, जिला बोर्डों, नगरपालिकाओं, चैम्बर ऑफ कॉमर्स तथा प्रान्तीय परिषदों को कुछ सदस्यों के चुनने का अधिकार दिया गया। 'भारतीय कौंसिल अधिनियम' 1892 के अन्तर्गत दिए संवैधानिक अधिकार और विशेष सुविधाएं दिलाने में काँग्रेस का विशेष योगदान था।

निर्वाचन सिद्धान्त का आंशिक प्रयोग, परिषदों में संसदीय विधानसभाओं के समान कार्यविधि का प्रयोग और भारत में प्रतिनिधित्व प्रणाली की स्थापना इस अधिनियम की लोकतन्त्रीय विशेषताएं थी। इस अधिनियम के लागू होने से लोगों को राजनैतिक अधिकारों और कर्तव्यों का ज्ञान प्राप्त हुआ। इसके साथ ही काँग्रेस और अन्य संस्थाओं का भी उत्साह बढ़ा। यह अधिनियम भारतीयों की भावनाओं को तो पूर्णरुप से सन्तुष्ट न कर सका परन्तु अप्रत्यक्ष रुप से इस अधिनियम द्वारा संसदीय सरकार की नींव रखी गई थी।[70]

हिमाचल के पहाड़ी प्रान्त में भी इस अधिनियम के लागू होने से पढ़े लिखे शिक्षित वर्ग में राजनैतिक चेतना का संचार हुआ और लोकतन्त्र के प्रति आस्था बढ़ी उन्होंने आम जनता को भी जागृत करना शुरु कर दिया था। इस दौरान जनता राजशाही एवं सामन्तशाही के खिलाफ भी संघर्षरत रही। 1894 ई0 में कुठार रियासत में जमींदारों ने राणा जयचन्द के अन्तिम शासनकाल के दौरान बढ़ते भूमि राजस्व, अत्यधिक बेगार के बोझ, रियासत में प्रचलित बुरे रीति-रिवाजों तथा कानून के खिलाफ विद्रोह कर दिया था। इन बुरे रीति-रिवाजों में प्रत्येक साल में विशेष अवसरों तथा महीने में राणा के घोड़ों के लिए दूध व घी की आपूर्ति और 'रीत प्रथा' आदि प्रमुख थे। 'रीत प्रथा' के अनुसार विधवाओं को बेचा जाता था। औरत के पति के मरने पर उसकी सम्पति, जमीन-जायदाद आदि पर राणा का अधिकार होता था। इन सभी बुराईयों से तंग आकर जमींदारों ने राणा के खिलाफ विद्रोह कर भूमि राजस्व तथा बेगार देनी बन्द कर दी थी। इस विद्रोह को 1896 ई0 में ब्रिटिश सरकार की सहायता से शांत किया गया था।[71]

बिलासपुर रियासत में किसान आन्दोलन एवं जन-आन्दोलन

1894 ई0 में बिलासपुर में राजा विजय चन्द के शासन काल के दौरान किसान असंतोष उभरकर सामने आया। इस असंतोष का मुख्य कारण राजा द्वारा रियासत में भेड़-बकरियों पर चरागाह दर बढ़ा दी गई थी। किसान पहले ही अनेक करों के बोझ से दबे हुए हे। वे कर देने में असमर्थ थे। उन्होंने इस सम्बन्ध में राजा को प्रार्थना पत्र और शिकायतें भेजी। परन्तु राजा की तरफ से कोई सकारात्मक उतर न मिलने पर बिलासपुर गाँव और सुकेत सीमा के किसानों ने कर देना बन्द कर दिया था और राजा के खिलाफ आन्दोलन छेड़ दिया था। आन्दोलन करने पर प्रशासन द्वारा भी दमनात्मक कार्यवाही अपनाई गई और आन्दोलन करने वाले किसानों, जनता तथा उनके नेताओं को जेल में डाल दिया था। परन्तु कुछ समय बाद उन्हें छोड़ दिया गया था।[71] 1895 ई0 में भी बिलासपुर में एक भारी जन-आन्दोलन हुआ। इस आन्दोलन का तात्कालिक कारण भारी वर्षा द्वारा झूला पुल के टूटने तथा इसे दोबारा बनाने के लिए आने वाला 20,000 रुपये का खर्चा था। इस खर्चे को पूरा करने के लिए राजा ने जनता पर विशेष कर थोप दिए थे। परन्तु जनता इसे चुका पाने में असमर्थ थी।इस प्रकार जनता ने विवश होकर राजा और उसके प्रशासन के खिलाफ आन्दोलन छेड़ दिया था। राज्य की स्थिति खराब होने के कारण राजा को प्रशासन को भंग करना पड़ा और 6 महीने तक बिना परिषद् के शासन करना पड़ा था।[72]

चम्बा में किसान आन्दोलन

1895 ई0 में चम्बा रियासत में भी सार्वजनिक किसान आन्दोलन हुआ। राजा शाम सिंह और वजीर गोविन्द राम के प्रशासन में किसानों पर भूमि लगान का भारी बोझ था। प्रशासन ने किसानों के हित की परवाह न करते हुए लगान में असंगत वृद्धि कर दी थी। इसके अतिरिक्त ब्रिटिश अफसरों के आदेश पर कर के रुप में श्रमदान यानि 'बेगार' की भी अधिक मांग की गई थी।[73] बेगार प्रथा के अन्तर्गत प्रत्येक परिवार के एक व्यक्ति से वर्ष में 6 महीनें रियासत का काम मुफ्त में लिया जाता था। उन्हें किसी भी प्रकार की मजदूरी तथा न ही किसी प्रकार का भोजन दिया जाता था। उच्च वर्ग के लोगों को इससे छूट थी। इस ज्यादती के बारे में उन लोगों ने भी राजा से लगान कम करने तथा बेगार बन्द करने के लिए अनुरोध किया था। परन्तु राजा ने उनकी मांगो को अनसुना कर दिया तथा प्रशासन को लगान और बेगार लेने के सख्ती से आदेश दिए। यह देखकर भटियात क्षेत्र के किसानों ने आर्थिक शोषण के खिलाफ आन्दोलन छेड़ दिया था। बलाणा गाँव इस आन्दोलन का केन्द्र था। जनता एवं किसानों ने लगान एवं बेगार सेवा देनी बन्द कर दी थी। इसके साथ ही राज्य के सभी कार्यो तथा सभा-सम्मेंलनों का बहिष्कार कर दिया था।[74] रियासती प्रशासन इस किसान आन्दोलन को दबाने में बुरी तरह नाकाम रही। इस आन्दोलन को शान्त करने के लिए ब्रिटिश सरकार ने सहयोग दिया। लाहौर के ब्रिटिश कमिश्नर ने इस आन्दोलन की जाँच पड़ताल के लिए एक आयोग स्थापित किया। इस आयोग द्वारा किसानों को न्याय देने और उनकी मांगे मनवाने का आश्वासन दिया गया।[75] लम्बे समय तक चले आन्दोलन के कारण किसान थक गए थे और उन्होंने इस आश्वासन पर विश्वास करके आन्दोलन स्थगित कर दिया। आन्दोलन शान्त होने के बाद ब्रिटिश सरकार ने रियासती प्रशासन को इस आन्दोलन के मुख्य नेताओं जिनमें बलाणा गाँव के लारजू, बस्सी के किरलू, बिल्लू तथा इनके साथ असंख्य आन्दोलनकारियों को जेल में डालने के आदेश दिए। इस प्रकार यह किसान आन्दोलन धोखे और दमन की नीति से दबा दिया गया था।[76]

बाघल रियासत में भूमि आन्दोलन

1897 ई0 में बाघल रियासत में अत्यधिक भूमि लगान के विरोध में जनता ने भारी प्रदर्शन किया। भूमि लगान के अतिरिक्त इस आन्दोलन के अन्य कारण जिनमें चरागाहों की कमी तथा उन जंगली जानवरों कें मारने पर रोक हटाने जो उनकी फसलों को नष्ट कर देते थे आदि प्रमुख थे। इन सभी समस्याओं से परेशान होकर बाघल रियासत के किसानों ने रियासती प्रशासन के खिलाफ आन्दोलन छेड़ दिया। इस आन्दोलन को और अधिक लोकप्रिय बनाने के लिए किसानों ने गाँव-गाँव जाकर जलूस निकाले तथा रियासती प्रशासन की दमनकारी नीति का विरोध किया और असलियत जन साधारण के समक्ष रखी।[77] बड़ोग गाँव के ब्राह्मणों ने इस आन्दोलन को समर्थन दिया और बड़े-बड़े जलसे कर रियासती प्रशासन का विरोध किया। उन्होंने इस समबन्ध में राजा से भी बातचीत की। इस आन्दोलन को दबाने में रियासती सरकार पूरी तरह नाकाम रही थी। जब इस किसान आन्दोलन पर काबू न पाया गया तो ब्रिटिश सरकार की सहायता ली गई। ब्रिटिश

सरकार के हस्तक्षेप करने पर रियासती सरकार ने लगान में कमी करके लोगों को शान्त किया था। यह आन्दोलन 1897-1902 ई0 तक चलता रहा था, परन्तु इस आन्दोलन में किसानों को सफलता मिली थी।[78]

क्योंथल रियासत में भूमि आन्दोलन

1897 ई0 में क्योंथल रियासत में भी जनता में भूमि सम्बन्धी आक्रोश फैल गया था। राजा द्वारा रियासत में अनेक भूमि सम्बन्धी परिवर्तन किए गए थे जो जनता के हितों के खिलाफ थे। पहले तो जनता ने इसका खूब विरोध किया परन्तु जब रियासती प्रशासन पर इसका कोई प्रभाव न पड़ा तो उन्होंने इसके खिलाफ आन्दोलन छेड दिया था। चार परगनों के लोगों ने राजा को लगान तथा बेगार आदि अनेक सेवाएं देनी बन्द कर दी थी। अंग्रेज अधिकारी सैडमेंन और टामस ने इस असंतोष का निपटारा करने के लिए राजा बलवीर सेन को निर्देश दिया परन्तु वह इस नाजुक स्थिति को काबू में न कर सका। इसके बाद 11 जुलाई, 1898 ई0 को अंग्रेज सरकार ने मियाँ दुर्गा सिंह को बतौर मैनेजर नियुक्त करके स्थिति को काबू में किया।[79]

ठियोग और बेजा रियासत में आन्दोलन

1898 ई0 में बेजा और ठियोग रियासत में विद्रोह की स्थिति उत्पन्न हुई।[80] बेजा रियासत शिमला रियासतों की छोटी रियासतों में एक थी। इस रियासत में अन्य रियासतों की भाँति ठाकुरों का शासन था और ठाकुरों द्वारा जनता के साथ अत्याचार किया जाता था। उन्हें जबरदस्ती बैठ-बेगार करने के लिए बाध्य किया जाता था। प्रत्येक चक में ठाकुर के पास काश्तकार और गैर काश्तकार भूमि होती थी। रियासत की अपनी जमीन (सोहल जमीन) जो कि बासा भूमि के अनुरुप होती थी बैठू द्वारा काश्त की जाती थी। बैठ से अभिप्राय जमीन के बदले काम से है। जिन-जिन व्यक्तियों के पास ठाकुर की जमीन होती थी उन्हें बैठ करनी ही पड़ती थी। जो व्यक्ति ठाकुर की जमीन पर काम करता था उसे बैठू कहा जाता था। बदले में उसे ठाकुर द्वारा अलग भूमि बिना किसी किरायें के दी जाती थी। परन्तु इसके बदले बेगार (जबरनश्रम) आदि सेवाएं देनी पड़ती थी। जब बेगार सेवाएं रियासत में ज्यादा मांगी जाती थी तो बैठू ठाकुर की जमीन छोड़ देते थे। इस प्रकार यह छोड़ी हुई जमीन (निशफि बटाई) ठाकुर द्वारा दूसरे काश्तकार को दी जाती थी। दूसरे प्रकार की जमीन को इस रियासत में (अटरफी) कहा जाता था जो कि ठाकुर द्वारा हर साल नीलाम की जाती थी। तीसरी प्रकार की भूमि काश्तकार के अधीन होती थी जो लम्बे समय के लिये उसे किरायें पर दी जाती थी। बेजा रियासत की जनता को 'अठवाड़ा बेगार' भी देनी पड़ती थी।[81]

अठवाड़ा बेगार निरन्तर चलने वाली निश्चित अवधि की सेवा होती थी। प्रत्येक जमींदार परिवार के एक सदस्य को निश्चित अवधि के लिए रियासत की सेवा के लिए जाना पड़ता था। यह अवधि राज्य की जनसंख्या के अनुसार निर्धारित की जाती थी। साधारणतया अठवाड़ा बेगार का उपयोग दरबार के लिए जलाने की लकड़ी तथा पशुओं के लिए चारा लाने के लिए किया जाता था।[82] इस प्रकार के बुरे रीति-रिवाजों तथा

तानाशाही नीति से जनता परेशान हो चुकी थी और इनसे मुक्ति पाना चाहती थी। परिणामस्वरुप, 1898 ई0 में बेजा की जनता ने ठाकुरों के खिलाफ आन्दोलन शुरु किया था। आन्दोलन शुरु करने पर जनता ने ठाकुरों के प्रति असहयोग की नीति अपनाई और बेगार तथा अन्य सेवाएं देनी बन्द कर दी थी। रियासत में जनता का आन्दोलन बढ़ता गया परन्तु उदयचन्द इस आन्दोलन को दबाने में असफल रहा था। इस आन्दोलन को दबाने के लिए ब्रिटिश सरकार ने हस्तक्षेप किया था। 1898 ई0 में ठियोग रियासत में भी बन्दोबस्त में हुई गड़बड़ी के कारण किसानों ने जोरदार आन्दोलन किया तथा रियासती सरकार को बेगार तथा अन्य सेवाएं देनी बन्द कर दी थी। ठियोग रियासत में आन्दोलन ने इतना जोर पकड़ा कि रियासती सरकार इसे दबा न सकी। बेगार बन्द करने पर ही ब्रिटिश सरकार की सहायता से इस किसान आन्दोलन पर काबू पाया जा सका था।[83] उन्नीसवीं शताब्दी के अन्तिम वर्षो में हिमाचल के विभिन्न क्षेत्रों में जनता में राजनैतिक जागृति और गतिशीलता स्पष्ट दिखाई दी। काँग्रेस, आर्य समाज, ब्रह्म समाज, प्रार्थना सभा, स्नातन धर्म और अन्य सामाजिक धार्मिक तथा राजनैतिक संस्थाओं के कार्यकलापों का प्रभाव पहाड़ी जनता पर बढ़ता ही जा रहा था। इसके अतिरिक्त स्वदेशी प्रैस, अंग्रेजी समाचार पत्रों और पत्रिकाओं ने भी जनता के अन्दर जागृति एवं राजनैतिक चेतना के विकास में महत्वपूर्ण भूमिका निभाई।

1899 ई0 में शिमला बुलेटिन, ऑन गॉर्ड, दि माऊटेन, मोनिटर, शिमला अखबार, (उर्दू) दि शिमला इन्टेलीजेन्सर, दि शिमला एडवरटाइजर, इण्डियन वीकली रिव्यू, न्यूज ऑफ इण्डिया, शिमला आर्गूज, शिमला गार्डडियन, शिमला वीकली, दि स्पोर्ट मेन, लिडल्स वीकली, दि कुरियर, शिमला कैरियर, शिमला न्यूज, शिमला टाइम्स, राज-ए-तख्त आदि पत्रिकाओं का प्रकाशन होता था। इन सभी पत्रिकाओं ने जनता के विचारों को प्रभावित किया और उनके अन्दर राजनैतिक चेतना पैदा करने में महत्वपूर्ण योगदान दिया। इसी काल में देशी शासकों में भी राष्ट्रीय चेतना का विकास हुआ। 1899 ई0 में बुशहर के राजा शमशेर सिंह ने जान-बूझ कर शिमला हिल स्टेट्स के सुपरिन्टेन्डेन्ट, डब्ल्यू कोल्डस्ट्रीम का निरादर किया। वे बुशहर रियासत में दौरे पर आए थे। परन्तु राजा ने उनसे मिलने से साफ इन्कार कर दिया।[84] इसी काल में रावी ठकुराइ के शासक हरीचन्द ने अपनी रियासत को स्वतन्त्र घोषित किया। दांडी रियासत के शासक ने भी रावी की देखा-देखी में अपने को स्वतन्त्र शासक घोषित कर दिया। कोटी रियासत के राणा ने भी अंग्रेज अफसरों के आदेशों का पालन नहीं किया और रियासत का कुछ क्षेत्र अंग्रेजों को देने से इन्कार कर दिया। 1901 ई0 में वायसराय लॉर्ड कर्जन ने देश में उच्च शिक्षा पर ब्रिटिश सरकार के नियन्त्रण को बढ़ाने के लिए शिमला में शिक्षा अधिकारियों का एक भारी सम्मेलन बुलाया। परन्तु काँग्रेस और देश के अन्य संगठनों ने इस शिक्षा नीति का विरोध किया। विवश होकर कर्जन को 1902 ई0 में 'विश्वविद्यालय आयोग नियुक्त' करना पड़ा। अंग्रेजों द्वारा पहाड़ी रियासतों में नियन्त्रण होते हुए भी स्थानीय आन्दोलन होते रहे। देशभक्त काँग्रेस के संवैधानिक संग्राम, शांतिपूर्ण कार्यविधि और उदार नीति से सन्तुष्ट न थे। बाल गंगाधर तिलक, लाला लाजपतराय और अरविन्द घोष जैसे नेता ब्रिटिश साम्राज्यवादी शक्ति को जड़ से उखाड़ फैंकना चाहते थे और उसके लिए हर कुर्बानी

देने को तैयार थे। अधीर और उद्यमी देशभक्तों ने क्रान्ति का रास्ता अपनाया और राष्ट्रीय आन्दोलन में अंग्रेजों के खिलाफ उग्र आन्दोलन को जन्म दिया। अनेक स्थानों पर गुप्त संगठन बने और सशस्त्र क्रान्ति की योजनाएं बनने लगी।[85]

हिमाचल प्रदेश में भी सशस्त्र क्रान्ति का प्रभाव पड़ा। इसी प्रभाव के कारण प्रथम देशभक्त लछमण दास आर्य 1905 ई0 में पुलिस की नौकरी छोड़कर अपनी धर्म पत्नी दुर्गा बाई आर्य के साथ स्वतन्त्रता आन्दोलन में कूद पड़े। लछमण दास आर्य शहीद-ए-आजम भगत सिंह के चाचा अजीत सिंह के सहपाठी थे। अजीत सिंह ने ही इन्हें अंग्रेजों की नौकरी छोड़ने तथा आजादी की लड़ाई में शामिल होने की सलाह दी थी। इसके बाद उन्होंने मण्डी में क्रान्तिकारी संगठन की स्थापना की थी जिसमें आर्यवीर ने भी उनका साथ दिया। दोनों ने मिलकर जनता को राष्ट्र प्रेम की शिक्षा दी तथा उनके अन्दर जागृति पैदा की।[86]

बाघल रियासत में जन-विद्रोह

1905 ई0 में बाघल रियासत में फिर से विद्रोह फैल गया।[87] उस समय राजा विक्रम सिंह अवयस्क था और रियासत का प्रबन्ध मियाँ मान सिंह के हाथ में था। मियाँ मान सिंह क्रूर प्रकृति के व्यक्ति थे। उनमें सामन्तशाही की बू कूट-कूट कर भरी हुई थी। वे कट्टर तानाशाह थे।उनके व्यवहार से जनता में असन्तोष था। वहाँ रियासत के कर्मचारी भी उनसे प्रसन्न न थे। दरबारी उनके विरुद्ध ७ाड्यन्त्र रच रहे थे। अन्दर ही अन्दर आग सुलग रही थी। सन् 1905 ई0 में आग और भड़क उठी जब मियाँ मानसिंह के अत्याचारों से जनता त्रसित हो उठी। रियासत में कई प्रकार के नये कर लगाए गए थे। लगान की दर दौगुनी कर दी गई थी और उसकी वसूली में कड़ाई बरती जाने लगी थी। माफी की जमीनों पर जबरदस्ती कब्जा किया गया था। .मियाँ लोगों पर भी टैक्स लगाया जाता था। उनके साथ पशुओं का सा व्यवहार किया जाता था।[88] जब अंग्रेज अधिकारी इस रियासत में आते थे उनकी बेगार भी रियासत की जनता को चकनी पड़ती थी। इस प्रकार जनता राजाओं के शासन तथा बुरे रीति-रिवाजों से तंग आ चुकी थी और उनसे छुटकारा पाना चाहती थी। इस प्रकार जनता ने कनैतो (राजपूतों) के साथ मिलकर रियासती प्रशासन के खिलाफ विद्रोह कर दिया था। कनैत इस विद्रोह में इसलिए शामिल हुए थे क्योंकि उनसे उनके पैतृक अधिकार राजा द्वारा छीने जा रहे थे।

इस जन-विद्रोह को अंजाम देने के लिए हथियारों से लैस लोग अर्की पहुँचे और मियाँ मानसिंह के विरुद्ध नारे लगाये तथा उनके घर को घेर लिया। बाघल रियासत में इतनी सेना या पुलिस नहीं थी जो इस दूम्ह को कड़े हाथों दबाती। अत: शीघ्र ही इसकी सूचना शिमला भेजी गई जहाँ सें शिमला हिल स्टेट्स के सुपरिन्टेन्डेन्ट स्वयं सशस्त्र पुलिस टुकड़ी लेकर अर्की पहुँचे। जनता ने मियाँ मानसिंह को हटाने, लगान में कमी, नये करों की वापसी तथा मुआफी प्राचीन काल से चली आई प्रथा को जारी रखने की अपनी मांगे सुपरिन्टेन्डेन्ट के सामने रखी। उनकी मांगे स्वीकार कर ली गई। इस तरह इस विद्रोह में जनता जीत गई थी।[89]

डोडरा-क्वार में किसान आन्दोलन

1906 ई0 में बुशहर के गढ़वाल के साथ लगते क्षेत्र डोडरा-क्वार में जबरदस्त किसान आन्दोलन हुआ। उस समय इस क्षेत्र का प्रशासन राजा की ओर से किन्नौर के गाँव पवारी के वंशानुगत वजीर परिवार के रण बहादुर सिंह के हाथ में था।[90] उस दौरान रियासत की आर्थिक स्थिति खराब थी। राज्य की वन सम्पदा पर अंग्रेजों का अधिकार था। भूमि लगान का ज्यादातर भाग नजराना देने और अंग्रेज अधिकारियों के आवागमन में व्यय होता था। 1906 ई0 में रियासती सरकार ने जनता पर नए कर लगाए। इससे प्रजा में अशान्ति और रोष की लहर दौड़ गई। गरीब किसानों को करों का बोझ असह्य हो गया था। रियासत के कर्मचारी जब भूमि लगान और कर वसूली के लिए डोडरा-क्वार क्षेत्र में पहुँचे तो किसानों एवं जनता ने उनका विरोध किया तथा भूमि लगान और अन्य कर देने से साफ इन्कार कर दिया। इससे सरकारी कर्मचारियों में रोष फैल गया। उन्होंने कुछ सक्रिय आन्दोलनकारियों को मारा पीटा। इससे डोडरा-क्वार की जनता भड़क उठी। उन्होंने कर्मचारियों को पकड़कर पीटा तथा उन्हें भगा दिया।[91] रियासती सरकार ने इस आन्दोलन को दबाने के लिए रामपुर से पुलिस की एक टुकड़ी भेजी। सशस्त्र पुलिस दल को देख लोग अपने-अपने गाँव छोड़कर भाग गये और जंगल में जाकर रहने लगे। परन्तु तत्कालिक राजा शमशेर सिंह ने कुछ प्रतिष्ठित व्यक्ति भेजकर आन्दोलकारियों को जंगल से बुला लिया और उनकी मांगे पूरी करने का विश्वास दिलाया।[92] परन्तु इस आन्दोलन के नेता रण बहादुर सिंह को ब्रिटिश सरकार के आदेश के अनुसार पकड़ लिया गया और उसे शिमला जेल में डाल दिया गया। क्योंकि उसने राजा के विरुद्ध विद्रोह कर के डोडरा-क्वार को स्वतन्त्र बनाकर अपने अधीन करने तथा जनता एवं किसानों का समर्थन प्राप्त कर उन्हें राजा के खिलाफ भड़काया था।[93]

1907 ई0 में कोटी रियासत में भी राज्य द्वारा लगाए गए अत्यधिक करों के कारण जमींदारों में असंतोष उभरकर सामने आया था। यह असंतोष लगभग छः साल तक चलता रहा था। दस परगनों में से तीन परगनों के जमींदारों ने रियासती सरकार को कर तथा बेगार देना बन्द कर दिया था। रियासत का राजा जब इस समस्या का समाधान न कर सका तो उसने शिमला पुलिस की टुकडी मंगवाई।[94] 1907 ई0 में देशभर में स्वाधीनता आन्दोलन भी जोर पकड़ रहा था। उदारवादी और उग्रवादी भिन्न-भिन्न मंचो से राष्ट्रीय आन्दोलन चला रहे थे।[95] इसी काल में ऊना के बाबा लछमण दास भी क्रान्तिकारी आन्दोलन में संलिप्त थे। 1908 ई0 में इन्हे लाहौर जेल में दो वर्ष की सजा दी गई।[96] भारतीय राष्ट्रीय आन्दोलन की गति को बढ़ते हुए देख अंग्रेजी सरकार ने 1909 ई0 में 'भारतीय परिषद् अधिनियम' 1909 पास किया। इस अधिनियम द्वारा विधान परिषदों में विस्तार, बजट पर बहस तथा प्रस्तुत करने और प्रश्न करने का अधिकार, विधान परिषद् के सदस्यों में वृद्धि, केन्द्रीय विधान परिषदों में बहुमत, प्रान्तीय विधानपरिषदों में गैर सरकारी बहुमत, साम्प्रदायिक और पृथक चुनाव प्रणाली का आरम्भ सर्वोच्च व्यवस्थापिका परिषद् में निर्वाचित सदस्य, कार्यकारिणी परिषदों में भारतीयों की नियुक्ति आदि अनेक प्रावधान किए गए।[97] ब्रिटिश सरकार ने इस अधिनियम को 'मार्ले मिण्टो सुधार' का नाम

दिया। परन्तु यह अधिनियम भारतीयों को सन्तुष्ट न कर पाया था क्योंकि इस अधिनियम में सारा नियन्त्रण सरकार के हाथ में था और विधानपरिषदें केवल वाद-विवाद करने वाली क्लबें मात्र थी। यहाँ तक कि गोखले जैसे नरमदलीय लोग भी इन सुधारों से अप्रसन्न थे।[98] ब्रिटिश सरकार की धीरे-धीरे संवैधानिक अधिकार देने की नीति से भारत के आन्दोलनकारियों के अन्दर अपने राष्ट्र के प्रति देश प्रेम उमड़ा। पहाड़ी रियासतों में भी 'मार्ले मिण्टो सुधार' का व्यापक विरोध किया गया। शिमला में उस समय प्रकाशित होने वाले समाचार पत्रों में इसकी तीव्र आलोचना की गई।[99]

मण्डी रियासत में किसान आन्दोलन

1909 ई0 में मण्डी रियासत में राजा भवानी सेन (1903-1912) के समय में एक किसान आन्दोलन हुआ।[100] राजा का वजीर जीवानन्द पाधा एक भ्रष्ट अत्याचारी और दुष्ट प्रशासक था। उसने डरा धमकाकर सारे अनाज का व्यापार अपने नियन्त्रण में कर लिया था। इसके साथ ही किसानों पर अनेक प्रकार के कर लगाकर उनका अत्यधिक आर्थिक शोषण भी करता रहा। दूसरी ओर वजीर जीवानंद ने अपने अधीन अयोग्य और सिफारिशी कर्मचारी नियुक्त किए और अपने भाई को सेना का मुखिया बनाया। उसने बहुत सी धन सम्पति एकत्रित कर ली थी। लोगो पर बेगार भी बढ़ा दी थी। इस प्रकार मण्डी रियासत में भ्रष्टाचार बहुत बड़ गया था। उसके अत्याचारों और आर्थिक शोषण से जनता परेशान हो गई थी। ऐसी स्थिति में सरकाघाट क्षेत्र के शोभाराम इलाके के 20 व्यक्तियों का शिष्टमण्डल लेकर राजा के पास गए। राजा भवानी सेन ने शिष्टमण्डल की शिकायतों की ओर विशेष ध्यान न दिया। वे अपने वजीर की बातों में आ गए। दूसरी बार शोभाराम 50 व्यक्तियों का शिष्टमण्डल लेकर राजा के पास प्रजा का रोष प्रकट करने गए।[101] इस बार भी राजा ने उनकी ओर कोई ध्यान न दिया। तीसरी बार वह 300 व्यक्तियों को लेकर राजा के दरबार में गया। राजा ने वजीर की बातों में आकर शिष्टमण्डल की शिकायत सुनने से इन्कार कर दिया और राज्य सरकार ने कई किसानों को जेल में बन्द कर दिया। अन्त में शोभाराम ने इलाके के लगभग 20,000 किसानों को इक्ट्ठा किया और जलूस की शक्ल में मण्डी शहर की ओर चल पड़े। इस बार शोभाराम ने ब्रिटिश सरकार को भी प्रजा के रोष से अवगत करवाया। परन्तु उन्होंने भी कोई कार्यवाही नहीं की।

शोभाराम के नेतृत्व में किसानों का जलूस मण्डी दरबार में पहुँचा। उतेजित किसानों ने तहसीलदार हरदेव और अन्य अधिकारियों को पकड़कर जेल में बन्द कर दिया। उन्होंने कचहरी, कोर्ट तथा थाने पर कब्जा कर लिया। रियासती प्रशासन फेल हो गया और सारे राज्य में किसानों के नेता शोभा राम का हुक्म चलने लगा। राजा भवानी सेन ने विवश होकर ब्रिटिश सरकार से सहायता मांगी। कांगड़ा जिला के डिप्टी कमिश्नर, कुल्लू के सहायक कमिश्नर सैनिको को लेकर मण्डी पहुँचे। जालन्धर से एच0एस0 डेविज भी समय पर मण्डी पहुँचे।[102]

ब्रिटिश सेना की 32 पायनीयर्ज रेजीमेंन्ट की दो कम्पनियां भी मण्डी विद्रोह को दबाने के लिए मंगाई गई। राजा ने इन ब्रिटिश अधिकारियों की उपस्थिति में आठ दिन तक

खुले दरबार का आयोजन किया तथा लोगों की शिकायतें सुनी। राजा ने लोगो की माँग पर वजीर जीवानन्द को पदच्यूत कर दिया। उसके स्थान पर मियाँ इन्द्र सिंह को वजीर, टिक्का राजेन्द्र पाल को राजा का सलाहकार तथा मुन्शी अमर सिंह को कार्यकारी वजीर नियुक्त किया गया।[103] किसानों के करों में कटौती करके अनाज के खुले व्यापार का आदेश जारी किया गया। तत्पश्चात विद्रोही किसानों ने सरकारी दफ्तरों पर कब्जा छोड़ दिया। इस प्रकार इस आन्दोलन में किसानों को सफलता मिली थी और उनके आगे रियासती सरकार को झुकना पड़ा था। परन्तु कुछ समय बाद रियासती सरकार ने आन्दोलनकारियों को पकड़कर जेल में डाल दिया था ताकि वे दोबारा आन्दोलन न करे।[104] दिसम्बर, 1909 ई0 में मण्डी रियासत में दूसरा किसान आन्दोलन बल्ह क्षेत्र में डोडावन किसानों ने किया। डोडावन के किसानों ने रियासती सरकार के भूमि एवं वन सम्बन्धी असंगत कानूनों के विरोध में प्रदर्शन किए और सरकारी आदेश मानने से इन्कार कर दिया। इस आन्दोलन के नेता बड़सू गाँव के सिद्धू खराड़ा थे। इस बार राजा के सलाहकार टीका राजेन्द्र पाल ने इस क्षेत्र का दौरा कर कुछ आन्दोलनकारियों को पकड़कर उन्हें कड़ी सजा दी। उनका नेता सिद्धू खराड़ा भागकर हमीरपुर चला गया। परन्तु बाद में पकड़े जाने पर उसे 7 वर्ष की सजा दी गई।[105] दूसरी ओर इसी काल में हिमाचल के पर्वतीय क्षेत्रों में राष्ट्रीय स्वाधीनता का प्रभाव भी बढ़ता गया। 1910 ई0 में ऊना के देशभक्त बाबा लछमन दास लाहौर जेल से रिहा होकर ऊना आए। यहाँ आकर लछमन दास आर्य, महात्मा हंस राज व लाला लाजपतराय के साथ मिलकर आर्य समाज में प्रविष्ट हो गये उन्होंने समाज सुधार के कार्यो से अपने इलाके में जनता के अन्दर जागृति पैदा की। इसके बाद उनकी पत्नी दुर्गाबाई आर्य ने भी 'आर्य समाज' में प्रवेश किया और ऊना में 'आर्य महिला मण्डल' का गठन कर आस-पास के क्षेत्रों में महिलाओं को एकजुट करने तथा उनके अन्दर राजनैतिक चेतना पैदा करने में महत्वपूर्ण भूमिका निभाई।[106]

हिमाचल के पर्वतीय क्षेत्र से राष्ट्रीय स्वाधीनता आन्दोलन में कूदने वाली दूसरी महिला मण्डी रियासत की रानी ललिता कुमारी थी। जिसे रानी 'खैरगढ़ी' के नाम से भी जाना जाता था।[107] उतर प्रदेश के खैरा रियासत की राजा की राजकुमारी होने के कारण वह रानी खैरगढ़ी के नाम से ही लोकप्रिय हुई थी। रानी खैरगढ़ी का विवाह राजा भवानी सेन से 1907 ई0 में हुआ था। विवाह के पाँच वर्ष बाद 1912 ई0 में राजा भवानी सेन निःसंतान ही स्वर्ग सिधार गए थे। उनके अचानक स्वर्गवास होने से मण्डी रियासत में नए राजा की समस्या पैदा हो गई थी। परन्तु रानी खैरगढ़ी ने राज परिवार के समीप दूसरें परिवार का पुत्र गोद ले लिया और वारिस की समस्या हल करके जोगिन्द्र सेन को मण्डी का राजा बना दिया था। राजा जोगिन्द्र सेन उस समय नाबालिग थे, इसलिए राज्य संचालन का पूरा दायित्व रानी ने स्वयं संभाला था। इसी बीच मण्डी में अंग्रेजी हुकूमत के विरुद्ध गतिविधियाँ शुरु हो गई थी। रानी खैरगढ़ी के दिलो-दिमाग में भी भारत को आजाद करवाने के जज्बात थे। उन्होंने भी क्रान्तिकारियों से सम्पर्क किया और उन्हें राज्य की ओर से पूरे संरक्षण का आश्वासन दिया। रानी का सहयोग पाकर क्रान्तिकारियों को अपनी गतिविधियाँ तेज करने में बड़ी आसानी हुई और आखिर में उन्होंने अपने दल का नेतृत्व

रानी के हाथ सौंप दिया। रानी के साथ दल के मुख्य क्रान्तिकारी सिद्धू खराड़ा, मियाँ जवाहर, भाई हिरदा राम और हरदेव आदि थे।[108]

10 मई, 1913 ई0 को लाला हरदयाल ने अमेंरिका में कैलिफोर्निया के युलो नामक नगर में भारतीयों की एक सभा की। इसी सभा में भारत में गदर कराने की दृष्टि से 'गदर पार्टी' की स्थापना की गई। इस 'गदर पार्टी' के सभापति बाबा सोहन सिंह, उप-सभापति बाबा केशर सिंह, मन्त्री लाला हरदयाल और कोषाध्यक्ष पण्डित कांशीराम चुने गए।[109] इस पार्टी ने 'गदर' नामक एक साप्ताहिक समाचार-पत्र जारी करने का निश्चय भी किया। इसका प्रकाशन करने के लिए छापेखाने का भी प्रबन्ध किया गया। जिसका नाम 'युगांत प्रेस' रखा गया। 'गदर' का प्रकाशन नवम्बर, 1913 ई0 में हुआ। यह पत्र हिन्दी, गुरमुखी तथा गुजराती में छपता था। आरम्भ में 'गदर पार्टी' के सम्पादक लाला हरदयाल थे, परन्तु बाद में बाबू गोविन्द बिहारी तिवारी सम्पादक बने। गदर पार्टी का आदर्श था आजादी और समानता। पार्टी का राष्ट्रीय गीत 'वन्दे मातरम्' था। गदर पार्टी का आन्दोलन अमेंरिका के बाहर कनाडा, मैक्सिकों, पनामा और अर्जेन्टाइना आदि देशों में भी था। क्योंकि इन देशों में प्रवासी भारतीय रहते थे। अमेंरिका और कनाडा के अलावा गदर पार्टी के केन्द्र चीन में शिंघाई, फिलिपाइन्स में मनीला, थाइलैंड आदि भी थे।[110]

'गदर पार्टी' का हिमाचल के क्रान्तिकारियों पर भी व्यापक प्रभाव पड़ा और वे इससे जुड़ गए। 1913 ई0 में मण्डी के हरदेव राम अध्यापक की नौकरी छोड़कर अमेंरिका होते हुए जापान पहुँचे। वहाँ से वे शिंघाई चले गए, जहाँ उनकी भेंट 'गदर पार्टी' के नेता मथुरा सिंह से हुई। उच्च शिक्षा प्राप्ति का लक्ष्य छोड़कर हरदेव राम 'गदर पार्टी' में शामिल हो गए। लाला हरदयाल से पार्टी का बहुत सारा साहित्य लेकर सन् 1914 ई0 में हरदेव राम एक सशक्त क्रान्तिकारी के रुप में भारत वापस लौटे और गदर पार्टी का प्रचार-प्रसार आरम्भ कर दिया।[111] डॉ0 मथुरा दास के नेतृत्व में हरदेव राम ने कश्मीर, अमृतसर और बम्बई में गदर पार्टी के संगठन तैयार कर दिए। हिमाचल में इस क्रान्तिकारी गदर पार्टी का संगठन मण्डी में बनाया गया। दिसम्बर, 1914 ई0 में मण्डी के क्रान्तिकारी संगठन ने अपनी गतिविधियां तेज कर दी।[112] इसी समय में मण्डी और सुकेत में 'गदर पार्टी' के पर्चे जैसे 'गदर की गूँज' 'गदर सन्देश', एलान-ए-जंग, आदि क्रान्तिकारी जिसमें 'हिन्दोस्तान हमारा' और 'भारत माता की फरियाद' के पेम्फलेट भी शामिल थे क्रान्तिकारी नारों के साथ यह साहित्य स्थानीय क्रान्तिकारियों को भी पहुँचाये जाने लगे। इन सभी पत्रों, पर्चो तथा पेम्फलेटो को पढ़कर क्रान्तिकारी विचारधारा को बढ़ावा मिला। इससे जनता के अन्दर राष्ट्रीय चेतना का भी संचार हुआ।[113] क्रान्ति की इस भावना से उतेजित होकर क्रान्तिकारी दलों ने मण्डी में बम बनाने का सामान इक्ट्ठा किया। तलवारें, बन्दूकें, युद्ध सामग्री तथा अन्य अस्त्र-शस्त्र भी क्रान्तिकारियों ने इक्ट्ठे कर लिए। पंजाब के क्रान्तिकारियों से बने बनाए बम भी मंगवाए गए।

इस क्रान्तिकारी संगठन के मुखिया देशभक्त मियाँ जवाहर सिंह, सिद्धू खराड़ा, बद्री नाथ, ज्वाला सिंह, दलीप सिंह और लौंगू राम आदि थे।[114] रानी खैरगढ़ी इस क्रान्तिकारी

संगठन की मुख्य सहयोगी थी। उन्होंने क्रान्तिकारी आन्दोलन की गतिविधियों को बहुत सारा धन भी प्रदान किया।[115] इस क्रान्तिकारी दल को पंजाब के रास बिहारी बोस, सुरजन सिंह, निधान सिंह और किशन सिंह आदि क्रान्तिकारियों का सहयोग भी प्राप्त था। इन क्रान्तिकारियों ने मण्डी के ब्रिटिश सुपरिन्टेन्डेन्ट और अन्य अंग्रेज अधिकारियों को मारने की योजना बनाई। इस योजना को धन जुटाने के लिए नागचला में सरकारी खजाने को लूटा गया। इस लूट की घटना से दलीप सिंह और पंजाब के क्रान्तिकारी निधान सिंह पकड़े गए। इन्होंने पुलिस की यातनाओं से घबराकर संगठन का भेद खोल दिया। जिसके कारण मियाँ जवाहर सिंह, बद्री नाथ, शारदा राम, ज्वाला सिंह और लौंगू राम को पकड़कर जेल में बन्द कर दिया गया। रानी खैरगढ़ी को रियासत से निकाल दिया गया। केवल सिधु खराड़ा भाग निकले। मण्डी ७ाड़यन्त्र केस के अन्तर्गत पकड़े गए क्रान्तिकारियों को कड़ी कैद की सजा दी गई। उन्ही दिनों 'गदर पार्टी' के क्रान्तिकारी हरदेव राम मण्डी पहुंच गए। इनका वहाँ भाई हिरदा राम से सम्पर्क हुआ। इन दोनो ने पहाड़ी क्षेत्र में अंग्रेजों के विरुद्ध आन्दोलन करने का निश्चय किया।[116] इसके बाद भाई हिरदाराम के अमृतसर जाने पर उनकी मुलाकात वहाँ पर रास बिहारी बोस, डॉ0 मथुरा दास, करतार सिंह सराभा, भाई परमानन्द और पिंगले आदि क्रान्तिकारियों से हुई। वहाँ पर इन्होंने बम बनाने का प्रशिक्षण लेकर धर्मशाला में बम बनाने का कार्य आरम्भ किया।[117] इसी समय हरदेव राम 'गदर पार्टी' का सन्देश मण्डी, सुकेत, कांगड़ा आदि रियासतों में जन-जन तक पहुँचा रहे थे। शिमला की पहाड़ी रियासतों की जनता भी इस सन्देश से प्रभावित हो रही थी। सन् 1914-1915 ई0 में 'गदर पार्टी' का पंजाब, हिमाचल और दिल्ली तक प्रभाव हो गया था। 1915 ई0 में क्रान्तिकारी मूला सिंह द्वारा चाबा में डाका डाला गया। सरकार के भेदियों द्वारा पुलिस को क्रान्तिकारी दल का पता बता देने से भाई हिरदा राम, मथुरा सिंह, करतार सिंह और महाराष्ट्र के पिंगले पकड़े गए। रास बिहारी बोस भूमिगत होकर कांगड़ा, कुल्लू और लाहौल-स्पीति चले गए। इन सभी क्रान्तिकारियों पर लाहौर में मुकद्मा चलाया गया तथा डॉ0 मथुरा सिंह, करतार सिंह, भाई हिरदा राम और पिंगले राम को फाँसी की सजा सुनाई गई।[118] बाद में भाई हिरदा राम की पत्नी सरला देवी की अपील पर उनकी मौत की सजा को काले पानी में बदलकर अण्डेमान भेजा दिया गया।[119] इसी दौरान हिमाचल के अन्य क्षेत्रों ऊना से ऋषिकेश लट्ठ तथा नाहन से चौधरी शेरजंग भी राष्ट्रीय आन्दोलन में शामिल हुए तथा क्रान्तिकारी संगठन के सदस्य बने।

1915 ई0 में सिरमौर, बिलासपुर, मण्डी, सुकेत, चम्बा, शिमला और कांगड़ा के हजारों सैनिको ने प्रथम विश्वयुद्ध में भाग लेकर साहस, वीरता और युद्ध कौशल का परिचय दिया। कांगड़ा के राजा जयचन्द और नूरपुर के मियाँ जगत सिंह तथा सिरमौर के विक्रम सिंह ने भी इस युद्ध में अपनी वीरता का प्रदर्शन किया। 1916 ई0 के आरम्भ में मण्डी, सुकेत और ऊना में 'गदर पार्टी' के क्रान्तिकारी फिर से सक्रिय हो गये तथा अंग्रेज अधिकारियों को मारने की योजना बनाई गई। परन्तु अंग्रेज अधिकारियों को इसकी भनक लग गई और मण्डी के क्रान्तिकारी सिद्धू खराड़ा पकड़े गए, परन्तु हरदेव तथा ऊना के ऋषिकेश लट्ठ भूमिगत हो गए। वे कुछ समय पश्चात् ईरान पहुँचकर 'गदर पार्टी' में शामिल हुए। 1916 ई0 में कांगड़ा क्षेत्र के बाबा कांशीराम ने भी देश के राष्ट्रीय आन्दोलन

में प्रवेश किया।[120] इसी दौरान पालमपुर के लाला बाशीराम ने स्कुल अध्यापक की नौकरी छोड़कर राष्ट्रीय आन्दोलन में भाग लेने का निश्चय किया।[121] बाबा कांशी राम कांगड़ा जिला की देहरा गोपीपुर तहसील के डाडासीबा गाँव के रहने वाले थे। लाहौर में शिक्षा ग्रहण करते समय लाला हरदयाल और सरदार अजीत सिंह से इनका परिचय होने से इनकी जिन्दगी में नया मोड़ आया वे देश को आजाद करवाने के कार्य में जुट गए थे।[122] 1916 ई0 में आर्य समाज संस्था ने कांगड़ा, ऊना और ठियोग में स्कूल खोलकर पहाड़ी क्षेत्रों में समाज सुधार और सांस्कृतिक जागरण के कार्य चलाकर जनता के अन्दर राजनैतिक चेतना पैदा करने में महत्वपूर्ण भूमिका निभाई। इसी वर्ष एनी बेसेन्ट शिमला आई और इन्होंने स्वराज्य लहर आन्दोलन अर्थात् 'होमरुल लीग' का शिमला में प्रचार किया।[123]

श्रीमती बेसेन्ट एक आयरिश महिला थी। वे 'थियोसोफिकल सोसाइटी' की संचालिका थी। यह सोसाइटी भारत के नव जागरण के लिए कार्य कर रही थी। श्रीमती बेसेन्ट भारत की दार्शनिक विचारधारा से बहुत प्रभावित थी। उनके देश आयरलैंड में उस दौरान स्वतन्त्रता के लिए उग्र आन्दोलन चल रहा था। आयरिश नेता रेडमांड के नेतृत्व में आयरलैड में 'होमरुल लीग' की स्थापना हुई थी जो वैधानिक तथा शांतिमय उपायों से गृह शासन या स्वराज्य प्राप्त करना चाहते थे। बेसेन्ट ने शिमला आकर पहाड़ी रियासतों की जनता को जागृत करने में महत्वपूर्ण भूमिका निभाई।[124] 1917 ई0 में मण्डी के क्रान्तिकारी सिद्धू खराड़ा को 'मण्डी षड्यन्त्र केस' के अन्तर्गत 7 साल की सजा दी गई।[125] 1918 ई0 में नादौन, (हमीरपुर) के युवा क्रान्तिकारी यशपाल देश प्रेम की भावना से प्रेरित होकर स्वाधीनता आन्दोलन में कूद पड़े। स्वतन्त्रता संग्राम के सुप्रसिद्ध क्रान्तिकारी यशपाल का जन्म हिमाचल प्रदेश के हमीरपुर जिला के रंघाड (भूम्पल) गाँव में हुआ था। उनकी प्रारम्भिक शिक्षा 'गुरुकुल कांगड़ी' कांगड़ा में हुई। यह संस्था अनुशासन और वैदिक अध्ययन के लिए विशेष प्रसिद्ध तथा राष्ट्रीय भावना की उद्गम-स्थली थी। यशपाल को क्रान्ति की भावना परिवारिक संस्कारों से ही उपलब्ध हुई और विदेशी शासन के कारण देश की शोचनीय अवस्था से भी उनका हृदय उद्वेलित हो उठा था। 1918 ई0 में मण्डी के बाल मुकुन्द भी लाहौर में क्रान्तिकारी आन्दोलन में शामिल हुए।[126]

नालागढ़ में जन-आन्दोलन

1918 ई0 में नालागढ़ रियासत में जनता ने रियासती प्रशासन द्वारा बनाए गए अवैध कानूनो का विरोध किया। जनता ने राजा से चरागाहों तथा वन सम्बन्धी असंगत कानूनो को रद् करने को कहा परन्तु रियासती सरकार ने उनकी एक न सुनी और उनकी बातों को टाल दिया। जब जनता को राजा की ओर से कोई सकारात्मक उतर न मिला तो उन्होंने राजा तथा प्रशासन के खिलाफ आन्दोलन छेड़ दिया। नालागढ़ रियासत में यह जन-आन्दोलन इतना फैला कि तत्कालिक राजा जोगिन्द्र सिंह और उसके वजीर चौधरी रामजी लाल इस आन्दोलन को दबाने में नाकाम रहे।[127] बाद में ब्रिटिश सरकार ने इस आन्दोलन को दबाने के लिए हस्तक्षेप किया था। परिणामस्वरुप, आन्दोलन को सख्ती से दबा दिया गया। सक्रिय आन्दोलनकारियों को जेल में डाल कर तथा प्रजा को डरा धमकाकर आन्दोलन को विफल कर दिया गया। परन्तु जनता ने रियासती प्रशासन के

खिलाफ असहयोग की नीति अपनाई तथा उनका बहिष्कार करना शुरु कर दिया। अन्त में मजबूर होकर सरकार ने जनता की शिकायतें दूर कर दी और कानून बदल कर शान्ति व्यवस्था कायम की।[128]

ठियोग रियासत में जन-आन्दोलन

1918 ई0 में ठियोग रियासत में भी जनता ने ठाकुरों के अत्याचारी शासन के खिलाफ भारी जन-आन्दोलन किया। ठियोग रियासत शिमला की पहाड़ी रियासतों में एक छोटी सी रियासत थी।यह रियासत क्योंथल स्टेट् के अन्तर्गत आती थी।[129] ठियोग रियासत की जनता से ठाकुरों द्वारा बैठ-बेगार आदि अनेक सेवाएं ली जाती थी। जिन-जिन व्यक्तियों के पास ठाकुरों की जमीन होती थी उन्हें ठाकुरों की बैठ करनी ही पड़ती थी। ठियोग रियासत में बैठ में मुख्य रुप से ठाकुर का घास काटना, लकड़ी काटना, खेत में हल जोतना, गौड़ाई-निदाई करना, खेत में फसल बीजना, फसल झाड़ना तथा झाड़कर के सारा अनाज ठाकुर के हर बासे (महल) में पहँचाना तथा भेड़ बकरियों को महरु, बान पेड़ के पतों की जोड़ी लाना, पशु चराने के लिए दूर चौगान में ले जाना, आदि प्रमुख था।

ठियोग रियासत में 360 मजारे थे। जिनमें प्रत्येक व्यक्तियों को हर घर से बैठ करने के लिए जाना पड़ता था। यह बैठ का काम सुबह 10 बजे से शाम के 5 बजे तक होता था। बैठ करने वाले व्यक्ति को ठाकुरों द्वारा 25 से 30 बीघा जमीन दी जाती थी। इसके साथ ही इस रियासत में बुरे रीति-रिवाज भी थे जिनसे जनता दु:खी हो गई थी। इन रीति-रिवाजों में मुख्य रुप से ठाकुरों के घरों में शादी विवाह होने पर प्रत्येक घर से एक-एक रुपया ठाकुरो के लड़के या लड़की को टीका लगाना आदि था। जब ठाकुर कही सफर में या दौरे पर जाता था तो 16-16 बैठू को पालकी को उठाना पड़ता था। यदि वह एक बासे से दूसरे बासे में जाता था तो 4-4 आदमी पालकी उठाते थे।[130]

यदि ठाकुर के घर में किसी की मृत्यु हो जाती थी तो प्रत्येक व्यक्ति को बाल कटवाने पड़ते थे। 16 दिन तक किसी भी व्यक्ति को मीट-मच्छी नहीं खानी पड़ती थी। इसके साथ ही कोई भी व्यक्ति ठाकुर के सामने नंगे सिर नहीं जा सकता था। उसे सिर में टोपी पहननी पड़ती थी। यदि नहीं पहनता था तो 3-10 रुपये जुर्माने के रूप में चुकाने पड़ते थे। इस प्रकार ठियोग रियासत में 18 बासों में जनता से बैठ बेगार का काम बिना किसी वेतन के लिया जाता था जिससे जनता परेशान हो चुकी थी। इस रियासत में बैठ तो ठाकुर की होती थी परन्तु बेगार अंग्रेज और ठाकुर दोनों की। जब कभी ब्रिटिश अधिकारी इस रियासत में दौरे पर आते थे तो उनकी बेगार भी जनता को चकनी पड़ती थी। इस रियासत में बैठ तो निम्न जाति के वर्गो से ली जाती थी। इस प्रकार रियासत में प्रचलित बुरे रीति-रिवाज तथा अत्याचारों से दु:खी होकर जनता ने ठाकुरों के खिलाफ 1918 ई0 में आन्दोलन कर दिया था। इस आन्दोलन द्वारा बैठ-बेगार आदि अन्य सेवायें देनी बन्द कर दी गई थी। ठियोग रियासत में जनता द्वारा आन्दोलन करने से ठियोग का ठाकुर घबरा गया और आन्दोलन को दबाने में असफल रहा था। परिणामस्वरुप, जन-आन्दोलन को दबाने के लिए जिलाधीश ठियोग पधारे और खड़क सिंह, घाना सिंह तथा बंसीलाल आदि नेताओं एवं अन्य आन्दोलनकारियों को पकड़कर कैंथू जैल ले गए।

उन पर बगावत का केस बनाकर मुकद्दमा चलाया गया। इन सभी आन्दोलनकारियों को 3 महीने की जेल की सजी दी गई।[131]

बाघल रियासत में आन्दोलन

1918 ई0 में बाघल रियासत में कृ७ाक असंतोष फिर से उभरा और तीन परगनों की जनता ने रियासती प्रशासन को राजस्व देना बन्द कर दिया था। इस आन्दोलन में जनता ने राजा का हर प्रकार से बहिष्कार किया। रियासत के मेंनेजर राय साहब मियाँ दुर्गा सिंह ने छेदेरा के लम्बरदार को इस विषय में सम्मन भेजा। परन्तु वह पेश न हुआ तथा उसे बर्खास्त कर दिया गया। जब वह रियासत में राजस्व इक्ट्ठा करने गया तो जनता तथा जमींदारों ने राजस्व देने से इन्कार कर दिया और शिखा का घर जला दिया। रियासत के मैनेजर को जब इस बात का पता चला तो उसने इसकी जाँच के लिए दो रियासती सिपाही भेजे, परन्तु वो भी इस समस्या का समाधान न कर सके।[132] इसके बाद सहायक राजनीतिक आयुक्त को इस कृ७ाक असन्तोष का समाधान करने तथा घटना का जायजा लेने के लिए भेजा गया। उसने तीन परगनों की जनता तथा जमींदारों से बातचीत करके यह पाया कि रियासत में राजस्व सम्बन्धी समस्या रियासत में किए गए अन्तिम बन्दोबस्त के समय बेगार प्रथा में किए गए भारी फेर बदल से पैदा हुई थी। परन्तु वह इस समस्या का समाधान न कर पाया और रियासत में विद्रोह भयानक रुप धारण कर रहा था। अन्त में इस समस्या का समाधान शिमला से बहुत सारे पुलिस गॉर्ड मंगवाकर किया गया।[133]

1919 ई0 में महात्मा गाँधी ने काँग्रेस को एक राष्ट्र व्यापी तथा शक्तिशाली राजनैतिक दल का स्वरुप प्रदान किया। गाँधी जी के करिश्में के प्रभाव से हिमाचल के अनके आन्दोलनकारी एवं स्वतन्त्रता सेनानी काँग्रेस में शामिल हो गये। ऊना के बाबा लछमण दास और उनकी पत्नी दुर्गा बाई आर्य ने गाँधी जी से प्रभावित होकर काँग्रेस में प्रवेश किया। इस दौरान पूरे परिवार ने खादी पहनने का व्रत लिया।[134] दुर्गा बाई ने ऊना में 'महिला खादी संगठन' की स्थापना की और महिलाओं को एकत्रित करके उन्हें सूत कातना, दरी बुनना और वस्त्र बनाना आदि सिखाना शुरु किया तथा उनके अन्दर देश प्रेम के प्रति भावना को भी जागृत किया।[135]

इसी वर्ष नाहन के क्रान्तिकारी चौधरी शेरजंग, पालमपुर के लाला बाशीराम तथा देहरा–गोपीपुर के बाबा कांशीराम ने भी काँग्रेस में प्रवेश किया और राष्ट्रीय आन्दोलन में सक्रिय भाग लिया।[136] स्वाधीनता आन्दोलन में भाग लेने पर बाबा कांशी राम को 1919 ई0 में दो वर्ष की सख्त कैद की सजा सुनाई गई।[137] माँटेग्यू रिपोर्ट के आधार पर ब्रिटिश संसद् ने 1919 ई0 में भारतीय प्रशासन के लिए एक नया विधान बनाया जिसे 'भारत सरकार अधिनियम' का नाम दिया गया। ब्रिटिश सरकार ने काँग्रेस के बढ़ते हुए आन्दोलन को ध्यान में रखते हुए भारत के लोगो को उतरदायी सरकार देने के लिए यह अधिनियम बनाया था।[138] इस अधिनियम में अनेक प्रावधान किए गए थे। जिनमें गृह सरकार में परिवर्तन, अनेक प्रान्तों में एक तरह की शासन प्रणाली, प्रान्तों में उतरदायी सरकार की स्थापना, केन्द्रीय तथा प्रान्तीय सरकारों के अधिकारों का विभाजन, हाई कमिश्नर पद का

सृजन, द्विसदनीय विधानमण्डल, गवर्नर जनरल को विशेष अधिकार, प्रान्तों में द्वैध शासन, इण्डियन कौंसिल के गठन में परिवर्तन आदि प्रमुख थे।[139] 13 अप्रैल, 1919 ई0 को बैशाखी के पवित्र दिन अमृतसर शहर में जलियावाला बाग में जनता ने 'रौलेट एक्ट' के विरोध में गिरफ्तार किए गए डॉ0 सैफूद्दीन किचलु तथा डॉ0 सत्यपाल की रिहाई की मांग के लिए एक सार्वजनिक सभा का आयोजन किया। इस सभा में लगभग 20,000 से अधिक व्यक्ति एकत्रित हुए। भीड़ को बढ़ता देख जनरल डायर भी अपने 100 सैनिकों के साथ वहाँ आ पहुँचा और उसने जनता को कोई चेतावनी न देते हुए सैनिको को भीड़ पर गोली चलाने के आदेश दिए। हंटर रिपोर्ट के अनुसार इस घटना में 379 व्यक्ति मारे गए तथा लगभग 1200 घायल हुए।[140] 1919 ई0 के रौलेट एक्ट तथा जलियांवाला बाग हत्याकाण्ड और महात्मा गाँधी के नेतृत्व ने स्वाधीनता आन्दोलन को राष्ट्रव्यापी जन-आन्दोलन का रुप प्रदान किया। 1920 ई0 में महात्मा गाँधी के आह्वावन पर कांगड़ा में पंचम चन्द्र कटोच, सर्वमित्र, बाशीराम, कृपाल सिंह, सिद्धू राम, थोहलो राम आदि देशभक्तों ने काँग्रेस के झण्डे के नीचे इक्ट्ठे होकर स्वाधीनता आन्दोलन का बिगुल बजाया। इसी काल में मण्डी के क्रान्तिकारी हरदेव राम ने अपना नाम बदल कर स्वामी कृष्णानन्द रखा। रानी खैरगढ़ी भी इस दौरान लखनऊ जाकर स्वाधीनता आन्दोलन में भाग लेने लगी।[141]

कुनिहार रियासत में किसान आन्दोलन

1920 ई0 में जहाँ एक ओर इस पहाड़ी क्षेत्र की जनता अंग्रेजों के खिलाफ लड़ती रही रही वही सामन्तशाही के खिलाफ भी संघर्षरत थी। 1920 ई0 में कुनिहार रियासत में किसानो ने प्रशासन के बढ़ते अत्याचारों के खिलाफ आन्दोलन किया। लोगो ने राणा के अत्त्याचारी शासन के खिलाफ आवाज उठाई तथा उसे हर प्रकार का सहयोग देना बन्द कर दिया। इस किसान आन्दोलन के कई कारण थे। पहले कारण में किसानों पर अत्यधिक असहनीय कर थे। फसल उत्पादन का 1/3 भाग रियासत को देना पड़ता था। भूमि-राजस्व के अतिरिक्त सूखी लकड़ी का बोझा, घी, दूध आदि बरसात के तीन महीनों में रियासत को देना पड़ता था। दूसरा कारण बन्दोबस्त सम्बन्धी था जिसके कारण किरायेदारों के अधिकार स्पष्ट नहीं थे। भूमि सम्बन्धी रेकार्ड (शजरा) न होने से किसान परेशान थे।[142] तीसरा कारण रियासती प्रशासन द्वारा राजस्व एकत्रित करने का तरीका दोषपूर्ण एवं असन्तुष्टनीय था। यह साल में दो बार मई-जून तथा अक्तूबर-नवम्बर में इकट्ठा किया जाता था। यह आन्दोलन लाला कांशीराम के नेतृत्त्व में हुआ था। उनके साथ और भी बहुत से लोग शामिल थे। यह आन्दोलन कुनिहार रियासत में इतना फैला कि रियासती प्रशासन इसे दबा न सका। अन्त में इस आन्दोलन को दबाने के लिए ब्रिटिश सरकार की मदद ली गई थी।[143]

सन् 1920 ई0 के अन्त तक हिमाचल के पहाड़ी क्षेत्रों में राष्ट्रीय स्वाधीनता आन्दोलन का प्रभाव बहुत बढ़ चुका था। स्थानीय स्तर पर अनेक आन्दोलनकारी उभर चुके थे। प्रजा में भी काफी जागृति आ चुकी थी और पहाड़ी जनता में राजनैतिक चेतना का काफी विकास हो चुका था। जनता स्पष्ट रुप से ब्रिटिश सरकार को अपना शत्रु मानती थी और लोकतन्त्रीय अधिकारों की बढ़ती जानकारी से जनता में स्वतन्त्र होने की इच्छा बढ़ती

ही जा रही थी। प्रजा के मन में हजारों वर्षो की गुलामी के पश्चात् स्वशासन और लोकतन्त्र के बीज पनपने आरम्भ हो गए थे।

सन्दर्भ

1. मनोज कुमार पाण्डेय, भारतीय स्वतन्त्रता संग्राम की राष्ट्रवादी प्रवृतियाँ, आर0के0 पब्लिशर्स एण्ड डिस्ट्रीब्यूटर्स, दिल्ली, 2009, पृ0 31-32
2. हँस राज, ब्यूरोक्रेसी टू डेमोक्रेसी, सूरजीत पब्लिकेशन्स, दिल्ली, 1983, पृ0 24-25
3. आएन कोपलैण्ड, दि ब्रिटिश राज एण्ड दि इण्डियन प्रिन्सस: पैरामाऊटेन्सी इन वेस्टरन इण्डिया, (1857-1930), ओरियेन्ट लौंगमेंन, कलकता, नई दिल्ली, 1982, पृ0 93
4. हरि शर्मा, प्रिन्सस एण्ड पैरामाऊटेन्सी, आरनोल्ड हेनिमन पब्लिशर्स, नई दिल्ली, 1978, पृ0 29
5. हिमाचल प्रदेश सरकार, हिमाचल प्रदेश में स्वतन्त्रता संग्राम का संक्षिप्त इतिहास, भाषा एवं संस्कृति विभाग, शिमला, 1992, पृ0 51-52
6. वही, ,, ,, ,, पृ0 52
7. चमनलाल मल्होत्रा, हिमाचल का क्रान्तिकारिक इतिहास, जयश्री प्रिंटर्स पब्लिशर्स, शिमला, 1990, पृ0 1
8. राजेन्द्र अत्री, इन्ट्रोडक्शन टू हिमाचल प्रदेश, सरला पब्लिकेशन्स, शिमला, 2000, पृ0 15-16
9. गज़ेटियर ऑफ दि शिमला डिस्ट्रिक्ट, 1888-89, हिलमेंन पब्लिशिंग हॉऊस, दिल्ली, 1992, पृ0 19
10. राजेन्द्र अत्री, हिमाचल प्रदेश: एक बहु- आयामी परिचय, सरला पब्लिकेशन, शिमला, 2007, पृ0 26
11. वही, ,, ,, ,, पृ0 26-27
12. पी0 एन0 सेमवाल, पश्चिमी हिमालय क्षेत्र के अतीत की झाँकी, सन्मार्ग प्रकाशन, दिल्ली, 1983, पृ0 173
13. जयदीप नेगी, पहाड़ी रियासतों में बेगार प्रथा, विपाशा, वर्ष: 11, अंक: 63, भाषा एवं संस्कृति विभाग, शिमला, जुलाई-अगस्त, 1995, पृ0 78
14. हिमाचल प्रदेश सरकार, हिमाचल प्रदेश में स्वतन्त्रता संग्राम का संक्षिप्त इतिहास, पृ0 53
15. एम0एस0 अहलूवालिया, हिस्ट्री ऑफ हिमाचल प्रदेश, इन्टीलैक्चूयल पब्लिशिंग हॉऊस, नई दिल्ली, 1988, पृ0 187-188
16. तोबदन, कल्चरल हिस्ट्री ऑफ वेस्टरन ट्राँस-हिमालयाज, बुशहर, किन्नौर, (फ्रॉम अरलियस्ट टू ए0डी0 1948) आर्यन बुक्स इन्टरनेशनल, नई दिल्ली, 2008, पृ0 130
17. हिमाचल प्रदेश सरकार, हिमाचल प्रदेश के स्वतन्त्रता सेनानी, प्रथम-खण्ड, भाषा एवं संस्कृति विभाग, शिमला, 1985, पृ0 19
18. मियाँ गोवर्धन सिंह, हिमाचल प्रदेश का इतिहास, रिलांयेस पब्लिशिंग हॉऊस, नई दिल्ली, 1996, पृ0 351
19. गज़ेटियर ऑफ दि शिमला हिल स्टेट्स, 1910, पंजाब स्टेट्स गज़ेटियर, वॉलियम-टप्प्, इण्डस पब्लिशिंग कम्पनी, नई दिल्ली, 1995, पृ0 10

20. सी0 एल0 दत्ता, दि राज एण्ड दि शिमला हिल स्टेट्स, (सोशल-इकोनोमिक प्राबलम्स, एग्रेरियन डिस्टरबेन्सिस एण्ड पैरामाऊटेन्सी), ए0बी0एस0 पब्लिकेशन्स, जालन्धर, (भारत), 1997, पृ0 162-163 एण्ड ओ0सी0 हाण्डा, किन्नौर अनफोल्डिंग एक्सोटिक हिमालयन लैण्ड, इण्डस पब्लिशिंग कम्पनी, नई दिल्ली, 2009, पृ0 84-85 एण्ड जोगिश्वर सिंह, बैकस, गॉड एण्ड गवर्नमेन्ट इन्स्टीटयूशनल एण्ड इन्फारमल क्रेडिट स्ट्रक्चर इन ए रिमोट एण्ड ट्राइबल इण्डियन डिस्ट्रिक्ट किन्नौर, हिमाचल प्रदेश, (1960-1985), स्टेनर वरलग वाइसबेडन जी0 एम0 बी0 एच0, स्टटगर्ट, 1989, पृ0 107

21. एस0एल0 नागोरी, कान्ता नागोरी, भारत का राष्ट्रीय आन्दोलन तथा संवैधानिक विकास, भाग-2, (1858-1909), आर0बी0एस0 पब्लिशर्स, जयपुर, 2006, पृ0 261

22. नारायण दास, ब्रिटिश भारत में प्रशासनिक एवं संवैधानिक सुधार, आर0के0 पब्लिशर्स एण्ड डिस्ट्रीब्यूटर्स, दिल्ली, 2009, पृ0 121-122

23. एम0एल0 धवन, भारत का राष्ट्रीय आन्दोलन एवं स्वतन्त्रता संघर्ष, (1857-1914), भाग-1, अर्जुन पब्लिशिंग हॉऊस, नई दिल्ली, 2003, पृ0 51

24. हिमाचल प्रदेश सरकार, हिमाचल प्रदेश में स्वतन्त्रता संग्राम का संक्षिप्त इतिहास, पृ0 55

25. सुखदेव सिंह चिब, दि ब्यूटिफुल इण्डिया हिमाचल प्रदेश, लाइट एण्ड लाइफ पब्लिशर्स, नई दिल्ली, 1977, पृ0 13

26. गज़ेटियर ऑफ दि सुकेत स्टेट्, 1927, इण्डस पब्लिशिंग कंपनी, नई दिल्ली, 1997, पृ0 33-34

27. जे0 हचिसन एण्ड जे0पीएच0 वोगल, हिस्ट्री ऑफ दि पंजाब हिल स्टेट्स, वॉलियम-ए भाषा एवं संस्कृति विभाग, शिमला, 1982, पृ0 369

28. राजेन्द्र अत्री, हिमाचल प्रदेश: एक बहु-आयामी परिचय, पृ0 29

29. ˝, इण्ट्रोडक्शन टू हिमाचल प्रदेश, पृ0 17

30. ˝, हिमाचल प्रदेश: एक बहु-आयामी परिचय, पृ0 29-30

31. रूप कुमार शर्मा, सिरमौर दर्पण, गायत्री प्रिंटर्स, जालन्धर, (भारत), 1991, पृ0 20-21

32. वही, ,, ,, ,, पृ0 21

33. हिमाचल प्रदेश सरकार, हिमाचल प्रदेश में स्वतन्त्रता संग्राम का संक्षिप्त इतिहास, पृ0 58

34. पद्म चन्द्र काश्यप, भारतीय संस्कृति और हिमाचल प्रदेश, हिमाचल पुस्तक भण्डार, दिल्ली, 2003, पृ0 121

35. मियाँ गोवर्धन सिंह, हिमाचल प्रदेश का इतिहास, पृ0 353

36. गज़ेटियर ऑफ दि शिमला हिल स्टेट्स, 1910, पृ0 8

37. जे0 हचिसन एण्ड जे0पीएच0 वोगल, हिस्ट्री ऑफ दि पंजाब हिल स्टेट्स, वॉलियम 1, पृ0 370

38. राजेन्द्र अत्री, हिमाचल प्रदेश: एक बहु-आयामी परिचय, पृ0 31

39. मियाँ गोवर्धन सिंह, हिमाचल प्रदेश का इतिहास, पृ0 353

40. संसार चन्द प्रभाकर, हिमाचली इतिहास के सुर्ख पन्ने, नीरज प्रकाशन, कांगड़ा, (हि0प्र0), 2002, पृ0 124

41. लेखराम भारद्वाज, बिलासपुर प्रजामण्डल: राजनैतिक व स्वतन्त्रता संघर्ष, भारद्वाज प्रकाशन, बिलासपुर, (हि0प्र0), 1985, पृ0 19-20

42. सी0 एल0 दता, दि राज एण्ड दि शिमला हिल स्टेट्स, पृ0 183-184

43. संसार चंद प्रभाकर, हिमाचली इतिहास के सुर्ख पन्ने, पृ0 125
44. विपिन चन्द्र, आधुनिक भारत का इतिहास, ओरियेन्ट ब्लैकस्वान प्राइवेट लिमिटेड, नई दिल्ली, 2008, पृ0 215
45. गौतम वीर, भारतीय राष्ट्रीय आन्दोलन एवं चिन्तन, ओमेंगा पब्लिकेशन्स, नई दिल्ली, 2009, पृ0 1-2
46. अनिल कुमार द्विवेदी, भारत में अंगेजी राज्य, आविष्कार प्रकाशन, दिल्ली, 2008, पृ0 114-118
47. गौतम वीर, भारतीय राष्ट्रीय आन्दोलन एवं चिन्तन, पृ0 1-2
48. मदन लाल शर्मा, स्वतन्त्रता संग्राम का इतिहास, किताब घर, नई दिल्ली, 2005, पृ0 39-40
49. एम0 एल0 धवन, भारत में राष्ट्रीय आन्दोलन का उद्‌भव एवं विकास, अर्जुन पब्लिशिंग हॉऊस, नई दिल्ली, 2003, पृ0 4
50. गौतम वीर, भारतीय राष्ट्रीय आन्दोलन एवं चिन्तन, पृ0 17
51. एस0 एल0 नागोरी, कान्ता नागोरी, भारत का राष्ट्रीय आन्दोलन तथा संवैधानिक विकास, पृ0 9
52. विजेन्द्रपाल सिंह, भारतीय राष्ट्रवाद एवं आर्य समाज आन्दोलन, विभू प्रकाशन, साहिबाबाद, 1977, पृ0 28
53. एम0एल0 धवन, भारत में राष्ट्रीय आन्दोलन का उद्‌भव एवं विकास, पृ0 5
54. मनोज कुमार पाण्डेय, भारतीय स्वतन्त्रता संग्राम की राष्ट्रवादी प्रवृतियाँ, पृ0 43
55. कैलाश चन्द जैन, भारत का राष्ट्रीय आन्दोलन और संवैधानिक इतिहास, यूनिवर्सिटी पब्लिकेशन, नई दिल्ली, 2009, पृ0 33-34
56. वही, ,, ,, ,, पृ0 26-27
57. गौतम वीर, भारतीय राष्ट्रीय आन्दोलन एवं चिन्तन, पृ0 20-21
58. कैलाश चन्द जैन, भारत का राष्ट्रीय आन्दोलन और संवैधानिक इतिहास, पृ0 37
59. गौतम वीर, भारतीय राष्ट्रीय आन्दोलन एवं चिन्तन, पृ0 29-30
60. एस0 आर0 मेंहरोत्रा, भारत का राष्ट्रीय आन्दोलन, (प्रारम्भ से महात्मा गाँधी तक), अनु प्रकाशन, जयपुर, 2006, पृ0 63-64
61. राजेन्द्र अत्री, हिमाचल प्रदेश: एक बहु-आयामी परिचय, पृ0 33
62. मनोज कुमार पाण्डेय, भारतीय स्वतन्त्रता संग्राम की राष्ट्रवादी प्रवृतियाँ पृ0 47 एण्ड लाजपतराय, यंग इण्डिया, (एन इन्टरप्रिटेशन एण्ड ए हिस्ट्री ऑफ दि नेशनलिस्ट फ्राम विद इन), पब्लिकेशन डिवीजन, मिनिस्ट्री ऑफ इनफारमेंशन एण्ड ब्रॉडकॉस्टिंग, गवर्नमेंन्ट ऑफ इण्डिया, यू0 एस0 ए0, 1916, पृ0 118
63. गौतम वीर, भारतीय राष्ट्रीय आन्दोलन एवं चिन्तन, पृ0 31
64. एम0एल0 धवन, भारत का राष्ट्रीय आन्दोलन एवं स्वतन्त्रता संघर्ष, भाग-1, पृ0 83
65. एस0 आर0 मेंहरोत्रा, भारत का राष्ट्रीय आन्दोलन, (प्रारम्भ से महात्मा गाँधी तक), पृ0 68-69
66. पीटर हीहस, इण्डियाज फ्रीडम स्ट्रगल, (1857-1947), ऑक्सफोर्ड यूनिवर्सिटी प्रैस, चेन्नई, 2000, पृ0 55
67. हिमाचल प्रदेश सरकार, हिमाचल प्रदेश में स्वतन्त्रता संग्राम का संक्षिप्त इतिहास, पृ0 63-64
68. हंसराज, ब्यूरोक्रेसी टू डेमोक्रेसी, पृ0 28

69. एस0 एल0 नागोरी, कान्ता नागोरी, भारत का राष्ट्रीय आन्दोलन तथा संवैधानिक इतिहास, पृ0 277-278
70. एम0एल0 धवन, भारत का राष्ट्रीय आन्दोलन एवं स्वतन्त्रता संघर्ष, भाग-1, पृ0 113
71. सी0एल0 दता, दि राज एण्ड दि शिमला हिल स्टेट्स, पृ0 220-228
72. वही, ,, ,, ,, पृ0 184-185
73. वही, ,, ,, ,, पृ0 185-186
74. गज़ेटियर ऑफ दि चम्बा स्टेट्, 1904, पंजाब स्टेट् गज़ेटियरज, वॉलियम-ग्ग्प् ए, इण्डस पब्लिशिंग कम्पनी, नई दिल्ली, 1996, पृ0 336
75. राजेन्द्र अत्री, हिमाचल प्रदेश: एक बहु-आयामी परिचय, पृ0 35
76. सेन्सस ऑफ 1961, हिमाचल प्रदेश, डिस्ट्रिक्ट हैण्डबुक, चम्बा, पृ0 63
77. मियाँ गोवर्धन सिंह, हिमाचल प्रदेश का इतिहास, पृ0 354
78. सी0एल0 दत्ता, दि राज एण्ड दि शिमला हिल स्टेट्स, प७0 212-213
79. मियाँ गोवर्धन सिंह, हिमाचल प्रदेश का इतिहास, पृ0 354
80. राजेन्द्र अत्री, हिमाचल प्रदेश: एक बहु-आयामी परिचय, पृ0 36
81. सी0 एल0 दत्ता, दि राज एण्ड दि शिमला हिल स्टेट्स, पृ0 228-231
82. जयदीप नेगी, पहाड़ी रियासतों में बेगार प्रथा, पृ0 80
83. संसार चन्द प्रभाकर, हिमाचली इतिहास के सुर्ख पन्ने, पृ0 128
84. राजेन्द्र अत्री, हिमाचल प्रदेश: एक बहु-आयामी परिचय, पृ0 36 एण्ड राजेश चौहान, सोशियों-पोलिटिकल मूवमेंन्टस इन हिमाचल प्रदेश डयुरिंग दि नाइनटिथ एण्ड टवेन्टिइथ् सेन्चुरीज, (अप्रकाशित) पीएच0डी0 थीसिस, विभाग इतिहास, हिमाचल प्रदेश विश्वविद्यालय, शिमला, 2002, पृ0 136
85. हिमाचल प्रदेश सरकार, हिमाचल प्रदेश में स्वतन्त्रता संग्राम का संक्षिप्त इतिहास, पृ0 67-68
86. एच0 कपिला, आजादी की लड़ाई को समर्पित बाबा आर्य का परिवार, (हिमाचल प्रदेश सरकार, स्वाधीनता का संकल्प, भाषा एवं संस्कृति विभाग, शिमला, 2005, पृ0 32)
87. मियाँ गोवर्धन सिंह, जयदीप नेगी, हिमाचल प्रदेश: एक ऐतिहासिक सर्वेक्षण, रिलायेन्स पब्लिशिंग हॉऊस, नई दिल्ली, 1999, पृ0 232
88. चमन लाल मल्होत्रा, हिमाचल का क्रान्तिकारिक इतिहास, पृ0 80-81
89. वही, ,, ,, ,, पृ0 80-81
90. मियाँ गोवर्धन सिंह, हिमाचल प्रदेश का इतिहास, पृ0 355
91. चमनलाल मल्होत्रा, हिमाचल प्रदेश का क्रान्तिकारिक इतिहास, पृ0 81-82
92. राजेन्द्र अत्री, हिमाचल प्रदेश: एक बहु-आयामी परिचय, पृ0 38
93. मियाँ गोवर्धन सिंह, हिमाचल प्रदेश का इतिहास, पृ0 355
94. सी0 एल0 दता, दि राज एण्ड दि शिमला हिल स्टेट्स, पृ0 283
95. वी0 एस0 भार्गव, भारतीय स्वतन्त्रता संग्राम, पंचशील प्रकाशन, जयपुर, 1997, पृ0 27
96. एच0 कपिला, आजादी की लड़ाई को समर्पित बाबा आर्य का परिवार, (हिमाचल प्रदेश सरकार, स्वाधीनता का संकल्प, पृ0 32)

97. नारायण दास, ब्रिटिश भारत में प्रशासनिक एवं संवैधानिक सुधार, पृ0 126–129
98. अनिल कुमार द्विवेदी, भारत में अंग्रेजी राज्य, पृ0 190
99. हिमाचल प्रदेश सरकार, हिमाचल प्रदेश में स्वतन्त्रता संग्राम का संक्षिप्त इतिहास, पृ0 69
100. जे0 हचिसन एण्ड जे0पीएच0 वोगल, हिस्ट्री ऑफ दि पंजाब हिल स्टेट्स, पृ0 410
101. पं0 गौरी प्रसाद, मण्डी का राजनैतिक इतिहास, (हिमाचल प्रदेश सरकार, संघर्ष के वे दिन, भाषा एवं संस्कृति विभाग, शिमला, 1989, पृ0 103)
102. मनमोहन सिंह, ए हिस्ट्री ऑफ दि मण्डी स्टेट्, पृ0 136–137
103. जे0 हचिसन एण्ड जे0पीएच0 वोगल, हिस्ट्री ऑफ दि पंजाब हिल स्टेट्स, पृ0 410
104. मियाँ गोवर्धन सिंह, हिमाचल प्रदेश का इतिहास, पृ0 356
105. मनमोहन सिंह, ए हिस्ट्री ऑफ दि मण्डी स्टेट्, पृ0 137
106. एच0 कपिला, आजादी की लड़ाई को समर्पित बाबा आर्य का परिवार, (हिमाचल प्रदेश सरकार, स्वाधीनता का संकल्प, पृ0 32–33)
107. कृ७ण कुमार नूतन, इतिहास साक्षी है, सन्मार्ग प्रकाशन, दिल्ली, 1988, पृ0 87
108. एच0 कपिला, रानी खैरगढ़ी, (हिमाचल प्रदेश सरकार, स्वाधीनता का संकल्प, पृ0 49)
109. एम0एल0 धवन, भारत का राष्ट्रीय आन्दोलन एवं स्वतन्त्रता संघर्ष, पृ0 243–244
110. वेदप्रकाश सोनी, (स0), स्वतन्त्रता संग्राम गदर गाथाः गदर पार्टी का इतिहास, जनवाणी प्रकाशन, दिल्ली, 2010, पृ0 8–9 एण्ड तिलक राज सरीन, इण्डियन रिवोल्यूशनरी मूवमेंन्ट अब्रोड, (1905–1921), स्ट्रलिंग पब्लिशर्स, नई दिल्ली, 1979, पृ0 72–73 एण्ड मदनलाल वर्मा क्रान्त, स्वाधीनता संग्राम के क्रान्तिकारी साहित्य का इतिहास, भाग–3, प्रवीण प्रकाशन, नई दिल्ली, 2006, पृ0 619
111. मियाँ गोवर्धन सिंह, हिमाचल प्रदेश का इतिहास, पृ0 60
112. संसार चन्द प्रभाकर, हिमाचली इतिहास के सुर्ख पन्ने, पृ0 141
113. सी0एल0 मल्होत्रा, भाई हिरदा राम जीवन चरित, (हिमाचल प्रदेश सरकार, स्मृतियाँ, भाषा एवं संस्कृति विभाग, शिमला, 1988, पृ0 30–31) एण्ड रणवीर शर्मा, दि फ्रीडम स्ट्रगल इन दि हिल स्टेट्स, 1914–1947, (हिमाचल प्रदेश पास्ट प्रेजैन्ट एण्ड फ्यूचर, डारैक्टोरेट ऑफ कोर्सपोन्डेन्स कोर्स, शिमला, 1976, पृ0 110–111)
114. राजेन्द्र अत्री, हिमाचल प्रदेशः एक बहु–आयामी परिचय, पृ0 39
115. मियाँ गोवर्धन सिंह, जयदीप नेगी, हिमाचल प्रदेशः एक ऐतिहासिक सर्वेक्षण, पृ0 232
116. संसार चन्द प्रभाकर, हिमाचली इतिहास के सुर्ख पन्ने, पृ0 142
117. सी0एल0 मल्होत्रा, भाई हिरदा राम जीवन चरित, (हिमाचल प्रदेश सरकार, स्मृतियाँ, पृ0 31)
118. राजेन्द्र अत्री, हिमाचल प्रदेशः एक बहु–आयामी परिचय, पृ0 40
119. सी0 एल0 मल्होत्रा, भाई हिरदा राम जीवन चरित, (हिमाचल प्रदेश सरकार, स्मृतियाँ, पृ0 37)
120. हिमाचल प्रदेश सरकार, हिमाचल प्रदेश में स्वतन्त्रता संग्राम का संक्षिप्त इतिहास, पृ0 73
121. अभय कुमार अग्रवाल, लाला बाशीराम, (हिमाचल प्रदेश सरकार, संघर्ष के वे दिन, पृ0 75)
122. हिमाचल प्रदेश सरकार, संघर्ष के वे दिन, पृ0 77
123. ", हिमाचल प्रदेश में स्वतन्त्रता संग्राम का संक्षिप्त इतिहास, पृ0 73

124. एम0 एल0 धवन, भारत का राष्ट्रीय आन्दोलन एवं स्वतन्त्रता संघर्ष, भाग-1, पृ0 263
125. पं0 गौरी प्रसाद, मण्डी का राजनैतिक इतिहास, (हिमाचल प्रदेश सरकार, संघर्ष के वे दिन, पृ0 104)
126. ओम प्रकाश शर्मा, क्रान्तिकारी यशपाल, (हिमाचल प्रदेश सरकार, स्वाधीनता का संकल्प, पृ0 39)
127. राजेन्द्र अत्री, हिमाचल प्रदेशः एक बहु-आयामी परिचय, पृ0 41
128. हिमाचल प्रदेश सरकार, हिमाचल प्रदेश में स्वतन्त्रता संग्राम का संक्षिप्त इतिहास, पृ0 74
129. गज़ेटियर ऑफ दि शिमला हिल स्टेट्स, 1910, पृ0 13
130. महेन्द्र सिंह, ठियोग रियासत में प्रजामण्डल आन्दोलन, (अप्रकाशित) एम0 फिल डिसरटेशन, विभाग राजनीति शास्त्र, हिमाचल प्रदेश विश्वविद्यालय, शिमला, 2003, पृ0 4-6
131. वही, ,, ,, ,, पृ0 7-8, 10, 27
132. सी0 एल0 दत्ता, दि राज एण्ड दि शिमला हिल स्टेट्स, पृ0 217
133. वही, ,, ,, ,, पृ0 218-219
134. एच0 कपिला, आजादी की लड़ाई को समर्पित बाबा आर्य का परिवार, (हिमाचल प्रदेश सरकार, स्वाधीनता का संकल्प, पृ0 33)
135. खुशी राम गुप्ता, दुर्गा बाई आर्य, (हिमाचल प्रदेश सरकार, संघर्ष के वे दिन, पृ0 141)
136. मियाँ गोवर्धन सिंह, हिमाचल प्रदेश का इतिहास, पृ0 60
137. हिमाचल प्रदेश सरकार, संघर्ष के वे दिन, पृ077
138. नारायण दास, ब्रिटिश भारत में प्रशासनिक एवं संवैधानिक सुधार, पृ0 131
139. अनिल कुमार द्विवेदी, भारत में अंग्रेजी राज, पृ0 191-206
140. परम बख्शीश सिंह, देवेन्द्र कुमार वर्मा, (सम्पादक), पंजाब एण्ड दि फ्रीडम स्ट्रगल, पब्लिकेशन ब्यूरों पंजाबी यूनिवर्सिटी, पटियाला, 1998, पृ0 27-28 एण्ड पब्लिकेशन्स डिवीजन मिनिस्ट्री ऑफ इनॅफारमेंशन एण्ड ब्राडकास्टिंग गवर्नमेन्ट ऑफ इण्डिया, जलियांवाला बाग, पब्लिकेशन डिवीजन पटियाला हॉऊस, नई दिल्ली, 1969, पृ0 14-16 एण्ड कैलाश चन्द जैन, भारत का राष्ट्रीय आन्दोलन और संवैधानिक विकास, पृ0104-105
141. राजेन्द्र अत्री, हिमाचल प्रदेश एक बहु-आयामी परिचय, पृ0 41
142. सी0एल0 दत्ता, दि राज एण्ड दि शिमला हिल स्टेट्स, पृ0 249-250
143. वही, ,, ,, ,, पृ0 250-251 **ािवभ्ज्ञ**

चौथा अध्याय

हिमाचल प्रदेश के जन-आन्दोलन की राष्ट्रीय आन्दोलन में भागीदारी

प्रस्तुत अध्याय में इस बात का अध्ययन किया गया है कि इस पर्वतीय प्रदेश में जो जन-आन्दोलन हुए उनके तार राष्ट्रीय आन्दोलन से कैसे जुड़े तथा उनका किस प्रकार राष्ट्रीय नेताओं से सम्पर्क हुआ। इन जन-आन्दोलनों ने जहाँ हिमाचल की जनता में राष्ट्रीय चेतना को उभारा वही हिमाचली चेतना को भी मजबूत करते हुए राष्ट्रीय संगठनों के साथ रिश्ता कायम किया। 1921 ई0 का वर्ष आरम्भ से ही राजनैतिक सरगर्मी और सांस्कृतिक जागरण की क्रियाशीलता का वर्ष रहाँ महात्मा गाँधी द्वारा जो असहयोग आन्दोलन शुरू किया गया था उसका इस पर्वतीय क्षेत्र पर भी विशेष प्रभाव पड़ा। महात्मा गाँधी जी के नेतृत्व में असहयोग आन्दोलन 1920 ई0 में शुरू किया गया था। इस आन्दोलन का मुख्य उद्देश्य और व्यवहार ब्रिटिश शासन के प्रति असहयोग की नीति अपनाकर स्वराज्य प्राप्ति के लिए उन्हें बाध्य कर देना था।[1] दूसरी ओर आर्य समाज के सांस्कृतिक जागरण, सामाजिक शुद्धि करण, राष्ट्रीय एकता एवं शिक्षा प्रसार के अभियान ने भी हिमाचल के पहाड़ी क्षेत्रों के जन-जागरण में महत्वपूर्ण भूमिका निभाई।

वास्तव में, इसी वर्ष से राष्ट्रव्यापी राजनैतिक जन-आन्दोलन एवं सांस्कृतिक जागृति का काल आरम्भ हुआ। 1921 ई0 में कांगड़ा से पंचम चन्द्र कटोच, नादौन के सर्वमित्र, कांगड़ा के लाला बाशीराम, भवारना के कृपाल सिंह, टिहरा के सिद्धू राम एवं सुजानपुर के महाशय थोहलो राम काँग्रेस के सक्रिय कार्यकर्ता बने। देशभक्तों की इस युवा मण्डली ने सिर पर गाँधी टोपी और हाथ में काँग्रेस का झण्डा लिये गाँवों, घाटियों और वादियों में जाकर काँग्रेस का प्रचार किया और विदेशी वस्तुओं की होली जलाई तथा जन-साधारण में राष्ट्रीय भावना जागृत की।[2] धर्मशाला के सन्त राम डोगर ने सरकारी नौकरी की परवाह

न करते हुए काँग्रेस के प्रचार-प्रसार में खुलके भाग लिया। नादौन के यशपाल ने फिरोजपुर से, धर्मशाला के चौधरी हरीराम और लाला हेमराज ने लाहौर से, लाला जयनाल नागल ने पालमपुर से, स्वामी कृ७णा नन्द (हरदेव राम) ने कराची से, मण्डी की रानी ललिता कुमारी (रानी खैरगढ़ी) ने लखनऊ से, बाबा लछमण दास आर्य और उनकी पत्नी दुर्गाबाई आर्य ने ऊना से, पं0 राजेन्द्र दत, शेरजंग, मनशा राम, रामचन्द्र पंसारी, सालिग राम, पी0डी0 गुल, राम गोपाल, बिशन सिंह आदि स्वतन्त्रता प्रेमियों ने असहयोग आन्दोलन में प्रवेश कर काँग्रेस में बढ़-चढ़ कर भाग लिया।[3] मई, 1921 ई0 में शिमला में काँग्रेस का प्रथम सशक्त संगठन बना। शिमला शहर के मौलवी गुलाम मुहम्मद काँग्रेस के प्रधान चुने गये। इनके अतिरिक्त भागीरथलाल अजीज, उपप्रधान, मुहम्मद उमर नुमानी मन्त्री, द्वारिका प्रसाद उपमन्त्री, लोअर बाजार शिमला के लाला घुघार मल खजानची चुने गए। मौलवी अब्दुल गनी, चिरंजी लाल आढ़ती, हरिशचन्द, गोकुल चन्द, प्यारे लाल, केदारनाथ सूद, राणा होशियार सिंह, रामकिशन बजाज, स्वामी रामानन्द, मोहन लाल और एडवोकेट हरिशचन्द्र सूद जिला शिमला काँग्रेस कमेटी की कार्यकारिणी के सदस्य बने। इस काँग्रेस कमेटी ने महात्मा गाँधी के शिमला आगमन पर उनके भव्य स्वागत के लिये विशेष कार्यक्रम का आयोजन किया।[4]

मई, 1921 ई0 में गाँधी जी पहली बार शिमला पधारे।[5] उनके साथ मौलाना अहमद अली, लाला लाजपतराय, मदन मोहन मालवीय, लाला दुनीचन्द अम्बालवी आदि नेता भी शिमला आयें। शिमला पहुँचने पर गाँधी जी और अन्य नेताओं का जनता ने तहदिल से स्वागत किया।[6] हाथ में काँग्रेस की झण्डियाँ लिये पुरुषों, महिलाओं और बच्चों ने 'महात्मा गाँधी की जय' भारत माता की जय' और 'वन्दे मातरम्' के नारे लगाए। ईदगाह शिमला में भारी जलसा हुआ। इस दौरान गाँधी और अन्य नेताओं द्वारा भाषण दिये जाने से पहाड़ी जनता ने विदेशी वस्त्रों की होली जलाई और खादी के वस्त्र पहनने की प्रतिज्ञा की। ईदगाह में लगभग 15,000 लोगों ने गाँधी जी का भाषण सुना था। गाँधी जी के शिमला आगमन से शिमला और अन्य पहाड़ी क्षेत्रों में काँग्रेस के प्रचार में तेजी आई तथा असहयोग आन्दोलन सारे पहाड़ी क्षेत्र में लोकप्रिय जन-आन्दोलन बन गया।[7] इसी दौरान गाँधी जी के आह्वान पर शिमला के प्यारे लाल, सालिग राम गुप्ता, मेहर चन्द ब्रिटिश कॉलेज छोड़कर वापिस शिमला आये तथा स्वाधीनता आन्दोलन में कूद पड़े।[8] जतोग (शिमला) के ज्योति प्रसाद टूटू ने भी असहयोग आन्दोलन के दौरान अंग्रेजों की नौकरी छोड़ दी तथा जनता को जागृत करने का जिम्मा लिया।[9] कोटखाई के आत्मा राम वकील भी अपनी वकालत छोड़कर राष्ट्र के स्वतन्त्रता आन्दोलन में कूद पड़े।[10]

इसी काल में कुनिहार के बाबू कांशीराम तथा कोटगढ़ के सत्यानन्द स्टोक्स ने पहाड़ी रियासतों में बेगार प्रथा के खिलाफ आवाज उठाई। सत्यानन्द स्टोक्स ने बेगार प्रथा के खिलाफ सभी पहाड़ी रियासतों में आन्दोलन चलाए तथा स्थान-स्थान पर सम्मेलनों का आयोजन किया। इसी प्रकार का एक सम्मेलन 1921 ई0 में रामपुर में भी हुआ था जिसमें राजा पदम सिंह से बेगार बन्द करने का अनुरोध किया गया। दूसरी ओर ब्रिटिश सरकार ने असहयोग आन्दोलन का दमन करना शुरू कर दिया था। इसी दौरान सत्यानन्द स्टोक्स

तथा अन्य आन्दोलनकारियों को जेल में डालकर सजाए दी गई। परन्तु इतना सब कुछ होते हुए भी पहाड़ी देशभक्त शिमला, दिल्ली, लाहौर, अमृतसर, होशियारपुर, देहरादून, ऊना और कांगड़ा आदि ब्रिटिश शासित स्थानों में काँग्रेस में प्रवेश लेते रहे तथा राष्ट्रीय आन्दोलन में जुड़ते रहे। देशी रियासतों के शासक काँग्रेस के असहयोग आन्दोलन के प्रभाव से लगभग मुक्त रहे।

नवम्बर, 1921 ई0 में सुकेत, मण्डी, चम्बा और बिलासपुर की रियासतों से पंजाब सरकार का नियन्त्रण हटा दिया गया तथा इन रियासतों पर ब्रिटिश भारत सरकार का प्रत्यक्ष नियन्त्रण स्थापित किया गया। 1921 ई0 में काँग्रेस ने राजाओं के संगठन 'नरेन्द्र मण्डल' से अनुरोध किया कि वे अपनी-अपनी रियासतों में जनता को उतरदायी सरकार प्रदान करें।[11] दिसम्बर, 1921 ई0 में इंग्लैंड के युवराज (प्रिन्स ऑफवेल्ज) के आगमन का जनता ने विरोध किया और काले झण्डे दिखाकर शहर में हड़ताले की।[12] इसी काल में हमीरपुर, कुल्लू तथा अन्य क्षेत्रों में दिन-प्रतिदिन लोगों की राष्ट्रीय आन्दोलन में भागीदारी बढ़ने लगी। वर्ष 1921 ई0 में ही मुस्लिम लीग के नेता मुहम्मद अली जिन्हा तथा उनकी पत्नी रूति जिन्हा भी शिमला आए। रूति जिन्हा द्वारा वायसराय लॉर्ड रीडिग से हाथ न मिलाने पर उनका भारी अपमान हुआ। सन् 1922 ई0 में ब्रिटिश सरकार ने असहयोग आन्दोलन को दबाने की पूरी कोशिश की। इस दौरान काँग्रेस के सभी राष्ट्रीय नेता जेलों में बन्द थे।[13] 5 फरवरी, 1922 ई0 को गोरखपुर के चौरा-चौरी नामक स्थान पर काँग्रेस के जलूस द्वारा पुलिस चौकी को आग लगाने से 21 सिपाही जलकर राख हो गए थे, जिस कारण गाँधी ने इस आन्दोलन को निलम्बित कर दिया था।[14] 1922 ई0 में कांगड़ा में आन्दोलनकारियों को धर्मशाला जेल में डाल दिया गया। इसी काल में महात्मा गाँधी की गिरफ्तारी होने से राष्ट्रीय आन्दोलन को भारी धक्का लगा। इसी दौरान सिरमौर के चौधरी शेरजंग, सरदार सोहन सिंह आदि ने पंजाब के गुरूद्वारा आन्दोलन में भी भाग लिया। ऊना के अनेक क्रान्तिकारी भी इसमें शामिल हुए।[15] इसी काल में ऊना के बाबा लछमन दास आर्य तथा उनकी पत्नी दुर्गाबाई आर्य ने भी अंग्रेजों का खूब विरोध किया।[16]

1922 ई0 में कांगड़ा के पंचम चन्द्र, सर्वमित्र, लाला बांशीराम और रघुवीर सिंह की मुलाकात धर्मशाला जेल में लाला लाजपतराय से हुई जो कि उनके लिए प्रेरणादायक सिद्ध हुई।[17] इसी काल में गाँव धार रियासत जुब्बल के इंजिनियर भागमल सौहटा ने राष्ट्रीय आन्दोलन में प्रवेश किया। चम्बा रियासत में वजीर माधो राम के तानाशाही और अत्याचारों के विरूद्ध भी इसी दौरान जनता ने रोष प्रकट किया।[18] सन् 1922 ई0 में ही सिरमौर रियासत में पं0 राजेन्द्र दत और चौधरी शेरजंग ने विशेष राष्ट्रीय आन्दोलन का अभियान चलाया तथा काँग्रेस का प्रचार किया। इसी बात को मध्य नजर रखते हुए राजेन्द्र दत ने नाहन में एक सियासी प्रोग्राम समिति का गठन किया जिसमें काँग्रेस के नियम, तौर-तरीके आदि शामिल किये।[19]

दिसम्बर, 1922 ई0 में राजेन्द्र दत और भागमल सौहटा ने काँग्रेस के वार्षिक अधिवेशन में बड़ौदा में भाग लिया।[20] 1923 ई0 में मोतीलाल नेहरू, सी0आर0दास, मदन मोहन मालवीय और केलकर ने काँग्रेस में मतभेद होने के कारण इसकी सदस्यता छोड़ दी और

'स्वराज दल' की स्थापना की। इससे स्वाधीनता आन्दोलन की गति धीमी पड़ गई।[21] नूरपुर के हरनाम दास ने 1923 ई0 में एंग्लो-संस्कृत स्कूल खोलकर बच्चों में राष्ट्र प्रेम की भावना जगाई तथा गाँव-गाँव में जाकर जनता को शिक्षित कर देश प्रेम का पाठ पढ़ाया।[22] 1923 ई0 में अन्दरेटा गाँव में बसी फिलिप अरनैस्ट की पत्नी प्रसिद्ध लेखिका व कलाकार नौरा रिचर्ड ने भी भारतीय स्वाधीनता आन्दोलन में प्रवेश किया और ब्रिटिश शासन का खुलकर विरोध किया। मार्च, 1923 ई0 में लाला बाशी राम, पंचम चन्द्र कटोच, सर्वमित्र और युद्धवीर सिंह आदि को जेल से रिहा किया गया। सत्यानन्द स्टोक्स तथा अन्य आन्दोलनकारी भी इसी काल में रिहा हुए। रिहा होकर इन सभी ने समाज सुधार तथा राजनैतिक जागृति का कार्यक्रम जारी रखा। इसी काल में ठियोग में डी0 ए0 वी0 स्कूल खुला और आर्य समाज के प्रचारकों तथा अध्यापकों ने शिक्षा प्रसार के साथ समाज कल्याण और राजनैतिक जागरण के कार्य भी आरम्भ किये।[23] 1924 ई0 में बघाट के राजा दुर्गा सिंह राजाओं की अखिल भारतीय संस्था 'चैम्बर ऑफ प्रिंसिंज' के सदस्य चुने गये और वह हिमाचल की पहाड़ी रियासतों के प्रतिनिधि बने।[24]

20 वीं शताब्दी के शुरूआती दशकों में हिमाचल प्रदेश में गैर सरकारी सामाजिक संस्थाओं ने भी हिमाचल प्रदेश में प्रचलित सामाजिक बुराईयों जैसे रीत-प्रथा (महिलाओं को खरीदना और बेचना), बाल विवाह, विधवा विवाह, बरदाफरोशी आदि का विरोध किया तथा जनता के अन्दर राजनैतिक जागृति पैदा की। ये संस्थाएं राजपूत सभा, ब्राह्मण सभा, स्नातन धर्म, आर्य समाज, सेवक संघ, शुद्र सम्मेलन, प्रेम सभा, सेवा समिति, 'हिमालय विद्या प्रभाबन्धिनी सभा' आदि प्रमुख थी। इन संस्थाओं तथा जनता के सहयोग से इन सभी बुराईयों का विरोध किया गया तथा इसे दूर करने के लिए सामाजिक-धार्मिक सुधार आन्दोलन किये गए। परिणाम स्वरूप, 1924 ई0 में इस पर्वतीय प्रदेश के विभिन्न क्षेत्रों में रीत प्रथा, बरदाफरोशी आदि बुराइयों को समाप्त करने के लिए अनेक कानून बनाए गए। क्रिश्चियन धर्म प्रचारकों ने भी हिमाचल प्रदेश में सामाजिक-आर्थिक सुधार करने तथा जनता को जागरूक करने में महत्वपूर्ण भूमिका निभाई। इन मिशनरियों ने कोटगढ़, शिमला, कांगड़ा, लाहौल-स्पीति, किन्नौर, आनी, चम्बा, सिरमौर आदि अनेक क्षेत्रों में मिशन केन्द्र खोलकर जनता को शिक्षित कर उन्हें आन्दोलित करने में महत्वपूर्ण योगदान दिया।[25]

सुकेत रियासत में विद्रोह

1924 ई0 में सुकेत रियासत में राजा लक्ष्मण सेन के शासन काल में तानाशाही, अत्याचार और आर्थिक शोषण का बोलबाला था। पंजाब पहाड़ी क्षेत्र की रियासत सुकेत के राजा लक्ष्मण सेन एक अत्याचारी राजा थे। वह स्वयं तो अधिकतर रियासत के बाहर गैर मुल्की दौरे पर रहता था तथा रियासत का समस्त कार्यभार उसका निजि व राजस्व सचिव सिद्धू राम गुप्ता सम्भालता था। राजा ने रियासत की जनता पर इतने कर लगा रखे थे कि जनता चैन की सांस भी नहीं ले पा रही थी। बेगार प्रथा बड़े जोरों पर थी।[26] जो बेगार न देता उसकी सम्पति जब्त कर ली जाती थी। जमीन जमींदारों की थी परन्तु पेड़ राजा के थे। राजा के घर में लड़का पैदा होने पर हर घर से एक

टका-रूपया लिया जाता था। यदि राज परिवार का कोई व्यक्ति मर जाए तो सुकेत का हर व्यक्ति मुण्डन संस्कार करता था और औरतें रोती-पीटती महलों में जाती थी। यह एक प्रकार की प्रथा थी। राज्य के बहुत से कर्मचारी औरतों पर बुरी निगाह रखते थे।[27]

इसके साथ ही रियासत में लगान में एक 'मुराद' नामक टैक्स भी था जो कि विभिन्न व्यवसायी जातियों से लिया जाता था। जब औरत दूसरा विवाह करती थी तो उस समय जो राशी पहले परिवार को देनी होती थी उसका चौथाई भाग सरकार को देना पड़ता था।[28] ऐसी अवस्था में सुकेत रियासत के नौजवान रत्न सिंह ने जनता को जागृत करने का बीड़ा उठाया। उसने रियासत के बल्ह, करसोग, पांगणा, जैदेवी और डैहर आदि क्षेत्रों का दौरा किया तथा जनता को राजा के भ्रष्ट शासन के विरूद्ध आन्दोलन करने के लिए संगठित किया। इस कार्य में उनका टीटा, लुहारू, थूल्लू, कृ७ण और सिधु ने भी साथ दिया।

14 नवम्बर, 1924 ई0 को रत्न सिंह और उसके सहयोगी 'चन्दपुर' नामक स्थान पर एकत्रित हुए। रत्न सिंह ने जोशीला भाषण दिया और जनता का हौसला बढ़ाया। इसके बाद आन्दोलनकारियों का जत्था इन्कलाब-जिन्दाबाद के नारे लगाता हुआ राजधानी चन्दरोखड़ी की ओर बढ़ गया। रास्ते मे और अनेक युवक भी इस जत्थे में जुड़ गए। भोजपुर तक पहुँचते 200 साहसी नवयुवकों का जन-समूह बन गया। आन्दोलनकारियों ने कचहरी, थाना और सरकारी खजाने का घेराव किया। सब जज अहमद शेर खाँ, थानेदार हीरा सिंह, सुपरिन्टेन्डेन्ट हरद्वारी लाल और अन्य भ्रष्ट कर्मचारियों की पिटाई की। रियासत में अराजकता फैल गई और राजा इस जन-विद्रोह को न दबा सका।[29] इस विद्रोह को दबाने के लिए उसने पंजाब ब्रिटिश सेना का सहारा लिया। 10 दिसम्बर, 1924 ई0 को ब्रिटिश सेना का अंग्रेज अफसर डी0 एस0 मुकंजी, गोरखा और पेशावरी सेना लेकर भोजपुर आया परन्तु वह विद्रोह को काबू में न कर सका। बाद में उसने पोलिटिकल एजेन्ट कर्नल मिंचिन से धर्मशाला से अतिरिक्त सेना मंगवाकर विद्रोह पर काबू पाया तथा रत्न सिंह, लुहारू, कृष्ण, सिंधुराम, कपूरू, धूल्लु, टीटा के साथ 42 आन्दोलनकारियों को हिरासत में लेकर देशद्रोह का मुकद्दमा चलाया।[30] 1925 ई0 में हिमाचल के अन्य भागों हमीरपुर से ठाकुर हजारा सिंह, बिलासपुर रियासत से पं0 कालीदास, सरकाघाट के हीरा सिंह, मण्ड़ी रियासत के स्वामी कृष्णानन्द आदि नवयुवक राष्ट्रीय आन्दोलन में कूद पड़े।[31] 21 अगस्त, 1925 ई0 में शिमला में वायसराय लॉर्ड रीडिग ने 'सैन्ट्रल कौन्सिल चैम्बर' का उद्घाटन किया। इस अवसर पर स्वराज दल के विट्ठल भाई पटेल केन्द्रीय विधान सभा के प्रथम प्रधान चुने गए। इस पद को बाद में स्पीकर का नाम दिया गया।[32] इसी काल में सोलन में 'स्नातन धर्म सभा' की स्थापना स्वामी गणेश दत ने की। बघाट रियासत के राजा दुर्गा सिंह ने इस सभा की स्थापना में विशेष सहयोग दिया। इस सभा में बहुत सारे सदस्य चुने गए। सभा ने धार्मिक और सामाजिक सुधार कार्यो की आड़ में राष्ट्रीय राजनैतिक आन्दोलन के लिये जनता में जागृति लाने का कार्य किया। अक्तूबर, 1925 ई0 में डॉ0 के0 बी0 हेडगेवार ने 'राष्ट्रीय स्वयं सेवक संघा' की स्थापना कर स्वाधीनता संघर्ष के प्रति जन-जागरण का कार्य आरम्भ किया। संघ के कर्मठ सदस्यों ने हिमाचल

के पर्वतीय क्षेत्रों में आकर जनता को जागृत करने तथा राष्ट्रीय आन्दोलन में जोड़ने में महत्वपूर्ण भूमिका निभाई।

1925 ई0 में ही लाहौर में 'नौजवान भारत सभा' की स्थापना हुई। इस सभा में हमीरपुर के यशपाल तथा अन्य सदस्य बने। इसी दौरान ऊना के तीर्थ राम ओयल ने आर्य समाज का सक्रिय सदस्य बनकर समाज सुधार कार्यो में योगदान दिया। कुल्लू में भी इस संस्था में पं0 गोविन्द राम, लाला डूंगर मल, शिवदयाल, महाशय आत्माराम ने जुड़कर जनता के अन्दर राष्ट्रीय चेतना का संचार किया। 1926 ई0 में ऊना, नादौन तथा बिलासपुर के आन्दोलनकारी हिमाचल से बाहर जाकर राष्ट्रीय आन्दोलन में सक्रिय रूप से जुड़ने लगे। राष्ट्रीय स्वाधीनता आन्दोलन में बढ़ती भागीदारी के साथ-साथ हिमाचल की पहाड़ी रियासतों की जनता स्थानीय प्रशासन से भी समय-समय पर संघर्षरत रही। जब भी रियासतो में प्रशासन का अत्याचार और आर्थिक शोषण जनता की सहन शक्ति से बाहर हुआ तो प्रजा ने प्रशासन का घोर विरोध किया।[33]

ठियोग रियासत में जन-आन्दोलन

1926 ई0 में ठियोग रियासत में ठाकुर पदम चन्द के कुप्रशासन के विरूद्ध जनता ने फिर से आन्दोलन किया। इस आन्दोलन के नेता मियाँ खड़क सिंह थे। उन्होंने ठियोग में विशाल जन-समूह इकटठा किया तथा खुलेआम ठाकुर पदम चन्द की तानाशाही और कुप्रशासन का विरोध किया। कुछ समय तो जन-आन्दोलन ने उग्र रूप धारण किया परन्तु बाद में इस आन्दोलन में शिथिलता आने लगी। इसी दौरान खड़क सिंह अपना परिवार ठियोग की सीमा से बाहर ले जाकर खनेटी रियासत में जाकर बस गये। इस आन्दोलन में लब्धूराम ने भी सक्रिय भाग लिया था।[34] 1927 ई0 के आरम्भ में ठियोग रियासत में एक बार फिर विद्रोह की ज्वाला भड़क उठी। मियाँ खड़क सिंह ने खनेटी से इस जन-आन्दोलन को नेतृत्व प्रदान किया। इस जन-आन्दोलन की विशेष बात यह थी कि राजकुमार टीका कर्मचन्द तथा उनकी माता ने भी महल से निकलकर खुले रूप से जनता का समर्थन कर ठाकुर पदम चन्द के अत्याचारी, निरकुंश और भ्रष्ट शासन का विरोध किया था। यह आन्दोलन कई दिनों तक चलता रहा जब ठाकुर पदमचन्द इस आन्दोलन को न दबा सका तो उसने अंग्रेज सरकार से सहायता माँगी। फलस्वरूप, शिमला के डिप्टी कमिश्नर सैलिसबरी ने ब्रिटिश पुलिस को ठियोग भेजा।[35] इस आन्दोलन को दबाने के लिए पंजाब से बलोच और जेहलमी पुलिस भी बुलाई गई। ब्रिटिश पुलिस ने मियाँ खड़क सिंह को हिरासत में ले लिया और जनता को आतंकित करके तीतर-बीतर कर दिया।[36] रियासत के प्रमुख आन्दोलनकारियों लब्धूराम, गारू राम तथा युवराज कर्मचन्द पर कड़ी निगरानी रखी गई।[37]

जून, 1927 ई0 में लाला लाजपतराय, महात्मा हंसराज, मदन मोहन मालवीय और लाला दुनीचन्द अम्बालवी आदि राष्ट्रीय नेता शिमला पधारे। इन नताओं के सम्मान में ईदगाह शिमला में भारी जन-सभा का आयोजन किया गया। लाला लाजपत राय ने अपने भाषण द्वारा लोगों में देश-प्रेम और राष्ट्रीय एकता की भावना जागृत की और राष्ट्रीय आन्दोलन में भाग लेने का आह्वान किया। उन्होंने आर्य समाज सम्मेलन में भी भाग लिया तथा

इस संस्था की सराहना कर कार्यकर्ताओं को इनाम बांटे।[38] लाला लाजपतराय के प्रभाव से ठियोग के सूरत राम प्रकाश, मधान के देवीदास मुसाफिर और ऊना के महाशय तीर्थ राम ओयल काँग्रेस के समर्थक बन कर राष्ट्रीय आन्दोलन में शामिल हो गये। इसी दौरान आर्य समाज के प्रचारक और बुशहर रियासत के निवासी पं0 पदम देव भी राष्ट्रवादी बन गये और राष्ट्रीय आन्दोलन में कूद पड़े। इसी काल में नादौन के देश प्रेमी सरदार भगत सिंह की 'नौजवान भारत सभा' में बढ़-चढ़ कर भाग लेते रहे।[39] इसी काल में कांगड़ा के एडवोकेट लाला हेमराज ने आर्य समाज के सांस्कृतिक उत्थान और राजनैतिक जागरण के कार्यक्रमों में भी सक्रिय रूप से भाग लिया।[40] नगरोटा-बगवां के ब्रह्मनन्द शर्मा ने भी लाहौर में राष्ट्रीय आन्दोलन की गतिविधियों में भाग लेना आरम्भ किया।[41]

अक्तूबर-नवम्बर, 1927 ई0 में कांगड़ा जिला काँग्रेस कमेटी के नेताओं ने सुजानपुर के ताल नामक स्थान में 'पोलिटिकल कान्फ्रेन्स' का आयोजन किया।[42] इस कान्फ्रेंस में लाहौर से मेला राम और मास्टर कुन्दन लाल ने भाग लिया। इनके अतिरिक्त सरोजिनी नायडू, सरला देवी, दुनीचन्द वकील आदि राष्ट्रीय नेता भी इस कान्फ्रेंस में पधारें। स्थानीय नेता ठाकुर हजारा सिंह, लाला बाशीराम, बाबा कांशीराम, चतर सिंह, सर्वमित्र, गोपाल सिंह, चौधरी सिद्धूराम आदि के साथ हजारों लोगों ने इस कान्फ्रेंस में भाग लिया। राष्ट्रीय स्तर के नेताओं के भाषणों के पश्चात् स्थानीय नेताओं ने भी भाषण दिये तथा देश को स्वतन्त्र कराने का संकल्प लिया। बाबा कांशीराम के गीतों और कविताओं को सुनकर सरोजिनी नायडू बहुत प्रभावित हुई तथा उन्हें 'बुलबुल-ए-पहाड़' की उपाधि देकर सम्मानित किया।[43] ब्रिटिश सरकार ने राष्ट्रीय आन्दोलन की गति को कम करने के लिये तथा कान्फ्रेंस को भंग करने के लिए दमनात्मक कार्यवाही की तथा स्थानीय नेताओं से गाँधी टोपी छीन ली। इसके विरूद्ध बाबा कांशीराम ने शपथ ली थी कि जब तक भारत स्वतन्त्र नहीं होता तब तक वह काले कपड़े ही पहनेंगे।[44] सन् 1927 ई0 में ही चम्बा रियासत में राष्ट्रीय स्वतन्त्रता आन्दोलन के साथ-साथ जनता रियासती प्रशासन के अत्याचारों के खिलाफ भी संघर्ष करती रही। इस अवधि में जनता दीवान माधोराम के भ्रष्ट एवं अत्याचारी शासन से पीड़ित थी। इलाके का प्रमुख जमींदारों का एक शिष्टमण्डल राजा राम सिंह से मिला तथा दीवान (वजीर) के खिलाफ शिकायत की।[45] 17 दिसम्बर, 1927 ई0 को बम्बई में 'अखिल भारतीय देशी राज्य लोक परिषद्' का गठन किया गया और इसका पहला सम्मेलन भी हुआ। इस परिषद् में रियासतों में राष्ट्रीय स्वाधीनता आन्दोलन चलाने के बारे में चर्चा हुई। परन्तु काँग्रेस की रियासतों में हस्तक्षेप न करने की नीति के कारण इस परिषद् को देशी रियासतों में शासन सुधार, समाज कल्याण और प्रशासन में स्वायतता तथा उदार प्रशासन लाने के कार्य सौंपे गए।[46] अखिल भारतीय देशी राज्य लोक परिषद् के प्रस्तावों से प्रभावित होकर सिरमौर रियासत के जागरूक एवं साहसी देश प्रेमियों ने आन्दोलन की योजना बनाई। इस उद्देश्य की पूर्ति के लिए सिरमौर में हिमाचल के प्रथम 'प्रजामण्डल' संस्था का गठन किया गया। इसके संस्थापक पं0 राजेन्द्र दत ने अपनी पूर्व गठित 'सियासी सेवा समिति' को सिरमौर प्रजामण्डल में परिवर्तित कर दिया। इनके साथ इस संगठन में चौधरी शेरजंग, मास्टर चतर सिंह, सालिग राम, कुन्दन लाल, अजायब सिंह आदि राष्ट्रवादी वीरों ने भी महत्वपूर्ण भूमिका निभाई।

1928 ई0 में हिमाचल प्रदेश में राष्ट्रीय आन्दोलन की गति और तेज हो गई। शिमला, ठियोग, ऊना, पांवटा, नाहन, नादौन, धर्मशाला, कांगड़ा, मण्डी, सुन्दरनगर, कुल्लू, बिलासपुर, चम्बा और हमीरपुर आदि कस्बों में राष्ट्रीय आन्दोलन में जनता का समर्थन निरन्तर बढ़ता रहाँ यहाँ तक कि गाँव का युवा वर्ग भी राष्ट्रीय आन्दोलन में सक्रिय रूप से भाग लेने लगा।[47]

1928 ई0 में धर्मशाला के चौधरी हरीराम ने पिछड़े वर्ग के किसानों में जागृति लाने के लिए तथा राष्ट्रीय आन्दोलन में जोड़ने के लिए एक 'खेतिहर सभा' का गठन किया। इस सभा ने किसानों को अपने अधिकार पाने तथा संघर्ष करने के लिए जागृत किया।[48] इसी दौरान हमीरपुर के यशपाल ने लाहौर में 'नौजवान भारत सभा' के साथियों के साथ जुड़कर बम बनाने का काम शुरू किया तथा क्रान्तिकारी गतिविधियों में जुड़ गए।[49] दूसरी ओर नादौन के मंगत राम ने लाहौर में ही 'मन्जिले आजादी' नामक पुस्तक लिखकर नौजवानों को राष्ट्रीय आन्दोलन में जोड़ने में महत्वपूर्ण योगदान दिया।[50] अप्रैल, 1928 ई0 में मण्डी के जे0पी0 बागी को 'लाहौर षड्यन्त्र केस' में पकड़े जाने पर 6 वर्ष कठोर कारावास की सजा हुई।[51] इसी काल में हमीरपुर में भी अंग्रेजी सरकार का विरोध करने के जुर्म में अनेक क्रान्तिकारियों को नजरबन्द किया गया। अगस्त, 1928 ई0 में दिल्ली में लगभग पचास क्रान्तिकारियों की बैठक हुई, जिसमें देश में क्रान्तिकारी गतिविधियों को संगठित करने का निश्चय किया गया। जो पार्टी स्थापित की गई उसका नाम 'हिन्दुस्तान सोशलिस्ट रिपब्लिकन आर्मी' रखा गया।[52] भगत सिंह और सुखदेव को पंजाब, चन्द्रशेखर आजाद एवं शिव वर्मा को यू0पी0, बिहार, उड़ीसा तथा राजस्थान सौंपा गया। भगवतीचरण वोहरा इस पार्टी के वैज्ञानिक थे, नए-नए बम बनाना उनका काम था।[53] हिमाचल के अनेक क्रान्तिकारी जिनमें यशपाल तथा उनके साथी प्रमुख थे भी इस पार्टी से जुड़े तथा उन्हें आर्थिक योगदान भी देने लगे। इन राष्ट्रीय क्रान्तिकारियों के सम्पर्क में आकर यशपाल में क्रान्ति की भावना तेजी से प्रज्जवलित होने लगी। उनका हृदय देशभक्ति से धधकने लगा। उन पर पण्डित जयचन्द्र विद्यालंकार, हिन्दी के लेखक उदयशंकर भट्ट और विदेशी क्रान्तिकारी साहित्य, 'फ्रांसीसी क्रान्ति का इतिहास', 'माई फाईट वार आइरिश फ्रीडम' आदि का भी विशेष प्रभाव पड़ा।[54] सिरमौर के अनेक स्वतन्त्रता प्रेमी जिनमें राजेन्द्र दत प्रमुख थे भी इस क्रान्तिकारी संगठन से जुड़े। इसी क्रान्तिकारी वातावरण से जुड़कर नाहन के चौधरी शेरजंग ने 'कम्युनिस्ट पार्टी' की सदस्यता ग्रहण की और क्रान्तिकारी गतिविधियों में जुड़ गए।[55]

इस दौरान चम्बा रियासत में गाँधी और काँग्रेस का नाम लेना जुर्म था और दीवान माधोराम का निरंकुश शासन जारी था। बिलासपुर रियासत में भी जनता की राष्ट्रीय आन्दोलन में भागीदारी बढ़ने लगी थी।[56] शिमला की पहाड़ी रियासतों के साहसी और जागरूक देशभक्त शिमला शहर में आकर राष्ट्रीय आन्दोलन में भाग लेते रहे। इनमें ठियोग के सूरतराम प्रकाश, देवीदास मुसाफिर, कुनिहार के बाबू कांशीराम, कोटगढ़ के सत्यानन्द स्टोक्स, कोटखाई के आत्मा राम, कोटी के ठाकुर गौरी दत, जुब्बल के भागमल सौहटा, बुशहर के पं0 पदमदेव आदि प्रमुख थे।[57] 1927 ई0 में बना 'साइमन कमीशन' 1928

ई0 में भारत आया। यह आयोग 1919 ई0 के भारत सरकार अधिनियम के कार्य की समीक्षा करने के लिए ब्रिटिश सरकार द्वारा नियुक्त किया गया था। इस संसदीय आयोग को 'साइमन कमीशन' इसलिए कहा जाता है कि इसके अध्यक्ष का नाम 'सर जान साइमन' था। इस कमीशन में अध्यक्ष सहित 7 सदस्य थे। वे सभी अंग्रेज थे। इसी के कारण भारतीय जनता के प्रत्येक वर्ग ने इसकी नियुक्ति को देश का सबसे महान् अपमान समझा और विविध स्थानों पर इसके प्रति विरोध प्रकट किया गया।[58] शिमला, कांगड़ा और ऊना में भी स्थान-स्थान पर साइमन कमीशन के विरोध मे जलसे हुए और जलूस निकाले गये। 1928 ई0 में लाहौर में भी साइमन कमीशन के विरोध में एक भारी जलूस निकाला गया। इस जलूस में लाहौर में कार्यरत अनेक हिमाचल के मूल निवासियों ने भाग लिया। लाला लाजपतराय इस अवसर पर अंग्रेजों की लाठियों की मार से घायल हो गये थे। नवम्बर, 1928 ई0 में उनकी मृत्यु हो गई। 'नौजवान भारत सभा' के क्रान्तिकारियों भगत सिंह, राजगुरू, सुखदेव, यशपाल आदि ने लाला लाजपतराय की मौत का बदला लेने के लिए अंग्रेज अफसर साण्र्डस की हत्या कर दी तथा खुद फरार हो गये।[59]

28 दिसम्बर, 1928 ई0 को कलकता में काँग्रेस का वार्षिक अधिवेशन हुआ जिसमें कांगड़ा से बाबा कांशी राम ने भाग लिया। इस अधिवेशन में राष्ट्रीय स्वतन्त्रता आन्दोलन को तेज करने पर विचार-विमर्श हुआ।[60] सन् 1929 ई0 के आरम्भ में कांगड़ा, हमीरपुर और चम्बा में काँग्रेस और राष्ट्रीय आन्दोलन में जनता की भागीदारी निरन्तर बढ़ती गई। मार्च, 1929 ई0 में रोहतक में 'पंजाब प्रान्त काँग्रेस कमेटी' की वार्षिक कान्फ्रेंस हुई। इन कान्फ्रेंस में कांगड़ा से लाला बाशी राम, सिरमौर से चौधरी शेरजंग ने भाग लिया।[61] इसी दौरान नाहन के शिवानन्द रमौल भी सहायक दारोगा की नौकरी छोड़कर स्वतन्त्रता आन्दोलन में कूद पड़े।[62] इसी काल में ऊना में बाबा लछमण दास आर्य के पुत्र सत्य प्रकाश भी राष्ट्रीय आन्दोलन में सक्रिय रूप से जुड़े।[63] 8 अप्रैल, 1929 ई0 को जब 'पब्लिक सेफ्टी बिल' पर बहस हो रही थी तब शहीद भगत सिंह और बटुकेश्वर दत ने दिल्ली में केन्द्रीय असैम्बली हाल में बम फैंका। इस केस में बटुकेश्वर दत, राजगुरू भगत सिंह और सुखदेव पकड़े गए। इस केस की तहकीकात के दौरान लाहौर में बम की फैक्ट्री पकड़ी गई। यशपाल वहाँ से फरार हो गये और कांगड़ा पहुंच गये। राष्ट्रीय आन्दोलन में भाग लेने के साथ-साथ इस पर्वतीय प्रदेश की जनता रियासती प्रशासन के खिलाफ भी संघर्षरत रही।[64]

सिरमौर रियासत में जन-आन्दोलन

मई, 1929 ई0 में सिरमौर रियासत में सरकारी बन्दोबस्त के विरोध में भारी जन-आन्दोलन हुआ। पं0 राजेन्द्र दत के नेतृत्व में पांवटा और नाहन के आन्दोलनकारियों ने अनुचित एवं मनमाने ढंग से किये जा रहे भूमि बन्दोबस्त का कड़ा विरोध किया। पांवटा से आन्दोलनकारियों ने इस सम्बन्ध में महाराजा अमर प्रकाश और ब्रिटिश सरकार को विज्ञापन भेजे। रियासती प्रशासन का विरोध करने के लिए पांवटा में भारी जलसे और जलूसों का आयोजन किया गया। कुछ दिनों के बाद ब्रिटिश अफसरों के आदेश पर आन्दोलन को दबाने के प्रयत्न किये गये। सरकारी दमन चक्र के कारण आन्दोलन शिथिल

पड़ा और प्रशासन इसे कुचलने में सफल हो गया।[65]

इसी काल में शिमला में काँग्रेस के प्रधान मौलवी गुलाम मुहम्मद, महामन्त्री मुहम्मद उमर नुमानी, द्वारिका प्रसाद, सुन्दर लाल, भागीरथ लाल, डॉ0 नन्द लाल वर्मा, लाला गेंडा मल, दीनानाथ आंधी, रूप लाल मेहता, सालीगराम गुप्ता, कन्हैया लाल बुटेल, मेला राम सूद, कर्मचन्द सूद, खुशीराम, चिरंजीलाल, रामकृ७ण बजाज, स्वामी रामानन्द, लाला घुंघार मल आदि सक्रिय काँग्रेस कार्यकर्ताओं ने स्वाधीनता आन्दोलन की प्रत्येक गतिविधियों में बढ़-चढ़ कर भाग लिया और आस-पास के क्षेत्रों में जन-जागरण के कार्यो में प्रयत्नशील रहे। इसके साथ ही सिरमौर, मण्डी, बिलासपुर, कांगड़ा, अर्की, सोलन, सुन्नी, ठियोग, मधान, कोटगढ़, कोटखाई आदि के सैंकड़ों कर्मचारी, व्यापारी और मजदूर शिमला में इस काल में कार्यरत थे। इनमें से अधिकतर लोग राष्ट्रीय आन्दोलन में सक्रिय रूप से भाग लेते रहे और राष्ट्र प्रेम, एकता और स्वतन्त्रता का संदेश अपने-अपने क्षेत्रों के गाँवों-गाँवों तक पहुँचाते रहे। इसी दौरान यशपाल भी अपनी क्रान्तिकारी गतिविधियों में संलिप्त रहे।[66] 23 दिसम्बर, 1929 ई0 को चन्द्रशेखर आजाद, हमीरपुर के यशपाल तथा अन्य क्रान्तिकारियों ने वायसराय लॉर्ड इरविन को मारने के उद्देश्य से निजामुद्दीन रेलवे स्टेशन के समीप रेल लाइन की पटरियों पर बम से धमाका कर दिया जब वे वहाँ से गुजर रहे थे। परन्तु लॉर्ड इरविन बाल-बाल बच गये और क्रान्तिकारी फरार हो गये।[67]

दिसम्बर, 1929 ई0 को लाहौर में काँग्रेस का वार्षिक अधिवेशन हुआ। इस अधिवेशन की अध्यक्षता पं0 जवाहरलाल नेहरू ने की। इस अधिवेशन में राष्ट्रीय आन्दोलन के लक्ष्य के रूप में 'पूर्ण स्वराज्य' का प्रस्ताव रखा गया। 31 दिसम्बर, 1929 ई0 की आधी रात को पं0 जवाहर लाल नेहरू ने काँग्रेस का तिरंगा झण्डा फहराते हुए पूर्ण स्वतन्त्रता की प्राप्ति के काँग्रेस के उद्देश्य की घोषणा की और 26 जनवरी, 1930 से निरन्तर इसी तिथि को स्वतन्त्रता दिवस मनाने का निश्चय किया।[68] इस अधिवेशन में हिमाचल के सिरमौर से राजेन्द्र दत, मण्डी से स्वामी कृ७णानन्द, ठियोग से जयलाल नागल, कांगड़ा से लाला बाशीराम, रामचन्द्र, हमीरपुर से पं0 परसराम, ब्रह्मनन्द तथा शिमला, ऊना, कुल्लू के प्रतिनिधियों ने भाग लिया। इसी अवसर पर सिरमौर के राजेन्द्र दत पं0 नेहरू से मिले। इसके पश्चात् उनका पत्र-व्यवहार चलता रहा। सन् 1929 में ही मण्डी के क्रान्तिकारी भाई हिरदा राम 14 वर्ष की कालेपानी की सजा काटकर मण्डी वापस आए।[69] 1930 ई0 में आरम्भ से ही 'पूर्ण स्वराज्य' की माँग को लेकर स्वाधीनता आन्दोलन ने गम्भीर रूप धारण किया। 26 जनवरी, 1930 ई0 को पूरे देश में स्वाधीनता आन्दोलन मनाया गया। शिमला में भी यह आन्दोलन जोर-शोर के साथ मनाया गया।[70]

बिलासपुर में जन-आन्दोलन

फरवरी, 1930 ई0 में बिलासपुर रियासत में भूमि बन्दोबस्त के विरोध में भारी जन-आन्दोलन हुआ। इस काल में रियासती सरकार ने अनेक प्रकार के टैक्स लगा रखे थे और जनता का खुला शोषण हो रहा था। इसके साथ रियासत के भ्रष्ट कर्मचारी हर काम करने के लिए खुले आम रिश्वत लेते थे। प्रजा पर करों का बोझ असहनीय हो गया था और संकट के इन्हीं दिनों में रियासती सरकार ने बन्दोबस्त का कार्य आरम्भ

किया।[71] लोग बन्दोबस्त नहीं चाहते थें क्योंकि इसका खर्च बरदाशत करना उनके लिए कठिन था। इससे पहले भी रियासती सरकार ने बन्दोबस्त करवाया था जिसको वे अभी तक नहीं भूले थे। इसलिए जनता ने भूमि बन्दोबस्त का विरोध किया था।[72] सबसे पहले इस आन्दोलन की शुरूआत बहादुरगढ़ परगना से हुई थी। आन्दोलनकारियों ने बन्दोबस्त कर्मचारियों को अनेक सेवाएं मुफ्त में देनी बन्द कर दी थी। इस पर कर्मचारियों ने सख्ती करनी आरम्भ कर दी और बन्दोबस्त में गड़बड़ी करके किसानों को तंग किया गया। बहादुरगढ़ के लोगों ने इस सख्ती से तंग आकर पटवारियों की पटड़ियां तोड़ दी, बस्ते फूक दिए और लट्ठे और कागजात छीनकर जला दिए। दूसरे परगनों में भी जनता ने इसी प्रकार की नीति अपनाई। रियासती सरकार इस आन्दोलन को न दबा पाई थी। आन्दोलनकारियों ने एकता बनाए रखने और आन्दोलन में पूरी भागीदारी निभाने के उद्देश्य की पूर्ति की और इस सम्बन्ध में एक दूसरे का नमक चखा ताकि कोई भी नमक हरामी न करे। इस प्रक्रिया को 'लूण लोटा' करना कहते थे। प्रजा में जागृति लाने और अत्याचारी शासन के विरूद्ध संघर्ष करने की दिशा में बिलासपुर के राष्ट्रवादी विचारधारा से प्रभावित युवकों ने विशेष योगदान दिया।[73] आन्दोलन के दौरान कनौण सदर के गोपाल दत, बहादुरपुर के काहना राम, झंडूता के रवि दत, सदर के कालीदास, जेवरा के देवीदत, साईं कनैता के गणेशा नम्बरदार, पंजगाई के गोकुल राय, कन्दरौर के राम दिता, गेहड़वी के हीरामन और बोहड़वी के डण्डू खतरी आदि नेताओं ने प्रजा का मार्गदर्शन किया। कई दिनों तक रियासत में आन्दोलनकारियों ने भूमि बन्दोबस्त का कार्य नहीं होने दिया। रियासती सरकार ने ब्रिटिश अधिकारियों से सलाह-मशविरा करके आन्दोलनकारियों को कुछ रियायतें देने का आश्वासन दिया, परन्तु लोगों ने इन रियायतों को ठुकरा दिया।

अन्त में रिसासती सरकार ने आन्दोलनकारियों को अपनी माँगे सरकार के सामने रखने के लिए बिलासपुर नगर में बुलाया। परन्तु रियासती सरकार ने प्रजा की बन्दोबस्त बन्द करने की माँग न मानी। इस पर प्रजा में आक्रोश फैल गया और उन्हौंने कचहरी की ओर बढ़ना शुरू किया। इस पर बलोची पुलिस के अंग्रेज कमांडर ने आन्दोलनकारियों के दमन का आदेश दिया। देखते ही देखते बलोची पुलिस और रियासती पुलिस ने निहत्थे आन्दोलनकारियों पर निर्दयता से लाठियां बरसाई।[74] लाठी गोली से आतंकित करके पुलिस फोर्स आन्दोलनकारियों को तितर-बितर करने में सफल हो गई। सैंकड़ो आन्दोलनकारियों पर देशद्रोह का मुकद्दमा चलाया गया, सैंकड़ो गिरफ्तार आन्दोलनकारियों को कुछ दिन जेल में रखकर चेतावनी देकर रिहा किया गया। सैंकड़ो आन्दोलनकारियों ने इस आन्दोलन में पुलिस के डण्डे खायें। गाँव में भी पुलिस ने डण्डो (लाठियों) का नंगा नाच दिखाया। पुलिस के इस अभूतपूर्व 'डण्डा चार्ज' के कारण स्थानीय लोगों ने इस आन्दोलन को 'डाण्डरा संघर्ष' व डाण्डरा आन्दोलन का नाम दिया। रियासती सरकार ने आन्दोलन के प्रमुख नेताओं पं0 गोपाल दत, गणेशा नम्बरदार, काहना राम, सीह्णू और गोपाल दत के भतीजे घुंघर को अंग्रेजों के हवाले कर दिया। शेष आन्दोलनकारियों की जमीन जायदाद जब्त कर ली गई।[75] फरवरी, 1930 ई0 में महात्मा गाँधी ने देश में सविनय अवज्ञा आन्दोलन आरम्भ करने की घोषणा की। इस आन्दोलन के अन्तर्गत विधानसभाओं एवं समितियों के भारतीय सदस्यों को त्याग पत्र देने का निर्देश दिया गया और किसी भी

प्रकार के चुनावों में भाग लेने की मनाही की गई। विदेशी वस्तुओं का बहिष्कार, अंग्रेजी शिक्षा संस्थाओं का बहिष्कार और विदेशी वस्त्रों के बहिष्कार का जोरदार कार्यक्रम चलाया गया। ब्रिटिश सरकार को कोई भी टैक्स न देने की प्रजा से अपील की गई।

इस आन्दोलन की घोषणा के साथ ही हिमाचल में साहसी और वीर देशप्रेमियों ने अंग्रेजों का विरोध करना आरम्भ कर दिया।[76] चम्बा रियासत के आन्दोलनकारियों ने 'प्रजामण्डल संगठन' बनाने की भी कोशिश की परन्तु सरकार के दमनचक्र की आशंका ने राष्ट्रवादी युवकों को शिथिल कर दिया। इसी दौरान बिलासपुर के दौलतराम सांख्यान स्कूल में विद्यार्थी थे उनका भी राष्ट्रीय आन्दोलन की ओर ध्यान बढ़ने लगा।[77] 12 मार्च, 1930 ई0 को गाँधी जी अपने चुने हुए 79 सहयोगियों के साथ साबरमती आश्रम से दांडी यात्रा के लिए चल पड़े। 24 दिन की यात्रा कर अन्त में 6 अप्रैल, 1930 ई0 को उन्होंने सरकार के नमक कानून को तोड़कर सविनय अवज्ञा आन्दोलन का सूत्रपात किया। इसके साथ ही देश भर में नमक सत्याग्रह आरम्भ हुआ और लोग स्थान-स्थान पर नमक बनाने लगे।[78]

गाँधी जी द्वारा चलाये गये सविनय अवज्ञा आन्दोलन का शिमला में भी व्यापक प्रभाव पड़ा। गाँधी जी के आदेश से आवेश में आकर बटलर हाई स्कूल, स्नातन धर्म सभा स्कूल एवं सरकारी स्कूलों के विद्यार्थियों ने मिलकर हड़तालें की तथा ब्रिटिश सरकार का विरोध किया। 13 अप्रैल, 1930 ई0 को जाखू मेले के दिन शिमला के आन्दोलनकारियों ने खूब जलसा किया तथा सविनय अवज्ञा आन्दोलन का प्रचार किया। इस आन्दोलन में ृयामलाल खन्ना, दीनानाथ आंधी, प्रेम सागर, शामलाल, लालचन्द, पूर्णचन्द, जयराम पेन्टर और रत्न चन्द आदि ने बढ़-चढ़ कर भाग लिया। जिला शिमला काँग्रेस कमेटी के प्रधान लाला गेंडा मल, महामन्त्री द्वारिका प्रसाद आदि नेताओं ने भी इस आन्दोलन को लोकप्रिय बनाने में महत्वपूर्ण योगदान दिया। कोटखाई, कोटगढ़, सपाटू, डगशाई और कसौली में भी काँग्रेस कमेटियों का गठन कर इस आन्दोलन का प्रचार किया गया। 24 अप्रैल, 1930 ई0 में शिमला के गंज मैदान में भारी जलसा कर नेताओं ने जनता से राष्ट्रीय आन्दोलन में अपना हाथ बंटाने की अपील की। 1930 ई0 में आन्दोलनकारियों के रहन-सहन और प्रशिक्षण के लिये शिमला में तीन आश्रम खोले गये थे। इन आश्रमों में शिमला जिला के अतिरिक्त रियासत मण्डी, सुकेत, बिलासपुर, बघाट, बाघल, कुनिहार, क्योंथल, बुशहर, जुब्बल, सिरमौर, नालागढ़ और आस-पास की रियासतों के राष्ट्रवादी आन्दोलकारी आकर ठहरते और आन्दोलन से सम्बन्धित प्रशिक्षण लेते। राष्ट्रीय स्तर के आन्दोलनकारी नेता भी यहाँ आकर पहाड़ी आन्दोलनकारियों का मार्ग-दर्शन करते रहे। शिमला की काँग्रेस कमेटी इन आश्रमों का संचालन तथा प्रबन्ध करती थी।

सन् 1930 ई0 के सविनय अवज्ञा आन्दोलन में शिमला में महिलाओं ने भी महत्वपूर्ण योगदान दिया। इसमें मुख्य रूप से लक्ष्मी देवी, लज्जा वर्मा, कमला देवी, सत्यवती तथा अन्य 35 काँग्रेस महिला कार्यकर्ताओं ने महिलाओं को संगठित तथा आन्दोलित करने में अमूल्य योगदान दिया।[79] 5 मई, 1930 ई0 को महात्मा गाँधी की गिरफ्तारी के कारण देश भर में जनता में आक्रोश फैल गया और आन्दोलनकारी भड़क उठे। शिमला में भी

इनकी गिरफ्तारी के विरोध में तीव्र प्रतिक्रिया देखने को मिली।[80] इस सविनय अवज्ञा आन्दोलन के दौरान शिमला में चौधरी दीवान चन्द, सालीग्राम गुप्ता, लाला काजूमल, कन्हैया लाल बुटेल, चिरंजी लाल आढ़ती, लाला पूर्ण मल, लाला जैकरण दास, लाला सराफ मल, लाला गैंडा मल, मेला राम सूद, लाला जगन्नाथ कुठियाला आदि ने सत्याग्रहियों की मदद की। नमक सत्याग्रह के दौरान अपराधियों पर सैंकड़ों मुकद्दमें चले और कड़े कारावास की सजाये दी गई। दीनानाथ आन्धी पर भी अनेक मुकद्दमें चले और 6-7 साल की सजा हुई। एडवोकेट मोहन लाल, हरिशचन्द्र और आत्मा राम कोटखाई आदि आन्दोलनकारियों के मुकद्दमें की पैरवी करते थे और आन्दोलनकारियों की हर प्रकार से मदद भी करते थे।[81] कांगड़ा क्षेत्र में भी सविनय अवज्ञा आन्दोलन जोरो से चला। नमक सत्याग्रह के अन्तर्गत सत्याग्रहियों ने नमक कानून भंग किया तथा गाँवों और शहरों में जलसे किये। बाबा कांशीराम ने भी कांगड़ा क्षेत्र में 'पूर्ण स्वराज्य' की प्राप्ति के लिए जन-साधारण को अपने भाषणों और गीतों के माध्यम से जागृत करने के अनथक प्रयत्न किये।[82]

धर्मशाला के मित्रसेन, बुराल, सेनावीर, मास्टर चिटकू आदि की भजन मण्डली ने गाँव-गाँव में जाकर कौमी तराने गाकर जनता के बीच राष्ट्रीय भावना और एकता का सन्देश पहुँचाया। जिला काँग्रेस कमेटी के नेताओं जैसे लाला बाशीराम, ठाकुर हजारा सिंह, चतर सिंह, दौलत राम, कृ७ण चन्द्र पुरी, चौधरी सिद्धू राम, प्रताप सिंह गुलेरिया, ताराचन्द, बद्री दास सूद, परस राम, लाला निगाहिया मल, सीता राम जैन, राम कृ७ण नन्दा, चौधरी तुलसीराम आदि ने प्रजा को जागृत करने में महत्वपूर्ण भूमिका निभाई। 1930 ई0 में हमीरपुर के क्रान्तिकारी इन्द्रपाल और उनके सहयोगियों ने लाहौर में भगतसिंह, बटुकेश्वर दत आदि को जेल से छुड़ाने के लिए योजना बनाई। परन्तु वे उन्हें न छुड़ा सके। इन्द्रपाल इस दौरान लाहौर में रहने लगे और चन्द्रशेखर आजाद से मार्गदर्शन लेते रहे। इसी काल में नादौन में भी सविनय अवज्ञा आन्दोलन चलता रहा। सुजानपुर में भी चौधरी सिद्धू राम, वैणी प्रसाद, राम सरन, जानकीदास, शिव सिंह कपूर, राम सिंह कपूर, कालीदास, महाशय थोहलो राम, सर्वमित्र, ज्ञान चन्द, अलमस्त आदि ने 'सविनय अवज्ञा आन्दोलन' का सन्देश गाँवों-गाँवों में जन-जन तक पहुंचाया। हमीरपुर में ठाकुर चतर सिंह, पं0 मिलखी राम, दौलत राम वकील, बिशन दास, सोहन लाल आदि ने इस आन्दोलन में जनता का पथ प्रदर्शन किया।[83]

सविनय अवज्ञा आन्दोलन के दौरान पालमपुर के लाला बाशीराम, धर्मशाला के कृ७णचन्द्र पुरी, देहरा के पं0 तुलसी राम, नूरपुर के फतेह सिंह, हरिपुर के जीवनलाल, पालमपुर के कर्मचन्द पाहड़ा, लदौड़ी के गोपाल सिंह, नगरोटा बगवां के प्रताप सिंह गुलेरिया, शाहपुर के बाबूराम, पालमपुर के बद्री दास सूद और देहरा गोपीपुर के मिलखी राम आदि ने अपने-अपने क्षेत्र में आन्दोलन का नेतृत्व किया और जन-साधारण में राजनैतिक जागृति का विकास कर ब्रिटिश सरकार के दमन का सामना किया। इनके अतिरिक्त भरेड़ी के अमींचन्द लाहौर में, हमीरपुर के रामचन्द अमृतसर में, गंगा राम ठाकुर मुल्तान में, नादौन के यशपाल रोहतक में, पालमपुर के ताराचन्द लाहौर में, मण्डी के

स्वामी कृ७णानन्द कराची में और नगरोटा बगवां के ब्रह्मा नन्द लाहौर में 'सविनय अवज्ञा आन्दोलन' में सक्रिय रूप से भाग लेते रहे।

सविनय अवज्ञा आन्दोलन के दौरान कांगड़ा में लगभग 700 सत्याग्रही गिरफ्तार किए गए और जेलों में बन्द कर दिए गए।[84] सन् 1930 ई0 में 'सविनय अवज्ञा आन्दोलन' में बाबा लछमण दास तथा उनके पुत्र सत्य प्रकाश बागी को भी गिरफ्तार किया गया। जेल में उन पर भारी दबाव डाला गया तथा उन्हें काँग्रेस छोड़ने को कहा गया। इसके बदले उन्हें ऊँचे पदों पर नियुक्त करने के प्रलोभन भी दिए गए। परन्तु उन्होंने सभी प्रलोभनों को ठुकरा दिया। बाबा लछमण दास आर्य की धर्मपत्नी दुर्गाबाई आर्य ने भी ऊना में महिलाओं को जागृत कर बहुत सी महिलाओं को राष्ट्रीय आन्दोलन का भागीदारी बनाया। इनके अतिरिक्त ऊना से बहुत सी जनता ने भी राष्ट्रीय आन्दोलन में बढ़-चढ़ कर भाग लिया।[85]

कुल्लू में भी काँग्रेस कमेटी और आर्य समाज के नेताओं एवं जनता ने 'सविनय अवज्ञा आन्दोलन' में सक्रिय रूप से भाग लिया। इसी काल में लाला शिवदयाल सलहुरिया, उनके पुत्र वेद-व्यास, पं0 सर्वदयाल, लाला डूगर मल, लाला मेला राम, महाशय आत्मा राम, लाला प्यारे लाल, पं0 गोविन्द राम, राम चन्द, अमर चन्द सोहल, मनशा राम बख्शी आदि ने जनता को नेतृत्व प्रदान किया और आन्दोलन की गतिविधियों को गाँव-गाँव तक पहुँचाया। परिणामस्वरूप, कुल्लू में भी आन्दोलनकारियों को गिरफ्तार कर जेल में डाल दिया गया। रियासत बुशहर, ठियोग, मधान, धामी, बाघल, बघाट, बिलासपुर, नालागढ़, मण्डी और सुकेत के लोगों ने शिमला में आकर नमक सत्याग्रह में भाग लिया। जुब्बल के भागमल सौहटा, बुशहर के पं0 पदमदेव, ठियोग के सूरतराम प्रकाश, बघाट के हीरा कौसर, सुकेत के लछमीनन्द गौतम, मण्डी के स्वामी कृष्णानन्द, सरकाघाट के हीरा सिंह, धामी के बाबू नारायण दास, कोटी के ठाकुर गौरीदत आदि ने शिमला, अमृतसर, लाहौर, कराची आदि स्थानों पर सत्याग्रह में भाग लिया।

12 अक्तूबर, 1930 ई0 को लुधियाना में पंजाब तथा पहाड़ी रियासती प्रजा का प्रथम सम्मेलन हुआ जिसमें सिरमौर (पांवटा) से सरदार भगत सिंह और अन्य युवकों ने रियासत का प्रतिनिधित्व किया। इस दौरान इस रियासत में जनता के अनेक सम्मेलन भी होते रहे। महाराजा अमर प्रकाश ने प्रजा की बढ़ती हुई राजनैतिक जागृति के कारण प्रशासन को प्रजातान्त्रिक रूप देने का प्रयत्न किया। उन्होंने रियासती सचिवों को मन्त्री बनाया और प्रत्येक मन्त्री को अलग विभाग का कार्य सौंपा। फलस्वरूप मन्त्रीपरिषद् भी बनी। परन्तु वे प्रजा के विश्वास को न जीत सके। इस दौरान दिल्ली में कार्यरत सिरमौर प्रवासियों ने 'सिरमौरी एसोसिएशन' की स्थापना की। पं0 शिवानन्द रमौल ने इस संस्था की सदस्यता लेकर सिरमौर रियासत में प्रजा में राजनैतिक जागृति लाने का कार्यक्रम चलाया। जनवरी, 1931 ई0 तक सविनय अवज्ञा आन्दोलन में हिमाचल के विभिन्न क्षेत्रों से 1500 आन्दोलनकारी अनेक जेलों में बन्द थे। प्रमुख नेताओं के जेल में बन्द होने के बावजूद भी सारे पर्वतीय क्षेत्र में जनता ने 26 जनवरी, 1931 ई0 को 'स्वाधीनता आन्दोलन बड़े धूमधाम से मनाया।[86] फरवरी, 1931 ई0 में चन्द्रशेखर आजाद के शहीद होने पर

क्रान्तिकारी वीर यशपाल को 'हिन्दुस्तान सोशलिस्ट रिपब्लिकन आर्मी' का नेता व कमांडर इन चीफ बनाया गया।[87]

मार्च, 1931 ई0 को महात्मा गाँधी दूसरी बार शिमला पधारे। उनके साथ जवाहर लाल नेहरू, मौलाना अब्बुल कलाम आजाद, खान अब्दुल गफ्फार, मदन मोहन मालवीय, डॉ0 अन्सारी और अन्य राष्ट्रीय नेता भी शिमला आए। आगमन के दूसरे दिन गाँधी जी ने रिज मैदान में खुला भाषण देकर इस पर्वतीय प्रदेश की जनता को सम्बोधित किया।[88] शिमला और आसपास की पहाड़ी रियासतों के सहस्त्रों लोगों ने गाँधी जी तथा अन्य नेताओं के भाषण सुने। इस अवसर पर जुब्बल के भागमल सौहटा, ठियोग के सूरतराम प्रकाश, मधान के देवीदास मुसाफिर, ऊना के हरिराम शर्मा, सिरमौर के राजेन्द्र दत और अन्य पहाड़ी रियासतों के नेताओं ने गाँधी सहित अन्य नेताओं से मुलाकात की और उनकी प्रेरणा पाकर रियासतों में आन्दोलन चलाने की योजना बनाई।[89] 5 मार्च, 1931 ई0 को गाँधी और वायसराय लॉर्ड इरविन के बीच समझौता हुआ। इस समझौते के अन्तर्गत 'सविनय अवज्ञा आन्दोलन' में बन्दी बनाए गये सत्याग्रहियों को रिहा किया गया। इसके साथ ही महात्मा गाँधी ने अपना यह आन्दोलन भी वापिस ले लिया।[90] 23 मार्च, 1931 ई0 को 'लाहौर केस' के सम्बन्ध में भगत सिंह, राजगुरू और सुखदेव को फांसी की सजा दे दी गई। इस घटना से सारे देश में जनता में आक्रोश फैल गया।[91] इधर पहाड़ी क्षेत्र में ऊना, नाहन, नादौन, पालमपुर, धर्मशाला, कुल्लू और पांवटा में हड़ताले हुई तथा ब्रिटिश शासन का विरोध कर नमक कानून को भंग किया गया।

29 मार्च, 1931 ई0 को ठियोग के धमान्दरी नामक स्थान पर लाला जयलाल नागल, पं0 केदार दत तथा उनके स्थानीय साथियों ने मिलकर कानपुर से डाक द्वारा प्राप्त फार्मूले के अनुसार मिट्टी से नमक बनाया।[92] मार्च, 1931 ई0 के अन्त में कराची में काँग्रेस का वार्षिक अधिवेशन हुआ।[93] इस अधिवेशन में मण्डी, नगरोटा-बगवां, चम्बा, सिरमौर, कुल्लू तथा अन्य पहाड़ी क्षेत्रों के काँग्रेस कार्यकर्ताओं ने भाग लिया। इसी काल में चम्बा के प्रवासी लोगों ने अपनी रियासत के प्रशासन के खिलाफ अखबार 'दि ट्रिब्यून' के माध्यम से आवाज उठाई तथा राजा राम सिंह से जनता की प्रतिनिधि सभा' बनाने की माँग की।

मई, 1931 ई0 तक सविनय अवज्ञा आन्दोलन के अन्तर्गत गिरफ्तार किये गए सत्याग्रहियों को रिहा किया गया।[94] इसी काल में कांगड़ा क्षेत्र में लाला हेमराज वकील ने दलित वर्ग में जागृति एवं समानता का प्रचार किया और राष्ट्रीय एकता पर बल दिया।[95] सन् 1932 ई0 में महात्मा गाँधी काँग्रेस से कुछ दूर हो गये। देश की जनता में राष्ट्रीय एकता, राजनैतिक जागृति, बलिदान और संघर्ष की भावना को जागृत करने के पश्चात् अब गाँधी जी देश में सामाजिक समानता, साम्प्रदायिक सद्भाव और आर्थिक विकास के रचनात्मक कार्यो की सिद्धि में जुट गए। इसी काल में महाराष्ट्र के डॉ0 बी0 आर0 अम्बेडकर दलित वर्ग के उभरते नेता के रूप में राष्ट्रीय आन्दोलन में शामिल हुए और शीघ्र ही प्रसिद्ध राष्ट्रीय नेता बने। उन्होंने दलित वर्ग को राष्ट्र की मुख्य धारा में लाने में विशेष भूमिका निभाई।

तत्कालीन हिमाचल में भी गाँधी जी के रचनात्मक कार्यक्रम आन्दोलन का विशेष प्रभाव

पड़ा तथा राजनैतिक आन्दोलन के साथ-साथ हरिजन कल्याण, समाज सुधार और आर्थिक उद्धार के आन्दोलनकारी कार्यक्रम आरम्भ हुए।[96] फरवरी, 1932 ई0 में हिमाचल के क्रान्तिकारी नेता यशपाल को पकड़ लिया गया तथा उन्हे उम्रकैद की सजा दी गई। उन्हें इलाहाबाद जेल में डाल दिया गया।[97]

अप्रैल, 1932 ई0 में चम्बा के प्रवासी लोगों ने लाहौर में 'चम्बा प्रजा सुरक्षा लीग' की स्थापना की और एम0 ए0 अहमद इस लीग के अवैतनिक महामन्त्री बने। इस संगठन की स्थापना इसलिए की गई थी ताकि आम जनता की कठिनाइयों को शासक वर्ग के सम्मुख रखा जा सके। इस संगठन के बनने से राष्ट्रीय स्वतन्त्रता आन्दोलन को भी बल मिला।[98] राष्ट्रीय स्तर पर सामाजिक समानता के सम्बन्ध में देशभर में बडे-बडे जलसे हुए। अंग्रेजी सरकार ने इस दौरान देश के निम्न वर्ग को अलग करने की पूरी कोशिश की। उनकी 'फूट डालों और शासन करो' की नीति को भीमराव अम्बेदकर और महात्मा गाँधी ने सफल न होने दिया। फलस्वरूप 26 दिसम्बर, 1932 ई0 को 'पूना पैक्ट' के अन्तर्गत दलित वर्ग के लिये आरक्षण नीति आरम्भ हुई।[99] दिसम्बर, 1932 ई0 में सिरमौर के राजेन्द्र दत ने जनता को संगठित एवं एकजुट करने तथा गाँधी के विचारधारा को बढ़ाने में सहयोंग दिया।[100] 1933 ई0 में कुल्लू में आर्य समाज ने गाँधी जी द्वारा चलाए गए रचनात्मक कार्यक्रम के आन्दोलन को खूब सराहा। शिमला, हमीरपुर, कांगड़ा, ठियोग और ऊना की आर्य समाज संस्थाओं ने भी इस काल में अपने सक्रिय सदस्यों के सहयोग से गाँधी जी के कार्यक्रमों को और आगे बढ़ाया।

इस दौरान चम्बा के सौदागर मल भी राष्ट्रीय स्वाधीनता आन्दोलन में कूद पड़े। बिलासपुर रियासत के सन्त राम शास्त्री ने भी इसी काल में राष्ट्रीय आन्दोलन में अमृतसर में प्रवेश किया। 1933 ई0 में मण्डी रियासत में राजा जोगेन्द्र सेन ने प्रजा की माँग पर एक मनोनीत सलाहकार समिति की नियुक्ति की और जनता को 'प्रतिनिधि प्रशासन' देने की कोशिश की। परन्तु जनता इस मनोनीत समिति से सन्तुष्ट न हो सकी और रियासती प्रशासन के खिलाफ जंग जारी रही। 1933 ई0 में लाहौर में पढ़ रहे कुल्लू के छात्रों ने 'कुल्लू पीपल्ज लीग' नामक संगठन की स्थापना कर राष्ट्रीय आन्दोलन में सहयोग दिया। 1934 ई0 में तत्कालिन हिमाचल के विभिन्न क्षेत्रों में जनता की गिरफ्तारियां जारी रही। मई, 1934 ई0 में पंजाब प्रदेश काँग्रेस की वार्षिक कान्फ्रैंस जालन्धर में हुई। इस कान्फैंस में कांगड़ा से लाला बाशीराम सहित अनेक देशप्रेमियाँ ने भाग लिया।[101] इस प्रकार हिमाचल के जन-आन्दोलन के तार राष्ट्रीय आन्दोलन से जुड़े थे। इसके बाद जनता ने ऐसे संगठन की तलाश शुरू कर दी थी जो उन्हे उनके मुकाम तक पहुँचा सके।

सन्दर्भ

1. कैलाश चन्द जैन, भारत का राष्ट्रीय आन्दोलन और संवैधानिक इतिहास, यूनिवर्सिटी पब्लिकेशन, नई दिल्ली, 1999, पृ0 108-109
2. दीनानाथ, हिमाचली काँग्रेस स्थापना में लाला हेमराज, (हिमाचल प्रदेश सरकार, स्मृतियां, भाषा एवं संस्कृति विभाग, शिमला, 1988, पृ0 58) एण्ड सी0 आर0 प्रेम,

कांगड़ा के स्वतन्त्रता संग्राम का इतिहास, (हिमाचल प्रदेश सरकार, संघर्ष के वे दिन, भाषा एवं संस्कृति विभाग, शिमला, 1989, पृ0 72)

3. हिमाचल प्रदेश सरकार, हिमाचल प्रदेश में स्वतन्त्रता संग्राम का संक्षिप्त इतिहास, भाषा एवं संस्कृति विभाग, शिमला, 1992, पृ0 76-77
4. मियाँ गोवर्धन सिंह, हिमाचल प्रदेश का इतिहास, रिलायेंस पब्लिशिंग हॉऊस, नई दिल्ली, 1996, पृ0 361
5. दि कोलेक्टिड वर्कस ऑफ महात्मा गाँधी, ग्गए (अप्रैल-अगस्त, 1921), दि पब्लिकेशन्स डिवीजन, अहमदाबाद, 1966, पृ0 100 एण्ड राजा भसिन, शिमला: दि समर केपिटल ऑफ ब्रिटिश इण्डिया, वाइकिंग पेनगयूइन बुक्स लिमिटेड, नई दिल्ली, 1992, पृ0 197
6. मियाँ गोवर्धन सिंह, हिमाचल प्रदेश का इतिहास, पृ0 361
7. विपिन पबी, शिमला देन एन नाऊ, (समर केपिटल ऑफ राज), इण्डस पब्लिशिंग कम्पनी, नई दिल्ली, 1988, पृ0 84
8. दीनानाथ आंधी, स्वाधीनता संग्राम में शिमला, (हिमाचल प्रदेश सरकार, संघर्ष के वे दिन, पृ0 8)
9. हिमाचल प्रदेश सरकार, स्मृतियाँ, पृ0 11
10. सुदर्शन वशिष्ठ, हिमाचल, आत्माराम एण्ड संस, दिल्ली, 1997, पृ0 26
11. विपिन पबी, शिमला देन एण्ड नाऊ, (समर केपिटल ऑफ राज), पृ0 88 एण्ड राजेन्द्र अत्री, हिमाचल प्रदेश: एक बहु-आयामी परिचय, सरला पब्लिकेशन, शिमला, 2007, पृ0 42-43
12. दामोदर लाल गर्ग, भारत में ब्रिटिश साम्राज्य, ग्रन्थ विकास, जयपुर, 2008, पृ0 349-350
13. हिमाचल प्रदेश सरकार, हिमाचल प्रदेश में स्वतन्त्रता संग्राम का संक्षिप्त इतिहास, पृ0 79
14. मनोज कुमार पाण्डेय, भारतीय स्वतन्त्रता संग्राम की राष्ट्रवादी प्रवृतियाँ, आर0के0 पब्लिशर्स एण्ड डिस्ट्रीब्यूटर्स, दिल्ली, 2009, पृ0 75
15. हिमाचल प्रदेश सरकार, हिमाचल प्रदेश में स्वतन्त्रता संग्राम का संक्षिप्त इतिहास, पृ0 80
16. एच0 कपिला, आजादी की लड़ाई को समर्पित बाबा आर्य का परिवार, (हिमाचल प्रदेश सरकार, स्वाधीनता का संकल्प, भाषा एवं संस्कृति विभाग, शिमला, 2005, पृ0 33)
17. अभय कुमार अग्रवाल, लाला बाशीराम, (हिमाचल प्रदेश सरकार, संघर्ष के वे दिन, पृ0 75-76)
18. राजेन्द्र अत्री, हिमाचल प्रदेश: एक बहु-आयामी परिचय, पृ0 43-44

19. सत्यापुरी, सिरमौर में जंग-ए-आजादी, (हिमाचल प्रदेश सरकार, स्मृतियाँ, पृ0 107-108)
20. हिमाचल प्रदेश सरकार, हिमाचल प्रदेश में स्वतन्त्रता संग्राम का संक्षिप्त इतिहास, पृ0 81
21. गौतम वीर, भारतीय राष्ट्रीय आन्दोलन एवं चिन्तन, ओमेगा पब्लिकेशन्स, नई दिल्ली, 2009, पृ0 164 एण्ड रजनी पाम दत, आज का भारत, ग्रन्थ शिल्पी, दिल्ली, 2000, पृ0 323
22. दीपक राज दीपक, देशभक्त पं0 हरनाम दास डोगरा, (हिमाचल प्रदेश सरकार, स्वाधीनता का संकल्प, पृ0 30)
23. हिमाचल प्रदेश सरकार, हिमाचल प्रदेश में स्वतन्त्रता संग्राम का संक्षिप्त इतिहास, पृ0 81-82
24. रमेश चौहान, हिमाचल प्रदेश ए पर्सपैक्टिव, मिनर्वा बुक हॉऊस, शिमला, 1998, पृ0 172
25. गज़ेटियर ऑफ दि शिमला डिस्ट्रिक्ट, 1888-1889, हिलमेन पब्लिशिंग हॉऊस, दिल्ली, 1992, पृ0 36-37 एण्ड एम0एस0 अहलूवालिया, सोशल, कल्चरल एण्ड इकोनोमिक हिस्ट्री ऑफ हिमाचल प्रदेश, इण्डस पब्लिशिंग कम्पनी, नई दिल्ली, 1998, पृ0 62-65 एण्ड अबोलिशन ऑफ कस्टम ऑफ रीत इन शिमला हिल्स, 1910, पंजाब हिल स्टेट्स एजैन्सी, बंडल न0 11, फाइल न0 344, राज्य अभिलेखागार, शिमला, एण्ड राजेश चौहान सोशियो-पोलिटिकल मूवमेन्टस इन हिमाचल प्रदेश डयुरिग दि नाइनटिथ एण्ड टवेन्टिइथ् सेन्चुरीज, (अप्रकाशित) पीएच0 डी0 थीसिस, विभाग इतिहास, हिमाचल प्रदेश विश्वविद्यालय, शिमला, 2002, पृ0 172-175
26. जयलाल महाजन, सुकेत आन्दोलन, (हिमाचल प्रदेश सरकार, संघर्ष के वे दिन, पृ0 124)
27. कृ७ण चन्द महादेविया, सुकेत क्रान्तिकारी वीर रत्न सिंह, (हिमाचल प्रदेश सरकार स्मृतियाँ, पृ0 45-46)
28. जयलाल महाजन, सुकेत आन्दोलन, (हिमाचल प्रदेश सरकार, संघर्ष के वे दिन, पृ0 124-125)
29. कृ७ण चन्द महादेविया, सुकेत क्रान्तिकारी वीर रत्न सिंह, (हिमाचल प्रदेश सरकार, स्मृतियाँ, पृ0 46)
30. राजेन्द्र अत्री, हिमाचल प्रदेश: एक बहु-आयामी परिचय, पृ0 44
31. हिमाचल प्रदेश सरकार, हिमाचल प्रदेश में स्वतन्त्रता संग्राम का संक्षिप्त इतिहास, पृ0 84
32. विपिन पबी, शिमला देन एण्ड नाऊ, (समर केपिटल ऑफ राज), पृ0 88-89

33. हिमाचल प्रदेश सरकार, हिमाचल प्रदेश में स्वतन्त्रता संग्राम का संक्षिप्त इतिहास, पृ0 84-85
34. नरेन्द्र अरूण, स्वतन्त्रता आन्दोलन में हिमाचल प्रदेश का योगदान, हिमप्रस्थ, वर्षः 44, अंक:1, हिमाचल प्रदेश प्रिंटिंग प्रेस परिसर, शिमला, अप्रैल, 1998, पृ0 19 एण्ड देवीदास मुसाफिर, ठियोग के क्रान्तिकारी, (हिमाचल प्रदेश सरकार, संघर्ष के वे दिन, पृ0 25)
35. वही, ,, ,, ,, पृ0 25
36. हिमाचल प्रदेश सरकार, हिमाचल प्रदेश के स्वतन्त्रता सेनानी, प्रथम-खण्ड, भाषा एवं संस्कृति विभाग, शिमला, 1985, पृ0 24
37. हिमाचल प्रदेश सरकार, हिमाचल प्रदेश में स्वतन्त्रता संग्राम का संक्षिप्त इतिहास, पृ0 86
38. दीनानाथ आंधी, स्वाधीनता संग्राम में शिमला, (हिमाचल प्रदेश सरकार, संघर्ष के वे दिन, पृ0 9)
39. हिमाचल प्रदेश सरकार, हिमाचल प्रदेश में स्वतन्त्रता संग्राम का संक्षिप्त इतिहास, पृ0 86
40. दीना नाथ, हिमाचली काँग्रेस स्थापना में लाला हेमराज, (हिमाचल प्रदेश सरकार, स्मृतियाँ, पृ0 57)
41. लोकराज शर्मा, कांगड़ा सत्याग्रह आन्दोलन में श्री ब्रह्मनन्द, (हिमाचल प्रदेश सरकार, संघर्ष के वे दिन, पृ0 82)
42. किशोरी लाल शर्मा, हिमाचल का गठन और जन-आन्दोलन, हिमप्रस्थ, वर्षः 48, अंक:1, हिमाचल प्रदेश प्रिंटिंग प्रैस परिसर, शिमला, अप्रैल, 2002, पृ0 41 एण्ड पद्म चन्द्र काश्यप, हिमाचली संस्कृति का इतिहास, आर्य प्रकाशन मण्डल, दिल्ली, 1986, पृ0 221
43. राजेन्द्र अत्री, हिमाचल प्रदेशः एक बहु-आयामी परिचय, पृ0 45
44. मियाँ गोवर्धन सिंह, जयदीप नेगी, हिमाचल प्रदेशः एक ऐतिहासिक सर्वेक्षण, रिलायेंस पब्लिशिंग हॉऊस, नई दिल्ली, 1999, पृ0 233-234
45. राजेन्द्र अत्री, हिमाचल प्रदेशः एक बहु-आयामी परिचय, पृ0 45
46. रमेश वालिया, प्रजामण्डल मूवमेन्ट इन ईस्ट पंजाब स्टेट्स, डिपार्टमेन्ट ऑफ पंजाब हिस्टोरिकल स्टडीज, पंजाब यूनिवर्सिटी, पटियाला, 1972, पृ0 10
47. सत्यापुरी, सिरमौर में जंग-ए-आजादी, (हिमाचल प्रदेश सरकार, स्मृतियाँ, पृ0 108) एण्ड राजेन्द्र अत्री, हिमाचल प्रदेशः एक बहु-आयामी परिचय, पृ0 46-47
48. ओम प्रकाश चौधरी, कर्मठ कार्यकर्ता चौधरी हरीराम, (हिमाचल प्रदेश सरकार, स्मृतियाँ, पृ0 69)
49. ओम प्रकाश शर्मा, क्रान्तिकारी यशपाल, (हिमाचल प्रदेश सरकार, स्वाधीनता का संकल्प, पृ0 40)

50. राजेन्द्र अत्री, हिमाचल प्रदेश: एक बहु-आयामी परिचय, पृ0 46
51. हिमाचल प्रदेश सरकार, संघर्ष के वे दिन, पृ0 118
52. बिपन चन्द्र, मृदुला मुखर्जी, आदित्य मुखर्जी, के0 एन0 पणिक्कर, सुचेता महाजन, इण्डियाज स्ट्रगल फॉर इन्डिपेन्डेन्स, (1857-1947), पेनगयूइन बुक्स, नई दिल्ली, 1989, पृ0 191
53. मदन लाल शर्मा, स्वतन्त्रता संग्राम का इतिहास, किताब घर, नई दिल्ली, 2005, पृ0 179
54. ओमप्रकाश शर्मा, क्रान्तिकारी यशपाल, (हिमाचल प्रदेश सरकार, संघर्ष के वे दिन, पृ0 87)
55. सत्यापुरी, सिरमौर में जंग-ए-आजादी, (हिमाचल प्रदेश सरकार, स्मृतियाँ, पृ0 108)
56. सरस्वती देवी, महान देशभक्त पण्डित गोपाल दत, (हिमाचल प्रदेश सरकार, संघर्ष के वे दिन, पृ0 48)
57. हिमाचल प्रदेश सरकार, हिमाचल प्रदेश में स्वतन्त्रता संग्राम का संक्षिप्त इतिहास, पृ0 89
58. मनोज कुमार पाण्डेय, भारतीय स्वतन्त्रता संग्राम की राष्ट्रवादी प्रवृतियाँ, पृ0 77 एण्ड मदन लाल शर्मा, स्वतन्त्रता संग्राम का इतिहास, पृ0 169
59. लोकराज शर्मा, कांगड़ा सत्याग्रह आन्दोलन में श्री ब्रह्मनन्द, (हिमाचल प्रदेश सरकार, संघर्ष के वे दिन, पृ0 82) एण्ड कैलाश चन्द जैन, भारत का राष्ट्रीय आन्दोलन और संवैधानिक इतिहास, पृ0 82
60. एस0 आर0 बख्शी, गाँधी एण्ड सिविल डिसओबीडेन्स मूवमेन्ट, गीतांजली पब्लिशिंग हॉऊस, नई दिल्ली, 1985, पृ0 6
61. राजेन्द्र अत्री, हिमाचल प्रदेश: एक बहु-आयामी परिचय, पृ0 46
62. राजेन्द्र मोहन, सिरमौर के महान् स्वतन्त्रता सेनानी श्री शिवानन्द रमौल, (हिमाचल प्रदेश सरकार, संघर्ष के वे दिन, पृ0 44)
63. एच0 कपिला, आजादी की लड़ाई को समर्पित बाबा आर्य का परिवार, (हिमाचल प्रदेश सरकार, स्वाधीनता का संकल्प, पृ0 33)
64. कैलाश चन्द जैन, भारत का राष्ट्रीय आन्दोलन और संवैधानिक इतिहास, पृ0 82, एण्ड पीटर हीहस, इण्डियाज फ्रीडम स्ट्रगल, (1857-1947), ऑक्सफोर्ड यूनिवर्सिटी प्रैस, चेन्नई, 1988, पृ0 119
65. हिमाचल प्रदेश सरकार, हिमाचल प्रदेश में स्वतन्त्रता संग्राम का संक्षिप्त इतिहास, पृ0 91
66. वही, ,, ,, ,, पृ0 91
67. कैलाश चन्द जैन, भारत का राष्ट्रीय आन्दोलन और संवैधानिक इतिहास, पृ0 83
68. ई0 एम0एस0 नम्बूदरीपाद, भारत का स्वाधीनता संग्राम, ग्रन्थ शिल्पी, दिल्ली, 2004,

पृ0 410 एण्ड एम0 एल0 धवन, भारत में राष्ट्रीय आन्दोलन का उद्भव एवं विकास, पृ0 212

69. राजेन्द्र अत्री, हिमाचल प्रदेशः एक बहु-आयामी परिचय, पृ0 48
70. निरंजन एम0 खिलनानी, इण्डियाज रोड़ टू इण्डिपैन्डेन्स, (पनोरमा ऑफ इण्डियाज स्ट्रगल फार फ्रीडम), स्ट्रलिंग पब्लिशर्स प्राइवेट लिमिटेड, नई दिल्ली, 1987, पृ0 81
71. मियाँ गोवधर्न सिंह, हिमाचल प्रदेश का इतिहास, पृ0 357
72. लेखराम भारद्वाज, बिलासपुर प्रजामण्डलः राजनैतिक व स्वतन्त्रता संघर्ष, भारद्वाज प्रकाशन, बिलासपुर, (हिमाचल प्रदेश), 1985, पृ0 24
73. शक्ति एस0 चन्देल, कहलूर बिलासपुर थ्रू दि सेन्चुरीज, उर्वशी बुक्स, शिमला, 2007, पृ0 150 एण्ड मियाँ गोवधर्न सिंह, हिमाचल प्रदेश का इतिहास, पृ0 357-358
74. हिमाचल प्रदेश सरकार, हिमाचल प्रदेश में स्वतन्त्रता संग्राम का संक्षिप्त इतिहास, पृ0 94-95
75. वही, ,, ,, ,, पृ0 95-96
76. मदन लाल शर्मा, स्वतन्त्रता संग्राम का इतिहास, पृ0 192-193 एण्ड एस0 एल नागोरी, कान्ता नागोरी, आधुनिक भारत का वृहत इतिहास, (1919-1965 ई0), भाग-4, नेशनल पब्लिशिंग हॉऊस, जयपुर एवं दिल्ली, 2008, पृ0 10
77. हिमाचल प्रदेश सरकार, हिमाचल प्रदेश में स्वतन्त्रता संग्राम का संक्षिप्त इतिहास, पृ0 96
78. एस0आर0 बख्शी, गाँधी एण्ड सिविल डिसओबीडेन्स मूवमेन्ट, पृ0 19 एण्ड शशिप्रभा श्रीवास्तव, स्वतन्त्रता आन्दोलन का इतिहास, राधाकृष्ण प्रकाशन, नई दिल्ली, 2005, पृ0 85
79. पब्लिशिंग म्यूनिसिपल् रूलस एण्ड रेगुलेशन इन लोकल पेपरज, बंडल न0 177, सिरियल न0 1911, केस न0 61, 1911, राज्य अभिलेखागार, शिमला एण्ड हिमाचल प्रदेश सरकार, हिमाचल प्रदेश में स्वतन्त्रता संग्राम का संक्षिप्त इतिहास, पृ0 97-98 एण्ड पमिला कॅवर, इम्पीरियल शिमला, (दि पोलिटिकल कल्चरल ऑफ दि राज), ऑक्सफोर्ड यूनिवर्सिटी प्रैस, बम्बे, 1990, पृ0 208
80. रजनी पामदत, आज का भारत, ग्रन्थ शिल्पी प्राइवेट लिमिटेड, दिल्ली, 2005, पृ0 335
81. हिमाचल प्रदेश सरकार, हिमाचल प्रदेश में स्वतन्त्रता संग्राम का संक्षिप्त इतिहास, पृ0 99
82. दीनानाथ, हिमाचली काँग्रेस स्थापना में लाला हेमराज, (हिमाचल प्रदेश सरकार, स्मृतियाँ, पृ0 58)

83. हिमाचल प्रदेश सरकार, हिमाचल प्रदेश में स्वतन्त्रता संग्राम का संक्षिप्त इतिहास, पृ0 100-101
84. राजेन्द्र अत्री, हिमाचल प्रदेशः एक बहु-आयामी परिचय, पृ0 49-50
85. एच0 कपिला, आजादी की लड़ाई को समर्पित बाबा आर्य का परिवार, (हिमाचल प्रदेश सरकार, स्वाधीनता का संकल्प, पृ0 34)
86. हिमाचल प्रदेश सरकार, हिमाचल प्रदेश में स्वतन्त्रता संग्राम का संक्षिप्त इतिहास, पृ0 103-105
87. ओमप्रकाश शर्मा, क्रान्तिकारी यशपाल, (हिमाचल प्रदेश सरकार, स्वाधीनता का संकल्प, पृ0 41)
88. अनीता पंडित, गाँधी जी की शिमला यात्राएं, विपाशा, वर्षः 11, अंकः 65, भाषा एवं संस्कृति विभाग, शिमला, नवम्बर-दिसम्बर, 1995, पृ0 24
89. हिमाचल प्रदेश सरकार, हिमाचल प्रदेश में स्वतन्त्रता संग्राम का संक्षिप्त इतिहास, पृ0 105
90. हंसराज, ब्यूरोक्रेसी टू डेमोक्रेसी, सुरजीत पब्लिकेशन्स, दिल्ली, 1983, पृ0 59 एण्ड दि ट्रिब्यून, 15 मई, 1931
91. मदन लाल शर्मा, स्वतन्त्रता संग्राम का इतिहास, पृ0 183
92. किशोर नागल, समाज सेवक श्री जयलाल नागल, (हिमाचल प्रदेश सरकार, संघर्ष के वे दिन, पृ0 13)
93. हरि हरादास, दि हिस्ट्री ऑफ फ्रीडम मूवमेन्ट इन इण्डिया, (1857-1947), नेशनल पब्लिशिंग हॉऊस, नई दिल्ली, 1998, पृ0 142
94. हिमाचल प्रदेश सरकार, हिमाचल प्रदेश में स्वतन्त्रता संग्राम का संक्षिप्त इतिहास, पृ0 106-107
95. दीनानाथ, हिमाचली काँग्रेस स्थापना में लाला हेमराज, (हिमाचल प्रदेश सरकार, स्मृतियाँ, पृ0 57-58)
96. अनिल कुमार द्विवेदी, भारत में अंग्रेजी राज्य, आविष्कार प्रकाशन, दिल्ली, 2008, पृ0 138
97. ओम प्रकाश शर्मा, क्रान्तिकारी यशपाल, (हिमाचल प्रदेश सरकार, स्वाधीनता का संकल्प, पृ0 41)
98. हिमाचल प्रदेश सरकार, स्मृतियाँ, पृ0 90
99. एस0एल0 नागोरी, कान्ता नागोरी, आधुनिक भारत का वृहत् इतिहास, पृ0 13
100. सत्यापुरी, सिरमौर में जंग-ए-आजादी, (हिमाचल प्रदेश सरकार, स्मृतियाँ, पृ0 109)
101. हिमाचल प्रदेश सरकार, हिमाचल प्रदेश में स्वतन्त्रता संग्राम का संक्षिप्त इतिहास, पृ0 108-110

पाँचवाँ अध्याय

हिमाचल प्रदेश में प्रजामण्डल आन्दोलनः संगठन एवं नेतृत्व

इस अध्याय के माध्यम से यह जानने का प्रयास किया गया है कि प्रजा मण्डल आन्दोलन क्या था, इसका क्या उद्देश्य था, हिमाचल प्रदेश में इस आन्दोलन की शुरूआत कैसे हुई तथा यह संगठन कैसे बना, इसमें नेतृत्व ने क्या भूमिका निभाई। प्रजामण्डल आन्दोलन काँग्रेस का ही रूप था। इसका उद्देश्य स्वतन्त्रता विरोधी अंग्रेज भक्त राजाओं के राज्य समाप्त कर प्रजातन्त्रात्मक राज्य की नींव तथा अखिल भारतीय काँग्रेस के ध्येयों की पूर्ति करना था।

इसके साथ ही इसका उद्देश्य भूमि राजस्व में कमी तथा बैठ-बेगार प्रथा को भी समाप्त करना था। विश्व ने जहाँ वैज्ञानिक, राजनीतिक, आर्थिक एवं सामाजिक क्रान्ति की दिशा में कदम बढ़ाया वहाँ भारत के बुद्धिजीवियों ने देश को न केवल स्वतन्त्र कराने की ठानी अपितु इस भूखण्ड को एक राजनीतिक, प्रशासकीय, सामाजिक और आर्थिक इकाई बनाने का निश्चय भी किया।[1] 1916 ई0 में पहली बार यह महसूस किया गया कि रियासतों में रहने वाली भारत की एक तिहाई आबादी को उसके हाल पर नहीं छोड़ा जा सकता है। अतः काँग्रेस पर भीतरी दबाव पड़ा और इस बात पर बल दिया गया कि काँग्रेस रियासती संगठनों की स्थापना हेतु प्रेरणा दे। 1916 ई0 में बड़ौदा राज्य प्रजामण्डल की स्थापना हुई और अगले कदम के रूप में 1927 ई0 में 'अखिल भारतीय देशी राज्य लोक परिषद्' की स्थापना की गई ताकि रियासतों में रहने वाले काँग्रेसजन रियासती दमन के खिलाफ जनता को संगठित कर सके।[2] शीघ्र ही 'पंजाब रियासती प्रजामण्डल' का गठन किया गया। गाँधी जी की इच्छा के विरूद्ध काँग्रेस के कार्यकर्ताओं ने पंजाब में पंजाब प्रजामण्डल को निर्देशित और सहयोग देना आरम्भ कर दिया। 24 जुलाई, 1930 ई0 को

शिमला जिला काँग्रेस समिति के प्रमुख नेता अमृतलाल ठाकुर की अध्यक्षता में 'पंजाब रियासती प्रजामण्डल' के एक सम्मेलन का आयोजन शिमला के गंज बाजार में हुआ। इस सम्मेलन में अध्यक्ष ने कार्यकर्ताओं को रियासतों में शराब और विदेशी कपड़ो की दुकानों की पिकेटिंग करने को कहा। उसी दिन शिमला काँग्रेस कमेटी अध्यक्ष के घर पर हुई गुप्त बैठक में काँग्रेस के तत्वावधान में प्रजामण्डल के प्रचार का संकल्प लिया गया। 'अखिल भारतीय रियासती प्रजा परिषद्' का हिमाचल की रियासतों पर भी व्यापक प्रभाव पड़ा। इससे जनता भी बहुत प्रभावित हुई उनके मन में भी इसी प्रकार का संगठन बनाने की भावना पैदा हुई जो उन्हें सामन्तशाही एवं राजशाही से मुक्ति दिला सके। हिमाचल प्रदेश की विभिन्न रियासतों में से सबसे पहले सिरमौर रियासत की जनता में प्रजामण्डल संस्था बनाने का विचार आया।

सिरमौर रियासत में प्रजामण्डल का गठन

'अखिल भारतीय रियासती प्रजा परिषद्' से अभिभूत होकर सिरमौर रियासत में प्रथम प्रजामण्डल का गठन पं0 राजेन्द्र दत ने किया। सन् 1934 ई0 में सिरमौर रियासत में एक अन्य प्रजामण्डल का गठन किया गया।[3] इसमें डॉ0 देवेन्द्र सिंह, नगेन्द्र सिंह, रामनाथ, आत्माराम, पं0 राजेन्द्र दत, धर्म नारायण, दलीप सिंह, इन्द्र नारायण, हितेन्द्र सिंह, जगबन्धन सिंह और हरिचन्द पाधा तथा आम जनता ने पूर्ण सहयोग दिया। इस संगठन ने राष्ट्रीय स्वाधीनता आन्दोलन को रियासत में चलाने के कार्यक्रम बनाए। सर्वप्रथम इन आन्दोलनकारियों ने रियासत में राजनैतिक जागृति का कार्यक्रम चलाया और रियासतों के विभिन्न क्षेत्रों में जाकर जलसे किये। दिसम्बर, 1934 ई0 में महाशय तीर्थ राम ओयल ने गाँव ओयल में काँग्रेस की एक जनसभा बुलाकर सारे ऊना क्षेत्र में आन्दोलन चलाने का कार्यक्रम चलाया। इसी दौरान ब्रिटिश शासित पहाड़ी क्षेत्रों और रियासतों दोनों में किसानों, पिछड़े वर्गों, आदिवासियों तथा दलित वर्ग के उद्धार, विकास और जागृति के कार्यक्रम चलाये गये। भारतीय समाज की कुरीतियों को भी दूर करने की कोशिश की गई। सन् 1935 ई0 में तत्कालीन हिमाचल के शिमला, कांगड़ा, कुल्लू और ऊना आदि क्षेत्रों में स्वाधीनता संग्राम की सरगर्मिया लगातार बढ़ती रही। देशी रियासतों के जागरूक एवं साहसी राष्ट्रवादियों ने खुले रूप से रियासतों के भीतर स्वतन्त्रता संग्राम आरम्भ किया। इस काल में नित्य प्रति नई संस्थाएं बनने लगी और नये लोग आन्दोलन में कूदते रहे। 1935 ई0 में सिरमौर रियासत में इसी प्रकार की संस्था 'कानून सुधार सभा' बनी। इसी काल में बुशहर रियासत के पं0 पदमदेव, जुब्बल रियासत के भागमल सौहटा, ठियोग रियासत के सूरत राम प्रकाश, दौलतराम, हीरा सिंह और मियाँ खड़क सिंह, मधान रियासत के देवीदास मुसाफिर, कुनिहार के बाबू कांशीराम, भज्जी के भास्करानन्द, बाघल के मनसा राम चौहान, बघाट के जयन्ती प्रसाद वर्मा, अर्की के हीरा सिंह पाल, धामी के बाबू नारायण दास, पं0 सीताराम, मण्डी के स्वामी पूर्णानन्द, सुकेत के रत्न सिंह, चम्बा के दौलत राम गुप्ता, जयदेव बड़ोत्रा, भगत सिंह, बिलासपुर के गोपालदत आदि ने अपनी-अपनी रियासतों में जनता को संगठित, जागृत और आन्दोलित कर रियासती शासकों के विरूद्ध आन्दोलन करने की प्रेरणा दी।[4]

अगस्त, 1935 ई0 में अंग्रेजी सरकार ने 'भारतीय सरकार अधिनियम' पास किया। सन् 1935 ई0 का 'भारत सरकार अधिनियम' उतरदायी शासन की स्थापना की दिशा में दूसरा महत्वपूर्ण कदम था। इस अधिनियम द्वारा भारतीय रियासतों और प्रान्तों को मिलाकर एक अखिल भारतीय संघ की स्थापना, संघीय व्यवस्थापिका, कार्यपालिका और न्यायपालिका के क्षेत्र में अनेक प्रावधान किए गए।[5] इस अधिनियम के द्वारा प्रान्तों को अधिक स्वायतता प्रदान की गई। इस अधिनियम के बनने से देश में संवैधानिक संस्थाओं के प्रजातन्त्रात्मक विकास की प्रक्रिया शुरू हुई। परन्तु यह अधिनियम भारतीय जनता को पूर्ण रूप से संतुष्ट न कर सका। इस प्रकार काँग्रेस और अन्य राजनीतिक दलों ने इसे स्वीकार न किया तथा अपना राष्ट्रीय आन्दोलन जारी रखा। यह अधिनियम पारित न हो सका। दूसरी ओर इसी दौरान हिमाचल के पर्वतीय क्षेत्रों में राष्ट्रीय आन्दोलन में निरन्तर वृद्धि होती रही।[5] अक्तूबर, 1935 ई0 में ऊना के तीर्थ राम ओयल ने अपने गाँव में 'गाँधी सेवा आश्रम' खोलकर आजादी की लड़ाई का संदेश जन-जन तक पहुँचाया।[6] 1936 ई0 के आरम्भ में मतियाना (ठियोग) के देवी राम केवला भी पं0 पदम देव के प्रभाव से स्वतन्त्रता आन्दोलन में कूद पड़े।[7]

चम्बा सेवक संघ

सन् 1936 ई0 में चम्बा रियासत में आन्दोलनकारियों ने 'चम्बा सेवक संघ' नाम की संस्था का गठन किया। आरम्भ में इस संस्था का उद्देश्य चम्बा में लगी आग से प्रभावित परिवारों की सहायता करना था। परन्तु जल्दी ही यह संस्था एक राजनीतिक संगठन में बदल गई। लाला जयदेव बड़ोत्रा को सर्व-सम्मति से इस संगठन का प्रधान चुना गया। कुछ समय बाद यह संगठन काँग्रेस में मिल गया। इस संगठन ने बेगार समाप्त करने, शिक्षा सुविधाओं को बढ़ाने तथा सार्वजनिक जलसे-जलूस करने में महत्वपूर्ण योगदान दिया। इस संस्था ने रियासती प्रशासन की दमनकारी नीति का भारी विरोध किया तथा जनता में जागृति पैदा की। इस संगठन को प्रभावी होता हुआ देख रियासती प्रशासन ने इस पर प्रतिबन्ध लगा दिया।[8]

मण्डी रियासत में प्रजामण्डल आन्दोलन

मण्डी रियासत में पहले प्रजामण्डल का गठन 1934-35 ई0 में किया गया था। परन्तु दूसरा प्रजामण्डल संगठन 1936 ई0 में अस्तित्व में आया। इसके अध्यक्ष स्वामी पूर्णानन्द थे। इनके नेतृत्व में ही मण्डी रियासत में प्रजामण्डल आन्दोलन शुरू किया गया था।[9] उस समय मण्डी रियासत में बाहरी तत्वों का बोलबाला था। राज्य में शिक्षित युवक नौकरी पाने में असमर्थ थे। इन सभी समस्याओं से परेशान होकर प्रजामण्डल ने राजा जोगेन्द्र सेन के पास कुछ माँगे रखी जिनमें मुख्य रूप से राज्य परिषद् में जनता के प्रतिनिधियों की नियुक्ति तथा राज्य के शिक्षित युवको को उचित नौकरी के अवसर प्रदान करना था। बाहर से आये लोग रियासत की जनता को प्रवासी बना रहे थे। वे दिन दहाड़े जनता को लूट रहे थे। अंग्रेज अफसरों को भी इस बात की भनक थी और उन्होंने राजा को सलाह दी थी कि राज्य में उच्चतम स्थान को छोड़कर शेष पदों पर रियासत के लोगों

को ही नियुक्त करे। परन्तु बाहरी तत्वों ने रियासत में अपना गहरा स्थान बना लिया था। वे दिन प्रतिदिन बेईमान और घूसखोर हो गये थे।[10] इन्हीं परिस्थितियों में मण्डी में एक परिषद् का गठन हुआ जिसका नाम 'मण्डी स्टेट्स सब्जेक्टस एसोसिएशन' (प्रजामण्डल) था। इस परिषद् ने राजा के पास अन्याय को दूर करने के लिए एक आवेदन पत्र भेजा जिसमें राजा के समक्ष अनेक माँगे रखी गई। इन माँगों में मुख्य रूप से जनता के प्रतिनिधियों को शासन में सम्मिलित करना, जनता की आर्थिक दशा में सुधार, जनता को राज्य में कामकाज में अधिकार देना, बेगार प्रथा समाप्त करना, नागरिक अधिकारों पर लगे प्रतिबन्धों को हटाना तथा अनुचित करों की समाप्ति थी। आवेदन पत्र पर कोई भी सुनवाई न होते हुए देख प्रजामण्डल ने रियासती प्रशासन के खिलाफ अहिंसात्मक युद्ध छेड़ दिया। जगह-जगह सभाएं हुई तथा जलूस निकाले गये। इस आन्दोलन को कुचलने के लिए पुलिस और सेना का सहारा लिया गया। प्रजामण्डल के नेता तथा जनता को जेलों में भर दिया गया। धीरे-धीरे यह आन्दोलन स्वयं ही समाप्त हो गया। परन्तु इस आन्दोलन का जो अच्छा प्रभाव पड़ा वह था जन-जागरण जिसके कारण राजा को झुकना पड़ा था। यह आन्दोलन लगभग दो महीनें तक चला था।[11]

दिसम्बर, 1936 ई0 में काँग्रेस का वार्षिक अधिवेशन फेजपुर में हुआ। इस अधिवेशन में काँग्रेस के प्रमुख नेता सुभाष चन्द्र बोस, जवाहर लाल नेहरू, मौलाना अब्बुल कलाम आजाद आदि ने देशी रियासतों में सरकार विरोधी प्रभावों को देखकर रियासतों में संगठन बनाने तथा आन्दोलन चलाने के बारे में विचार-विमर्श किया। गाँधी जी भी इस दौरान रियासती प्रजा की जागरूकता को पहचान चुके थे। फलस्वरूप रियासतों की राष्ट्रवादी ताकतों को सहयोग मिला और पहाड़ी रियासतों में भी छोटे-बड़े संगठन बनने लगे।[12] इसी काल में लाल चन्द प्रार्थी द्वारा कुल्लू में 'ग्राम सुधार सभा' का गठन किया गया। इस सभा द्वारा प्रजा में जागृति लाने का काम किया गया। इसी काल में ही रियासत भज्जी में भी भास्करानन्द शर्मा ने प्रजामण्डल के माध्यम से आन्दोलनकारी गतिविधियां आरम्भ की।[13]

1937 ई0 में प्रान्तीय स्वायतता के क्रियान्वयन हेतु प्रान्तों में फरवरी-अप्रैल में चुनाव सम्पन्न हुए। इसमें काँग्रेस सहित अनेक दलों ने भाग लिया। इस चुनाव में काँग्रेस को आशातीत सफलता प्राप्त हुई।[14] हिमाचल प्रदेश में भी हमीरपुर, पालमपुर, कांगड़ा क्षेत्र से अनेक प्रत्याशियों ने चुनाव लड़ा। हिमाचल के इतिहास में प्रथम बार जनता को अपने प्रतिनिधि चुनने का अवसर प्राप्त हुआ था। 1937 ई0 में ही गढ़दीवाला जिला होशियारपुर में काँग्रेस के पोलिटिकल कान्फ्रैंस में पं0 जवाहर लाल नेहरू ने बाबा कांशीराम को 'पहाड़ी गाँधी' की उपाधि देकर सम्मानित किया। इस कान्फ्रैंस में ऊना, हमीरपुर, कांगड़ा, कुल्लू और शिमला के काँग्रेस कार्यकर्ताओं ने भी भाग लिया था। मण्डी प्रजामण्डल पर पाबन्दी लगाने के बाद स्वामी पूर्णानन्द ने 'सेवा दल मण्डी' की स्थापना कर अपना कार्यक्रम जारी रखा। इसी काल में हिमाचल की अन्य रियासतों में भी जन-जागरण जारी रहा।[15]

धामी प्रेम प्रचारिणी सभा

धामी रियासत शिमला के नजदीक की रियासत थी। धामी रियासत के शिमला नगर

के निकट होने के कारण यहाँ के बहुत से लोग शिमला में नौकरी करते थे। उन्होंने अपनी रियासत में सुधार लाने के उद्देश्य से 1937 ई0 में 'प्रेम प्रचारिणी सभा' की स्थापना की। बाबू नारायण दास को इस संस्था का अध्यक्ष तथा पं0 सीताराम को इसका मन्त्री बनाया गया। आरम्भ में इस संस्था का उद्देश्य सामाजिक और आर्थिक सुधार था परन्तु बाद में राजनैतिक प्रश्न भी सामने आने लगे और आन्दोलन की बात होने लगी।[16] अगस्त, 1937 ई0 में सिरमौर रियासत में प्रजामण्डल की विधिवत् रूप से स्थापना की गई। पं0 राजेन्द्र दत, नरेन्द्र सिंह, हितेन्द्र सिंह, धर्म नारायण, टी0डी0 जोशी, प्यारे लाल, मधु सूदन, डॉ0 देवेन्द्र सिंह, हरिचन्द आदि इसके सक्रिय सदस्य बने। प्रजामण्डल ने गाँव-गाँव में जाकर लोगों को संस्था की जानकारी दी और रियासती सरकार के विरूद्ध जनता को आन्दोलित करने के लिए तैयार किया।[17] फरवरी, 1938 ई0 में हरिपुरा में काँग्रेस के अधिवेशन में अध्यक्ष सुभाष चन्द्र बोस ने रियासतों में प्रजामण्डलों की स्थापना पर बल दिया तथा रियासती प्रशासन और ब्रिटिश शासन के विरूद्ध आन्दोलन करने के लिए जनता को संगठित करने के निर्देश दिए। हिमाचल प्रदेश में सुभाष चन्द्र बोस के विचारों से प्रभावित होकर 1938 ई0 में अनेक रियासतों में प्रजामण्डल स्थापित किए गए।[18]

बाघल प्रजामण्डल

बाघल रियासत शिमला के उत्तर-पूर्व में स्थित थी। इसके उत्तर में सतलुज तथा माँगल, पूर्व में धामी और कुनिहार, पश्चिम में नालागढ़ तथा बिलासपुर आदि रियासते थी।। इस रियासत का क्षेत्रफल 124 वर्ग मील था। इस रियासत की राजधानी अर्की थी।[19] अगस्त, 1938 ई0 में जीवणुराम चौहान की अध्यक्षता में 'बाघल प्रजामण्डल' की स्थापना की गई। मन्शा राम चौहान को इस संगठन का मन्त्री बनाया गया। शिमला में कार्यरत बाघल के सरकारी अधिकारियों ने भी इसके गठन में भारी योगदान दिया। इस संगठन का उद्देश्य रियासत के लोगों में अपने हक-हकूक के बारे में जागृति पैदा करना था।[20]

इस प्रगति से उत्साहित होकर पं0 भास्करानन्द ने भज्जी में, सूरत राम प्रकाश ने ठियोग में तथा भागमल सौहटा ने जुब्बल में प्रजामण्डलों को गठित कर जनान्दोलनों को सुदृढ़ता प्रदान की। इसी काल में कोटी, कुमारसैन और बुशहर रियासतों में भी प्रजामण्डल के गठन का कार्य आरम्भ हुआ।[21] सन् 1938 ई0 में मण्डी रियासत से निष्कासित रानी ललिता कुमारी (खैरगढ़ी) लखनऊ में काँग्रेस तथा समाज-सुधार का कार्य छोड़कर मण्डी रवाना हुई। रानी खैरगढ़ी ने जोगिन्द्र नगर में क्रान्तिकारियों के साथ एक सभा में भाग लिया परन्तु शाम को अचानक तबीयत खराब होने पर उन्होंने प्राण त्याग दिए।[22] सन् 1938 ई0 में ही रियासतों के भीतर प्रजामण्डल की कारगुजारियों में उल्लेखनीय वृद्धि देखने को मिली। इस दौरान सिरमौर के पूर्व उग्र राष्ट्रवादी चौधरी शेरजंग ने मुल्तान की जेल से रिहा होने के बाद नाहन में प्रवेश किया। शेरजंग ने क्षेत्र का दौरा किया और ग्रामीण क्षेत्रों में कई प्रजामण्डल कमेटियों का गठन किया। उन्होंने सिरमौर की पिछड़ी तहसील पच्छाद को अपनी गतिविधियों के केन्द्र के रूप में चुना। उस समय राजगढ़ में भी किसानों का आर्थिक शोषण जारी था। उन पर रियासती अत्याचार हो रहे थे। उन्होंने शोषित

किसानों की शिकायतें सुनी और इन्हें दूर करने का आश्वासन दिया। इसके साथ ही स्थानीय नेता वैद्य सूरत सिंह को राजगढ़ में प्रजामण्डल की शाखा स्थापित करने के निर्देश दिए।

इसी काल में कांगड़ा के जिला काँग्रेस प्रधान ठाकुर हजारा सिंह, महामन्त्री कृष्णचन्द पुरी कार्यालय के सचिव पद पर आसीन थे। इनके अतिरिक्त लाला हेमराज, बाबा कांशीराम, लाला बाशी राम, जयलाल नागल, मंगत राम खन्ना, दीवान मान चन्द, चौधरी सिद्धू राम, दौलत राम वकील, ठाकुर दलीप सिंह, चौधरी तुलसीराम, चतर सिंह, सीताराम जैन और कन्हैया लाल बुटेल आदि ने प्रजामण्डल आन्दोलन को संगठित करने में महत्वपूर्ण योगदान दिया।[23]

लुधियाना अखिल भारतीय देशी राज्य प्रजा परिषद् अधिवेशन

फरवरी, 1939 ई0 में 'अखिल भारतीय देशी राज्य प्रजा परिषद्' का छठा अधिवेशन पं0 जवाहर लाल नेहरू की अध्यक्षता में लुधियाना में हुआ। इस अधिवेशन में बिखरे हुए आन्दोलन को एकरूपता व व्यवस्था देने के लिए पहाड़ी रियासतों में प्रजामण्डल की स्थापना पर जोर दिया गया। इस अधिवेशन में यह भी विचार प्रकट किया गया कि छोटी रियासते मिलकर संगठन बनायें ताकि संगठन शक्तिशाली बने। पहाड़ी रियासतों को भी निर्देश दिये गये।[24] 'अखिल भारतीय देशी राज्य प्रजा परिषद्' के लुधियाना अधिवेशन में शिमला की पहाड़ी रियासतों से पं0 पदम देव, भागमल सौहटा, मण्डी से स्वामी पूर्णानन्द, सिरमौर से ठाकुर हितेन्द्र सिंह, बिलासपुर से सदा राम चन्देल, चम्बा से विद्या सागर, विद्याधर, गुलाम रसूल और पृथ्वी सिंह ने भाग लिया। इस अधिवेशन में भाग लेने के पश्चात् सभी पहाड़ी नेतागण वापस आये तथा अपनी-अपनी रियासतों में प्रजामण्डल को संगठित तथा मजबूत बनाने में जुट गए। इन सभी नेताओं ने अपनी-अपनी रियासतों में जनता को रियासती प्रशासन के खिलाफ एकजुट होकर आन्दोलन करने के लिए तैयार किया।[25]

राजाओं का सम्मेलन

पहाड़ी रियासतों की जनता में प्रजामण्डल की लोकप्रियता को बढ़ता हुआ देखकर राजा तथा राणा इसे अपने अधिकारों के लिए खतरा समझने लगे। इस समस्या से निपटने के लिए जून, 1939 ई0 के पहले सप्ताह में शिमला पर्वतीय राज्यों के राजाओं तथा राणाओं ने शिमला में एक अधिवेशन का आयोजन किया। इस अधिवेशन में प्रजामण्डल की गतिविधियों से निपटने के लिए विचार-विमर्श किया गया।[26]

हिमालय रियासती प्रजामण्डल की स्थापना

पहली जून, 1939 ई0 को शिमला पहाड़ी राज्यों के लोगों के प्रतिनिधियों की शिमला में एक सभा हुई जिसमें राजाओं और राणाओं की गुप्त गतिविधियों को प्रकाश में लाया गया। लुधियाना सम्मेलन से प्रभावित होकर शिमला की पहाड़ी रियासतों की विभिन्न संस्थाओं ने एक संयुक्त संस्था बनाकर उसका नाम 'शिमला हिल स्टेट्स रियासती प्रजामण्डल' रखा। 'हिमालय रियासती प्रजामण्डल' में बुशहर से पं0 पदम देव, जुब्बल

से भागमल सौहटा, टिहरी गढ़वाल से देव सुमन, भज्जी से भास्करानन्द, बाघल से हीरा सिंह पाल, मनशा राम चौहान, ठियोग से सूरत राम प्रकाश, मधान से देवी दास मुसाफिर, क्योंथल से देवी राम केवला, बिलासपुर से सदा राम चन्देल, थिरोच से लच्छी राम, बघाट से शिवदत्त, ज्ञान चन्द टूटू, कुनिहार से गौरी शंकर, हरिदास, शांगरी से चिरंजी लाल वर्मा आदि ने इस संस्था की सदस्यता ग्रहण की। देव सुमन को इस संस्था का उपदेशक तथा पं0 पदम देव को प्रधान और भागमल सौहटा को महामन्त्री नियुक्त किया गया। यह पहाड़ी रियासतों का प्रथम संयुक्त केन्द्रीय संगठन बना था। संगठन की स्थापना पर्वतीय क्षेत्र की देशी रियासतों के एकीकरण की ओर पहला कदम था। इस संगठन ने विभिन्न पहाड़ी रियासतों की संस्थाओं और प्रजामण्डलों का एकीकरण किया और विभिन्न रियासतों में आन्दोलन की बागडोर अपने हाथ में ली।[27] 1939 ई0 में हैदराबाद के निजाम के खिलाफ आर्य समाज का राष्ट्रीय आन्दोलन आरम्भ हुआ। इस आन्दोलन में भाग लेने के लिए पं0 पदम देव शिमला से आर्य समाज का जत्था लेकर गये। इस दौरान शिमला की पहाड़ी रियासतों में प्रजामण्डल के प्रचार और प्रसार का काम भागमल सौहटा ने सक्रिय रूप से आगे चलाया।[28] जून, 1939 ई0 में चम्बा में रियासती प्रशासन ने जनता द्वारा बनाए गए संगठन एवं संस्थाओं पर पाबन्दी लगा दी। परन्तु 'चम्बा सेवक संघ' ने इसका विरोध किया। लाहौर, कराची, अमृतसर और दिल्ली में चम्बा की प्रवासी जनता ने समाचार-पत्रों द्वारा चम्बा में हो रहे अत्याचारों को प्रकाश में लाया। गाँधी जी ने भी चम्बा में जनता के दमन की निन्दा की तथा सरकार को नागरिक अधिकारों को बहाल करने का सुझाव दिया। इसी काल में जिला शिमला और कांगड़ा में काँग्रेस का जोरदार प्रचार होता रहा।[29]

कोटी रियासत में बैठू आन्दोलन

जून, 1939 ई0 में ही कोटी रियासत में बैठूओं ने रियासती प्रशासन के दमनकारी नीतियों से तंग आकर राणा के खिलाफ आन्दोलन शुरू किया। बैठू निम्न समुदाय से होते थे तथा राणा की बासा की भूमि काश्त करते थे। इस आन्दोलन में बैठूओं ने रियासती सरकार को बैठ-बेगार तथा अन्य सेवायें देनी बन्द कर दी थी। रियासत में यह आन्दोलन इतना चला कि इसे काबू में करने के लिए पंजाब से एसिस्टेन्ट पोलिटिकल एजैन्ट कैप्टन एन0 रामसे को बुलाया गया था।[30]

महलोग रियासत में प्रजामण्डल का गठन

महलोग रियासत शिमला के दक्षिण में फैली हुई पहाड़ियों में नालागढ़ और कुठाड़ के मध्य स्थित थी। यह शिमला के दक्षिण-पश्चिम में लगभग 30 मील दूर स्थित थी। महलोग रियासत में भी जनता राजा के अत्याचार से पीड़ित थी। इस रियासत में भी बैठ-बेगार, अत्यधिक कर तथा अनगिनत बुरे रीति-रिवाज प्रचलित थे जिनसे जनता मुक्ति पाना चाहती थी। जनता को रियासती शासन के अत्याचारों से मुक्ति दिलाने के लिए भागमल सौहटा, हीरा सिंह पाल, देवसुमन आदि प्रजामण्डल के नेताओं ने महलोग रियासत में प्रजामण्डल की स्थापना की तथा जनता को राजा के खिलाफ आन्दोलन करने के लिए एकजुट किया। चिन्तामणि को इस संगठन का प्रधान नियुक्त किया गया था।[31]

कुनिहार प्रजामण्डल

कुनिहार रियासत शिमला से 18 किलोमीटर दूर पश्चिम की ओर स्थित थी। इसकी राजधानी हाटकोट थी। यह रियासत बघाल रियासत के उत्तर-पश्चिम तथा पटियाला के दक्षिण-पूर्व की सीमाओं की ओर स्थित थी। इसकी स्थापना अभोज देव ने 1154 ई0 में की थी। इस रियासत में भी राणों द्वारा जनता का शोषण जारी था।[32] रियासत की जनता को शोषण से मुक्ति दिलाने तथा उन्हें उनके अधिकार दिलाने के लिए जुलाई, 1939 ई0 में भागमल सौहटा के नेतृत्व में प्रजामण्डल की स्थापना की गई थी। इसमें देव सुमन सहित अनेक नेतागण ने भी सहयोग दिया था।[33] रियासत में प्रजामण्डल की बढ़ती गतिविधियों को देखकर राणा ने प्रजामण्डल संगठन पर प्रतिबन्ध लगा दिया था। परन्तु जनता तथा नेताओं ने अपना संघर्ष चलाए रखा और राणा के सामने अपनी माँगे रखी। इन माँगों में मुख्य रूप से बन्दी बनाए गये प्रजामण्डल कार्यकर्ताओं को रिहा करना, लगान में 25 प्रतिशत की कमी करना, प्रजामण्डल पर लगे प्रतिबन्ध को हटाना, एक शासक सुधार समिति की स्थापना करना, बैठ और बेगार प्रथा को समाप्त करना आदि थी। कुनिहार के राणा ने जनता के सामने अपने आपको असहाय मानते हुए उनकी सभी माँगे मान ली और समस्या का समाधान करने के लिए पाँच सदस्यीय सरकारी अधिकारियों को नियुक्त किया। इसके साथ ही प्रजामण्डल को भी कानूनी करार दिया गया तथा बन्दी बनाये गए प्रजामण्डल आन्दोलनकारियों को रिहा किया गया। अन्त में राणा ने रबी फसल में राजस्व कर में रुपये में से चार अन्ना कम कर दिया था। यही नहीं उन्होंने प्रजामण्डल द्वारा आयोजित जलसे का सभापतित्व भी स्वीकार किया जिसमें न केवल कुनिहार की जनता ने अपितु धामी, भज्जी, नालागढ़, महलोग और बाघल जैसी रियासतों की जनता ने भी भाग लिया। बाबू कांशी राम को प्रजामण्डल कुनिहार का संरक्षक नियुक्त किया गया। इस सफलता से प्रजामण्डल के हौंसले बढ़ने लगे। दूसरी ओर अंग्रेजों ने इसे खतरे की घंटी समझकर आन्दोलन को सख्ती से दबाने के आदेश दिए। परन्तु प्रजामण्डल की सफलता देखकर लोग इसकी ओर आकर्षित होने लगे। पहाड़ी रियासतों में कुनिहार के राणा प्रथम शासक थे जिन्होंने लोकतन्त्रीय व्यवस्था को स्वीकार कर प्रजामण्डल को अभीष्ट उद्देश्य की प्राप्ति के लिए आर्शीवाद दिया था।[34]

धामी प्रजामण्डल आन्दोलन

धामी रियासत के उत्तर में भज्जी, पूर्व और दक्षिण में पटियाला स्टेट् तथा पश्चिम में बघाल रियासत स्थित थी। इस रियासत का क्षेत्रफल 26 वर्ग मील था। यह रियासत शिमला से लगभग 25 किलोमीटर की दूरी पर स्थित थी। इस रियासत में राणों का क्रूर एवं अत्याचारी शासन था। इसके साथ ही रियासत में प्रचलित बुरे रीति-रिवाज, अत्यधिक भूमि लगान, बैठ-बेगार आदि प्रथाएं भी प्रचलित थी।[35] इस रियासत में भी बेगार अंग्रेजों तथा राणा दोनों की होती थी। अंग्रेजी सरकार की ग्रीष्मकालीन राजधानी होने के कारण गर्मियों में शिमला से वायसराय, गवर्नर, पंजाब रेजिडेन्ट, डिप्टी कमिश्नर आदि सभी बारी-बारी शिकार खेलने आया करते थे। चरागाह के समीप अनेक तम्बू लगते थे। ये साहबान वहीं ठहरते और मौज-मस्ती करते। इनकी इस मौज-मस्ती को पूरा करने के लिए

जनता को चार-पाँच महीने तक घर से सत्तू, रोटी आदि गठड़ी में बांधकर लानी व बेगार देनी पड़ती थी। सड़क की मुरम्मत, घास, लकड़ी, दूध, सब्जी, चाड़ (होका) आदि सभी कुछ जनता को देना पड़ता था। राजा की बेगार में भार उठाने आदि का भारी काम होता था। इस प्रकार धामी रियासत की जनता इन अत्याचारों से बहुत दुःखी थी किन्तु राणा के अंग्रेजी शासकों के निकट होने के कारण आवाज न उठ सकी थी।[36] जंगली जानवर, पक्षी इतने बढ़ चुके थे कि वे फसलों की तबाही करते थे। जानवरों को मारने पर हजार से दो हजार तक जुर्माने किए जाते थे। इन सभी बुरे रीति-रिवाजों तथा अत्याचारों से निजात पाने के लिए धामी रियासत की 'प्रेम प्रचारिणी सभा' ने 'हिमालय रियासती प्रजामण्डल शिमला' में शामिल होने की योजना बनाई ताकि जनता को रियासती सरकार के दमन से मुक्ति मिल सके।[37] योजना के मुताबिक 13 जुलाई, 1939 ई0 को धामी रियासत की 'प्रेम प्रचारिणी सभा' को 'धामी रियासती प्रजामण्डल' में बदल दिया गया। सभा का आयोजन शिमला के निकट कसुम्पटी के पास कमाहली नामक स्थान पर किया गया। सभा के अध्यक्ष भागमल सौहटा ने धामी के पं0 सीता राम को संगठन का प्रधान नियुक्त किया।[38]

इस अवसर पर धामी प्रजामण्डल की ओर से एक प्रस्ताव पारित किया गया जिसमें राणा धामी से अनेक माँगे की गई। इन माँगों में मुख्य रूप से रियासत में बेगार प्रथा की समाप्ति, भूमि लगान में 50 प्रतिशत की कमी, धामी राज्य प्रजामण्डल को मान्यता, नागरिक अधिकारों की स्वतन्त्रता, राज्य की जनता पर लगाये गये प्रतिबन्ध और अवरोधों की समाप्ति, 'प्रेम प्रचारिणी सभा' धामी के सदस्यों की जब्त की गई सम्पति की वापसी, धामी में एक उत्तरदायी सरकार की स्थापना और उसमें जनता के प्रतिनिधियों की प्रशासकीय कार्यों में नियुक्ति आदि अनेक माँगे रखी गई।[39] प्रस्ताव में यह भी स्पष्ट किया गया कि यदि माँग पत्र पर शीघ्र विचार नहीं किया गया तो 16 जुलाई, 1939 ई0 को सात व्यक्तियों का शिष्टमण्डल धामी की राजधानी हलोग आकर राणा से मिलेगा। मनशा राम को विशेष प्रतिनिधि बनाकर यह माँग पत्र राणा के पास धामी भेजा गया। धामी रियासत के राणा दिलीप सिंह ने प्रजामण्डल की माँगे स्वीकार नहीं की और न ही प्रस्ताव का उत्तर दिया। उन्होंने इसे अपना अपमान समझकर संदेशवाहक को गिरफ्तार कर लिया। इस प्रकार की घटना घटित होने पर 'हिमालय रियासती प्रजामण्डल शिमला' तथा 'धामी प्रजामण्डल' का एक शिष्टमण्डल भागमल सौहटा के नेतृत्व में 16 जुलाई, 1939 ई0 को राणा से मिलने हलोग गया। इस शिष्टमण्डल में भागमल सौहटा, हीरा सिंह पाल, मनशा राम चौहान, पं0 सीता राम, बाबू नारायण दास, भगतराम, गौरी सिंह तथा जनता शामिल थीं। शिष्टमण्डल के घणाहट्टी पहुँचने पर रियासत की पुलिस ने भागमल सौहटा को गिरफ्तार कर तिरंगा झण्डा छुड़ाकर जला दिया। परिणामस्वरूप, शिष्टमण्डल में शामिल लोगों में रोष व्याप्त हो गया।[40] राजधानी हलोग पहुँचने तक शिष्टमण्डल जलूस की शक्ल धारण कर चुका था जिसमें लगभग हजारों लोग शामिल हो चुके थे। जब उन्मत जलूस राणा के महल की ओर राणा के विरूद्ध नारों के साथ बढ़ने लगा तो उसने घबराकर भीड़ को तितर-बितर करने के लिए लाठी चार्ज तथा फायर करने के आदेश दिए।

निहत्थे लोगों पर हुए इस आक्रमण में गाँव मंदेआ के दुर्गादास और गाँव टंगोश के उमा दत्त घटना स्थल पर शहीद हो गए। इनके अतिरिक्त 80-90 लोग घायल हो गये और बषमाणा गाँव के रूप राम, कालवी गाँव के तुलसी राम, चैइयाँ गाँव के नारायण दास आदि अपंग हो गये। रियासती सरकार की इस गोलीबारी के आतंक से घबराकर प्रजामण्डल धामी के सैकड़ों लोग शरणार्थी के रूप में कई महीनों तक शिमला के गंज बाजार में रहे। धामी रियासत में इस प्रकार की घटना घटित होने से शिमला में हलचल मच गई और जनता में रोष की लहर दौड़ गई। इस पर ब्रिटिश सरकार ने घबराकर धारा 144 लागू कर शहर में कर्फ्यू लगा दिया। रियासत में प्रजामण्डल कार्यकर्ताओं के आने-जाने पर भी प्रतिबन्ध लगा दिया गया।

धामी गोली काण्ड पहाड़ी लोगों द्वारा सामाजिक और राजनीतिक सुधारों के लिए किया गया संघर्ष था।[41] पहाड़ी रियासत में यह ऐसी घटना थी जिसने राष्ट्रीय नेताओं पं० जवाहर लाल नेहरू और महात्मा गाँधी का ध्यान अपनी ओर आकर्षित किया। शिमला में धामी गोली काण्ड की जांच के लिए 'अखिल भारतीय काँग्रेस कमेटी' के सदस्य लाला दुनी चन्द अम्बालवी की अध्यक्षता में एक गैर-सरकारी जांच समिति का गठन किया गया।[42] इस समिति में टिहरी के देव सुमन, शिमला के काँग्रेस कमेटी के प्रधान श्याम लाल खन्ना, काँग्रेस कार्यकर्ता लाला किशोरी लाल तथा सिरमौर के पं० राजेन्द्र दत्त को नियुक्त किया गया। कमेटी ने इस घटना के बारे में डी०सी० शिमला व पोलिटिकल एजेन्ट से पूछताछ की। इसके उपरान्त धामी प्रजामण्डल के प्रधान पं० सीता राम, जुब्बल के काहन सिंह सौहटा, भज्जी के पं० भास्करानन्द, पटियाला की राजकुमारी अमृत कौर के नेतृत्व में 26 जुलाई, 1939 ई० को महात्मा गाँधी से मिलने दिल्ली गए। महात्मा गाँधी ने इस घटना की सारी बाते सुनकर उन्हें पं० जवाहर लाल नेहरू के पास इलाहाबाद भेज दिया। पं० सीताराम ने नेहरू को धामी गोली काण्ड का ब्यौरा दिया और रियासती प्रजा की कहानी सुनाई। पं० नेहरू उन दिनों 'अखिल भारतीय देशी राज्य प्रजा परिषद्' के अध्यक्ष थे। पं० नेहरू ने धामी गोली काण्ड की जांच के लिए अपने निजी सचिव शान्ति स्वरूप धवन को शिमला भेजा।[43] धवन ने दो दिन धामी में ठहर कर जनता और राणा दिलीप से पूछताछ की। इसी दौरान जांच समिति ने लाला दुनीचन्द की 35 पृष्ठों की रिपोर्ट 30 जुलाई, 1939 ई० को पं० नेहरू को भेजी। इस रिपोर्ट में रियासती सरकार के दमनचक्र और अंग्रेजी सरकार की उपेक्षा की घोर निन्दा की गई और न्यायिक जांच की माँग की गई। धवन के धामी से जाते ही रियासती सरकार ने प्रजामण्डल के प्रधान पं० सीता राम के खिलाफ झूठे आरोप लगाकर उन्हें जेल में बन्द कर दिया। उनकी धामी गोली काण्ड से सम्बन्धित छोटी पुस्तिका 'चेतावनी' भी जब्त की गई। इससे जनता में रोष की लहर दौड़ गई और धामी में फिर से प्रजामण्डल आन्दोलन शुरू हो गया।

धामी सत्याग्रह के संचालन में धामी प्रजामण्डल को 'शिमला जिला काँग्रेस कमेटी', 'आर्य समाज' तथा 'हिमालय रियासती प्रजामण्डल' ने विशेष सहयोग दिया। धामी का यह जन-आन्दोलन लगभग दो महीनें तक चलता रहा। रियासत में जन-आन्दोलन को दबाने के लिये राणा धामी ने ब्रिटिश सरकार से सहायता माँगी। लगभग 3 महीने तक ब्रिटिश

सेना ने धामी रियासत में प्रजा को परेशान कर आन्दोलनकारियों का दमन किया। रियासती प्रशासन ने सत्याग्रहियों के विरूद्ध झूठे आरोप लगाकर कड़े कारावास की सजा तथा भारी जुर्माने किए। कुछ प्रमुख नेताओं की भूमि और सम्पति जब्त कर उनके घर भी जला दिए।

अक्तूबर, 1939 ई0 में नेहरू के सचिव शान्ति स्वरूप धवन की जांच रिपोर्ट वायसराय को दी गई। जांच रिपोर्ट के फलस्वरूप धामी के लगभग 200 सत्याग्रहियों को रिहा किया गया परन्तु प्रजा के जान-माल की पूर्ति नहीं की गई। ब्रिटिश सरकार ने धामी के प्रजामण्डल आन्दोलन को दबाने के लिए धामी के राणा की सराहना की और उन्हें राजा की उपाधि से विभूषित किया। हालांकि धामी प्रजामण्डल आन्दोलन को बुरी तरह से कुचल दिया गया परन्तु इस जन-आन्दोलन की कुर्बानी से रियासतों के प्रजामण्डलों के स्वाधीनता संघर्ष को बल मिला।[44]

जुलाई, 1939 ई0 में ही ऊना के ओयल गाँव में पंजाब के काँग्रेसी नेता डॉ0 गोपी चन्द भार्गव ने 'गाँधी सेवा आश्रम ओयल' का विधिवत् उद्‌घाटन किया। ओयल गाँव के महाश्य तीर्थ राम को आश्रम का चीफ आर्गेनाईजर नियुक्त किया गया। इस आश्रम का उद्देश्य ग्रामीण जनता के अन्दर राजनैतिक जागृति तथा काँग्रेस की कार्यविधि को जन-जन तक पहुँचाना था। इसमें मीरा बाई बेन ने भी सहयोग दिया।[45]

कुल्लू डांगवाल सुधार सभा

कुल्लू पश्चिमी हिमालय में कश्मीर और त्रिर्गत को छोड़कर प्राचीनतम राज्य था। यह राज्य ईसा की पहली शताब्दी में स्थापित हो गया था। इसकी स्थापना विहंगमणि पाल ने की थी। इस रियासत में भी जनता और नवयुवकों को जागृत करने तथा राष्ट्र प्रेम की भावना पैदा करने के लिए 1939 ई0 में अनेक संस्थाओं तथा सभाओं का गठन किया गया था। इन में से एक सभा 'डांगवाल सुधार सभा' भी थी जिसने कुल्लू की जनता को जागृत करने के लिए महत्वपूर्ण योगदान दिया था। इस सभा का गठन अमर चन्द सोहल ने किया था। इसी काल में नग्गर (कुल्लू) के लाल चन्द प्रार्थी ने भी समाज सुधार सम्बन्धी कार्य किये तथा जनता में जागृति पैदा की। इसी दौरान मण्डी के गौरी प्रसाद, बिलासपुर के दौलत राम साँख्यान, बाघल के पद्म सिंह और बद्री सिंह प्रजामण्डल आन्दोलन के सक्रिय सदस्य बने।

सोलन किसान सभा का गठन

जुलाई, 1939 ई0 में शिमला से कुछ ही किलोमीटर की दूरी पर स्थित सोलन में बघाट के माधवाचार्य ने 'किसान सभा' का गठन किया। इस सभा के गठन में कसौली के बाबू बुधराम प्रधान तथा सोलन के माधवाचार्य मन्त्री बनाए गए। इनके अतिरिक्त जाबली के बालाराम, घसान के कांशीराम, शतल के पं0 राम दत, बातल के शिव राम मेहता, टिक्कर के सोभा राम आदि प्रजामण्डल के सक्रिय सदस्य बने। इस सभा का उद्देश्य सोलन क्षेत्र में किसानों को एकजुट कर उनमें राष्ट्रीय चेतना की भावना पैदा करना था।[46]

चम्बा रियासत में जन-आन्दोलन

चम्बा रियासत की स्थापना 540-550 ई0 के आसपास मेरू वर्मन ने की थी। भरमौर इस रियासत की राजधानी थी। इस रियासत में जनता ज्यादातर रियासती प्रशासन के अत्याचारों से पीड़ित रही तथा समय-समय पर संघर्षरत् भी रही। 1939 ई0 में इसी प्रकार का संघर्ष चम्बा रियासत में ब्रिटिश पोलिटिकल एजेन्ट और रियासती वजीर दीवान माधोराम के अत्याचारों के खिलाफ जनता द्वारा किया गया था। इस आन्दोलन में चम्बा, चुराह, भटियात, बनीखेत और डलहौजी के लगभग 10,000 लोगों ने भाग लिया। रियासती प्रशासन के दमनचक्र का 'दि ट्रिब्यून' केसरी, नेशनल, इन्कलाब, प्रताप, सनराईज, हिन्दुस्तान टाईम्ज, डेली हैराल्ड तथा 'दि ट्रूथ' आदि समाचार पत्रों द्वारा घोर विरोध किया गया और रियासत की राजनैतिक दशा, प्रजा के रोष और असन्तोष को प्रकाश में लाया गया। अगस्त, 1939 ई0 में चम्बा की लगभग 250 जागरूक जनता ने ब्रिटिश रेजीडेन्ट लाहौर को एक माँग-पत्र भेजा जिसमें दीवान माधोराम को वजीरी पद से हटाने और रियासत में नागरिक अधिकारों, आजादी की बहाली, बेगार की समाप्ति, प्रशासन में प्रतिनिधित्व आदि माँगे की गई। इस काल में चम्बा रियासत में प्रजामण्डल कार्यकर्ताओं एवं काँग्रेस कार्यकर्ताओं ध्यान सिंह पुरी, जयदेव बड़ोत्रा, दौलत राम गुप्ता, मुन्शी गुलाम नवी, लाला सौदागर मल, ठाकुर चतर सिंह, सत्यप्रसाद भण्डारी, मियाँ पृथ्वी सिंह कटोच, कृ७ण कुमार रैणा, विद्या सागर, विद्याधर, गुलाम रसूल, सोहन लाल झाँ, भक्त सिंह पठानिया, लाल चन्द, विजय प्रसाद, बलवन्त सिंह और सरदार गुरवचन सिंह आदि सदस्यों ने चम्बा रियासत की जनता का साथ दिया और उन्हें एकजुट कर रियासती प्रशासन के खिलाफ लड़ने के लिए तैयार किया।[47]

सितम्बर, 1939 ई0 में द्वितीय विश्वयुद्ध आरम्भ हुआ। भारत को न चाहते हुए भी उसमें शामिल होना पड़ा। हिमाचल प्रदेश के कांगड़ा क्षेत्र में इस युद्ध में फौजी भर्ती के लिए विरोध हुआ। परन्तु ब्रिटिश सरकार ने सख्ती बरती और आन्दोलनकारियों को जेल में डाल दिया।[48] अक्तूबर, 1939 ई0 के शुरूआती दिनों में हिमाचल में हैदराबादी जत्थे वापिस आए।

बुशहर रियासत में प्रजामण्डल आन्दोलन

बुशहर रियासत शिमला पहाड़ी रियासतों में एक बड़ी रियासत थी। इसके उत्तर दिशा में स्पीति, पूर्व में तिब्बत, दक्षिण में टिहरी गढ़वाल और क्योंथल तथा पशिचम में जुब्बल, कोटखाई, कुमारसैन, कोटगढ़ और कुल्लू आदि रियासतें थी। इस रियासत की राजधानी रामपुर थी।[49] बुशहर रियासत में आरम्भ से ही अंग्रेजों और राजाओं के अत्याचारों का विरोध होता आया था। नवम्बर, 1939 ई0 में शिमला में बुशहर प्रजामण्डल की स्थापना की गई। इस संगठन की स्थापना में पं0 पदमदेव ने भारी सहयोग दिया था। इसका उद्देश्य रियासत में प्रचलित बुरे रीति-रिवाजों का विरोध तथा उत्तरदायी सरकार की स्थापना करना था। पं0 पदमदेव के नेतृत्व में बुशहर प्रजामण्डल के कार्यकर्ताओं ने शिमला शहर में पैम्फलेट बांटे और प्रजामण्डल संगठन की ओर से एक माँग पत्र बुशहर के राजा तथा

दूसरा शिमला में पोलिटिकल एजेन्ट को दिया। इस माँग पत्र में नागरिकों के अधिकारों की बहाली, बेगार की समाप्ति, रियासत में उत्तरदायी और लोकतन्त्रीय सरकार की स्थापना की माँग की गई। माँगे न मानने पर आन्दोलन करने की धमकी दी गई।[50]

इसी दौरान काँग्रेस ने ब्रिटिश सरकार द्वारा देश को द्वितीय विश्वयुद्ध में धकेलने के विरोध में त्याग-पत्र दिया। दिसम्बर, 1939 ई0 में चम्बा रियासत में मुंशी गुलामनबी और सौदागर मल को फिर से रियासती सरकार के खिलाफ काम करने के विरोध में गिरफ्तार किया गया। इसी काल में शिमला में 'हिमालय रियासती प्रजामण्डल' में टूटू गाँव के निवासी ज्ञान चन्द टूटू को महामन्त्री चुना गया। इन्होंने पं0 पदमदेव के साथ मिलकर अन्य रियासतों में प्रजामण्डल अभियान में भारी योगदान दिया तथा जनता को जागृत किया।[51]

हिमालय रियासती प्रजामण्डल की दूसरी शाखा की स्थापना

दिसम्बर, 1939 ई0 में 'हिमालय रियासती प्रजामण्डल' की दूसरी शाखा शिमला में स्थापित की गई। धामी काण्ड के पश्चात् प्रजामण्डल के नेताओं में आपसी मतभेद के कारण यह शाखा अस्तित्व में आई थी। जुब्बल के भागमल सौहटा को इस शाखा का प्रधान तथा अर्की के हिरा सिंह पाल को महामन्त्री बनाया गया। इस शाखा ने पहाड़ी रियासतों में प्रजामण्डल की स्थापना तथा राष्ट्रीय आन्दोलन को सुचारू रूप से चलाने के लिए अमूल्य योगदान दिया।[52]

सिरमौर रियासत में प्रजामण्डल आन्दोलन

सिरमौर रियासत यमुना और सतलुज नदी के मध्य फैले पर्वतीय क्षेत्र में स्थित थी। इसकी सीमाएं दक्षिण में उत्तर प्रदेश के मैदानों से लेकर उत्तर में सतलुज की सहायक नदी नोगली तक और पूर्व में पिन्जौर तक फैली हुई थी। इसकी स्थापना सुभंश प्रकाश ने 12वीं शताब्दी में की थी।[53] सिरमौर रियासत में भी अन्य रियासतों की भांति जनता का शोषण जारी था। इस रियासत में भी जनता को रियासती सरकार द्वारा बढ़ाया गया लगान, बैठ-बेगार आदि परेशानियों का सामना करना पड़ रहा था। सिरमौर रियासत में प्रजामण्डल का गठन तो सन् 1934 ई0 में हो गया था परन्तु काम करने में सक्रिय 1939 ई0 के अन्त में हो पाया क्योंकि रियासती सरकार ने प्रजामण्डल कार्यकर्ताओं पर पाबंदी लगा रखी थी।

1939 ई0 के अन्त में सिरमौर में कुछ क्रान्तिकारी युवकों ने जनता को सामन्तशाही के चंगुल से छुड़ाने का अभियान प्रारम्भ किया। इस अभियान को अंजाम देने के लिए गुप्त सभाएं तथा विचार गोष्ठियों का आयोजन किया गया। सिरमौर रियासत में प्रजामण्डल को मजबूत तथा सुदृढ़ बनाने में शिवानन्द रमौल ने भी योगदान दिया। उन्होंने रियासत की जनता को राजा और भ्रष्ट कर्मचारियों के विरूद्ध लड़ने के लिए संगठित किया। बाद में प्रजामण्डल की स्थिति सुदृढ़ होने पर सिरमौर प्रजामण्डल ने 1939 ई0 के अन्त में राजा राजेन्द्र प्रकाश के आगे अनेक माँगे रखी। इन माँगों में मुख्य रूप से रियासत में बढ़े लगान में कमी, बेगार प्रथा की समाप्ति, सिरमौर प्रजामण्डल को मान्यता, रियासत में उतरदायी सरकार की स्थापना, योग्य सिरमौर निवासियों की राज-काज के उचित स्थानों

पर नियुक्ति आदि थी।[54] सिरमौर प्रजामण्डल के मुख्य कार्यकर्ताओं में चौधरी शेरजंग, डॉ0 देवेन्द्र सिंह, शिवानन्द रमौल, राजेन्द्र दत्त, नागेन्द्र सिंह, हितेन्द्र सिंह, हरिचन्द पाधा, वैद्य सूरत सिंह, आत्मा राम, इन्द्र नारायण आदि प्रमुख थे। प्रजामण्डल की माँगों को नजर अन्दाज करने पर रियासत की जनता ने प्रजामण्डल आन्दोलन शुरू कर दिया था। इस आन्दोलन को अंजाम देने के लिए जगह-जगह पर जनसभाएं की गई तथा रियासती सरकार के अत्याचारों को प्रकाश में लाया गया। रियासत में आन्दोलन को खतरनाक होता हुआ देख राजा ने प्रजामण्डल कार्यकर्ताओं पर पाबन्दी लगा दी तथा डॉ0 देवेन्द्र सिंह, हरि चन्द पाधा, आत्मा राम, इन्द्र नारायण और उनके साथियों पर मुकद्दमे चलाये। उन पर महाराजा को जान से मारने तथा उनकी कार पर पत्थर फैंकने के झूठे आरोप लगाए गये। इन दिनों डॉ0 यशवन्त सिंह परमार सिरमौर रियासत में जिला और सैशन जज के पद पर कार्यरत थे। उन्होंने इस केस से सम्बन्धित अपने फैसले में प्रजामण्डल वालों का पक्ष लिया और उन पर लगे महाराजा की हत्या के आरोप को झूठा साबित किया। इससे यशवन्त सिंह परमार के राजा राजेन्द्र प्रकाश के साथ राजनैतिक मतभेद हो गये जिस कारण उन्होंने 1941 ई0 में अपनी नौकरी से त्याग पत्र दे दिया। इस प्रकार राजा ने उन्हें अपनी रियासत से निष्कासित कर दिया था। वे उसी वर्ष घर छोड़कर बाहर चले गये थे। बाहर रहकर भी वे सिरमौर की जनता को संगठित करते रहे। इसके साथ-साथ उन्होंने दूसरी रियासतों के लोगों के साथ भी सम्पर्क बनाए रखा।[55]

सन् 1940 ई0 के आरम्भ में ब्रिटिश सरकार ने स्थानीय राष्ट्रीय नेताओं को पूछे बिना भारत को विश्वयुद्ध में धकेल दिया। इसके विरोध में काँग्रेस के प्रान्तीय मन्त्रिमण्डलों ने त्याग पत्र दे दिया तथा ब्रिटिश सरकार के प्रति असहयोग की नीति अपनाई। सुभाष चन्द्र बोस और डॉ0 राजेन्द्र प्रसाद ने भारतीयों से विश्वयुद्ध में सहयोग न देने की अपील की तथा 26 जनवरी, 1940 ई0 को स्वाधीनता दिवस के रूप में मनाने का आग्रह किया। परिणामस्वरूप, शिमला, ऊना, कांगड़ा, धर्मशाला, पालमपुर, नूरपुर, नादौन, डाडासीबा, मंगवाल, हमीरपुर, धनेटा, दौलतपुर, कुल्लू और निरमण्ड आदि स्थानों में स्वतन्त्रता दिवस धूमधाम से मनाया गया।[56]

ज्वालामुखी राजनैतिक सम्मेलन

जून, 1940 ई0 में ज्वालामुखी में राजनैतिक सम्मेलन का आयोजन किया गया। इस सम्मेलन की अध्यक्षता सीमान्त प्रान्त के वित्तमन्त्री दीवान भुज गाँधी ने की। इस सम्मेलन में बीबी गुलाम फातिमा, बीबी रघुवीर कौर, सन्त मंगल सिंह, डॉ0 सैफूद्दीन किचलू और प्रिंसीपल छब्बील दास भी शामिल हुए। स्थानीय नेताओं में काँग्रेस के ठाकुर हजारा सिंह, लाला हेमराज, परस राम, दलीप सिंह, बाबा कांशीराम, चतर सिंह, छगन राम, लाला बांशी राम, प्रीतम सिंह, मिर्जा हिदायतुल्ला रेहलू, अंमी चन्द, ज्ञान चन्द, बाली राम तथा जनता ने भी बढ़-चढ़ कर भाग लिया। इस सम्मेलन का उद्देश्य स्थानीय जनता के अन्दर राजनैतिक जागृति पैदा कर उन्हें आन्दोलन के लिए तैयार करना था। इसके बाद हमीरपुर के अन्य क्षेत्रों में भी राजनैतिक सम्मेलन होते रहे।[57]

अक्तूबर, 1940 ई0 में महात्मा गाँधी जी ने अंग्रेजी सरकार के विरूद्ध व्यक्तिगत सत्याग्रह शुरू किया। इस सत्याग्रह का उद्देश्य अंग्रेजी सरकार को किसी भी प्रकार का सहयोग न देना था।[58] इसका पर्वतीय क्षेत्र शिमला, कांगड़ा, मण्डी, बिलासपुर, चम्बा, सिरमौर आदि अनेक क्षेत्रों में भी व्यापक प्रभाव पड़ा। इन सभी क्षेत्रों की जनता ने राजाओं व अंग्रेजों को भूमि लगान, अन्य कर, बेगार तथा वार फंड देने बन्द कर दिए। इस सत्याग्रह का नारा था 'न भाई दो न पाई दो' अथवा न एक भाई न एक पाई। यही बाद में 'भाई दो न पाई दो' के रूप में प्रसिद्ध हुआ। शिमला में पं0 पदम देव, श्याम लाल खन्ना, सालिग राम शर्मा ने स्थानीय जनता के साथ मिलकर व्यक्तिगत सत्याग्रह आन्दोलन शुरू किया। इस आन्दोलन में पं0 पदमदेव के गिरफ्तार होने पर 'हिमालय रियासती प्रजामण्डल' तथा शिमला के प्रजामण्डल के प्रचार और आन्दोलन का नेतृत्व ज्ञान चन्द टूटू ने संभाला।

इसमें उनका ठियोग के सूरतराम प्रकाश, मधान के देवीदास मुसाफिर, बाघल के मनशा राम चौहान और भज्जी के भास्करानन्द तथा आम जनता ने भरपूर सहयोग दिया। कांगड़ा क्षेत्र में व्यक्तिगत सत्याग्रह आन्दोलन में ठाकुर हजारा सिंह, पं0 परस राम, ब्रह्मनन्द, बिलासपुर से पं0 गोपाल दत्त, सन्त राम शास्त्री, सदा राम चन्देल, दौलत राम साँख्यान, ऊना से सत्य प्रकाश बागी, सत्यमित्र, सत्य भूषण, सिरमौर से पं0 राजेन्द्र दत्त, डॉ0 देवेन्द्र सिंह, शिवानन्द रमौल, हरीचन्द पाधा, आत्मा राम, नगेन्द्र सिंह, इन्द्र नारायण तथा अन्य अनेक क्षेत्रों के नेताओं तथा स्थानीय जनता ने भाग लिया और ब्रिटिश सरकार का विरोध कर गिरफ्तारियां दी। व्यक्तिगत सत्याग्रह आन्दोलन में इस पर्वतीय प्रदेश की महिलाओं ने भी भाग लिया। इन महिलाओं में मुख्य रूप से कांगड़ा की सरला शर्मा, बाबा कांशीराम की भतीजी रामरखी, बद्राण की सुशीला, शिमला की राजकुमारी अमृतकौर, ऊना की मीरा बेन, ठियोग की देववती आदि प्रमुख थी। दिसम्बर, 1941 ई0 में गाँधी जी ने व्यक्तिगत सत्याग्रह आन्दोलन स्थगित कर दिया जिस कारण गिरफ्तार नेताओं की रिहाई शुरू हुई। मार्च, 1942 ई0 में बनी 'इंण्डियन इंडिपेंडेस लीग' नामक राजनीतिक संगठन में हिमाचल के 3,000 जवानों ने भर्ती होकर देश को स्वतन्त्र कराने का प्रण लिया।[59]

मई, 1942 ई0 में बिलासपुर रियासत में भी प्रजामण्डल आन्दोलन का बहुत प्रभाव पड़ा। इस रियासत में जनता और नेताओं ने रियासती सरकार के अत्याचारों के खिलाफ लड़ना शुरू कर दिया था। इसी काल में मण्डी रियासत में भी स्वामी पूर्णानन्द के नेतृत्व में प्रजामण्डल की विधिवत् स्थापना की गई। इसमें उनका गौरी प्रसाद, कृष्णचन्द्र, रामचन्द्र मल्होत्रा, सुन्दर लाल, केशवचन्द्र, तेज सिंह निधड़क, सुन्दर लाल तथा जनता ने भारी सहयोग दिया। मई, 1942 ई0 में पंजाब के गोपीचन्द भार्गव द्वारा कांगड़ा की जनता में राजनैतिक जागृति पैदा करने के लिए 'गाँधी सेवा आश्रम' की स्थापना की गई। अमर चन्द सूद को इसका कार्यभार संभाला गया। जून, 1942 ई0 में पं0 जवाहर लाल नेहरू कुल्लू गये। उनके साथ इन्दिरा गाँधी, रूस के चित्रकार स्वेतस्लाव रौरिक, बाबू जगजीवन राम तथा फिरोज गाँधी प्रमुख थे। इन सभी ने जनता को सम्बोधित कर उनके अन्दर जागृति पैदा की तथा रियासती व ब्रिटिश सरकार के विरूद्ध लड़ने की प्रेरणा दी।[60]

भारत छोड़ो आन्दोलन

क्रिप्स शिष्टमण्डल की असफलता से सभी भारतीयों को निराशा हुई। जिसमें यह वायदा किया गया था कि भारत को द्वितीय विश्व युद्ध के बाद आजादी दे दी जायेगी।[61] अंग्रेजो द्वारा वायदा पूरा न करने पर 6-14 जुलाई, 1942 ई0 को गाँधी जी की अध्यक्षता में वर्धा में काँग्रेस कार्यकारिणी की बैठक हुई। 14 जुलाई, 1942 ई0 को 'भारत छोड़ो प्रस्ताव' पारित हुआ, जिसकी पुष्टि हेतु 8 अगस्त, 1942 ई0 को मुम्बई में अखिल भारतीय काँग्रेस समिति की बैठक में मामला प्रस्तुत किया गया। यह ऐतिहासिक अधिवेशन मुम्बई (बम्बई) के ग्वालिया टैंक के मैदान में हुआ।[62] इस अधिवेशन में इस प्रस्ताव का समर्थन किया गया और यह कहा गया कि भारत में अंग्रेज राज्य की समाप्ति भारत और संयुक्त राष्ट्रों दोनों के हितों में है। गाँधी जी के अनुसार इस राज्य का बने रहना भारत के लिए अपमानजनक है। यह उसे दिन-प्रतिदिन क्षीण कर रहा है और उसे अपनी रक्षा में असमर्थ बनाता जा रहा है तथा संसार की स्वतन्त्रता में भी बाधक बन रहा है। गाँधी जी के नेतृत्व में काँग्रेस कार्य समिति ने 'भारत छोड़ो आन्दोलन' चलाने की घोषणा की। गाँधी जी ने इसके उपरान्त 70 मिनट तक भाषण दिया और 'करो या मरो' का नारा दिया। 9 अगस्त, 1942 ई0 को पूरे देश भर में यह आन्दोलन शुरू हुआ। इसी दिन ही गाँधी जी को गिरफ्तार किया गया परन्तु यह आन्दोलन पूरे भारत में अपने पाँव पसार चुका था।[63]

स्वतन्त्रता संग्राम के मध्य यदि कोई ऐसा आन्दोलन शुरू किया गया जो पूर्णतया जनता का, जनता द्वारा और जनता के लिए था तो वह 'भारत छोड़ो आन्दोलन' था। जिधर देखो उधर लोगों की भीड़ थी। किसान खेत छोड़कर सड़कों पर आ गये। मजदूर अपना काम छोड़कर जलूसों में मिल गये। विद्यार्थी वर्ग तथा सभी जन-साधारण ने इस आन्दोलन को भरपूर सहयोग दिया था।[64] हिमाचल प्रदेश के विभिन्न क्षेत्रों में भी 'भारत छोड़ो आन्दोलन' स्थानीय नेताओं के नेतृत्व में एक जन-क्रान्ति के रूप में उभरकर सामने आया। शिमला, मण्डी, कुल्लू, ऊना, नाहन, कांगड़ा, हमीरपुर, धर्मशाला, पालमपुर, सोलन, सुन्दरनगर आदि स्थानों पर भारी जनसभाएं हुई और विशाल जलूस निकाले गए। इस आन्दोलन में शिमला से भागमल सौहटा, पं0 हरिराम, चौधरी दीवान चन्द, सालिग राम शर्मा, नन्द लाल वर्मा, तुफैल अहमद, ओम प्रकाश चोपड़ा, सन्त राम, का0 देवी राम, हरी चन्द, राजकुमारी अमृत कौर, पं0 पदम देव, सत्यदेव बुशहरी, मतियाणा के देवीराम केवला, ठियोग के सूरत राम प्रकाश, मधान के देवीदास मुसाफिर, सायरी के शिवदत्त, कुनिहार के ठाकुर हरिदास, गौरी शंकर, थरोच के बाबू शिवदत्त, अर्की के हीरा सिंह पाल, मनशा राम चौहान, बघाट के तुलसी राम, महावीर सिंह, सोलन के ज्ञान चन्द टूटू, रामदास चौहान, ऊना से बाबा लछमण दास आर्य तथा उनका पूरा परिवार, तीर्थ राम ओयल, कुल्लू से कर्मचन्द, अमर चन्द सोहल, नाथू राम, मण्डी से स्वामी कृष्णा नन्द, जे0पी0 बागी, लक्ष्मी नन्द गौतम, चम्बा के सौदागर मल, गुलाम रसूल, हमीरपुर से सरला शर्मा, बख्शी राम, काली दास, लाला निगाहिया मल, कांगड़ा के कांशी राम, देहरा के चौधरी तुलसीराम, धर्मशाला के रोशन लाल सूद, ज्वालामुखी के ज्ञान चन्द, पालमपुर से

जयलाल नागल, कन्हैया लाल बुटेल, तारा चन्द, सालिग राम, लाला बाशी राम, राम चन्द तथा इन सभी क्षेत्रों की जनता ने खुलकर भाग लिया और ब्रिटिश सरकार का विरोध कर गिरफ्तारियां दी। इस दौरान जनता ने ब्रिटिश सरकार का विरोध करने के साथ-साथ रियासती सरकार के खिलाफ हथियार उठाने में भी कोई कसर नहीं छोड़ी।[65]

पझौता किसान आन्दोलन

सिरमौर मुख्यालय नाहन के उत्तर-पश्चिम में स्थित 'पझौता' वर्तमान तहसील राजगढ़ का समुन्नत एंव समृद्ध क्षेत्र है। सन् 1942-43 ई0 के स्वतन्त्रता संग्राम 'पझौता आन्दोलन' से पूर्व पझौता चूड़धार की पर्वत श्रृंखला से निकले 'बझेयू' खाले के दोनों किनारों के साथ फैली छोटी सी वादी का नाम था। पश्चिमी दिशा में इसे गिरी नदी तत्कालीन रियासतों सोलन, पटियाला, जुन्गा व रतेश से अलग करती है जबकि उत्तर में 'बशाड़ी' खाला बलसन जुब्बल से पृथक करता है। इसकी उत्तर पूर्वी सीमाओं पर चूड़ेश्वर महादेव शिरगुल की तप स्थली चूड़धार तथा रेणुका तहसील है और दक्षिण में तहसील पच्छाद के इलाके है। सन् 1942 ई0 में सिरमौर रियासत के पझौता क्षेत्र में किसान राजा के अत्याचारों से बहुत दुःखी थे। इस काल में सिरमौर रियासत में राजा राजेन्द्र प्रकाश का शासन था।[66]

द्वितीय विश्वयुद्ध में अंग्रेजों की सहायता के लिए सिरमौर के राजा ने अपने अधिकारियों द्वारा जनता का शोषण आरम्भ किया। राजा ने क्लैक्टर द्वारा कई प्रकार के आदेश जनता को जारी किये।[67] इन आदेशों में रियासती सरकार ने किसानों पर रियासत से बाहर अनाज भेजने पर रोक लगा दी क्योंकि उन्हें वहाँ अच्छे मूल्य मिलते थे। इसके साथ ही किसानों एवं जवानों को युद्ध के लिए प्रशिक्षण देना अनिवार्य, लोगों की एकमात्र फसल आलू सरकारी समितियों को उनके द्वारा निर्धारित 3 व 3) रुपये प्रति मण के हिसाब से देना जबकि मण्डियों में इसका भाव 16 रुपये प्रति मण था। किसानों को यह भी आदेश दिया गया कि वे अपने पास थोड़ा सा अन्न रखें और बाकी का अन्न सरकारी कोआपरेटिव सोसाइटियों को बेच दे। इसके साथ ही राजा द्वारा किसानों एवं जनता पर घराट कर, रीत-विवाह कर आदि कर भी लगा दिए गए थे। पझौता की सुरमा घाटी अफसरों की धांधली से भी त्रासित थी। अफसर लोग न केवल घूसखोरी और अत्याचार करते थे अपितु उनका व्यवहार जनता के साथ अमानवीय और घृणित था। कर्मचारी लोगों से अधिक बेगार लेने लगे और कई बार वे उनसे घी, अन्न आदि भी लेते थे। रियासत के कर्मचारी जब भी गाँव में दौरे पर आते तो उनका सारा व्यय भी गाँव की जनता को करना पड़ता था। क्लैक्टर के दौरे के दौरान खच्चरे जनता एवं किसानों से बेगार के लिए हथिया ली जाती थी।[68]

बहुचर्चित कुख्यात बेगार प्रथा पुराने छोटे-बड़े सभी राज्यों में तत्कालीन राजस्व और कर व्यवस्था का एक अनिवार्य अंग था। किसान या पशुपालक अपनी ऊपज, अन्न, तेल, घी, मदिरा, ऊन, चमड़ा आदि सभी पदार्थों का उपयोग लेन-देन के लिए करता था। इसके साथ ही शरीर श्रम का भी अपने दायित्वों को निभाने के लिए प्रयोग करता था। राज्य से जो संरक्षण उसको मिलता था, उसके बदले उसको किसी न किसी रूप में कर देना

पड़ता था। खेती, पशुधन और वनो से प्राप्त ऊपज के 'भाग' देने से ही राज्य के लोगों का दायित्व समाप्त नहीं हो जाता था बल्कि इसके बदले शरीर श्रम भी राज्य को देना पड़ता था। यह शरीर श्रम बैठ-बेगार कहलाती थी। बैठ का कार्य निम्न जाति के समुदायों से करवाया जाता था जबकि बेगार का काम उच्च समुदाय के लोग करते थे। सिरमौर रियासत में भी इसी प्रकार की प्रथाएं विद्यमान थी। जब रियासत सिरमौर में बलपूर्वक वसूली और अत्याचार अपनी सीमा को पार कर गये तो पझौता के किसानों ने अपने अधिकारों की रक्षा के लिए एक सभा का गठन किया।[69]

पझौता किसान सभा का गठन

'पझौता किसान सभा' का गठन अक्तूबर, 1942 ई0 में टपरौली नामक स्थान पर एक बैठक में किया गया। इस बैठक में कोटला गाँव के लक्ष्मी सिंह को इस सभा का प्रधान तथा वैद्य सूरत सिंह गाँव कटोगड़ा को सचिव नियुक्त किया गया। इनके अतिरिक्त सर्वश्री गुलाब सिंह, अतर सिह गाँव (टपरौली), चूँचूँ मियाँ (जदौल), मेहर सिंह (पैण कुफर), मदन सिंह (धामला), जालम सिह (बघोट), महीराम (लेऊ), कली राम शावगी (नेरी), पदमा राम (पंचड़) आदि को कार्यकारिणी का सदस्य बनाया गया। कुछ समय बाद लक्ष्मी सिंह प्रधान को इस संगठन से निकाल दिया गया और धामला गाँव के मदन सिंह को प्रधान बनाया गया। इस सभा के सभी सदस्यों ने 'लोटे लुण' (लोटे में नमकीन पानी डालकर) किया और सबको चखाकर नमक हलाली की कसमें उठाई। मीटिंग में इकट्ठा होने के लिए रियासत की जनता ने (धा) (आवाज) गुप्त शब्द चुना था।

किसान सभा ने अपनी पहली मीटिंग में एक माँग-पत्र तैयार कर रियासती सरकार को देने का निर्णय किया। इस माँग-पत्र में मुख्य रूप से रियासत में जनता द्वारा निर्वाचित मन्त्रीमण्डल की स्थापना, फसलों और आलूओं के लिए खुले व्यापार का कानून बनाना, रियासत में भ्रष्ट अत्याचारियों को शीघ्र बदलना, द्वितीय विश्वयुद्ध में अंग्रेजी सरकार की सहायता न करना, ब्रिटिश सरकार की सहायता के लिए बनाए गए फसल कंट्रोल आर्डर को वापस लेना, महिला रीत टैक्स और बाल-विवाह प्रथा की समाप्ति, लाजमी फौजी भर्ती बन्द करना, चराई टैक्स, घराट टैक्स, पशु टैक्स समाप्त करना, गाँवों में 'ग्राम सभा' और 'ग्राम पंचायत' प्रथा का संचालन, बेगार प्रथा बन्द करना, गिरि नदी पर पुल बनाना, रियासत में स्कूल, डाकघर तथा अस्पतालों का निर्माण करना, घास पर कर समाप्त करना आदि थी।[70] इन सभी माँगों का पत्र राजा राजेन्द्र प्रकाश को दिया गया। परन्तु राजा द्वारा किसानों की माँगों पर ध्यान न देने से रियासत में किसानों ने आन्दोलन आरम्भ कर सरकार के आदेशों का बहिष्कार किया। इस किसान आन्दोलन में मियाँ चूँचूँ, वैद्य सूरत सिंह, बस्ती राम पहाड़ी, चेतराम वर्मा, अतर सिंह, मेहर सिंह, लक्ष्मी सिंह, मदन सिंह, ध्यान सिंह तथा जनता ने भाग लिया।

इस किसान आन्दोलन को दबाने के लिए रियासती सरकार ने दिसम्बर, 1942 ई0 में डी0एस0पी0 राम स्वरूप के नेतृत्व में ए0एस0आई0 तथा पुलिस सिपाहियों को भेजा। परन्तु वे आन्दोलन को काबू में न कर सके। रियासती नम्बरदारों और जेलदारों ने किसान आन्दोलन के नेताओं के दबाब में आकर त्याग पत्र दे दिए। किसान आन्दोलनकारियों ने

दूसरे गाँवों के किसानों तथा जनता को भी रियासती सरकार के विरूद्ध आन्दोलन करने के लिए प्रेरित किया। रियासती सरकार ने आन्दोलन को बढ़ता देख 'पझौता किसान सभा' के प्रधान तथा अन्य कार्यकारिणी के सदस्यों को समझौते के लिए दरबार में बुलाया। परन्तु उनमें से कोई भी दरबार में न गया। इस पर रियासती सरकार ने मई, 1943 ई0 में मेजर एच0एस0 बाम के नेतृत्व में सेना भेजी। मेजर बाम ने राजगढ़ क्षेत्र में धारा 144 लगाकर आन्दोलन के 'रिंग लीडर्ज' को 24 घण्टे के अन्दर सेना के सामने आत्म समर्पण करने के आदेश दिए।, परन्तु इसका कोई प्रभाव न पड़ा। इसके बाद बाम ने पझौता क्षेत्र में मार्शल लॉ लागू कर दिया। 14 मई, 1943 ई0 में पझौता क्षेत्र में सेना और पुलिस ने मनमाने ढंग से अत्याचार चलाया। सेना और पुलिस ने कटोगड़ा, पालू, भाणत, धामला, जदौल-टपरौली, कनोग, कोटली में छापे मारकर किसानों की सम्पत्ति लूटी तथा अनाज और दालों के भण्डार जला दिए। किसान सभा के सचिव वैद्य सूरत सिंह का मकान डाइनामाइट से उड़ा दिया गया। जून, 1943 ई0 में गाँव कोटी-मावगा के आन्दोलनकारी कली राम के मकान में आग लगा दी गई। जब गाँव के लोग आग बुझाने पहुँचे तो सैनिकों ने निहत्थी भीड़ पर गोलियां बरसा दी। गोली काण्ड में कटोगड़ा के कमना राम मौके पर ही शहीद हो गये। इस दौरान गाँव कुफर के तुलसीराम, डरेणा के जाती राम, पालू के हेत राम, ठाणाधार के चेत राम, नेरी के कमाल चन्द तथा थाणा के चेत सिंह बुरी तरह से घायल हो गये।[71]

इसके बाद रियासती फौज ने धामला गाँव में लूटपाट की और आन्दोलनकारियों तथा उनके नेताओं को पकड़ लिया। कुल मिलाकर 69 किसानों को पकड़कर नाहन जेल में बन्द कर दिया गया। उनकी जमीन-जायदाद जब्त कर ली गई और पझौता किसान आन्दोलन को कुचल दिया गया। आन्दोलनकारियों पर देशद्रोह और विद्रोह का मुकदमा चलाया गया। राज्य सुरक्षा कानून 1940 के अन्तर्गत धारा 120 बी, 121, 121-ए, 122, 122-ए, 148, 149, 307, 347, 395, 397 और 109 आई0पी0सी0 के तहत मुकद्दमा चला। जुलाई, 1944 ई0 में स्पेशल ट्रिब्यूनल ने 52 आन्दोलनकारियों को आजीवन कारावास, तीन को दो-दो वर्ष की कैद की सजा और 14 व्यक्तियों को बरी कर दिया। किसान सभा के प्रधान मदन सिंह, सचिव वैद्य सूरत सिंह, संचालक चूँचूँ मियाँ और कार्यकारिणी के सदस्यों सहित 39 आन्दोलनकारियों को कालेपानी की सजा मिली। कुछ समय के पश्चात् सरकार ने प्रजा की अपील पर न्याय सभा का गठन किया। इसके न्यायाधीश लाहौर के वकील मुकुन्द लाल ने किसानों की सजा उम्र कैद से घटाकर 10 वर्ष, 7 वर्ष और 5 वर्ष कर दी।[72]

इन मूक पहाड़ों में पझौता आन्दोलन अन्याय, अफसरशाही और सामन्तवाद के विरूद्ध एक महत्वपूर्ण कदम था। ज्यादातर अनपढ़ किसानों ने सुनियोजित रूप से बगावत का झण्डा बुलन्द किया था। इस दौरान सिरमौर रियासत में प्रजामण्डल आन्दोलन भी चलता रहा।[73]

बिलासपुर प्रजामण्डल आन्दोलन

बिलासपुर को (कहलूर) के नाम से जाना जाता था। यह रियासत सतलुज नदी की निचली घाटी में दाहिने भाग के साथ लगती शिवालिक की पहाड़ियों में स्थित थी। इसके

उत्तर में माँगल, सुकेत और मण्डी, पश्चिम में कांगड़ा और होशियारपुर, दक्षिण में नालागढ़ राज्य और पूर्व में बाघल ठकुराई थी। इस रियासत की स्थापना दसवी शताब्दी में वीर चन्द बुन्देलखण्ड (चन्देरी के चन्देल) ने की थी।[74] इस रियासत में भी राजा और उसके अत्याचारी प्रशासन से जनता बहुत दुःखी थी। अपने अधिकारों को पाने के लिए जनता शुरू से ही इस रियासत में संघर्षरत थी परन्तु फिर भी एक ऐसे संगठन की आवश्यकता थी जो उन्हें संगठित और एकजुट कर रियासती प्रशासन के खिलाफ लड़ने के लिए तैयार करे। बिलासपुर रियासत में प्रजामण्डल के गठन का कार्य तो 1942 ई0 में शुरू हो गया था और इसके गठन में सन्त राम सन्त व अनेक नेताओं तथा जनता ने सहयोग दिया था। परन्तु इस रियासत में प्रजामण्डल आन्दोलन 1943 ई0 में सक्रिय हुआ। इस आन्दोलन को सक्रिय और सफल बनाने के लिए सन्तराम सन्त, दौलत राम साँख्यान, नरोतम दत्त शास्त्री, सन्त राम कांगा, भगत राम, अम्बा प्रसाद, प्रेम लाल, नन्द लाल चन्देल, सदा राम और सन्त राम शास्त्री तथा स्थानीय जनता ने भारी सहयोग दिया। प्रजामण्डल के नेतृत्व में जनता तथा स्कूली छात्रों ने रियासती सरकार के अत्याचारों के खिलाफ आवाज उठाई तथा रियासत में लोकतान्त्रिक एवं उतरदायी सरकार की माँग की। रियासत में जब प्रजामण्डल आन्दोलन की गतिविधियां तेज हो गई तो राजा ने भी आन्दोलन को कुचलने के लिए हर संभव प्रयास किये और प्रजामण्डल कार्यकर्ताओं तथा छात्र संगठनों को कठोर सजाएं देकर लोगों को रियासत से निर्वासित कर दिया। इस प्रकार राजा ने आन्दोलन को काबू में कर लिया।

जून, 1943 ई0 में 'शिमला हिल्स' के काँग्रेस और प्रजामण्डल आन्दोलन का नेतृत्व राजकुमारी अमृत कौर ने किया क्योंकि उस दौरान लगभग सभी प्रजामण्डल कार्यकर्ता जेलों में बन्द थे। इसी काल में रोहड़ू के सत्यदेव बुशहरी और कोटगढ़ के फौजी जवान शिव राम ठाकुर ने वायसराय लॉर्ड लिनलिथगो को मारने की योजना बनाई जब वह रोहड़ू ट्राऊट मछली के शिकार के लिए जा रहे थे। परन्तु धुन्ध ज्यादा होने पर यह काम संभव न हो पाया। अक्तूबर, 1943 ई0 में पहाड़ी गाँधी बाबा कांशीराम की मृत्यु के बाद उनका कार्यभार उनकी भतीजी उषा शारदा (नी रामरखी) और दामाद शिवकुमार शारदा ने संभाला। इसके साथ ही हिमाचल के विभिन्न क्षेत्रों में भी 'भारत छोड़ो आन्दोलन' तेजी से चलता रहा और दिन-प्रतिदिन इसमें नये-नये लोग जुड़ते रहे।[75]

आजाद हिन्द फौज में हिमाचल का योगदान

21 अक्तूबर, 1943 ई0 में सुभाष चन्द्र बोस ने 'आजाद हिन्द सरकार' की स्थापना की। वे स्वयं संवैधानिक विदेश मन्त्री एवं प्रधान सेनापति बने। शेष विभाग विभिन्न अधिकारियों को दिए गए, जिनमें लेफ्टिनेंट जनरल मोहन सिंह ढिल्लो एवं लेफ्टिनेंट कनर्ल ए0सी0 चैटर्जी प्रमुख थे। सुभाष चन्द्र बोस ने सेना को सेल्यूट का नया नारा 'जय हिन्द' दिया। 'आजाद हिन्द फौज' में अदम्य साहस था और देश को स्वतन्त्र करवाने की प्रबल तड़प थी। नेता जी ने प्रत्येक सिपाही में देश-भक्ति की भावना कूट-कूट कर भर दी। उन्होंने भारतवासियों से कहा-"तुम मुझे खून दो, मैं तुम्हे आजादी दूंगा।" लोगों में खून देने की होड़ लग गई। भारत में स्थान-स्थान पर 'आजाद हिन्द फौज' में भर्ती होने के

दफ्तर खुल गए। भर्ती होने वालों की भीड़ लग गई।[76] जापान, जर्मनी, इटली सहित 6 अन्य देशों ने भी इस सरकार को मान्यता प्रदान की।

हिमाचल प्रदेश की जनता ने भी 'आजाद हिन्द फौज' में भर्ती होकर अपनी जागरूकता और लोकतन्त्र के प्रति विश्वास का प्रमाण प्रस्तुत किया। सुभाष चन्द्र बोस द्वारा स्थापित 'आजाद हिन्द फौज' में 'गाँधी ब्रिगेड, नेहरू ब्रिगेड, आजाद ब्रिगेड, लक्ष्मी बाई ब्रिगेड की सशस्त्र क्रान्ति में हिमाचल के करीब 4,000 वीर योद्धाओं ने भाग लिया। इस लड़ाई में हिमाचल के धर्मशाला के मेजर दुर्गा मल, दल बहादुर थापा, लेफ्टिनेन्ट टेक बहादुर थापा, ऊना के कैप्टन राम रत्न, सुखदेव चौधरी, बिलासपुर के कैप्टन सन्त सिंह आजाद, शेर सिंह, तहसील देहरा के लेफ्टिनेन्ट कर्नल मेहर दास, देहरी-नूरपुर के कैप्टन नानक सिंह, नूरपुर के रूमाल सिंह, खुशी राम, भीम सिंह, लेफ्टिनेन्ट बचितर सिंह, बलदेव सिंह पठानिया, इन्दौरा के कैप्टन चन्दा सिंह, चढ़ियार-पालमपुर के कैप्टन बख्शी प्रताप सिंह, लेफ्टिनेन्ट प्रीतम सिंह, कोलकर-पालमपुर के अलबेल चन्द कटोच, नेरचौक-मण्डी के कैप्टन अर्जुन सिंह, सरकाघाट के कैप्टन बसन्त सिंह, लेफ्टिनेन्ट बहादुर सिंह, जोगिन्द्र नगर के लेफ्टिनेन्ट रूप चन्द, थानेदार-शिमला के कैप्टन जयराम, कुनिहार के कैप्टन निक्कू राम, भोरंज के कैप्टन दुर्गा सिंह, लेफ्टिनेन्ट दिला राम, सैकिण्ड लेफ्टिनेन्ट बलवन्त सिंह, शेर सिंह, दुर्गा दास, हमीरपुर के लेफ्टिनेन्ट भागी सिंह, काली दास, बड़सर के कैप्टन प्रताप सिंह, आशा राम, सै0 लेफ्टिनेन्ट किशनदयाल, सुजानपुर-टीहरा के कैप्टन अमी चन्द, त्रिलोकपुर सिरमौर के लेफ्टिनेन्ट नारायण सिंह, योल कांगड़ा के लेफ्टिनेन्ट चमेल सिंह, नेरटी-कांगड़ा के सै0 लेफ्टिनेन्ट शक्ति चन्द, गोजू-कांगड़ा के सै0 लेफ्टिनेन्ट रत्न सिंह, टिक्कर-खरियां के सै0 लेफ्टिनेन्ट भगत राम, कुल्लू के मनी राम आदि अनेक बहादुर जवानों ने भाग लेकर अदम्य साहस और वीरता का परिचय दिया तथा वर्मा, सिंगापुर, थाईलैंड आदि अनेक देशों में आजादी की लड़ाई लड़ी।

हिमाचल प्रदेश के वीर जवानों द्वारा विभिन्न देशों एवं क्षेत्रों में आजादी की लड़ाई लड़ने पर अनेक उपाधियां दी गई। सैकड़ों जवानों ने वीरता से लड़ते हुए अपनी जाने दी। जून, 1944 ई0 तक 'आजाद हिन्द फौज' ने अंग्रेजों के विरूद्ध युद्ध किया। फरवरी, 1944 ई0 में धर्मशाला के मेजर दुर्गामल को जासूसी करने के आरोप में लाल किले की फौजी अदालत में साम्राज्य के विरूद्ध विद्रोह का मुकद्दमा चलाकर 25 अगस्त, 1944 ई0 को दिल्ली के लाल किले में फांसी पर लटका दिया गया तथा मई, 1945 ई0 में दल बहादुर थापा को भी सूली पर चढ़ाया गया।[77]

कोटी रियासत में जन-आन्दोलन

दिसम्बर, 1943 ई0 में कोटी रियासत में फिर से जनता ने बढ़ते अत्याचारों के खिलाफ आन्दोलन छेड़ा। इस आन्दोलन का नेतृत्व ठाकुर गौरी दत्त ने किया। इनके नेतृत्व में जनता ने राणा से बेगार प्रथा समाप्त करने तथा भूमि लगान में कमी की माँग की।[78] कोटी रियासत में जनता को दो प्रकार की बेगार सेवाएं राणा को देनी पड़ती थी-अठवाड़ा बेगार, हेला बेगार। अठवाड़ा बेगार में प्रत्येक परगने से 4 बेगारी राजा की सेवा के लिए जाते थे। लगभग 40 बेगारी प्रत्येक दिन क्यार में राजा को बेगार सेवाए प्रदान करते थे लेकिन

उन्हें राणा की तरफ से भोजन अवश्य मिलता था। विशेष अवसरों में बेगार सेवाएं बढ़ाई भी जा सकती थी। हेला बेगार में राजा और अंग्रेज अधिकारियों के विशेष दौरे पर जनता को सेवाएं देनी पड़ती थी।[79] जनता इन सभी अत्याचारों से दुःखी हो गई थी और मुक्ति पाना चाहती थी। इस प्रकार जनता ने राणा के खिलाफ आन्दोलन किया और उन्हें उनके अधिकार प्रदान करने की अपील की। परन्तु राणा ने उनकी एक न सुनते हुए गौरी दत्त उनके सहयोगियों तथा जनता को जेलों मे बन्द कर दिया और उनकी जमीन-जायदाद जब्त कर ली। इस आन्दोलन में प्रजामण्डल कार्यकर्ताओं ने भी पूर्ण सहयोग दिया था।[80]

चम्बा रियासत में प्रजामण्डल आन्दोलन

सन् 1944 ई0 के आस-पास चम्बा रियासत में प्रजामण्डल आन्दोलन और तेज हो गया। इस आन्दोलन को तेज करने तथा जनता के अन्दर राजनैतिक जागृति लाने के लिए दौलत राम, सागर चन्द नैय्यर, विद्यासागर, विद्याधर, नागी आदि नेताओं ने पूर्ण सहयोग दिया। प्रजामण्डल के नेतृत्व में जनता ने राजा से रियासत में एक लोकप्रिय सरकार की स्थापना, स्थानीय दीवान के शक्ति दुरुपयोग को रोकने, भाई-भतीजावाद का अन्त आदि अनेक माँगे की। इस आन्दोलन में प्रजामण्डल के विभिन्न नेताओं द्वारा दिये गये भाषणों में 'हकूक माँगे नहीं जाते, छीने जाते है' को विशेष प्राथमिकता दी गई। परन्तु बदले में सरकार ने इस आन्दोलन के विरूद्ध दमनात्मक कार्यवाही अपनाकर कर्मचारियों को नौकरी से बर्खास्त कर आन्दोलनकारियों को जेल में डाल दिया।[81]

बघाट रियासत में प्रजामण्डल आन्दोलन

बघाट रियासत शिमला की पहाड़ी रियासतों में से एक रियासत थी। यह शिमला से कुछ मीलों की दूरी पर स्थित थी। बघाट रियासत में टकरोली, बसाल और बोछाली परगने थे। इस रियासत का क्षेत्रफल 33 वर्ग मील था तथा इसकी राजधानी सोलन थी। इस रियासत की स्थापना धारा नगरी से आए राजपूत बसन्त पाल ने की थी।[82] बघाट रियासत में उतरदायी सरकार की स्थापना, राजा के बैठ-बेगार तथा अन्य बुरे रीति-रिवाजों से मुक्ति पाने के लिए अप्रैल, 1944 ई0 में प्रजामण्डल संगठन की विधिवत् स्थापना की गई थी। सोलन के लाला नानक चन्द सूद को प्रजामण्डल का प्रधान तथा लाला चन्दन लाल को सचिव नियुक्त किया गया था। इनके अतिरिक्त कामना प्रसाद गुप्ता, प्रेम चन्द प्रेमी, सोम देव, कुला नन्द पंत, अमरनाथ तथा ज्ञान चन्द टूटू को कार्यकारिणी का सदस्य बनाया गया था। इन सभी सक्रिय नेताओं और जनता ने रियासत में राजा के खिलाफ जगह-जगह जलसे और जलूसों का आयोजन कर रियासत में प्रजामण्डल संगठन को मान्यता, उतरदायी सरकार की स्थापना, रियासत में प्रचलित बुरे रीति-रिवाजों और अनगिनत करो आदि मुद्दों को लेकर आवाज उठाई। राजा द्वारा इनकी माँगे न मानने पर बघाट रियासत में प्रजामण्डल आन्दोलन काफी सक्रिय हो गया था। परन्तु राजा ने भी इसके दमन के लिए कोई कसर न छोड़ी।

सन् 1945 ई0 के आरम्भ में 'भारत छोड़ो आन्दोलन' तथा 'आजाद हिन्द फौज' में कुछ शिथिलता आई। परन्तु दूसरी ओर पहाड़ी रियासतों में प्रजामण्डल आन्दोलन निरन्तर

बढ़ता रहा। इस दौरान सिरमौर रियासत प्रजामण्डल की शाखाएं लाहौर और अम्बाला में भी खोली गई।[83]

सुकेत रियासत में प्रजामण्डल आन्दोलन

सुकेत रियासत सतलुज नदी के पश्चिम, कांगड़ा और कुल्लू के मध्य भू-भाग में स्थित थी। इसके उत्तर में सिराज (कुल्लू) का क्षेत्र, दक्षिण में सतलुज नदी तथा छोटी-छोटी रियासतें शांगरी, भज्जी, बाघल, माँगल तथा पश्चिम में बिलासपुर रियासत स्थित थी। इस रियासत की स्थापना 765 ई0 में वीर सेन (बंगाल का सेन वंश, अत्री गोत्र चन्द्रवंशी) ने की थी। इसका क्षेत्रफल 420 वर्ग मील में फैला था।[84] अप्रैल, 1945 ई0 में पांगणा में सुकेत प्रजामण्डल की स्थापना की गई थी। मियाँ रत्न सिंह को इस संगठन का प्रधान तथा सन्त राम गुप्ता को उप-प्रधान बनाया गया था। इस रियासत में संगठन का उद्देश्य लोगों में आजादी से जीने की उत्कण्ठा जागृत करना, बेगार प्रथा समाप्त करना, अवैध कर खत्म करना, राजा के भ्रष्ट एवं अत्याचारी अधिकारियों का विरोध तथा उन्हें पद से हटाना आदि था। प्रजामण्डल सुकेत में नरसिंह दत, कमला राम, लछमीनन्द गौतम, दिलाराम महाजन, जयपाल, राधाकृष्णन तथा स्थानीय जनता ने पूरा सहयोग दिया। सुकेत के राजा ने रियासत में प्रजामण्डल आन्दोलन को बढ़ता देख राज्यसभा के गठन से आन्दोलनकारियों को प्रलोभन देना चाहा परन्तु प्रजामण्डल ने चुनाव में भाग न लेकर आन्दोलन जारी रखा।[85]

1945 ई0 में बुशहर प्रजामण्डल को पुनः सक्रिय किया गया। इस अवधि में बुशहर की अन्य संस्थाओं जैसे 'बुशहर सुधार सम्मेलन', 'बुशहर प्रेम सभा' और 'सेवक मण्डल दिल्ली' ने भी दिल्ली के लोगों को संगठित किया। पं0 पदमदेव ने इसके लिए शिमला में कार्य किया और रियासत के भीतर पं0 घनश्याम, सत्यदेव बुशहरी और अन्य कार्यकर्ता सक्रिय थे। इस दौरान बिलासपुर और जुब्बल में प्रजामण्डल आन्दोलन जोरों पर चलता रहा।[86]

शिमला सम्मेलन

25 जून, 1945 ई0 को वायसराय लॉर्ड वेवल ने शिमला में हिन्दू-मुस्लिम समस्या का समाधान करने के लिए राष्ट्रीय नेताओं का एक सम्मेलन बुलाया। वस्तुतः यह एक गोलमेज कान्फ्रेंस थी।[87] इस सम्मेलन में महात्मा गाँधी, आसफ अली, अरूणा आसफ अली, भुले भाई देसाई, सी0 राजगोपालाचारी, दौलत राम, डॉ0 पट्टाभि सीतारमैय्या, डॉ0 राजेन्द्र प्रसाद, गोविन्द वल्लभ पन्त, जयराम दास, जवाहर लाल नेहरू, अब्दुल गफ्फार खां, मौलाना अब्बुल कलाम आजाद, रवि शंकर शुक्ला, सरोजनी नायडू, आचार्य कृपलानी, सुचेता कृपलानी, शंकर राव देव, वल्लभ भाई पटेल, मीरा बेन, मणिबेन पटेल, मुस्लिम लीग के नेता मुहम्मद अली जिन्ना, लियाकत अली खां, शाहनबाज खां तथा अकाली दल के उम्मीदवार मास्टर तारा सिंह आदि नेताओं ने भाग लिया। इन सभी नेताओं का शिमला जिला काँग्रेस कमेटी, प्रजामण्डल कार्यकर्ताओं और जनता ने विशेष स्वागत किया। इस अवसर पर पं0 पदमदेव, भागमल सौहटा, ज्ञान चन्द टूटू, सदा राम चन्देल, पं0 सीता राम,

भास्करानन्द शर्मा आदि अनेक आन्दोलनकारी गाँधी, नेहरू, पटेल, मौलाना आजाद, अरूणा आसिफ अली तथा अन्य अनेक नेताओं से मिले। पं0 नेहरू ने पहाड़ी नेताओं को रियासतों में आन्दोलन तेज करने की सलाह दी। इस दौरान नेहरू ज्ञान चन्द टूटू के घर भी गये।[88]

करसोग रियासत (काण्ढा) में जन-आन्दोलन

मण्डी के करसोग रियासत में काण्ढा गाँव में 1945-1946 ई0 में मनोहर लाल वर्मा के नेतृत्व में रियासती सरकार के खिलाफ एक भारी जन-आन्दोलन हुआ। इस आन्दोलन को सुचारू रूप से चलाने के लिए मनोहर लाल वर्मा, श्री तुला राम आदि अनेक नेताओं ने भी विशेष सहयोग दिया। इस रियासत में भी जनता राजा के अत्याचारों से दुःखी थी और प्रजातन्त्रात्मक सरकार की स्थापना कर इन दुःखों से मुक्ति पाना चाहती थी। इस उद्देश्य को पूरा करने के लिए जनता ने जगह-जगह पर जलसे और जलूसों का आयोजन कर रियासती सरकार के खिलाफ नारे लगाए। रियासत में राजा के खिलाफ आन्दोलन काफी तेज हो गया था। इस आन्दोलन को कुचलने के लिए राजा ने काण्ढा गाँव में पुलिस तैनात की और आन्दोलनकारियों पर लाठी चार्ज किया जिसमें अनेक लोग जख्मी हो गये। राजा ने अनेक मुख्य आन्दोलनकारियों को जेल में डाल कर आन्दोलन को कूचल दिया। 1945-46 ई0 में लाला हेमराज ने कांगड़ा (हलदून) में अस्पृश्यता को दूर करने का अभियान चलाया तथा सफलता प्राप्त की। दिसम्बर, 1945 ई0 में कांगड़ा क्षेत्र में हुए विधानसभा चुनाव में काँग्रेस ने बहुमत प्राप्त किया। 1945 ई0 के अन्त तक सुकेत, मण्डी, सिरमौर, चम्बा, ठियोग, जुब्बल, धामी, कुनिहार, कोटी, बघाट, बाघल, महलोग, थरोच आदि रियासतों में प्रजामण्डल आन्दोलन बहुत तेज हो गया था।[89]

हिमालयन हिल स्टेट्स रीजनल कौंसिल

सन् 1945 ई0 के अन्त में उदयपुर में 'अखिल भारतीय देशी राज्य लोक परिषद्' का अधिवेशन हुआ।[90] इस अधिवेशन में दौलत राम साँख्यान, देवी राम उपाध्याय, नरोतम दत शास्त्री, मण्डी के स्वामी पूर्णानन्द, कृष्ण चन्द, सुकेत के नरसिंह दत, सन्त राम गुप्ता, चम्बा से दौलत राम गुप्ता, सिरमौर से शिवानन्द रमौल, बुशहर से पं0 पदम देव, जुब्बल से भागमल सौहटा, टिहरी से श्यामानन्द नेगी और पटियाला से वृषभान ने भाग लिया। अधिवेशन के पश्चात् वहीं पर पहाड़ी रियासतों से गये प्रजामण्डल के प्रतिनिधियों द्वारा अपने क्षेत्र में प्रजामण्डल को सुचारू रूप से चलाने के लिए जनवरी, 1946 ई0 में 'हिमालयन हिल स्टेट्स रीजनल कौंसिल' की स्थापना की गई। अखिल भारतीय देशी राज्य लोक परिषद् के अध्यक्ष पं0 जवाहर लाल नेहरू और उपाध्यक्ष शेख अब्दुल्ला ने भी इस संगठन को मान्यता प्रदान की। मण्डी रियासत के स्वामी पूर्णानन्द को इस कौंसिल का प्रधान और बुशहर रियासत के पं0 पदमदेव को महामन्त्री बनाया गया। इस कौंसिल के गठन से पहाड़ी रियासतों के एकीकरण की प्रक्रिया का श्रीगणेश आरम्भ हुआ और प्रजामण्डल आन्दोलन ने एक नया मोड़ लिया। इसका ध्येय था राजाओं की अध्यक्षता में प्रजातान्त्रिक प्रणाली का शासन, जिसमें जनता के प्रतिनिधि राज्य मन्त्रीपरिषद् में प्रवेश पाकर शासन में सक्रिय भाग ले सके।[91]

इसके बाद बिलासपुर रियासत में प्रजामण्डल सक्रिय हो गया और राजा आनन्द चन्द का जनता ने खुलकर विरोध करना शुरू कर दिया। इसे रोकने के लिए रियासती प्रशासन ने आन्दोलनकारियों के ऊपर भारी जुल्म ढाये और रियासत में धारा 144 लागू कर दी। परन्तु जनता ने इस धारा का उल्लंघन करते हुए संघर्ष जारी रखा और स्थान-स्थान पर जलसे और सभाओं का आयोजन किया।[92]

थरोच रियासत में प्रजामण्डल आन्दोलन

थरोच रियासत यमुना की सहायक टाँस और शलती नदी के मध्य फैली विशाल पर्वत माला में स्थित थी। ये सहायक नदियां इसकी स्वाभाविक सीमाएं बनाती थी। छाजपुर और कान्चू पर्वत श्रृंखला इसकी उतरी सीमा निर्धारित करती थी। इस रियासत की राजधानी थरोच थी और क्षेत्रफल 75 वर्ग मील था। किशन सिंह ने 15वीं-16वीं शताब्दी में इस रियासत की स्थापना की थी।[93] प्रत्येक रियासत की भाँति इस रियासत में राणाओं का अत्याचारी शासन था। इस रियासत में रियासती सरकार ने भूमि लगान इतना बढ़ा दिया था जिसे चुकाना जनता के बस में नहीं था। लगान न देने पर जनता और किसानों से भूमि छीन ली जाती थी और उन्हें घर से बेदखल कर दिया जाता था। इसके साथ बेगार भी उनसे अधिक ली जाने लगी थी। बेगार सेवाएं न देने पर उनके साथ अत्याचार किये जाते थे। इसके अतिरिक्त अन्य करों का बोझ भी जनता को चुकाना मुश्किल हो गया था। इन सभी दुःखों से छुटकारा पाने के लिए जनता एवं रियासती किसानों ने अत्याचारी शासन के खिलाफ 1946 ई0 के आरम्भ में आन्दोलन छेड़ दिया था। इस आन्दोलन को संगठित एवं सफल बनाने के लिए इसी काल में थरोच रियासत में प्रजामण्डल की स्थापना की गई थी। इस रियासत में कुंअर सूरत सिंह को प्रजामण्डल का प्रधान, मास्टर मोही राम को उपप्रधान, मास्टर गंगा राम को सचिव, सुख राम शर्मा को कोषाध्यक्ष तथा बाबू करम दास और बुद्धि सिंह को कार्यकारिणी का सदस्य बनाया गया था। इन सभी नेताओं ने थरोच की जनता को संगठित किया तथा आस-पास के चौपाल आदि क्षेत्रों को भी इस आन्दोलन में सम्मिलित किया।[94]

सन् 1946 ई0 के आरम्भ में 'आजाद हिन्द फौज' के जवानों की भी रिहाई शुरू हो गई थी और वे राष्ट्रीय आन्दोलन में जुड़ने लगे थे।

हिमालयन हिल स्टेट्स रीजनल कौंसिल का मण्डी अधिवेशन

8-10 मार्च, 1946 ई0 को मण्डी में 'हिमालयन हिल स्टेट्स रीजनल कौंसिल' का अधिवेशन हुआ। इस अधिवेशन में कौंसिल के प्रधान स्वामी पूर्णानन्द, महामन्त्री पदमदेव, संयुक्त सचिव शिवानन्द रमौल के अतिरिक्त सुकेत, मण्डी, बिलासपुर, सिरमौर, चम्बा, नालागढ़, बघाट और शिमला की पहाड़ी रियासतों के प्रतिनिधियों ने सक्रिय रूप से भाग लिया। 'हिमालयन हिल स्टेट्स रीजनल कौंसिल' के तत्वावधान में इस सम्मेलन की अध्यक्षता 'आजाद हिन्द फौज' के सुप्रसिद्ध सेनानी कर्नल जी0एस0 ढिल्लो ने की। इस अधिवेशन में चम्बा से टिहरी गढ़वाल तक फैले प्रदेश के अड़तालीस राज्यों के प्रतिनिधियों ने भाग लिया। इस अधिवेशन में विभिन्न रियासतों में उतरदायी सरकार की स्थापना करने,

रियासतों में नागरिकों पर लगे प्रतिबन्धों को हटाने, बेगार प्रथा और अनुचित कर बन्द करने, पझौता आन्दोलन में छीनी हुई सम्पति वापस करने, भविष्य में बनाई जाने वाली वैधानिक समिति में प्रजा द्वारा निर्वाचित सदस्यों का प्रावधान आदि अनेक आर्थिक सुधारों सम्बन्धी प्रस्ताव पास किए गए। इस अधिवेशन से प्रजामण्डल को और अधिक बल मिला तथा जनता में जागृति भी बढ़ी। इस दौरान चम्बा में प्रजामण्डल आन्दोलन की गतिविधियां जोरों पर रही।[95]

बिलासपुर प्रजामण्डल की दूसरी शाखा गठित

मार्च, 1946 ई0 को बिलासपुर रियासत के प्रमुख प्रजामण्डल कार्यकर्ताओं दौलत राम सांख्यान, धर्मवीर सिंह और सन्त राम सन्त के गिरफ्तार होने पर रियासत के दूसरे आन्दोलनकारियों ने शिमला में 'प्रजामण्डल बिलासपुर' की स्थापना की। इसमें सदाराम चन्देल को प्रधान, नरोतम दत शास्त्री को उप-प्रधान, श्यामानन्द को महामन्त्री, देवी राम उपाध्याय को कोषाध्यक्ष और रणवीर सिंह चन्देल को मन्त्री बनाया गया। बिलासपुर प्रजामण्डल की अन्य शाखाएं लाहौर, अमृतसर, दिल्ली और गुरदासपुर में भी खोली गई। प्रजामण्डल की शाखाएं स्थापित होने पर नेताओं और जनता ने रियासती सरकार के खिलाफ जंग शुरू कर दी। परन्तु दूसरी ओर रियासती सरकार ने बिलासपुर में प्रजामण्डल संगठन को स्थापित नहीं होने दिया और आन्दोलनकारियों का सख्ती से दमन किया। राजा द्वारा की गई इस दमनात्मक कार्यवाही के जवाब में 'हिमालयन हिल स्टेट्स' के नेताओं और जनता ने सत्याग्रह का ऐलान किया। परिणामस्वरूप जून, 1946 ई0 में अर्की मेले के अवसर पर इस कौंसिल का एक जत्था अर्की से जलूस की शक्ल में बिलासपुर की तरफ चल पड़ा। उनके साथ बिलासपुर रियासत के नेता भी थे। जैसे ही जत्था नम्होल पहुँचा राजा के वफादार गुण्डों ने उन पर हमला बोल दिया तथा उन्हें बुरी तरह मारा-पीटा। इस जत्थे में सदाराम, श्यामानन्द, नरोतम दत शास्त्री, दौलत राम साँख्यान, दुर्गादित, ठाकुर दत शास्त्री, पं0 पदम देव, स्वामी पूर्णानन्द, ला0 कृष्ण चन्द, नरसिंह दत, गोपी राम तथा देवी राम आदि शामिल थे। इस प्रकार राजा बिलासपुर ने आन्दोलनकारियों को मार-पीट कर आन्दोलन को कुचल दिया। उस समय के समाचार पत्रों में राजा बिलासपुर के इस निन्दनीय कार्य की भारी आलोचना की गई तथा इस काण्ड को 'नम्होल काण्ड' शीर्षक के रूप में प्रकाश में लाया गया। इससे राजा और भी बौखला गया और मारधाड़ की कार्यवाही तेज कर दी।[96]

मई, 1946 ई0 में सोलन में किसान सभा और प्रजामण्डल का विशाल जलसा हुआ। इसमें सोलन तथा अन्य रियासतों के किसानों ने भी भाग लिया। इस दौरान किसानों में भी जागृति आ चुकी थी और वे अपने खोये हुए अधिकारों को पाना चाहते थे जो उनसे रियासती सरकार ने छीन लिये थे। वे प्रजामण्डल के साथ जुड़ गये थे और इस पर्वतीय प्रदेश को तानाशाही एवं अत्याचारी शासन से मुक्त कराना चाहते थे। इस विशाल सभा का नेतृत्व पं0 जवाहर लाल नेहरू ने किया था। प्रजामण्डल सोलन में कान्ता प्रसाद, पं0 शिवदत, अम्बा दत्त, जीत राम, बाबू बुध राम, माधव आचार्य आदि ने विशेष सहयोग

देकर जनता एवं किसानों को शिक्षित किया तथा उन्हें रियासती सरकार के खिलाफ लड़ने की सलाह दी।[97]

ठियोग रियासत में प्रजामण्डल आन्दोलन

ठियोग रियासत मतियाना और मधान के उतर, कुमारसैन और घूण्ड के पूर्व, बलसन और क्योंथल के दक्षिण तथा मधान और क्योंथल के पश्चिमी दिशा में स्थित थी। इस रियासत की स्थापना जयचन्द ने 17वीं शताब्दी ई0 में की थी। इस रियासत का क्षेत्रफल 144 वर्ग मील था। यह रियासत क्योंथल परगना के अन्तर्गत आती थी। इस रियासत की सीमाओं में गिरि नदी प्रवेश करती थी।[98] ठियोग रियासत पहाड़ी रियासतों में एक ऐसी रियासत थी जहाँ पर जनता शुरू से ही रियासती सरकार के अत्याचारी शासन के खिलाफ संघर्षरत रही थी। परन्तु अभी भी इस रियासत की जनता को एक ऐसे संगठन की आवश्यकता थी जो उन्हें एकजुट कर तानाशाही शासन के अन्त के लिए संगठित कर सके। इस प्रकार का संगठन रियासत में 1946 ई0 को पं0 जवाहर लाल नेहरू के सहयोग से अस्तित्व में आया और यह संगठन प्रजामण्डल था। जून, 1946 ई0 में बझेवग (ठियोग) के स्वतन्त्रता प्रेमी श्री सूरत राम प्रकाश ने नेहरू के परामर्शानुसार 'ठियोग प्रजामण्डल' की स्थापना की थी। इस पहाड़ी रियासत में प्रजामण्डल आन्दोलन का मुख्य सलाहकार पं0 पदमदेव को चुना गया था। ठियोग रियासत में यह आन्दोलन ठाकुरों और अंग्रेजों की अन्यायपूर्ण एवं अत्याचारपूर्ण नीति के खिलाफ था। जिस प्रकार की बैठ-बेगार, बढ़ता भूमि राजस्व, अन्य असहनीय कर, बुरे रीति-रिवाज इस रियासत में प्रचलित थे उनसे जनता मुक्ति चाहती थी। इस रियासत में इस संगठन का उद्देश्य पूर्ण लोकतान्त्रिक शासन प्रणाली की स्थापना करना था जिसमें जनता के चुने हुए प्रतिनिधि हो।[99]

ठियोग रियासत में प्रजामण्डल का प्रधान श्री सूरत राम प्रकाश को चुना गया था। कार्यकारिणी के मुख्य सदस्यों में बाबू बुद्धि राम वर्मा गुलों, मास्टर सीता राम जघोड़ी, बाबू दिला राम ठियोग, बाबू नन्द राम कच्छौर, भरत सिंह कंवर कड़ूठ, लगन दास शर्मा चिखड़, बसिया राम जस्टा सैंज, डॉ0 लच्छमण दास शर्मा शाली, साधराम मत्याना, शिव सिंह कंवर धरमाई, देववती, बिशन लाल सूद तथा देवीदास मुसाफिर मधान आदि प्रमुख थे। इस दौरान इस रियासत में ठाकुर कर्मचन्द का शासन था। इन नेताओं के नेतृत्व में इस रियासत की जनता ने ठाकुर के खिलाफ आन्दोलन शुरू किया था। इस आन्दोलन को दबाने में तत्कालीन पुलिस अधिकारी बलदेव सिंह ने पूरी कोशिश की थी परन्तु वह अपने इस इरादे में नाकाम रहा था। इस आन्दोलन को कूचलने के लिए रियासत के ठाकुर ने घबराकर दूसरे अधिकारी चुन्नी लाल को बुलाया। इस अधिकारी ने प्रजामण्डल आन्दोलन को दबाने के लिए जनता के साथ सख्ती से व्यवहार किया और क्रान्तिकारियों को जेल में डाल दिया।

इसी काल में ठियोग रियासत की सीमावर्ती रियासतों मधान, घूण्ड, कोटखाई, रतेश आदि में भी प्रजामण्डल आन्दोलन चलता रहा। इस आन्दोलन को सुचारू रूप से चलाने में ठियोग के साहसी एवं निडर नेताओं तथा जनता ने पूर्ण सहयोग दिया।[100]

बलसन रियासत में प्रजामण्डल आन्दोलन

बलसन (घोड़ना) रियासत गिरि नदी की ऊपरी घाटी में जुब्बल और कोटखाई के मध्य भाग में फैली हुई थी। इसके दक्षिण भाग में सिरमौर स्थित था। इस रियासत की स्थापना अलक सिंह ने 12वीं-13वीं शताब्दी ई0 में की थी। यह सिरमौर ही का वंशज था।[101] इस रियासत का क्षेत्रफल 51 वर्ग मील था। बलसन रियासत में भी जनता राणा के अत्याचारों, बैठ-बेगार, भारी भूमि लगान, बुरे रीति-रिवाज तथा अन्य असहनीय करो के बोझ से पिसती जा रही थी। इस प्रकार तानाशाही शासन से मुक्ति तथा रियासत में उतरदायी सरकार की स्थापना करने के लिए जून, 1946 ई0 में प्रजामण्डल की स्थापना की गई थी। इस रियासत में प्रजामण्डल का प्रधान मेहर सिंह को चुना गया था। प्रजामण्डल आन्दोलन को सफल बनाने तथा जन-जन तक पहुँचाने के लिए बलसन रियासत में भारी जलसे का आयोजन किया गया था। इस जलसे में पंजाब के तत्कालीन विधायक ठाकुर रत्न सिंह, पं0 पदमदेव, चौधरी दीवान चन्द तथा तमाम रियासती जनता ने भाग लिया था। इस जलूस में बलसन के लोगों ने एकत्रित होकर राणा और अंग्रेजी सरकार के विरूद्ध नारे लगाये। आन्दोलन को गाँव-गाँव में जनता तक पहुँचाने के लिए मनीराम, बैरागी राम, गौरीनन्द, रती राम जाल्टा, हीरा सिंह तथा मनसा सिंह ने भी सहयोग दिया। इन सभी नेताओं और रियासत की जनता ने आन्दोलन कर राणा को गद्दी छोड़ने के लिए मजबूर किया। इनके बाद हरीनन्द भण्डारी को बलसन रियासत का भण्डारी नियुक्त किया गया। प्रजामण्डल बलसन ने अंग्रेज सरकार के खिलाफ भी आन्दोलन छेड़ा तथा स्वतन्त्र बलसन की माँग की। घोड़ना के पश्चात् देहा नामक स्थान पर आन्दोनकारियों ने भारी जलसा किया और ब्रिटिश सरकार के अत्याचारों के खिलाफ आवाज उठाई।[102]

हिमालयन हिल स्टेट्स रीजनल कौंसिल नाहन सम्मेलन

अगस्त, 1946 ई0 में 'हिमालयन हिल स्टेट्स रीजनल कौंसिल' का सम्मेलन नाहन (सिरमौर) में आयोजित किया गया। इस सम्मेलन में 'अखिल भारतीय देशी राज्य लोक परिषद्' के अध्यक्ष डॉ0 पट्टाभि सीतारमैय्या, जयनारायण व्यास महामन्त्री, कर्नल शाहनवाज, दूनीचन्द अम्बालवी आदि अनेक प्रतिनिधियों ने भाग लिया। रियासत की ओर से इस सम्मेलन में प्रजामण्डल के मुख्य कार्यकर्ता राजेन्द्र दत, शिवा नन्द रमौल, डॉ0 देवेन्द्र सिंह, धर्मनारायण, हरी चन्द पाधा उनके सहयोगियों तथा स्थानीय जनता ने बढ़-चढ़कर भाग लिया। इस सम्मेलन से रियासती जनता में अभूतपूर्व जागृति पैदा हुई तथा रियासती सरकार की जड़े हिल गई।[103] इस दौरान ऊना, बिलासपुर आदि अनेक रियासतों में भी प्रजामण्डल आन्दोलन जोरों पर चलता रहा। सितम्बर, 1946 ई0 में शांगरी और महलोग में प्रजामण्डल की गतिविधियां चलती रही और दिन-प्रतिदिन जनता की भागीदारी इस आन्दोलन में बढ़ती रही।

कुठाड़ रियासत में प्रजामण्डल आन्दोलन

कुठाड़ रियासत सपाटू के निकट कुठाड़ नदी घाटी पर स्थित थी। इसके उत्तर में पटियाला राज्य के क्षेत्र, पूर्व में ब्रिटिश सरकार का भरोली परगना और दक्षिण बेजा

रियासत के अनेक क्षेत्र स्थित थे। इस रियासत का क्षेत्रफल 20 वर्ग मील था। इसकी स्थापना 12वीं शताब्दी के अन्त में सूरत चन्द ने की थी।[104] कुठाड़ रियासत में प्रजामण्डल की स्थापना सितम्बर, 1946 ई0 में ठाकुर हरिदास ने की थी। इस संगठन का प्रधान ब्रह्मनन्द चंडी को बनाया गया था। इनके अतिरिक्त हीरा सिंह को सचिव, ठाकुर दास निडर को खजांची तथा सीता राम, नानक चन्द, मखौलिया राम आदि को कार्यकारिणी का सदस्य बनाया गया था। इन सभी नेताओं ने गाँव-गाँव में जनता को जागृत कर रियासती सरकार के दमन के खिलाफ आन्दोलन शुरू करने के लिए तैयार किया था। उतरदायी सरकार की स्थापना के लिए जनता और नेताओं ने आन्दोलन शुरू कर शासक के खिलाफ नारे लगाए और उसे शासन छोड़ने को कहा। दूसरी ओर रियासती सरकार ने आन्दोलन को रोकने के लिए प्रजामण्डल के कार्यकर्ताओं एवं आन्दोलनकारियों को जेल में डाल दिया।

सन् 1946 ई0 को ज्ञान चन्द टूटू को कोहिस्तान प्रजामण्डल का प्रधान नियुक्त किया गया। परन्तु वे 'हिमालयन हिल स्टेट्स रीजनल कौंसिल' के उप प्रधान भी बने रहे।[105]

बुशहर रियासत में प्रजामण्डल आन्दोलन सक्रिय

नवम्बर, 1946 ई0 में बुशहर रियासत में सत्यदेव बुशहरी के नेतृत्व में प्रजामण्डल आन्दोलन चलाया गया। उन्होंने रियासत की जनता को एकजुट कर राजा के खिलाफ आन्दोलन छेड़ दिया। इसके बदले में रियासती सरकार ने सत्यदेव बुशहरी सहित अनेक सत्याग्रहियों को गिरफ्तार कर लिया। परन्तु उतेजित जनता की भीड़ ने रामपुर जेल को घेर लिया जिस कारण रियासत के राजा ने घबराकर सत्याग्रहियों को जेल से रिंहा कर दिया। नवम्बर, 1946 ई0 में सत्यदेव बुशहरी ने पहाड़ी रियासतों को मिलाकर एक 'पहाड़ी प्रान्त' बनाने की माँग की।[106]

जुब्बल रियासत में प्रजामण्डल आन्दोलन

जुब्बल रियासत पब्बर नदी के दांयी ओर उत्तर-पश्चिम की ऊँची पहाड़ियों और दक्षिण में चूड़धार पर्वत श्रृंखला में स्थित थी। इसकी सीमाएं पूर्व में रावीन परगने, देहरादून जिले और थरोच राज्य से लगती थी। यह रियासत उत्तर में बुशहर, पश्चिम में बलसन तथा अंग्रेजी तहसील कोटखाई को स्पर्श करती थी। इस रियासत का क्षेत्रफल 287 वर्ग मील तथा राजधानी दिरोहा थी।[107] जुब्बल रियासत में प्रजामण्डल आन्दोलन नवम्बर, 1946 ई0 में भागमल सौहटा के नेतृत्व में चलाया गया था। भागमल सौहटा एक उच्च शिक्षा प्राप्त व्यक्ति थे। प्रजामण्डल आन्दोलन को सक्रिय रूप से चलाने के लिए इस रियासत में जय लाल शरकोली, मास्टर राम रत्न, काहन सिंह सौहटा, मियाँ गोवर्धन सिंह, काहन सिंह जमाल आदि ने महत्वपूर्ण योगदान दिया था तथा जनता को जागृत करके रियासती सरकार के अत्याचारों से लड़ने के लिए तैयार किया था।

नवम्बर, 1946 ई0 में रियासत ठियोग में मियाँ खड़क सिंह, सूरत राम प्रकाश, देवी दास मुसाफिर, हीरा सिंह और देववती आदि ने ठाकुर कर्मचन्द के शासन के खिलाफ जोरदार आन्दोलन चलाया। दिसम्बर, 1946 ई0 में बलसन रियासत में प्रजामण्डल आन्दोलन

और तेज हो गया। ब्रिटिश सरकार द्वारा नियुक्त मैनेजर भी तानाशाही एवं क्रूर था। इसको पद से हटाने के लिए जनता ने आन्दोलन शुरू कर दिया था।

सन् 1947 ई0 के आरम्भ में बिलासपुर प्रजामण्डल के आन्दोलनकारियों का बुरी तरह से दमन किया गया। आन्दोलनकारियों को जलावतन करके उनकी जमीन-जायदाद छीन ली गई। राजा आनन्द चन्द ने काँग्रेस और प्रजामण्डल पर बुरी तरह पाबन्दी लगा दी जिस कारण आन्दोलन बाहर से चलता रहा। जनवरी, 1947 ई0 में सिरमौर में पझौता आन्दोलन के जुर्म में कारावास की सजा भुक्त रहे 12 आन्दोलनकारियों को रिहा किया गया। वैद्य सूरत सिंह, बस्ती राम पहाड़ी, गुलाब सिंह, मान सिंह, चेत सिंह आदि ने नियमानुसार सुविधा प्राप्त करने के लिए भूख-हड़ताल की। पझौता आन्दोलन के नेता कली राम, बिशना और मोहीराम कारावास काल में ही शहीद हो गए थे। धीरे-धीरे किसान आन्दोलनकारी रिहा कर दिये गए। परन्तु वैद्य सूरत सिंह, बस्ती राम पहाड़ी तथा चेत सिंह वर्मा को मुक्त नहीं किया गया।[108]

डॉ0 यशवन्त सिंह परमार का आगमन

डॉ0 यशवन्त सिंह परमार का जन्म 4 अगस्त, 1906 ई0 में तत्कालीन सिरमौर रियासत के बागथन के समीप चन्हालग गाँव में हुआ था। उन्होंने एफ0सी0 कॉलेज लाहौर, कैनिंग कॉलेज लखनऊ विश्वविद्यालय से शिक्षा प्राप्त की थी। सन् 1937-1941 ई0 तक वे सिरमौर रियासत में जिला और सैशन जज के पद पर कार्यरत रहे। रियासत के राजा के साथ मतभेद होने के कारण उन्हें सिरमौर रियासत से निर्वासित किया गया था और वे मीरपुर-लाहौर में परिवार सहित जीवन बिता रहे थे।[109] फरवरी, 1947 ई0 में पहाड़ी रियासतों के आन्दोलनकारी नेताओं ने उस समय की नाजुक एवं सरगर्म राजनैतिक परिस्थितियों में एक योग्य एवं शिक्षित नेता की आवश्यकता अनुभव की। परिणामस्वरूप, रियासत भज्जी के लीला दास वर्मा, बिलासपुर के कांशी राम उपाध्याय और कुछ अन्य नेता लाहौर गये तथा डॉ0 यशवन्त सिंह परमार को वहाँ से शिमला ले आए। शिमला में पं0 पदम देव, शिवानन्द रमौल, दौलत राम साँख्यान, लीला दास वर्मा, पं0 सीता राम, दुर्गा सिंह राठौर और अन्य पहाड़ी नेताओं के आग्रह पर यशवन्त सिंह परमार राष्ट्रीय स्वतन्त्रता आन्दोलन में शामिल हुए और उन्होंने अपनी वकालत भी शिमला में आरम्भ की। बिलासपुर के दया राम उपाध्याय ने संजौली में 'कृष्णा-विला लॉज' में डॉ0 परमार के निवास का प्रबन्ध किया।[110]

हिमालयन हिल स्टेट्स रीजनल कौंसिल की शिमला बैठक

मार्च, 1947 ई0 में 'हिमालयन हिल स्टेट्स रीजनल कौंसिल' की बैठक शिमला में हुई। इस बैठक में कौंसिल के पदाधिकारियों के चुनाव हुए। डॉ0 यशवन्त सिंह परमार कौंसिल के प्रधान चुने गये और पं0 पदम देव महामन्त्री नियुक्त किए गए। इसी काल में डॉ0 परमार ने पहाड़ी रियासतों के आन्दोलन का नेतृत्व संभाला और रियासतों के लगभग सभी नेताओ ने इनको अपना नेता स्वीकार किया। 16 अप्रैल, 1947 ई0 को परमार ने दिल्ली के 'रायल होटल' में सर्वप्रथम काँग्रेस की खद्दर वर्दी पहनी और दौलत राम

सँख्यान, नरोतम दत शास्त्री, लीला दास वर्मा, शिवानन्द रमौल आदि के साथ काँग्रेस के ग्वालियर अधिवेशन में भाग लेने के लिए रवाना हुए। इस प्रकार डॉ0 परमार ने अपनी अफसरशाह भूमिका को त्याग कर जनता की सेवा करने को अपना मार्ग चुना। वे अगर चाहते तो कानून अथवा शिक्षा को अपने जीवन-यापन का क्षेत्र बनाकर उसमें सम्मान पा सकते थे। लेकिन हिमाचल के पर्वतीय लोगों की आशाओं और आकांक्षाओं को प्राथमिकता देते हुए वे प्रदेश के अस्तित्व में आने से पूर्व ही उसके हितों से जुड़ गए थे।

इसी काल में शिमला, कांगड़ा, कुल्लू, लाहौल-स्पीति, ऊना और डलहौजी में ब्रिटिश सरकार के विरूद्ध छेड़े 'भारत छोड़ो आन्दोलन' की सरगर्मियां निरन्तर बढ़ती गई। अन्ततः अंग्रेजों ने भारत छोड़ने की घोषणा कर दी और लोग आजादी के स्वप्न देखने लगे। परन्तु पहाड़ी रियासतों में देशी शासको की दमनकारी नीति अभी बरकरार थी।[111]

बलसन रियासत में गोली कांड

मई, 1947 ई0 में बलसन रियासत की राजधानी घोड़ना में स्थानीय प्रजामण्डल के कार्यकर्ताओं ने भारी जनसभा का आयोजन किया। इस दौरान प्रजामण्डल के सक्रिय आन्दोलनकारियों में मेहर सिंह, परमानन्द, मनीराम, बैरागी राम, गौरी नन्द, हीरा सिंह, मनसा राम आदि 18 व्यक्ति जेल में बन्द थे। जनसभा में उपस्थित भीड़ अपने नेताओं के जोशिले भाषणों से उतेजित हो उठी और लोग जेल की ओर बढ़ गये। इस अवसर पर उतेजित भीड़ ने जेल का दरवाजा तोड़ दिया और अन्दर घुस गये। उस समय बलसन में साधारण जेल थी और सुरक्षा के भी कड़े इन्तजाम नहीं थे। रियासती प्रशासन ने भीड़ पर भारी लाठी चार्ज किया और भीड़ को नियन्त्रण में करने के लिए कुछ देर बाद गोलियां बरसाई। इस गोली कांड में दो आन्दोलनकारी मगनीराम और बुद्धिराम की मौके पर ही मृत्यु हो गई। इनके साथ ही लगभग 21 व्यक्ति इस गोली कांड में घायल हो गये। बलसन रियासत में इस प्रकार की घटना घटित होने से सारी पहाड़ी रियासतों में प्रजामण्डल के आन्दोलनकारी उतेजित हो उठे। रियासती सरकार ने आन्दोलनकारियों से घबराकर 23 मई, 1947 ई0 को जेल में बन्द किए गए प्रजामण्डल के कैदियों को रिहा कर दिया।[112]

मई, 1947 ई0 में रियासत चम्बा, सुकेत तथा बिलासपुर में प्रजामण्डल आन्दोलन जोरो-शोरों से चलता रहा। रियासत चम्बा में इस काल में लाला जयदेव बड़ोत्रा, दौलत राम गुप्ता, जसवन्त राय, सौदागर मल, गुलाम रसूल, ठाकुर चतर सिंह, विद्या सागर, विद्याधर, सत्य प्रसाद भण्डारी, पृथी सिंह, ध्यान सिंह पुरी, भगत सिंह पठानिया, लाल चन्द, गुलाम नवी, सोहन लाल, सागर चन्द नैय्यर, लाला राम शर्मा आदि आन्दोलनकारियों ने प्रजामण्डल आन्दोलन को एक जन-आन्दोलन का रूप दिया और समस्त रियासत में स्थान-स्थान पर जलसे किये तथा विशाल जलूस निकाले। सुकेत रियासत में वीर रत्न सिंह के नेतृत्व में मई, 1947 ई0 को प्रजामण्डल के कार्यकर्ताओं ने विभिन्न क्षेत्रों में प्रजामण्डल की शाखाएं स्थापित की। आन्दोलनकारियों ने पांगणा में सत्याग्रह शुरू किया।[113]

हिमालयन हिल स्टेट्स सब-रीजनल कौंसिल का गठन

जून, 1947 ई0 में 'हिमालयन हिल स्टेट्स रीजनल कौंसिल' में मतभेद के कारण शिमला और पंजाब की पहाड़ी रियासतों के नेताओं ने 'हिमालयन हिल स्टेट्स सब-रीजनल कौंसिल' की स्थापना की। टिहरी-गढ़वाल ग्रुप से अलग हो जाने पर डॉ0 यशवन्त सिंह परमार को इसका प्रधान, मण्डी के तेज सिंह निधड़क, भज्जी के लीला दास वर्मा और बिलासपुर के सदाराम चन्देल को उप प्रधान, पं0 पदम देव को महामन्त्री, दौलत राम गुप्ता को प्रचार मन्त्री, सूरत राम प्रकाश को कोषाध्यक्ष और सेनू राम को कार्यालय मन्त्री बनाया गया। इसी के साथ पं0 शिवानन्द रमौल, साधु राम, नरसिंह दत, हीरा सिंह पाल, गौरी नन्द, देवी राम, चमन लाल और चिरंजवी लाल वर्मा कार्यकारिणी सदस्य बने। कौंसिल में डॉ0 परमार ने नेतृत्व स्थापित करके विरोधियों को इसमें शामिल नहीं होने दिया। डॉ0 परमार पहाड़ी रियासतों में आन्दोलन का शिमला से संचालन करते रहे। इसी काल में जुब्बल, बुशहर आदि अनेक रियासतों में प्रजामण्डल आन्दोलन अपने अन्तिम चरण में पहुँच चुका था।[114]

शांगरी रियासत में प्रजामण्डल आन्दोलन

शांगरी रियासत कोटगढ़ और कुम्हारसैन के निकट सतलुज नदी के बायीं ओर स्थित थी। इसके दोनों तरफ इसकी प्राकृतिक सीमाएं थी जबकि दक्षिण पश्चिम में कुम्हारसैन और भज्जी रियासते थी। इस रियासत का क्षेत्रफल 16 वर्ग मील में फैला था।[115] शांगरी रियासत में पूर्ण उतरदायी सरकार की स्थापना करने तथा बेगार प्रथा समाप्त करने के लिए जुलाई, 1947 ई0 में चिरंजवी लाल वर्मा की अध्यक्षता में प्रजामण्डल की स्थापना की गई थी। चिरंजवी लाल एक अच्छे पढ़े-लिखे व्यक्ति थे। इस प्रकार उन्होंने जनता को रियासती प्रशासन से मुक्त कराने का बीड़ा उठाया था। उपरोक्त माँगों को पूरा करने के लिए वर्मा के नेतृत्व में शांगरी रियासत की राजधानी बड़ा गाँव में एक विशाल जनसभा का आयोजन किया गया था। इस विशाल जन समूह की उतेजना को देखकर राजा शांगरी ने अपनी गद्दी छोड़ दी और परिवार सहित आनी (कुल्लू) में जाकर रहने लगा। राजा के जाने पर 1 अगस्त, 1947 ई0 को चिरंजी लाल वर्मा की अध्यक्षता में 'शांगरी प्रजामण्डल अस्थायी सरकार' की स्थापना की गई थी। नरसिंह दास, मियाँ राम सहाय, परमानन्द, उतम राम मेहता, ठाकुर केवल राम इस अस्थायी सरकार के सदस्य बने। इस प्रकार पहाड़ी रियासतों में पहली लोकप्रिय राज्य सरकार की स्थापना शांगरी रियासत में हुई।[116]

15 अगस्त, 1947 और स्वतन्त्रता

4 जुलाई, 1947 ई0 के 'भारतीय स्वाधीनता विधेयक' के ब्रिटिश संसद में पेश होने के बाद 15 अगस्त, 1947 ई0 में भारत ब्रिटिश शासन के चंगुल से मुक्त हुआ। 14 अगस्त, को पाकिस्तान की भी स्थापना की गई थी।[117] इस अवसर पर ब्रिटिश शासित पहाड़ी क्षेत्रों कांगड़ा, कुल्लू, लाहौल-स्पिति, ऊना, हमीरपुर, डलहौजी और शिमला में स्वतन्त्रता दिवस बड़ी धूमधाम से मनाया गया। इन सभी क्षेत्रों में नेताओं तथा जनता ने

बड़ी धूमधाम से 15, अगस्त मनाया तथा तिरंगा झण्डा लहराया। भारत के अन्तिम ब्रिटिश वायसराय लॉर्ड माँऊंटबैटन, उनकी पत्नी और पुत्री ने भी शिमला के माल रोड़ में इस अवसर का लुत्फ उठाया। 15 अगस्त, 1947 ई0 को रियासतों के शासक तो ब्रिटिश सरकार की गुलामी से मुक्त हो गए परन्तु जनता की गुलामी समाप्त नहीं हुई। देशी राजाओं के राज में स्वाधीनता की लड़ाई चलती रही।[118]

ठियोग रियासत का भारत संघ में विलय

15 अगस्त, 1947 ई0 को ठियोग रियासत के लगभग 5,000 लोग जिनमें बच्चे, जवान, वृद्ध और महिलायें भी थी स्वतन्त्रता दिवस मनाने 'बासा ठियोग' जहाँ ठाकुरों का बासा (महल) था में एकत्रित हुए। वहाँ पर उन्होंने स्वतन्त्रता संग्राम तथा ठाकुरों की तानाशाही नीति के खिलाफ नारे लगाये और सत्ता प्रजातन्त्र के हाथों सौंपने की चेतावनी दी। लगभग 5,000 लोगों के जनसमूह को देखकर ठियोग का तत्कालीन ठाकुर कर्मचन्द घबरा गया और उसने 15 अगस्त, 1947 ई0 को ठियोग रियासत की स्वतन्त्रता की घोषणा कर दी। इस रियासत को सामन्तशाही से मुक्ति 16 अगस्त, 1947 ई0 में प्रदान की गई थी। इसके उपलक्ष्य में वर्तमान समय में भी 16 अगस्त, ठियोग तहसील में बड़े धूमधाम के साथ मनाया जाता है। इस रियासत की स्वतन्त्रता का घोषणा-पत्र ठाकुर कर्मचन्द द्वारा 1 भादो सम्वत् 2004 विक्रमी को जारी किया गया था। 15 अगस्त, 1947 ई0 को इस रियासत में प्रजामण्डल के मुख्य कार्यकर्ताओं की एक मन्त्रीमण्डल भी बनी थी। इसे ठाकुर कर्मचन्द द्वारा स्वीकृति प्रदान की गई थी। इस मन्त्रीमण्डल में 13 में से 8 को मुख्य पद प्रदान किये गए थे।[119]

इनमें श्री सूरत राम प्रकाश (बझेवग) को प्रधानमंत्री, श्री बुद्धिराम वर्मा (गुलो) को गृहमंत्री, श्री सीता राम वर्मा (जघेड़ी) को शिक्षा मंत्री, श्री भरत सिंह कंवर (कडूठ) को हरिजन मंत्री, श्री दिला राम वर्मा (शाली) को खजाना मंत्री, श्री नन्दराम वर्मा (कछौर) को पंचायत मंत्री, श्री लच्छमण दास शर्मा (शाली) को स्वास्थ्य मंत्री तथा श्री लग्न दास शर्मा (चिखड़) को पुलिस विभाग मन्त्री नियुक्त किया गया था। इन आठ मन्त्रियों में से भरत सिंह कंवर ने बाद में पलीडर (वकील) बनना स्वीकार किया। ठियोग रियासत की लोकप्रिय मन्त्रीमण्डल में दो अन्य सदस्य मधान के देवीदास मुसाफिर को 'सचिव' तथा सिरमौर के डॉ0 यशवन्त सिंह परमार को 'लीगल एडवाइजर' नियुक्त किया गया था।

इस रियासत में लोकप्रिय मन्त्रीमण्डल बनने की घोषणा 18 अगस्त, 1947 ई0 में आकाशवाणी दिल्ली से भी जारी की गई थी। इस रियासत में लोकतन्त्र की स्थापना के बाद बुद्धि राम वर्मा, भरत सिंह कंवर दिल्ली गए तथा सरदार वल्लभ भाई पटेल, पं0 जवाहर लाल नेहरू, महात्मा गाँधी आदि अनेक स्वतन्त्रता सेनानियों से मिले। इसके कुछ दिनों बाद ठियोग के ठाकुर कर्मचन्द भी प्रधानमंत्री सूरत राम प्रकाश तथा डॉ0 यशवन्त सिंह परमार के साथ दिल्ली गये तथा सभी नेताओं से मिले। कुछ दिनों बाद डॉ0 परमार तथा सूरत राम प्रकाश दिल्ली से वापस आ गये परन्तु ठाकुर कर्मचन्द बहुत दिनों तक दिल्ली में ही ठहरे। बाद में दिल्ली से वापस आने के बाद वे पटियाला में

ठहरे जहाँ उन्हें पटियाला के चापलूस राजा ने अनेक प्रलोभन देकर ठियोग रियासत को पटियाला के साथ मिलाने के लिए राजी कर लिया। इसके बाद उनके साथ कुछ गुण्डे भी ठियोग भेजे गए। ये गुण्डे स्थानीय जनता तथा सूरत राम प्रकाश को तरह-तरह के प्रलोभन देने लगे। परन्तु ठियोग की जागरूक, स्वतन्त्रता प्रेमी जनता तथा नेताओं द्वारा उनके प्रलोभनों में न आने से उनके सारे प्रयत्न विफल हो गये। इस पर उन्होंने जबरदस्ती मन्त्रीमण्डल को तोड़ने तथा खजाना लूटने का प्रयास किया। ठियोग रियासत में इस प्रकार की घटना घटित होने पर प्रधानमंत्री सूरत राम प्रकाश ने गृहमंत्री केन्द्रीय सरकार वल्लभ भाई पटेल से 23 दिसम्बर, 1947 ई0 को फोन पर सीधे बातचीत की तथा रियासत में घटी इस घटना से परिचित करवाया।

इनके अनुरोध पर सरदार वल्लभ भाई पटेल ने 27 दिसम्बर, 1947 ई0 को मिस्टर ईसार जो कि पहाड़ी रियासतों के रीजनल कमिश्नर थे को इस घटना की तहकीकात करने के लिए ठियोग भेजा। उनके साथ भारी तादाद में मिलिट्री व रिजर्व पुलिस भी भेजी। इस प्रकार मिलिट्री ने ठाकुर कर्मचन्द को गिरफ्तार कर लिया तथा उनके पास जो साढ़े तीन हजार बीघा जमीन 18 बासे में थी तथा सारा सामान पशु आदि जब्त कर लिया। इसके बाद रियासत को पूर्ण रूप से भारत संघ में मिलाया गया। ठियोग रियासत पहाड़ी रियासतों में एकमात्र ऐसी रियासत थी जो हिमाचल के निर्माण से पहले ही भारत संघ में विलय हुई थी।[120]

दूसरी ओर 15 अगस्त, 1947 ई0 को महलोग, सुकेत, सिरमौर, मण्डी, बिलासपुर आदि रियासतों में रियासती सरकार द्वारा अत्याचार किए गए और स्वतन्त्रता प्रेमियों को जेल में बन्द कर दिया गया।

जुब्बल रियासत में अस्थायी लोकतान्त्रिक मन्त्रीमण्डल की स्थापना

दिसम्बर, 1947 ई0 में जुब्बल रियासत में भी जनता ने भागमल सौहटा के नेतृत्व में लोकतान्त्रिक सरकार की स्थापना के लिए आन्दोलन चलाया। इस आन्दोलन को तेज करने में सालिग राम तेजटा, जिया लाल शरकोली, पं0 मस्त राम, राम सरन, गोकुल चन्द, काहन सिंह सौहटा, काहन सिंह जमाल, मियाँ गोवर्धन सिंह और कर्मचन्द चौहान आदि ने आन्दोलन को तेज करने में महत्वपूर्ण भूमिका निभाई। जनता द्वारा किए गए आन्दोलन से राजा जुब्बल की सरकार डगमगा गई और उसने जनता के सामने घुटने टेक दिये। दिल्ली से 'अखिल भारतीय देशी राज्य लोक परिषद्' के अध्यक्ष डॉ0 पट्टाभि सीतारमैय्या ने जुब्बल के आन्दोलन का जायजा लेने के लिए सचिव वैंकटरमन को जुब्बल भेजा। राजा और प्रजामण्डल के नेताओं से बातचीत के बाद वैंकटरमन ने राजा को रियासत जुब्बल का संवैधानिक अध्यक्ष बनाया और प्रजामण्डल के नेता भागमल सौहटा को मुख्यमंत्री पद प्रदान किया। जिया लाल शरकोली और सालिगराम तेजटा को मन्त्री बनाया गया तथा शेर चन्द नेगी केबिनेट सैक्रेटरी नियुक्त किये गए। इस प्रकार जुब्बल रियासत में एक अस्थायी लोकतान्त्रिक मन्त्रीमण्डल की स्थापना की गई थी।[121]

इस काल में 'हिमालयन हिल स्टेट्स सब रीजनल कौंसिल' और 'हिमालयन हिल स्टेट्स रीजनल कौंसिल' के माध्यम से पहाड़ी नेताओं ने विभिन्न पहाड़ी रियासतों के प्रजामण्डल

आन्दोलनों का संचालन किया। डॉ0 यशवन्त सिंह परमार, पदम देव, भागमल सौहटा, सत्यदेव बुशहरी, शिवानन्द रमौल, भास्करानन्द शर्मा, दौलत राम साँख्यान, लीला दास वर्मा, ज्ञान चन्द टूटू, हीरा सिंह पाल, पं0 सीता राम, सूरत राम प्रकाश, ठाकुर हरि दास, स्वामी पूर्णानन्द, तेज सिंह निधड़क आदि विभिन्न नेतागण विभिन्न रियासतों में जाकर स्थानीय आन्दोलन को नेतृत्व प्रदान करते रहे।

नवम्बर, 1947 ई0 में डॉ0 परमार और पदम देव ने सुकेत रियासत का दौरा किया। इसी काल में सत्यदेव बुशहरी और टिहरी गढ़वाल के बुद्धिसागर नौटियाल ने बिलासपुर, मण्डी और सुकेत का दौरा किया। परन्तु मण्डी रियासत की सरकार ने इन सभी को हिरासत में ले लिया।[122]

बल्ह रती गोली कांड

नवम्बर, 1947 ई0 में मण्डी और सुकेत रियासत में रियासती सरकार के खिलाफ जनता ने आन्दोलन तेज कर दिया। जनता एवं प्रजामण्डल के नेताओं ने मण्डी के राजा से रियासत में उतरदायी सरकार की स्थापना तथा रियासती सरकार द्वारा गिरफ्तार किये गये प्रजामण्डल नेता पदमनाभ को रिहा करने की माँग की। रियासती अधिकारियों ने प्रजामण्डल के कार्यकर्ताओं केशव चन्द्र शर्मा, पण्डित गौरी प्रसाद तथा अन्य सदस्यों को दूसरे दिन थाने में बुलाया। परन्तु जब ये स्वतन्त्रता प्रेमी थाने के दरवाजे पर पहुँचे तो रियासती फौज ने इन पर गोली चला दी जिसमें दो आदमियों की मृत्यु हो गई। एक सी0आई0डी0 कांस्टेबल मलाघराम का जबड़ा भी उड़ गया तथा 15 अन्य लोग घायल हो गये। रियासती सरकार ने इनकी परवाह न करते हुए मृत व्यक्तियों का पोस्टमार्टम करवाये बिना लाशों को जला दिया। इस गोली काण्ड को 'बल्ह रती गोली कांड' का नाम दिया गया। इस दौरान मण्डी और सुकेत के प्रजामण्डल आन्दोलनकारियों को जेल में डाल दिया गया। परन्तु मुख्य आन्दोलनकारी डॉ0 परमार के साथ दिल्ली गये और डॉ0 पट्टाभि सीतारमैय्या, जवाहर लाल नेहरू और सरदार पटेल से मिलकर रियासत में राजा के दमन रोकने के लिए अनुरोध किया। इस प्रकार इस पर्वतीय प्रदेश की जनता विभिन्न रियासतों में संगठित हो गई थी और रियासती प्रशासन के अत्याचारों से मुक्त होकर एक अलग प्रान्त का निर्माण करना चाहती थी जिसमें जनता का जनता द्वारा शासन हो तथा जनता के चुने हुए प्रतिनिधि हो।[123]

प्रजामण्डल आन्दोलन जो हर रियासत में एक संगठन के रूप में उभरा के अन्तगर्त प्रत्येक रियासत में इस संगठन के अधीन किसानों के अलग-अलग मुद्दो जिनमें मुख्य रूप से भूमि सम्बन्धी अधिकार, बैठ-बेगार आदि थे को उठाया। जिन लोगों ने इस आन्दोलन का नेतृत्व किया वह आजादी के बाद काँग्रेस में शामिल हो गए।

सन्दर्भ

1. चमन लाल मल्होत्रा, हिमाचल का क्रान्तिकारिक इतिहास, जयश्री प्रिंटर्स पब्लिशर्स, शिमला, 1990, पृ0 99 एण्ड देवराज शर्मा, हिमाचल: पास्ट, प्रेजैन्ट एण्ड फ्यूचर, किरन बुक डिपो, बिलासपुर, 1975, पृ0 113

2. शेखर पाठक, (स0), पहाड़ 3-4, हिमालयी समाज, संस्कृति तथा पर्यावरण, परिक्रमा तला, डांडा नैनीताल, उतराखण्ड एण्ड नेहरू विश्वविद्यालय, नई दिल्ली, 1989, पृ0 224 एण्ड रमेश वालिया, प्रजामण्डल मूवमेन्ट इन ईस्ट पंजाब स्टेट्स, डिपार्टमेन्ट ऑफ पंजाब हिस्टोरिकल स्टडीज पंजाबी यूनिवर्सिटी, पटियाला, 1972, पृ0 10-11
3. हिमेन्द्र बाली हिम, हिमाचल में आन्दोलन का संगठित स्वरूप प्रजामण्डल आन्दोलन, हिमप्रस्थ, वर्ष: 54, अंक: 10, हिमाचल प्रदेश प्रिंटिंग प्रैस परिसर, शिमला, जनवरी, 2009, पृ0 7-8
4. हिमाचल प्रदेश सरकार, हिमाचल प्रदेश में स्वतन्त्रता संग्राम का संक्षिप्त इतिहास, भाषा एवं संस्कृति विभाग, शिमला, 1992, पृ0 111-112
5. नारायण दास, ब्रिटिश भारत में प्रशासनिक एवं संवैधानिक सुधार, आर0के0 पब्लिशर्स एण्ड डिस्ट्रीब्यूटर्स, दिल्ली, 2009, पृ0 146-147
6. जगदीश राम, ओयल आश्रम ऊना, (हिमाचल प्रदेश सरकार, संघर्ष के वे दिन, भाषा एवं संस्कृति विभाग, शिमला, 1989, पृ0 98)
7. देवी राम केवला, हिमाचल में प्रजामण्डल, (हिमाचल प्रदेश सरकार, संघर्ष के वे दिन, पृ0 20)
8. हिमाचल प्रदेश सरकार, स्मृतियाँ, भाषा एवं संस्कृति विभाग, शिमला, 1988, पृ0 90-91
9. मियाँ गोवर्धन सिंह, हिमाचल प्रदेश का इतिहास, रिलायेंस पब्लिशिंग हॉऊस, नई दिल्ली, 1996, पृ0 365
10. हेमेन्द्र वैद्य, मण्डी में प्रजामण्डल आन्दोलन, (हिमाचल प्रदेश सरकार, स्मृतियाँ, पृ0 39-41)
11. चमन लाल मल्होत्रा, हिमाचल का क्रान्तिकारिक इतिहास, पृ0 101-103
12. अयोध्या सिंह, भारत का मुक्ति संग्राम, ग्रन्थ शिल्पी, दिल्ली, 2003, पृ0 548
13. एम0आर0 ठाकुर, देशभक्त एवं समाज सेवक लाल चन्द प्रार्थी, (हिमाचल प्रदेश सरकार, स्मृतियाँ, पृ0 88)
14. एस0एल0 नागोरी, कान्ता नागोरी, आधुनिक भारत का वृहत् इतिहास, (1919-1965), भाग-4, नेशनल पब्लिशिंग हॉऊस, जयपुर एवं दिल्ली, 2008, पृ0 84
15. हिमाचल प्रदेश सरकार, हिमाचल प्रदेश में स्वतन्त्रता संग्राम का संक्षिप्त इतिहास, भाषा एवं संस्कृति विभाग, शिमला, 1992, पृ0 115
16. वी0 वर्मा, शिमला हिल स्टेट्स इन नाइनटिथ सैन्चुरी, बी0आर0 पब्लिशिंग कारपोरेशन, नई दिल्ली, 2008, पृ0 89 एण्ड मियाँ गोवर्धन सिंह, हिमाचल प्रदेश का इतिहास, पृ0 365
17. राजेन्द्र अत्री, हिमाचल प्रदेश: एक बहु-आयामी परिचय, पृ0 55
18. गुरु राम जी विश्वकर्मा मधुकर, हम और हमारी आजादी, कल्पज़ पब्लिकेशन्स, दिल्ली, 2004, पृ0 56
19. गज़ेटियर ऑफ दि शिमला हिल स्टेट्स, 1910, पंजाब स्टेट्स गज़ेटियर, वॉलियम-टप्प्, इण्डस पब्लिशिंग कंपनी, नई दिल्ली, 1995, पृ0 3
20. मियाँ गोवर्धन सिंह, हिमाचल प्रदेश का इतिहास, पृ0 365
21. हिमेन्द्र बाली हिम, हिमाचल में आन्दोलन का संगठित स्वरूप प्रजामण्डल आन्दोलन, पृ0 8
22. एच0 कपिला, रानी खैरगढ़ी, (हिमाचल प्रदेश सरकार, स्वाधीनता का संकल्प, भाषा एवं संस्कृति विभाग, शिमला, 2005, पृ0 50) एण्ड कृ७ण कुमार नूतन, इतिहास साक्षी है, सन्मार्ग प्रकाशन, दिल्ली, 1988, पृ0 93

23. राजेन्द्र अत्री, हिमाचल प्रदेश: एक बहु-आयामी परिचय, पृ0 56-57
24. रमेश वालिया, प्रजामण्डल मूवमेन्ट इन ईस्ट पंजाब स्टेट्स, पृ0 149
25. अमिता शर्मा, हिमाचल प्रजामण्डल स्वतन्त्रता संग्राम की देन, हिमप्रस्थ, वर्ष: 50, अंक: 7, पृ0 25 एण्ड राजेन्द्र अत्री, हिमाचल प्रदेश: एक बहु-आयामी परिचय, पृ0 56
26. चमन लाल मल्होत्रा, हिमाचल का क्रान्तिकारिक इतिहास, पृ0 108-109
27. पमेला कँवर, इम्पीरियल शिमला, (दि पोलिटिकल कल्चर ऑफ दि राज), ऑक्सफोर्ड यूनिवर्सिटी प्रैस, बम्बे, कलकता, मद्रास, 1990, पृ0 230 एण्ड हिमाचल प्रदेश सरकार, हिमाचल प्रदेश में स्वतन्त्रता संग्राम का संक्षिप्त इतिहास, पृ0 120
28. निर्मला शर्मा, पण्डित पदम् देव, (हिमाचल प्रदेश सरकार, स्मृतियाँ, पृ0 7)
29. हिमाचल प्रदेश सरकार, स्मृतियाँ, पृ0 91
30. सी0एल0 दता, दि राज एण्ड दि शिमला हिल स्टेट्स, (सोशल इकोनोमिक प्राबलम्स, एग्रेरियन डिस्टरबेन्सिस एण्ड पैरामाऊटेन्सी), ए0बी0एस0 पब्लिकेशन्स, जालन्धर, (भारत), 1997, पृ0 291-297
31. गज़ेटियर ऑफ दि शिमला हिल स्टेट्स, 1910, पृ0 3 एण्ड राजेन्द्र अत्री, हिमाचल प्रदेश: एक बहु-आयामी परिचय, पृ0 59
32. सी0एल0 दता, दि राज एण्ड दि शिमला हिल स्टेट्स, पृ0 248,
33. राजेन्द्र अत्री, हिमाचल प्रदेश: एक बहु-आयामी परिचय, पृ0 59
34. चमन लाल मल्होत्रा, हिमाचल का क्रान्तिकारिक इतिहास, पृ0 114-115 एण्ड सी0एल0 दता, दि राज एण्ड दि शिमला हिल स्टेट्स, पृ0 253-254 एण्ड मियाँ गोवर्धन सिंह, हिमाचल प्रदेश का इतिहास, पृ0 366
35. गज़ेटियर ऑफ दि शिमला हिल स्टेट्स, 1910, पृ0 3
36. सीता राम, धामी से उठी आवाज, हिमप्रस्थ, वर्ष: 44, अंक: 1, हिमाचल प्रदेश प्रिंटिंग प्रैस परिसर, शिमला, अप्रैल, 1998, पृ0 43
37. ˝, धामी गोली काण्ड तथा प्रजामण्डल, (हिमाचल प्रदेश सरकार, स्मृतियाँ, पृ0 1)
38. ऑल इण्डिया स्टेट् पीपल कान्फ्रैंस, 1937-1940, नेहरू मेमोरियल म्यूजियम एण्ड लाइब्रेरी, नई दिल्ली एण्ड हिमेन्द्र बाली हिम, हिमाचल में आन्दोलन का संगठित स्वरूप प्रजामण्डल आन्दोलन, पृ0 9
39. पोलिटिकल डेवलपमेन्टस इन धामी स्टेट्, फाइल नं0, होम पोलिटिकल (54)-पी0 (सेक्शन), राष्ट्रीय अभिलेखागार, नई दिल्ली एण्ड चमन लाल मल्होत्रा, हिमाचल का क्रान्तिकारिक इतिहास, पृ0 109-110
40. ऑल इण्डिया स्टेट् पीपल कान्फ्रैंस, फाइल नं0 181 (11), नेहरू मेमोरियल म्यूजियम एण्ड लाइब्रेरी, नई दिल्ली, पृ0 407 एण्ड हिमाचल प्रदेश सरकार, हिमाचल प्रदेश में स्वतन्त्रता संग्राम का संक्षिप्त इतिहास, पृ0 126
41. हिमेन्द्र बाली हिम, हिमाचल में आन्दोलन का संगठित स्वरूप प्रजामण्डल आन्दोलन, पृ0 10
42. दि कोलेक्टिड वर्कस ऑफ महात्मा गाँधी, स्ग, (16 जुलाई-30 नवम्बर, 1939), दि पब्लिकेशन्स डिवीजन, मिनिस्ट्री ऑफ इन्फारमेशन एण्ड ब्रॉडकास्टिंग, गवर्नमेन्ट ऑफ इण्डिया, 1977, पृ0 45-46 एण्ड मियाँ गोवर्धन सिंह, हिमाचल प्रदेश का इतिहास, पृ0 367

43. नेशनल हेराल्ड, लखनऊ, 6 मार्च, 1940 एण्ड सीता राम, धामी गोलीकाण्ड तथा प्रजामण्डल, (हिमाचल प्रदेश सरकार, स्मृतियाँ, पृ0 2) एण्ड हिमेन्द्र बाली हिम, हिमाचल में आन्दोलन का संगठित स्वरूप प्रजामण्डल आन्दोलन, पृ0 10 एण्ड मियाँ गोवर्धन सिंह, हिमाचल प्रदेश का इतिहास, पृ0 367

44. रिपोर्ट ऑफ दि नान-ऑफिशियल इन्क्वायरी इन टू दि ट्रेजिक हेपनिंगस इन धामी स्टेट्, शिमला हिल्स, पब्लिशिड बाई श्री देव सुमन, पृ0 14 एण्ड हिमाचल प्रदेश सरकार, हिमाचल प्रदेश में स्वतन्त्रता संग्राम का संक्षिप्त इतिहास, पृ0 127-129 एण्ड लेटर ऑफ दूनी चन्द टू राणा, 27 जुलाई, 1939, ऑल इण्डिया स्टेट् पीपल कान्फ्रेंस फाइल नं0 181, (11), पृ0 433

45. राजेन्द्र अत्री, हिमाचल प्रदेशः एक बहु-आयामी परिचय, पृ0 60 एण्ड जगदीश राम, ओयल आश्रम ऊना, (हिमाचल प्रदेश सरकार, संघर्ष के वे दिन, पृ0 98-99)

46. हिमाचल प्रदेश सरकार, हिमाचल प्रदेश में स्वतन्त्रता संग्राम का संक्षिप्त इतिहास, पृ0 130

47. राजेन्द्र अत्री, हिमाचल प्रदेशः एक बहु-आयामी परिचय, पृ0 139 एण्ड हिमाचल प्रदेश सरकार, हिमाचल प्रदेश में स्वतन्त्रता संग्राम का संक्षिप्त परिचय, पृ0 130-131

48. विकास मुखर्जी, द्वितीय विश्व युद्धः मानव सभ्यता के इतिहास का निर्णायक मोड़, प्रकाशन संस्थान, नई दिल्ली, 2006, पृ0 92

49. वी0 वर्मा, दि एमरजैन्स ऑफ हिमाचल प्रदेश- ए सर्वे ऑफ कन्स्टीटयूशनल डेवलपमेन्टस, इण्डस पब्लिशिंग कंपनी, नई दिल्ली, 1995, पृ0 47

50. राजेन्द्र अत्री, हिमाचल प्रदेशः एक बहु-आयामी परिचय, पृ0 61

51. हिमाचल प्रदेश सरकार, हिमाचल प्रदेश में स्वतन्त्रता संग्राम का संक्षिप्त इतिहास, पृ0 132-133

52. मियाँ गोवर्धन सिंह, जयदीप नेगी, हिमाचल प्रदेशः एक ऐतिहासिक सर्वेक्षण, रिलायेंस पब्लिशिंग हॉऊस, नई दिल्ली, 1999, पृ0 235 एण्ड हिमाचल प्रदेश सरकार, हिमाचल प्रदेश में स्वतन्त्रता संग्राम का संक्षिप्त इतिहास, पृ0 133

53. गज़ेटियर ऑफ दि सिरमौर स्टेट्, 1934, इण्डस पब्लिशिंग कंपनी, नई दिल्ली, 1996, पृ0 1 एण्ड राजेन्द्र अत्री, हिमाचल प्रदेशः एक बहु-आयामी परिचय, पृ0 154

54. एच0एल0 वैद्या, दोज टरबूलेन्ट डेज, इण्डियन पब्लिशर्स डिस्ट्रीब्यूटर्स, शिमला, 1990, पृ0 8-9 एण्ड चमन लाल मल्होत्रा, हिमाचल का क्रान्तिकारिक इतिहास, पृ0 115-116

55. राजेन्द्र मोहन, सिरमौर के महान स्वतन्त्रता सेनानी श्री शिवानन्द रमौल, (हिमाचल प्रदेश सरकार, संघर्ष के वे दिन पृ0 45-46) एण्ड मियाँ गोवर्धन सिंह, हिमाचल प्रदेश का इतिहास, पृ0 367-368

56. राजेन्द्र अत्री, हिमाचल प्रदेशः एक बहु-आयामी परिचय, पृ0 61

57. सरला शर्मा, स्वतन्त्रता संग्राम की कहानी उनकी जुबानी, (हिमाचल प्रदेश सरकार, स्वाधीनता का संकल्प, पृ0 19) एण्ड राजेन्द्र अत्री, हिमाचल प्रदेशः एक बहु-आयामी परिचय, पृ0 62 एण्ड सी0आर0 प्रेम, कांगड़ा के स्वतन्त्रता संग्राम का इतिहास, (हिमाचल प्रदेश सरकार, संघर्ष के वे दिन, पृ0 73)

58. श्रीराम शर्मा, स्वतन्त्रता आन्दोलन, (1857-1947), नमन प्रकाशन, नई दिल्ली, 2004, पृ0 124-125

59. हिमाचल प्रदेश सरकार, हिमाचल प्रदेश में स्वतन्त्रता संग्राम का संक्षिप्त इतिहास, पृ0 136-142

60. पं० गौरी प्रसाद, मण्डी का राजनैतिक इतिहास, (हिमाचल प्रदेश सरकार, संघर्ष के वे दिन, पृ० 108) एण्ड हिमाचल प्रदेश सरकार, हिमाचल प्रदेश में स्वतन्त्रता संग्राम का संक्षिप्त इतिहास, पृ० 146
61. मनोज कुमार पाण्डेय, भारतीय स्वतन्त्रता संग्राम की राष्ट्रवादी प्रवृतियां, आर०के० पब्लिशर्स एण्ड डिस्ट्रीब्यूटर्स, दिल्ली, 2009, पृ० 130
62. श्रीराम शर्मा, स्वतन्त्रता आन्दोलन, (1857-1947), पृ० 135 एण्ड पी०एल० गौतम, आधुनिक भारत का इतिहास, मलिक एण्ड कम्पनी, जयपुर, 2004, पृ० 468
63. मनोज कुमार पाण्डेय, भारतीय स्वतन्त्रता संग्राम की राष्ट्रवादी प्रवृतियां, पृ० 130-131
64. मदन लाल शर्मा, स्वतन्त्रता संग्राम का इतिहास, किताब घर, नई दिल्ली, 2005, पृ० 223
65. मियाँ गोवर्धन सिंह, हिमाचल प्रदेश का इतिहास, पृ० 363 एण्ड हिमाचल प्रदेश सरकार, हिमाचल प्रदेश में स्वतन्त्रता संग्राम का संक्षिप्त इतिहास, पृ० 147-149
66. ओम प्रकाश राही, हिमाचल प्रदेश के स्वतन्त्रता सेनानी वैद्य सूरत सिंह, हिमाचल कला संस्कृति भाषा अकादमी, शिमला, 2004, पृ० 7
67. मुरारी शर्मा, आजादी की लड़ाई में हिमाचल का योगदान, हिमप्रस्थ, वर्ष: 43, अंक: 8, हिमाचल प्रदेश प्रिंटिंग प्रैस परिसर, शिमला, नवम्बर, 1997, पृ० 3
68. ओम प्रकाश राही, पझौता आन्दोलन, (हिमाचल प्रदेश सरकार, स्वाधीनता का संकल्प, पृ० 7-8) एण्ड मियाँ गोवर्धन सिंह हिमाचल प्रदेश का इतिहास, पृ० 358 एण्ड हिमाचल प्रदेश सरकार, हिमाचल प्रदेश के स्वतन्त्रता सेनानी, प्रथम-खण्ड, भाषा एवं संस्कृति विभाग, शिमला, 1985, पृ० 23)
69. जयदीप नेगी, पहाड़ी रियासतों में बेगार प्रथा, बिपाशा, वर्ष: 11, अंक: 63, भाषा एवं संस्कृति विभाग, शिमला, जुलाई-अगस्त, 1995, पृ० 78-79
70. हेत राम पहाड़िया, सिरमौर का ऐतिहासिक आन्दोलन, (हिमाचल प्रदेश सरकार, संघर्ष के वे दिन, पृ० 33-34) एण्ड संसार चन्द प्रभाकर, हिमाचली इतिहास के सुर्ख पन्ने, नीरज प्रकाशन, कांगड़ा, (हिमाचल प्रदेश), 2002, पृ० 132 एण्ड वैद्य सूरत सिंह, पझौता आन्दोलन, (हिमाचल प्रदेश सरकार, स्मृतियाँ, पृ० 113-114)
71. चमन लाल मल्होत्रा, हिमाचल का क्रान्तिकारिक इतिहास, पृ० 131 एण्ड मियाँ गोवर्धन सिंह, हिमाचल प्रदेश का इतिहास, पृ० 359 एण्ड राजेन्द्र अत्री, हिमाचल प्रदेश: एक बहु-आयामी परिचय, पृ० 66
72. वैद्य सूरत सिंह, पझौता आन्दोलन, (हिमाचल प्रदेश सरकार, स्मृतियाँ, पृ० 115) एण्ड ओम प्रकाश राही, हिमाचल प्रदेश के स्वतन्त्रता सेनानी वैद्य सूरत सिंह, पृ० 23 एण्ड सुदर्शन वशिष्ठ, हिमाचल, आत्मा राम एण्ड संस, दिल्ली, 1997, पृ० 27
73. बी०एल० कपूर, हिमाचल इतिहास और परम्परा, सन्मार्ग प्रकाशन, दिल्ली, 1973, पृ० 125
74. वी० वर्मा, दि एमरजैन्स ऑफ हिमाचल प्रदेश, पृ० 45-46 एण्ड राजेन्द्र अत्री, हिमाचल प्रदेश: एक बहु-आयामी परिचय, पृ० 193
75. हिमाचल प्रदेश सरकार, हिमाचल प्रदेश में स्वतन्त्रता संग्राम का संक्षिप्त इतिहास, पृ० 158-159
76. मदन लाल शर्मा, स्वतन्त्रता संग्राम का इतिहास, पृ० 26 एण्ड एम०एल० धवन, भारत में राष्ट्रीय आन्दोलन का उद्भव एवं विकास, अर्जुन पब्लिशिंग हॉऊस, नई दिल्ली, 2003, पृ० 275
77. संसार चन्द प्रभाकर, हिमाचली इतिहास के सुर्ख पन्ने, पृ० 135-137 एण्ड सुदर्शन वशिष्ठ, हिमाचल, पृ० 27 एण्ड हिमाचल प्रदेश सरकार, हिमाचल प्रदेश में स्वतन्त्रता संग्राम का संक्षिप्त

इतिहास, पृ0 160-163 एण्ड राम सिंह, आजाद हिन्द फौज में भागीदारी, (हिमाचल प्रदेश सरकार, संघर्ष के वे दिन, पृ0 93-95) एण्ड बख़्शी प्रताप सिंह, आजाद हिन्द फौज में हिमाचल, (हिमाचल प्रदेश सरकार, स्मृतियाँ, पृ0 71-74)

78. हिमेन्द्र बाली हिम, हिमाचल में आन्दोलन का संगठित स्वरूप प्रजामण्डल आन्दोलन, हिमप्रस्थ, वर्ष: 54, अंक: 11, हिमाचल प्रदेश प्रिंटिंग प्रैस परिसर, शिमला, फरवरी, 2009, पृ0 15

79. गज़ेटियर ऑफ दि शिमला हिल स्टेट्स, 1910, पृ0 11

80. हिमाचल प्रदेश सरकार, हिमाचल प्रदेश में स्वतन्त्रता संग्राम का संक्षिप्त इतिहास, पृ0 161

81. ", स्मृतियाँ, पृ0 92 एण्ड हिमाचल प्रदेश सरकार, हिमाचल प्रदेश के स्वतन्त्रता सेनानी, प्रथम-खण्ड, पृ0 26

82. सुखदेव सिंह चरक, हिमाचल प्रदेश, पार्ट-1, लाइट एण्ड लाइफ पब्लिशर्स, नई दिल्ली, 1978, पृ0 329 एण्ड गज़ेटियर ऑफ दि शिमला हिल स्टेट्स, 1910, पृ0 3

83. प्रेम चन्द प्रेमी, सोलन प्रजामण्डल में भागीदारी, (हिमाचल प्रदेश सरकार, स्वाधीनता का संकल्प, पृ0 47-48) एण्ड सुमेर चन्द, सिरमौर में प्रजामण्डल, (हिमाचल प्रदेश सरकार, संघर्ष के वे दिन, पृ0 42)

84. राजेन्द्र अत्री, हिमाचल प्रदेश: एक बहु-आयामी परिचय, पृ0 167

85. पोलिटिकल डिपार्टमेन्ट फाइल नं0 212, पी0/46, एक्टिविटीज ऑफ मि0 लाजपतराय इन मण्डी स्टेट्, राष्ट्रीय अभिलेखागार, भारत, नई दिल्ली, पृ0 3 एण्ड सन्त राम गुप्ता, सुकेत आन्दोलन, (हिमाचल प्रदेश सरकार, स्मृतियाँ, पृ0 48) एण्ड हिमेन्द्र बाली हिम, हिमाचल में आन्दोलन का संगठित स्वरूप प्रजामण्डल आन्दोलन, पृ0 15 एण्ड जय लाल महाजन, सुकेत आन्दोलन, (हिमाचल प्रदेश सरकार, संघर्ष के वे दिन, पृ0 125-126)

86. रमेश चौहान, हिमाचल प्रदेश ए पर्सपैक्टिव, मिनर्वा बुक हॉऊस, शिमला, 1998, पृ0 178

87. तेजवीर सिंह, साम्प्रदायिक राजनीति व भारत का विभाजन, (सन् 1940-1947 ई0), विश्व भारती पब्लिकेशन्स, नई दिल्ली, 2005, पृ0 95-96

88. राजा भसिन, शिमला: दि समर केपिटल ऑफ दि ब्रिटिश इण्डिया, वाइकिंग पेनगयूइन बुक्स, नई दिल्ली, 1992, पृ0 201-204 एण्ड हिमेन्द्र बाली हिम, हिमाचल में आन्दोलन का संगठित स्वरूप प्रजामण्डल आन्दोलन, पृ0 15 एण्ड राजेन्द्र अत्री, हिमाचल प्रदेश: एक बहु-आयामी परिचय, पृ0 68-69

89. हिमाचल प्रदेश सरकार, संघर्ष के वे दिन, पृ0 121 एण्ड दीना नाथ, हिमाचली काँग्रेस स्थापना में लाला हेमराज, (हिमाचल प्रदेश सरकार, स्मृतियाँ, पृ0 61)

90. सुमित सरकार, (सम्पादक), टवार्डस फ्रीडम डाकोमेन्टस ऑन दि मूवमेन्ट फार इन्डिपेन्डेन्स इन इण्डिया, (1946), ऑक्सफोर्ड यूनिवर्सिटी प्रैस, नई दिल्ली, 2009, पृ0 989

91. मियाँ गोवर्धन सिंह, हिमाचल प्रदेश का इतिहास, पृ0 368

92. एन0डी0 शास्त्री, बिलासपुर का राजनैतिक इतिहास, किरन बुक डिपो, बिलासपुर, (हिमाचल प्रदेश), 1981, पृ0 83, 91 "., बिलासपुर में स्वाधीनता संग्राम की घटनाएं, (हिमाचल प्रदेश सरकार, स्मृतियाँ, पृ0 97)

93. वी0 वर्मा, शिमला हिल स्टेट्स इन नाइनटिथ सैन्चुरी, पृ0 91 एण्ड राजेन्द्र अत्री, हिमाचल प्रदेश: एक बहु-आयामी परिचय, पृ0 104

94. हिमाचल प्रदेश सरकार, हिमाचल प्रदेश में स्वतन्त्रता संग्राम का संक्षिप्त इतिहास, पृ0 167-168

95. एच0एल0 वैद्या, दोज टरबूलेन्ट डेज, पृ0 12-14 एण्ड मियाँ गोवर्धन सिंह, हिमाचल प्रदेश का इतिहास, पृ0 368-369
96. हिमाचल प्रदेश सरकार, हिमाचल प्रदेश में स्वतन्त्रता संग्राम का संक्षिप्त इतिहास, पृ0 169 एण्ड नरोतम दत शास्त्री, बिलासपुर प्रजामण्डल के सात सूरमे, हिमाचल कला संस्कृति और भाषा अकादमी, शिमला, 1987, पृ0 6 एण्ड एम0एस0 अहलूवालिया, सोशल, कल्चरल एण्ड इकोनोमिक हिस्ट्री ऑफ हिमाचल प्रदेश, इण्डस पब्लिशिंग कंपनी, नई दिल्ली, 1998, पृ0 55-56
97. राजेन्द्र अत्री, हिमाचल प्रदेश: एक बहु-आयामी परिचय, पृ0 70 एण्ड हिमाचल प्रदेश सरकार, हिमाचल प्रदेश में स्वतन्त्रता संग्राम का संक्षिप्त इतिहास, पृ0 171-172
98. गज़ेटियर ऑफ दि शिमला हिल स्टेट्स, 1910, पृ0 13
99. महेन्द्र सिंह, ठियोग रियासत में प्रजामण्डल आन्दोलन, (अप्रकाशित) एम0फिल0 डिसरटेशन, विभाग राजनीतिशास्त्र, हिमाचल प्रदेश विश्वविद्यालय, शिमला, 2003, पृ0 42
100. वही, ,, ,, ,, पृ0 43-48
101. राजेन्द्र अत्री, हिमाचल प्रदेश: एक बहु-आयामी परिचय, पृ0 95 एण्ड गज़ेटियर ऑफ दि शिमला डिस्ट्रिक्ट, 1888-89, हिलमैन पब्लिशिंग हॉऊस, दिल्ली, 1992, पृ0 21
102. हिमाचल प्रदेश सरकार, हिमाचल प्रदेश में स्वतन्त्रता संग्राम का संक्षिप्त इतिहास, पृ0 170
103. सुमेर चन्द, सिरमौर में प्रजामण्डल, (हिमाचल प्रदेश सरकार, संघर्ष के वे दिन, पृ0 42) एण्ड मियाँ गोवर्धन सिंह, हिमाचल प्रदेश का इतिहास, पृ0 369-370
104. वी0 वर्मा, शिमला हिल स्टेट्स इन नाइनटिथ सेन्चुरी, पृ0 89-90 एण्ड गज़ेटियर ऑफ दि शिमला हिल स्टेट्स, 1910, पृ0 3
105. हिमेन्द्र बाली हिम, हिमाचल प्रदेश में आन्दोलन का संगठित स्वरूप प्रजामण्डल आन्दोलन, पृ0 16 एण्ड हिमाचल प्रदेश सरकार, हिमाचल प्रदेश में स्वतन्त्रता संग्राम का संक्षिप्त इतिहास, पृ0 171
106. हिन्दी हिन्दुस्तान, नई दिल्ली, 17 नवम्बर, 1946 एण्ड हिमेन्द्र बाली हिम, हिमाचल प्रदेश में आन्दोलन का संगठित स्वरूप प्रजामण्डल आन्दोलन, पृ0 16 एण्ड उर्दू मिलाप, लाहौर, 26 नवम्बर, 1946
107. इम्पीरियल गज़ेटियर ऑफ इण्डिया, प्रोविन्शियल सीरिज, पंजाब, वॉलियम-ण्, सुपरिन्टेन्डेन्ट ऑफ गवर्नमेन्ट प्रिंटिंग, कलकता, 1908, पृ0 370 एण्ड गज़ेटियर ऑफ दि शिमला हिल स्टेट्स 1910, पृ0 5, एण्ड राजेन्द्र अत्री, हिमाचल प्रदेश: एक बहु-आयामी परिचय, पृ0 87-88
108. हिमाचल प्रदेश सरकार, हिमाचल प्रदेश में स्वतन्त्रता संग्राम का संक्षिप्त इतिहास, पृ0 172-173 एण्ड ओम प्रकाश राही, हिमाचल प्रदेश के स्वतन्त्रता सेनानी वैद्य सूरत सिंह, पृ0 24
109. एस0 राजेन्द्र, पहाड़ और परमार एक आत्मा थे, हिमप्रस्थ, वर्ष: 50, अंक: 5, हिमाचल प्रदेश प्रिंटिंग प्रैस परिसर, शिमला, अगस्त, 2004, पृ0 35 एण्ड राजेन्द्र अत्री, यशवन्त सिंह परमार: ए पोलिटिकल बायोग्राफी, सरला पब्लिकेशन्स, शिमला, 2006, पृ0 1
110. हिमाचल प्रदेश सरकार, हिमाचल प्रदेश में स्वतन्त्रता संग्राम का संक्षिप्त इतिहास, पृ0 173
111. मियाँ गोवर्धन सिंह, हिमाचल प्रदेश का इतिहास, पृ0 370 एण्ड श्री निवास श्रीकांत, इतिहास के गवाक्ष में डॉ0 परमार, हिमप्रस्थ, वर्ष: 47, अंक: 5, हिमाचल प्रदेश प्रिंटिंग प्रैस परिसर, शिमला, अगस्त, 2001, पृ0 10-11
112. सत्यदेव बुशहरी, पूर्व पहाड़ी रियासतों में राजनैतिक आन्दोलन, (हिमाचल प्रदेश सरकार, संघर्ष के वे दिन, पृ0 5) एण्ड हिमाचल प्रदेश सरकार, हिमाचल प्रदेश में स्वतन्त्रता संग्राम का संक्षिप्त इतिहास, पृ0 174

113. राजेन्द्र अत्री, हिमाचल प्रदेशः एक बहु-आयामी परिचय, पृ0 71

114. हिमेन्द्र बाली हिम, हिमाचल में आन्दोलन का संगठित स्वरूप प्रजामण्डल आन्दोलन, पृ0 17 एण्ड मियाँ गोवर्धन सिंह, हिमाचल प्रदेश का इतिहास, पृ0 370

115. वी0 वर्मा, दि एमरजैन्स ऑफ हिमाचल प्रदेश, पृ0 59 एण्ड गज़ेटियर ऑफ दि शिमला हिल स्टेट्स, 1910, पृ0 3

116. एस0एल0 वर्मा, सांगरी प्रजामण्डल के नेता श्री चिरंजीलाल वर्मा, (हिमाचल प्रदेश सरकार, संघर्ष के वे दिन, पृ0 26-27)

117. गुरु राम जी विश्वकर्मा मधुकर, हम और हमारी आजादी, पृ0 70-71

118. राजेन्द्र अत्री, हिमाचल प्रदेशः एक बहु-आयामी परिचय, पृ0 72

119. महेन्द्र सिंह, ठियोग रियासत में प्रजामण्डल आन्दोलन, पृ0 50-52, 56

120. वही, ,, ,, ,, पृ0 56-57, 61-63, 73-75

121. हिमाचल प्रदेश सरकार, हिमाचल प्रदेश में स्वतन्त्रता संग्राम का संक्षिप्त इतिहास, पृ0 179, एण्ड सत्यदेव बुशहरी, स्वाधीनता संग्राम के अग्रणी नेता भागमल सौहटा, (हिमाचल प्रदेश सरकार, स्मृतियाँ, पृ0 4)

122. राजेन्द्र अत्री, हिमाचल प्रदेशः एक बहु-आयामी परिचय, पृ0 73

123. केशव चन्द्र शर्मा, बल्ह रती गोली काण्ड, (हिमाचल प्रदेश सरकार, संघर्ष के वे दिन, पृ0 126-127 एण्ड हिमाचल प्रदेश सरकार, हिमाचल प्रदेश में स्वतन्त्रता संग्राम का संक्षिप्त इतिहास, पृ0 180)

छठा अध्याय

हिमाचल प्रदेश का निर्माण और विकास

प्रस्तुत अध्याय में हिमाचल प्रदेश के निर्माण और विकास का अध्ययन किया गया है। इस अध्याय के द्वारा यह जानने का प्रयास किया गया है कि हिमाचल के निर्माण एवं विकास में प्रजामण्डल आन्दोलन, जन-आन्दोलन तथा अन्य संगठनों की क्या भूमिका रही। इस पर्वतीय प्रदेश की जनता एवं नेताओं ने ब्रिटिश शासन के चंगुल से मुक्त होने के बाद देशी शासकों के खिलाफ किस प्रकार संघर्ष किया और हिमाचल को एक पूर्ण एवं उतरदायी राज्य बनाने में योगदान दिया। उन्हें किन-किन परिस्थितियों का सामना करना पड़ा। यह पर्वतीय प्रदेश ब्रिटिश शासन के प्रभाव से तो स्वतन्त्र हो गया था परन्तु अभी तक देशी शासकों के शासन से मुक्त न हो पाया था। कुछ एक रियासतों को छोड़कर अभी भी जनता को सामन्तशाही से मुक्ति नहीं मिल पाई थी। जनता एक अलग प्रान्त का निर्माण करना चाहती थी जिसमें उन्हें अधिकार एवं स्वतन्त्रता मिल सके तथा किसी की गुलामी न करनी पड़े।

इसी बात को मध्यनजर रखते हुए 21-22 दिसम्बर, 1947 ई0 को 'हिमालयन हिल स्टेट्स रीजनल कौंसिल' का सम्मेलन शांगरी रियासत की राजधानी बड़ागाँव में आयोजित किया गया। इस सम्मेलन की अध्यक्षता सत्यदेव बुशहरी ने की। इनके अतिरिक्त इस अधिवेशन में भागमल सौहटा, हीरा सिंह पाल, भास्करानन्द शर्मा, स्वामी पूर्णानन्द, बाबू शिवदत, पं0 सीताराम, ठाकुर हरिदास, सूरत राम प्रकाश, देवीराम केवला, सन्तराम, मुकुन्द लाल, सदा राम, नेगी विरजानन्द, ठाकुर दास निडर, विजय कुमार पण्डित, महावीर सिंह और चिरंजी लाल वर्मा आदि अनेक पहाड़ी नेताओं ने भाग लिया। सम्मेलन में पहाड़ी रियासतों को मिलाकर पहाड़ी प्रान्त बनाने की माँग की गई।[1] इस आशय का यह प्रस्ताव

केन्द्रीय सरकार को भेज दिया गया। दूसरे प्रस्ताव में सुकेत, मण्डी, बिलासपुर, रामपुर–बुशहर, सिरमौर तथा अन्य रियासतों में राजनैतिक बन्दियों को रिहा करने की अपील की गई। दूसरी ओर डॉ0 यशवन्त सिंह परमार 'हिमालयन हिल स्टेट्स सब–रीजनल कौंसिल' के माध्यम से पहाड़ी रियासतों के विलय का प्रचार करते रहे। इनका अन्य सहयोगी नेताओं ने भी पूर्ण सहयोग दिया। सन् 1947 ई0 के अन्तिम दिन तक पहाड़ी रियासतों में आन्दोलन और अनिश्चितता का वातावरण बना रहा। ब्रिटिश सरकार के अधीन क्षेत्रों में स्वतन्त्रता संग्राम की सफलता से रियासती प्रजा का उत्साह बढ़ गया था। राजा–राणा दीवार पर लिखी इबारत पढ़ने लगे थे। परन्तु फिर भी अपने अस्तित्व की हारी हुई लड़ाई को लड़ते रहे।

वास्तविक रूप से हिमाचल के निर्माण और विकास की प्रक्रिया 1948 ई0 से शुरू हुई। सन् 1948 ई0 के आरम्भ में पहाड़ी रियासतों में जारी स्वतन्त्रता संग्राम चरम सीमा तक पहुँच गया था। विभिन्न रियासतों की जनता देशी शासकों के शासन से मुक्ति पाने के लिए संघर्षरत थी। इसी काल में पहाड़ी रियासतों के कुछ शासक जिनमें बघाट के राजा दुर्गा सिंह, मण्डी के राजा जोगिन्द्र सेन, कुनिहार के राणा हरदेव सिंह, शांगरी के राजा रघुवीर सिंह, ठियोग के ठाकुर कर्मचन्द और अर्की के कुंवर मोहन सिंह आदि लोकतन्त्र की लहर के आगे झुकने को तैयार हो गये थे। इन्होंने रियासतों के प्रमुख प्रजामण्डल नेताओं से विचार विमर्श कर लिया था।[2] इसके बाद 4 जनवरी, 1948 ई0 के शिमला राजनैतिक सम्मेलन, 13 जनवरी, 1948 ई0 के कोटगढ़ सम्मेलन तथा 19 जनवरी, 1948 ई0 के रामपुर सम्मेलन द्वारा 'हिमालय प्रान्त' के गठन पर जोर दिया गया। जनवरी, 1948 ई0 में कुछ रियासतों में प्रजामण्डल का दमन भी कुछ कम हो गया था।[3] इस दौरान सिरमौर में महाराजा राजेन्द्र प्रकाश द्वारा अपने जन्म दिवस पर पझौता आन्दोलन के 20 किसानों को रिहा किया गया।[4] इसी काल में मण्डी रियासत मे भी प्रजा की माँग पर लोकप्रिय प्रतिनिधि सरकार की स्थापना की गई। युवराज यशोधन सिंह को मुख्यमंत्री बनाया गया। प्रजामण्डल के नेता कश्मीर सिंह, विक्रम सिंह गुलेरिया, तेज सिंह निधड़क, लाजपत राय और केदार नाथ मन्त्री बनाए गए। इन्हीं दिनों सुकेत और महलोग रियासत में भी प्रजामण्डल आन्दोलनकारियों को भी रिहा किया गया।[5]

शिमला में विशाल जनसभा का आयोजन

25 जनवरी, 1948 ई0 को शिमला के गंज मैदान में एक विशाल जन सभा का आयोजन किया गया।[6] इस जनसभा की अध्यक्षता डॉ0 यशवन्त सिंह परमार ने की। इसमें पं0 पदमदेव, लीलादास वर्मा, शिवानन्द रमौल, सन्तराम कांगा, दौलत राम साँख्यान, देवीदास मुसाफिर, स्वामी पूर्णानन्द, दौलत राम गुप्ता, सदा राम चन्देल, नरसिंह दत, दुर्गा सिंह राठौर तथा जनता ने भाग लिया। 'हिमालयन हिल स्टेट्स सब रीजनल कौंसिल' के संरक्षण में आयोजित इस सभा में डॉ0 परमार ने पहाड़ी रियासतों के भारत संघ में विलय पर जोर दिया। इसके साथ ही 'हिमालय प्रान्त' का प्रस्ताव भी पास किया परन्तु परमार ने पहाड़ी शासकों के द्वारा प्रस्तावित 'रियासती संघ' की निन्दा की। इस सभा में शिवानन्द रमौल को 'हिमालयन प्रान्त' प्रोविजनल सरकार का मुखिया बनाया गया।[7]

हिमाचल प्रदेश के गठन का प्रस्ताव

बघाट के राजा दुर्गा सिंह और मण्डी के राजा जोगिन्द्र सेन ने दिल्ली में महात्मा गाँधी से मिलने के पश्चात् उनके परामर्शानुसार पहाड़ी रियासतों के शासकों और प्रजामण्डल के नेताओं की 26 जनवरी, 1948 ई0 को सोलन में एक सभा बुलाई। इस सभा में जुब्बल से भागमल सौहटा, जियालाल शरकोली, बुशहर से सत्यदेव बुशहरी, विरजानन्द नेगी, ठियोग से सूरत राम प्रकाश, बलसन से गौरीनन्द, कुमारसैन से केवल राम चन्देल, बाबू हुमानन्द, कुनिहार से ठाकुर हरिदास, क्योंथल से देवीराम केवला, धामी से पं0 सीताराम, भज्जी से भास्करानन्द शर्मा, बाघल से हीरा सिंह पाल, महलोग से चिन्तामणि, सोलन से बाबू बुधराम तथा बेजा से विजय सिंह आदि 27 पहाड़ी रियासतों के प्रजामण्डल के प्रतिनिधियों ने भाग लिया। रियासती शासकों की ओर से बुशहर से ठाकुर सेन नेगी, बाघल से कुंवर मोहन सिंह, क्योंथल से विजय कुमार पंडित और बेजा से विजय सिंह ने प्रतिनिधित्व किया। जबकि अन्य रियासतों के शासक स्वयं उपस्थित हुए।[8] बघाट के राजा दुर्गा सिंह को सर्वसम्मति से इस सभा का अध्यक्ष, ठाकुर सेन नेगी को उपाध्यक्ष, भागमल सौहटा को सदन का नेता, महावीर सिंह को सचिव का पद प्रदान किया गया। राजा दुर्गा सिंह के 'दरबार हाल' में प्रतिनिधि सभा की कार्यवाही शुरू हुई तथा तिरंगा झण्डा लहराया गया। इस सभा में सभी प्रतिनिधियों ने पहाड़ी रियासतों को मिलाकर एक ही भौगोलिक एवं प्रशासनिक इकाई बनाने पर जोर दिया। राजाओं तथा प्रजामण्डल के प्रतिनिधियों ने 'हिमाचल प्रान्त' और 'रियासती संघ' के प्रस्तावों पर विचार किया। अन्त में 'पहाड़ी रियासती संघ' बनाने के लिए अन्य पहाड़ी रियासतों जैसे चम्बा, मण्डी, बिलासपुर, सुकेत, सिरमौर आदि के शासकों और प्रजामण्डल के नेताओं से बातचीत करने का प्रस्ताव भी रखा गया। इसी सभा में प्रस्तावित संघ का नाम 'हिमाचल प्रदेश' रखा गया। राजाओं की ओर से यह प्रस्ताव बाघल रियासत के कंवर मोहन सिंह ने पेश किया कि शिमला की 25 पहाड़ी रियासतों के शासक अपनी प्रशासनिक सता, अधिकार और सम्पति आदि प्रस्तावित 'हिमाचल प्रदेश' का संविधान बनने पर चुनाव द्वारा गठित जनता की प्रतिनिधि सरकार को सौंप देंगें। एक अन्य प्रस्ताव के द्वारा केन्द्रीय सरकार और गृह मन्त्री सरदार पटेल से यह निवेदन किया गया कि वे पंजाब की पहाड़ी रियासतों को भी प्रस्तावित 'हिमाचल प्रदेश' में मिला दिया जाये और एक पूरा प्रान्त बना दिया जाये। साथ ही इस कार्य के लिए एक 'नेगोशियेटिंग कमेटी' बनाई गई।[9] इस कमेटी में राजा दुर्गा सिंह, जुब्बल के भागमल सौहटा, ठाकुर सेन नेगी, सत्य देव बुशहरी, कंवर मोहन सिंह व हीरा पाल आदि आठ सदस्य रखे गये।[10]

इस समिति का कार्य अपने उद्देश्य की पूर्ति के लिए केन्द्र सरकार और पंजाब रियासतों के शासकों तथा नेताओं से मिलकर विचार-विमर्श करके प्रस्तावित 'हिमाचल प्रदेश' के गठन व निर्माण को पूरा करना था। पहाड़ी रियासतों को हिमाचल प्रदेश के रूप में संगठित करने की घोषणा राजा दुर्गा सिंह और प्रजामण्डल के प्रतिनिधियों ने सोलन में की। इसके अतिरिक्त उन्होंने राजाओं द्वारा राजनैतिक सता छोड़कर प्रतिनिधि सरकार को हस्तान्तरित करने की घोषणा की । इस प्रकार यहीं से 'हिमाचल प्रदेश' के नाम और प्रान्त बनने

के कार्य का शुभारम्भ हुआ। जनवरी, 1948 ई0 में 'हिमाचल के निर्माण' की खबर 'दि ट्रिब्यून' में भी प्रकाशित हुई थी।[11]

आन्दोलनकारियों तथा पहाड़ी रियासतों में मतभेद

पहाड़ी रियासतों के भीतर और बाहर आन्दोलनकारी नेताओं में रियासतों के भविष्य के बारे में मतभेद बना रहा। पंजाब के सभी नेता इस पर्वतीय क्षेत्र की सभी पहाड़ी रियासतों को पंजाब में मिलाकर 'महा पंजाब प्रान्त' बनाना चाहते थे। उतर प्रदेश के नेतागण टिहरी गढ़वाल, सिरमौर के साथ शिमला की पहाड़ी रियासतों को उतर प्रदेश में मिलाना चाहते थे। जबकि महाराजा पटियाला के समर्थक नालागढ़, क्योंथल, सिरमौर, चम्बा और शिमला हिल्स की रियासतों को मिलाकर 'कोहिस्तान' बनाने की कोशिश में व्यस्त थे। यहाँ तक कि केन्द्रीय सरकार भी छोटे प्रान्त बनाने के हक में नहीं थी। दूसरी ओर पहाड़ी रियासतों के नेताओं के भी दो गुट बन चुके थे। एक ओर पं0 पदम देव–डॉ0 यशवन्त सिंह परमार का धड़ा तो दूसरी ओर भागमल सौहटा–सत्यदेव बुशहरी का धड़ा था। इन दो गुटों के कारण, 'हिमालयन हिल स्टेट्स रीजनल कौंसिल' भी कमजोर पड़ गई और इस कौंसिल के सदस्य नेता दो धड़ो में बट गये थे।[12] पदम देव–परमार धड़े ने अपने समर्थकों को 'हिमालयन हिल स्टेट्स सब- रीजनल कौंसिल' के माध्यम से संगठित किया जबकि भागमल सौहटा-बुशहरी धड़े ने देशी शासकों को अपने विश्वास में लिया और 'सोलन सभा' में प्रस्तावित 'हिमाचल प्रदेश' की घोषणा कराने में सफल हुए।

इस दौरान पहाड़ी रियासतों में प्रजामण्डल आन्दोलन जारी रहा। इसी काल में राणा महलोग का भी हृदय परिवर्तन हुआ और उसने प्रजामण्डल नेताओं के विरूद्ध लगाये गये मुकद्दमें वापस ले लिये। सभी राजनैतिक कैदियों को रिहा कर इस रियासत में प्रजामण्डल को विधिवत् मान्यता प्रदान की। 8 फरवरी, 1948 ई0 को पं0 पदमदेव, भागमल सौहटा, सत्यदेव बुशहरी, दौलतराम गुप्ता, गौरी शंकर, दौलत राम साँख्यान, लीला दास वर्मा आदि पहाड़ी नेता 'अखिल भारतीय रियासती परिषद्' के अध्यक्ष डॉ0 पट्टाभि सीतारमैय्या से मिलने दिल्ली गये। उन्होंने भागमल सौहटा–सत्यदेव बुशहरी धड़े के 'सोलन सभा' के सामूहिक विलय और पहाड़ी प्रान्त के निर्माण के प्रस्ताव का विरोध किया। डॉ0 पट्टाभि सीतारमैया ने इन पहाड़ी रियासतों के नेताओं को रियासतों में शासकों के खिलाफ आन्दोलन करने का सुझाव दिया और रियासतों का भारत संघ में विलय करने को कहा। दिल्ली से वापस आने के बाद डॉ0 यशवन्त सिंह परमार और पदमदेव धड़े ने शिमला में सुकेत आन्दोलन का कार्यक्रम बनाया। दूसरी ओर सत्यदेव बुशहरी धड़े ने रियासती शासकों के साथ मिलकर सोलन सभा के अनुसार पहाड़ी रियासतों के प्रस्तावित 'हिमाचल प्रदेश' में सामूहिक विलय के पक्ष में केन्द्रीय सरकार को प्रभावित करने के प्रयत्न जारी रखे।[13]

सुकेत सत्याग्रह

12 फरवरी, 1948 ई0 को डॉ0 यशवन्त सिंह परमार ने ततापानी की एक सराय में प्रजामण्डल सुकेत के आन्दोलनकारियों की बैठक बुलाई।[14] इस बैठक में मण्डी, सिरमौर,

बिलासपुर, भज्जी, कोटी और अन्य रियासत के कार्यकर्ता भी शामिल हुए। सुकेत रियासत के आन्दोलनकारी भी इस बैठक में उपस्थित हुए। डॉ0 परमार के नेतृत्व में पदम देव, शिवानन्द रमौल, दौलतराम साँख्यान, वीर रत्न सिंह और स्थानीय नेताओं के सहयोग से इस बैठक में सुकेत सत्याग्रह का कार्यक्रम बनाया गया। कार्यक्रम के मुताबिक सुकेत के राजा लक्ष्मण सेन को नोटिस भेजा गया जिसमें उनसे अपनी रियासत को भारत संघ में विलय की अपील की गई। इसके साथ ही राजा को यह चेतावनी भी दी गई कि यदि उसने नोटिस पर कोई गौर नहीं किया तो 'हिमालयन हिल स्टेट्स सब रीजनल कौंसिल' के सदस्य सत्याग्रह करके राजा को विलय के लिए विवश करेंगें।[15] राजा लक्ष्मण सेन ने समयबद्ध नोटिस का कोई जबाव नहीं दिया। परिणामस्वरूप, 16 फरवरी, 1948 ई0 को सुकेत सत्याग्रह आरम्भ हुआ। इस दौरान डॉ0 यशवन्त सिंह परमार शिमला से सत्याग्रही जत्थों की सूचना केन्द्रीय सरकार, रियासतों के नेताओं तथा समाचार पत्रों को भेजते रहे।[16] चाबा टेलिफोन पर दौलत राम साँख्यान को नियुक्त किया गया ताकि वे शिमला का संदेश सत्याग्रहियों तक पहुँचा सके तथा सत्याग्रहियों का संदेश डॉ0 यशवन्त सिंह परमार तक। चाबा से आगे सत्याग्रहियों तक संदेश ले जाने के लिए स्वयंसेवकों की नियुक्ति की गई। इस सत्याग्रह में सिरमौर, बिलासपुर, भज्जी, मण्डी आदि रियासतों के नेताओं तथा जनता ने भी सहयोग दिया।[17]

योजनानुसार 16 फरवरी, 1948 ई0 को ततापानी, करसोग, फिरनू, बहना, चाबा, जयदेवी, पांगणा आदि स्थानों पर सत्याग्रहियों के जत्थे एकत्रित हुए। 17 फरवरी, 1948 ई0 को सिरमौर के डॉ0 देवेन्द्र सिंह के नेतृत्व में सोमकृ७ण, धनीराम, कांशीराम, हीरामणि, गौरीदत, महीधर, वामदेव और स्थानीय जनता ने पुलिस चौकी पर कब्जा करके थाने के शस्त्रों पर भी अपना अधिकार जमा लिया।[18] दूसरे जत्थे ने पं0 पदम देव के नेतृत्व में फिरनू चौकी पर अपना अधिकार जमाया। इसमें शिवानन्द रमौल, सदाराम चन्देल, राधा कृ७ण, सन्तराम, लीला दास वर्मा, मुकुन्द लाल, ठाकुर दत शास्त्री, सूरत राम चौहान, उदय चन्द यात्री, भागचन्द चौहान, गंगा राम पुण्डीर और स्थानीय सत्याग्रहियों ने सक्रिय भाग लिया। इनके अतिरिक्त देवीराम, दुर्गा सिंह राठौर, भगत राम और गोपाल दास भी फिरनू में शामिल हुए।[19]

करसोग चौकी पर दिलाराम महाजन, रघुवीर दास, रामकृ७ण, दन्त राम, मियाँ पुभर सिंह, नरोतम दत शास्त्री, लछमीनन्द, कमला राम, हरी सरन, गौरी दत आदि का जत्था मौजूद था।[20] 18 फरवरी, 1948 ई0 को पं0 पदमदेव के नेतृत्व में कुछ सत्याग्रहियों ने ततापानी में प्रवेश किया। इसके साथ ही आस-पास के आन्दोलनकारी भी करसोग में आकर सत्याग्रहियों से मिले।[21] करसोग में सत्याग्रहियों ने तहसील मुख्यालय पर अधिकार कर तहसीलदार को हिरासत में ले लिया तथा वहाँ पर तिरंगा लहराया। करसोग की जनता ने सत्याग्रहियों का हार्दिक स्वागत किया तथा उनका आतिथ्य किया। तहसील में सुचारू प्रशासन का प्रबन्ध कर सत्याग्रही आगे बढ़े। किसान, मजदूर और भूतपूर्व सैनिक अपने-अपने घरों को त्याग कर इस अभियान पर निकलते गये। प्रायः सभी सरकारी कर्मचारियों ने प्रान्तीय सरकार के प्रति अपनी सेवाएं अर्पित की। लोगों का उत्साह देखने

योग्य था क्योंकि शताब्दियों से सामन्तशाही की चक्की में पिसती जनता को इस अभियान से नयी आशा बंध गई थी।[22]

19 फरवरी, 1948 ई0 को सत्याग्रहियों ने सुकेत राज्य की पुरानी राजधानी पांगणा पर अधिकार कर लिया जो पाँचवी शताब्दी से ही सुकेत राज्य के अन्तर्गत थी। पन्द्रह सौ वर्षो के उपरान्त अहिंसात्मक युद्ध में पांगणा राजवंश के हाथ से निकल गया। यह अपने में एक अनोखी घटना थी।[23] पांगणा में तीन दिन तक अत्यधिक वर्षा के कारण 22 फरवरी, 1948 ई0 को लगभग 4,000 सत्याग्रहियों ने पांगणा से सुन्दरनगर की ओर मार्च आरम्भ किया। मार्ग से नीहरी और मुकाम चौकियों पर अधिकार करते हुए वे 23 फरवरी, को जयदेवी पहुँचे। जयदेवी पहुँचने पर सुकेत असन्तोष के जनक वीर रत्न सिंह 1000 सत्याग्रहियों को साथ लेकर इन सत्याग्रहियों से आ मिले।[24] मण्डी से भी स्वामी पूर्णा नन्द, तेज सिंह, गौरी प्रसाद, कृष्ण चन्द, साधुराम, ओमचन्द आदि भी सत्याग्रहियों से आ मिले। लगभग 5,000 सत्याग्रहियों का जलूस अब सुन्दरनगर की ओर बढ़ने लगा। इसी दिन शिमला से डॉ0 परमार और केन्द्र से राज्य मन्त्रालय से सूचना मिली कि आन्दोलनरत सिपाही आगे न बढ़े। साथ ही सुकेत के राजा को भी सूचित कर दिया गया कि वह सत्याग्रहियों को हानि न पहुँचाए। इस पर पं0 पदम देव, शिवानन्द रमौल, डॉ0 देवेन्द्र सिंह, स्वामी पूर्णानन्द, सदा राम चन्देल, रत्न सिंह, नरसिंह दत तथा सोमकृष्ण आदि प्रमुख सत्याग्रहियों ने आपस में परामर्श करके सत्याग्रह जारी रखने का निश्चय किया। इसी दौरान गृह मन्त्रालय से फौजी सहायता भेजने की भी सूचना मिली।

25 फरवरी, 1948 ई0 को लगभग 10,000 सत्याग्रही सुन्दरनगर पहुँच गये। इसी बीच राजा को सूचना मिली कि डैहर तहसील में विद्रोह फूट पड़ा है और जनता ने लगभग आधी रियासत पर अधिकार कर लिया है।[25] चहुँ ओर संकटो से घिरा देख राजा लक्ष्मण सेन ने भारत सरकार से विलयीकरण की गुहार की। सत्याग्रहियों ने सुकेत रियासत की राजधानी पर कब्जा कर लिया। अपने आप को असहाय देख रियासत की फौजी टुकड़ी ने हथियार डाल दिये और लक्ष्मण सेन सीधे दिल्ली चले गये।[26] दूसरे दिन केन्द्रीय सरकार की ओर से जालन्धर के चीफ कमिश्नर लेफ्टिनेंट जनरल नगेश दत तथा धर्मशाला से कांगड़ा के डिप्टी कमिश्नर कन्हैया लाल फौजी टुकड़ी के साथ सुन्दरनगर पहुँचे। चीफ कमिश्नर नगेश दत ने सुकेत रियासत पर भारत सरकार के अधिकार की घोषणा कर दी। इस प्रकार सुकेत रियासत का प्रबन्ध भारतीय सेना ने सम्भाला। इस घटना को अंग्रेजी के समाचार-पत्र 'दि ट्रिब्यून' ने 'सेवन डेज शुक दि वर्ल्ड' शीर्षक से प्रकाशित किया। इसका उल्लेख ट्रिब्यून के सम्पादकीय में 'वे सात दिन जिन्होंने हिमालय को झकझोर दिया।' शीर्षक से प्रकाशित किया।[27] इसी अवसर पर हिमालय की हिल स्टेट्स रीजनल कौंसिल की ओर से सुकेत रियासत में अन्तरिम सरकार की स्थापना की गई। सिरमौर के नेता शिवानन्द रमौल को अन्तरिम सरकार का अध्यक्ष बनाया गया। इनकी सलाहकार समिति में सुकेत प्रजामण्डल के प्रधान रत्न सिंह, राधा कृष्ण, मुकुन्द लाल और कांशी राम को नियुक्त किया गया। यह अन्तरिम सरकार 26 फरवरी, 1948 ई0 से 15 अप्रैल, 1948 ई0 तक शिमला में कार्य करती रही। इस प्रकार सुकेत रियासत राजा के शासन,

भ्रष्ट अधिकारियों तथा बेगार आदि प्रथाओं से मुक्त हो पाई थी। सुकेत सत्याग्रह से डॉ0 यशवन्त सिंह परमार और उनके सहयोगी नेताओं की धाक जम गई थी।[28]

बुशहर रियासत में क्रान्ति

मार्च, 1948 ई0 में रामपुर बुशहर रियासत में भ्रष्ट और नृशंस अधिकारियों के खिलाफ भारी जन-आन्दोलन हुआ। इस आन्दोलन का नेतृत्व स्थानीय प्रजामण्डल नेता मास्टर अनुलाल ने किया। आन्दोलन को अंजाम देने के लिए सराहन में एक विशाल जनसभा का आयोजन किया गया। इस जनसभा में तानाशाही शासन की निन्दा की गई तथा जनता का मन्त्रीमण्डल बनाने पर जोर दिया गया। इस दौरान रियासती सरकार के खिलाफ नारे लगाये गये। परन्तु रियासती सरकार ने मास्टर अनुलाल को गिरफ्तार कर लिया और जनता पर भारी लाठी चार्ज किया। इससे जनता भड़क उठी। गौरा गाँव पहुँचते-पहुँचते लगभग पाँच-छ: सौ आदमियों ने पुलिस को घेरकर गिरफ्तार कर लिया और मास्टर अनुलाल को रिहा करके उनकी जय-जयकार करने लगे। रामपुर में खबर पहुँचने पर बड़े-बड़े अधिकारी, जज व डी0 एस0 पी0 (डिस्ट्रिक्ट सुपरिटेन्डेन्ट ऑफ पुलिस) भी गौरा पहुँचे।[29] उन्होने जनता को डरा धमकाकर मास्टर अनुलाल को उनके हवाले करने को कहा। परन्तु जनता तैयार न हुई। लाठी चार्ज का आदेश होने पर जनता पुलिस से भिड़ गई। इस पर जज ने घबराकर फायर चलाने के आदेश दिये। इसमें कई लोग घायल हो गये। जब पुलिस के पास गोलियां समाप्त हो गई तो उन्होंने जनता के सामने आत्म समर्पण कर दिया। इस प्रकार पुलिस व समस्त अफसरों को बन्दी बना लिया गया। विशाल जलूस के रूप में मास्टर अनुलाल ने रामपुर आकर प्रजा के राज्य की घोषणा कर दी।[30] रियासत में आन्दोलन को उग्र होता देख रियासती सरकार ने पंजाब पुलिस की सहायता माँगी। पंजाब पुलिस ने जनता पर कहर डहाना शुरू कर दिया। पुलिस द्वारा की गोली-बारी में कई लोग मौत का शिकार हो गये। उनके पार्थिव शरीर को नदी में बहा दिया गया। इस हृदय विदारक घटना से सम्पूर्ण पहाड़ी क्षेत्र के जनमानस को क्रोधोन्माद से भर दिया। इसी बीच बुशहर रियासत का राजा विलय-पत्र पर हस्ताक्षर करने के लिए राजी हो गया और राजगद्दी को त्यागकर एक नागरिक की तरह जीवनयापन करने लगा।[31] प्रथम मार्च, 1948 ई0 को पटियाला में 'अखिल भारतीय देशी राज्य लोक परिषद्' का सम्मेलन हुआ। इस कान्फ्रैस में डॉ0 परमार और दौलत राम साँख्यान परिषद् के अध्यक्ष डॉ0 पट्टाभि सीतारमैय्या से मिले। इसके बाद पदम देव-परमार धड़े के नेताओं ने दिल्ली में 'मिनिस्ट्री ऑफ स्टेट्स' के अधिकारियों से मिलकर पहाड़ी रियासतों के भविष्य के बारे में बातचीत की। दूसरी ओर भागमल सौहटा-बुशहरी धड़े के नेता भी रियासतों के शासक राजा दुर्गा सिंह की अध्यक्षता में दिल्ली में केन्द्रीय नेताओं से सोलन सभा के प्रस्ताव पर विचार-विमर्श करते रहे।[32]

हिमाचल प्रदेश प्रान्त की औपचारिक घोषणा

2 मार्च, 1948 ई0 को राज्य मन्त्रालय ने शिमला और पंजाब की पहाड़ी रियासतों के शासकों की दिल्ली में बैठक बुलाई। इस बैठक में मिनिस्ट्री के सचिव सी0सी0 देसाई

ने पहाड़ी रियासतों के शासकों से बिना शर्त विलय-पत्र पर हस्ताक्षर करने की अपील की। बघाट रियासत के राजा दुर्गा सिंह ने सोलन सभा के प्रस्ताव का उल्लेख करते हुए पहाड़ी रियासतों के एक अलग प्रान्त हिमाचल प्रदेश में सामूहिक विलय का आग्रह किया। सचिव सी0सी0 देसाई ने इसका विरोध किया। इस पर शासकों ने नाराज होकर बैठक छोड़ दी। वे दूसरे दिन पहाड़ी रियासतों के भागमल-बुशहरी धड़े के नेताओं के साथ गृहमन्त्री सरदार वल्लभभाई पटेल से मिले।[33] विचार-विमर्श के बाद पटेल ने शिष्टमण्डल को देशी राज्य सचिव वी0पी0 मेनन के पास भेजा और स्वयं भी उनसे बातचीत करने की बात कही। इसके बाद शिष्टमण्डल के आग्रह पर विलय-पत्र पर यह दर्ज करवा दिया कि यह पहाड़ी रियासतों का क्षेत्र 'हिमाचल प्रदेश' के नाम से केन्द्र सरकार के अधीन होगा। आरम्भ में यह चीफ कमिश्नर के प्रान्त के रूप में होगा, फिर उप-राज्यपाल और बाद में राज्यपाल के शासन वाला प्रान्त बना दिया जायेगा। पहाड़ी रियासतों के शासकों ने इस आश्वासन पर विलय-पत्र पर हस्ताक्षर कर दिये।[34] 8 मार्च, 1948 ई0 को 'मिनिस्ट्री ऑफ स्टेट्स' के सचिव ने केन्द्रीय सरकार की ओर से अलग प्रान्त 'हिमाचल प्रदेश' के निर्माण की घोषणा कर दी। देशी राज्य सचिव वी0पी0 मेनन ने इस अवसर पर स्पष्ट किया कि शिमला हिल स्टेट्स को मिलाकर केन्द्र शासित प्रान्त हिमाचल प्रदेश बना दिया गया है। पंजाब हिल स्टेट्स के इसमें विलय की बात अभी विचाराधीन है। इस प्रकार 8 मार्च, 1948 ई0 से शिमला हिल्ज की 27 पहाड़ी रियासतों के विलय से हिमाचल के गठन की प्रक्रिया आरम्भ हुई।[35] 9 मार्च, 1948 ई0 को पदम देव-डॉ0 परमार धड़े के नेताओं ने पहाड़ी रियासतों के एक अलग प्रान्त बनाने की केन्द्रीय सरकार की घोषणा का स्वागत किया। इस अवसर पर डॉ0 परमार की अध्यक्षता में 'हिमालयन हिल स्टेट्स सब-रीजनल कौंसिल' की शिमला में बैठक हुई। इस बैठक में एक प्रस्ताव पास किया गया। इस प्रस्ताव के द्वारा 'हिमाचल प्रदेश' के स्थान पर 'हिमालय प्रान्त' नाम रखने का केन्द्रीय सरकार से आग्रह किया गया। परन्तु सरदार पटेल ने सोलन सभा के प्रस्ताव के अनुसार 'हिमाचल प्रदेश' नाम का ही अनुमोदन किया।

इसी काल में सिरमौर के राजा ने भी अपने आप को असुरक्षित देखते हुए देशभक्त आन्दोलनकारियों की रिहाई आरम्भ कर दी। 9 मार्च, 1948 ई0 को कई वर्षो से कारावास में पड़े 'पझौता किसान आन्दोलन' के आखिरी तीन आन्दोलनकारियों को रिहा कर दिया गया। 'पझौता किसान आन्दोलन' के नेता वैद्य सूरत सिंह, बस्तीराम पहाड़ी और ठाकुर चेत सिंह लगभग 6 वर्ष के बाद नाहन जेल से रिहा हुए।[36]

मण्डी, सुकेत तथा चम्बा रियासत का हिमाचल प्रदेश में विलय

14 मार्च, 1948 ई0 को मण्डी और सुकेत के शासकों ने भी विलय-पत्र पर हस्ताक्षर कर दिये। इस प्रकार हस्ताक्षर करने के बाद केन्द्रीय सरकार द्वारा इन रियासतों को भी 'हिमाचल प्रदेश' में पूर्ण रूप से मिला दिया गया। इसी काल में चम्बा रियासत के शासक ने भी अपने भविष्य को अन्धकारमय देखते हुए विलय-पत्र पर हस्ताक्षर कर दिये। परिणामस्वरूप, चम्बा रियासत भी 'हिमाचल प्रदेश' का भाग बन गई।[37] 15 मार्च, 1948

ई0 को सिरमौर मे प्रजामण्डल आन्दोलन के कार्यकर्ता हृदय राम पान्थ भी नाहन जेल से रिहा कर दिये गये।[38]

सिरमौर रियासत का हिमाचल प्रदेश में विलय

सिरमौर के राजा राजेन्द्र प्रकाश ने अन्तिम घड़ी तक अपनी रियासत को बचाने की पूरी कोशिश की। उनका इस विषय में कहना था कि उनकी प्रजा राज्य हस्तान्तरित करने के लिए नहीं मानती। उन्होंने सुझाव दिया कि सिरमौर में जनमत करवाया जाये जिससे जनता की इच्छा का पता चल जायेगा। यदि जनता राज्य के हस्तान्तरण के लिए स्वीकृति दे देती है तो वह विलय के पत्रों पर हस्ताक्षर कर देंगें। सरदार पटेल ने राजा सिरमौर की यह बात मान ली और गृह-मन्त्रालय के वित्त मन्त्री श्री ई0पी0 कृपलानी को जनमत जानने के लिए नाहन भेजा। नाहन के चौगान में एक विशाल सभा का आयोजन हुआ। इस सभा में राजा के हितैषियों की ओर से जनता को सुझाव दिया गया कि वे राजा के पक्ष में अपना मत दे। दूसरी ओर प्रजामण्डल भी सतर्क था।[39] श्री कृपलानी ने जनता से प्रशन किये कि तुम राजा के अधीन रहना चाहते हो या भारत में राज्य के विलय को चाहते हो। जनता और प्रजामण्डल के नेताओं द्वारा हाथ खड़े करने पर कृपलानी ने राजा को स्पष्ट कह दिया कि जनमत उनके विरूद्ध है। इस प्रकार राजा राजेन्द्र प्रकाश ने मजबूर होकर 23 मार्च, 1948 ई0 को विलय-पत्र पर हस्ताक्षर कर दिये। परिणामस्वरूप, सिरमौर रियासत को हिमाचल प्रदेश में मिला दिया गया।[40]

इसी काल में प्रजा की इच्छा के विरूद्ध नालागढ़ (हिण्डूर) रियासत का पटियाला में विलय हो गया जबकि बिलासपुर के राजा आनन्द चन्द ने विलय से इन्कार कर दिया और आजाद कहलूर के राजा बने रहे।[41]

हिमाचल प्रदेश की स्थापना

15 अप्रैल, 1948 ई0 को पहाड़ी क्षेत्र की 30 छोटी-बड़ी रियासतों को मिलाकर व विलय करके एक पहाड़ी प्रान्त 'हिमाचल प्रदेश' की विधिवत् स्थापना हुई और इसे केन्द्र शासित 'चीफ कमिश्नरज प्रोविन्स' का दर्जा दिया गया। इस प्रकार पहाड़ी रियासतों के विलय से एक अलग भौगोलिक इकाई के रूप में 'हिमाचल प्रदेश' का जन्म हुआ।[42] 15 अप्रैल, 1948 ई0 को हिमाचल प्रदेश के अस्तित्व में आने पर एन0सी0 मेहता, आई0 सी0एस0 हिमाचल प्रदेश के पहले चीफ कमिश्नर नियुक्त हुए और पैन्ड्रल मून ने डिप्टी चीफ कमिश्नर के रूप में कार्यभार संभाला। इस अवसर पर चीफ कमिश्नर ने शिमला हिल्स की पहाड़ी रियासतों को मिलाकर 'महासू' जिला बना दिया जबकि सिरमौर, चम्बा और मण्डी अन्य जिला प्रशासनिक इकाई के रूप में स्थापित हुए।[43] इन पहाड़ी रियासतों में मुख्य रूप से 1. चम्बा 2. मण्डी 3. सुकेत 4. बुशहर 5. खनेटी 6. देलठ 7. क्योंथल 8. कोटी 9. थरोच 10. ठियोग 11. मधान 12. घूण्ड 13. रतेश 14. जुब्बल 15. रावीगढ़ 16. दाडी 17. बाघल 18. बघाट 19. कुमारसैन 20. भज्जी 21. महलोग 22. बलसन 23. धामी 24. कुठाड़ 25. कुनिहार 26. माँगल 27. बेजा 28. दरकोटी 29. सांगरी 30. सिरमौर आदि रियासतें थी। प्रत्येक जिलें में डिप्टी कमिश्नर का नियन्त्रण स्थापित किया

गया। इस प्रकार 27,018 वर्ग किलोमीटर के पहाड़ी क्षेत्र में हिमाचल प्रदेश स्थापित हुआ। इसकी राजधानी शिमला में ही रही।[44]

सन् 1952 ई0 तक हिमाचल प्रदेश एक चीफ कमिश्नरज प्रोविन्स के रूप में केन्द्र सरकार के संरक्षण में विकसित होता रहा। परन्तु लोकप्रिय सरकार के न होने से पहाड़ी जनता और नेताओं का स्वराज का सपना पूरा न हुआ। हिमाचल प्रदेश की स्थापना के बाद 'अखिल भारतीय काँग्रेस कमेटी' ने रियासतों के प्रजामण्डलों के प्रतिनिधियों को पहली बार काँग्रेस कार्यकारी परिषद् में सम्मिलित किया। इस अवसर पर हिमाचल प्रदेश से डॉ0 यशवन्त सिंह परमार को मनोनीत किया गया। 25 अप्रैल, 1948 ई0 को काँग्रेस के बम्बई अधिवेशन में देशी रियासतों के प्रजामण्डल संगठनों को काँग्रेस में सम्मिलित करने का निर्णय लिया गया। अप्रैल, 1948 ई0 में 'अखिल भारतीय देशी राज्य लोक परिषद्' की बम्बई बैठक में 'हिमालयन हिल स्टेट्स रीजनल कौंसिल' को हिमाचल प्रदेश काँग्रेस कमेटी का दर्जा दिया गया। इस बैठक में प्रजामण्डल के सदस्यों को काँग्रेस में शामिल किया गया। मई, 1948 ई0 में काँग्रेस की कार्यकारिणी समिति ने हिमाचल प्रदेश में प्रथम अस्थाई प्रान्तीय काँग्रेस कमेटी की स्थापना की।[45] 6 जून, 1948 ई0 को 'हिमाचल प्रदेश काँग्रेस कमेटी' की बैठक में डॉ0 यशवन्त सिंह परमार को प्रेजीडेन्ट चुना गया तथा बिलासपुर के सन्तराम कांगा को महामन्त्री बनाया गया। इस अवसर पर प्रदेश काँग्रेस कमेटी में प्रजामण्डलों के सदस्यों को पूर्ण प्रतिनिधित्व दिया गया।[46]

बाद में चम्बा, मण्डी, सिरमौर, शिमला, बिलासपुर में जिला काँग्रेस कमेटियां स्थापित की गई। इसी काल में पहाड़ी रियासतों में बिलासपुर रियासत का अस्तित्व बना रहा। राजा आनन्द चन्द ने रियासत का भारतीय संघ में विलय से साफ इन्कार कर दिया था। केन्द्रीय सरकार ने भी उन पर दबाव नहीं डाला था।[47]

बिलासपुर सत्याग्रह

बिलासपुर के राजा आनन्द चन्द विलय-पत्र पर हस्ताक्षर करने में आना कानी कर रहे थे। वह अभी तक स्वतन्त्र भारत में स्वतन्त्र कहलूर के सपने देख रहे थे। बदलती हुई परिस्थितियों में भी वह अड़िग रहे। वह बिलासपुर को एक स्वतन्त्र इकाई के रूप में रखना चाहते थे। बहुत समय तक भारत के गृहमन्त्री एवं मन्त्रालय के वरिष्ठ अधिकारी उनके साथ विचार-विमर्श करते रहे। राजा बिलासपुर कहलूर राज्य को किसी भी हालत में प्रस्तावित पर्वतीय राज्य 'हिमाचल' में मिलाने के पक्ष में नहीं थे। उनके मतानुसार बिलासपुर के लोगों का प्रस्तावित 'हिमाचल' के लोगों के साथ किसी भी प्रकार का सामाजिक- आर्थिक-सांस्कृतिक और भाषाई साम्य नहीं था। उन दिनों बिलासपुर राज्य में भाखड़ा नंगल जल-विद्युत योजना का कार्य चल रहा था। जिसके फलस्वरूप बिलासपुर का बहुत सा भाग जलमग्न होने वाला था तथा विस्थापितों की एक जटिल समस्या उठ खड़ी हुई थी। इस प्रकार केन्द्र सरकार ने ज्यादा ध्यान न देकर इस रियासत को अलग रहने दिया था।[48] परन्तु जनता राजशाही से मुक्ति पाना चाहती थी। इस मुद्दे को लेकर बिलासपुर प्रजामण्डल के कुछ नेता तथा उनके अन्य सहयोगी दिल्ली में सरदार पटेल से भी मिले। इस विषय में सरदार पटेल ने उन्हे कुछ दिन रूकने को कहा था। बिलासपुर

प्रजामण्डल के नेताओं ने कुछ भी होता हुआ न देख एक ऐतिहासिक निर्णय लिया। बिलासपुर में भी सुकेत का इतिहास दोहराया जाना आवश्यक समझा गया।[49]

इस प्रकार प्रजामण्डल बिलासपुर ने अक्तूबर, 1948 ई0 में बिलासपुर रियासत के भारतीय संघ में विलय के लिये सत्याग्रह करने की योजना बनाई।[50] हिमाचल प्रदेश कमेटी ने भी इस सत्याग्रह को सहयोग देने का आश्वासन दिया। 3 अक्तूबर, 1948 ई0 को जाहू नामक स्थान पर प्रजामण्डल के नेताओं ने रियासत के विलय को सत्याग्रह का उद्देश्य निश्चित किया।[51] इस सत्याग्रह को अंजाम देने के लिए गाँव कनौण के वरिष्ठ आन्दोलनकारी पं0 गोपाल दत को आन्दोलन का अध्यक्ष बनाया गया। इनके अतिरिक्त इस सत्याग्रह में सदा राम चन्देल, दौलत राम साँख्यान, सन्तराम कांगा, देवी राम उपाध्याय, नरोतम दत शास्त्री, पुरुषोतम दास, दुर्गा दत, श्यामा नन्द, सन्त राम वर्मा, कांशी राम भण्डारी, गज्जन सिंह, हरिकृष्ण, शेर सिंह, जीवन सिंह, गंगा राम, राम सिंह, मुन्शी राम, रामजी दास, सुन्दर सोई, केशवानन्द, बख्शी राम, किशोरी लाल, तुलसी राम, सुन्दर लाल, दुर्गा राम, सन्ता, लाला नत्थी राम, जगन्नाथ, लेख राम, नन्द लाल आदि आन्दोलनकारियों ने सक्रिय भाग लिया।

बिलासपुर के अतिरिक्त मण्डी, सुकेत, कांगड़ा और शिमला हिल्स के आन्दोलनकारियों एवं जनता ने भी इसमें भाग लिया। 4 अक्तूबर, 1948 ई0 को सत्याग्रही नारे लगाते हुए जाहू से आगे बढ़े।[52] रियासत की सीमा पर पुलिस ने सत्याग्रही जत्थे को रोकने का प्रयास किया परन्तु सदा राम ने थानेदार को किनारे धकेला तथा किसी भी भयानक परिणाम की परवाह न करते हुए जत्थे को आगे बढ़ने को कहा। तिरंगे झण्डे जनता के हाथ में थे, राष्ट्रगान हो रहा था। लोगों में बड़ा उत्साह था। परन्तु जब जत्था सतलुज के पुल भजवाणी में पहुँचा तो उन्होंने वहाँ पुल को बन्द पाया।[53] वहाँ पर राजा के सिपाही तथा कुछ रियासत के अधिकारी तैनात थे। सिपाहियों तथा अधिकारियों ने सत्याग्रही जत्थे को बताया कि राजा ने प्रजामण्डल के दो-तीन नेताओं को बुलाया है। इस प्रकार राजा से बातचीत करने के लिए सदा राम चन्देल और अन्य नेता गये।[54] परन्तु राजा ने नेताओं की एक बात न मानी। इसी दौरान पुलिस ने भजवाणी पुल के तख्ते उखाड़ दिए। फलस्वरूप सत्याग्रही वापिस लौटे और राही में कैम्प लगा दिया। 5 अक्तूबर, राही तथा आसपास के क्षेत्रों में सत्याग्रहियों ने जलसे किये और जनता का समर्थन प्राप्त किया। इसी दौरान एक जलसे में जब दौलत राम साँख्यान भाषण दे रहे थे तो रियासती सरकार के कुछ समर्थकों ने इकट्ठी भीड़ पर पत्थरों से हमला कर दिया जिसमें दौलत राम साँख्यान सहित अनेक सत्याग्रही घायल हो गये।

7 अक्तूबर, 1948 ई0 को रियासती सरकार ने सत्याग्रहियों को घेरने के लिए स्कूल के बच्चों को लाकर उनके विरूद्ध नारे लगवाये। इस दौरान राजा के समर्थकों ने सत्याग्रहियों की मार-पीट की। इस प्रकार लगभग पाँच दिन तक राही कैम्प में सत्याग्रहियों का रियासती सरकार से संघर्ष चलता रहा। जब केन्द्र सरकार को इस (राही कांड) का पता चला तो तुरन्त सरदार पटेल का तार आया जिसमें राजा को चेतावनी दी गई कि सत्याग्रहियों को कोई हानी हुई तो केन्द्र सरकार कठोर कदम उठायेगी। इसी दौरान शिमला

से पं0 पदम देव और मण्डी से लीलावती (टंडन) सत्याग्रहियों की जानकारी लेने राही पहुँचे। केन्द्रीय सरकार की चेतावनी से राजा के समर्थकों ने भी राजा के आदेश का पालन करना बन्द कर दिया। पुलिस ने राजा के आदेश पर गोली चलाने और सत्याग्रहियों को गिरफ्तार करने की बात को ठुकरा दिया। इधर सत्याग्रहियों का सहयोग बढ़ता गया और प्रजा का अधिक से अधिक सहयोग मिलने लगा।[55]

इसी दौरान दिल्ली से सरदार पटेल ने प्रतिनिधि के रूप में 'अखिल भारतीय देशी राज्य लोक परिषद्' के सचिव कौशिक को बिलासपुर भेजा।[56] 12 अक्तूबर, 1948 ई0 को राजा आनन्द चन्द ने दशहरे के दिन बिलासपुर में अन्तिम दरबार लगाया। इस दरबार में कर्मचारियों के अलावा हजारों की संख्या में जनता भी सिर में गाँधी टोपी पहने हुई पहुँची।[57] इस अवसर पर राजा आनन्द चन्द ने सचिव कौशिक के सामने विलय-पत्र पर हस्ताक्षर कर दिये। इसी के साथ रियासत बिलासपुर का भारतीय संघ में विलय हो गया।[58] इसी दौरान केन्द्रीय सरकार ने बिलासपुर को केन्द्र शासित प्रदेश बनाकर राजा आनन्द चन्द को चीफ कमिश्नर तथा पंजाब के पी0सी0एस0 अफसर, श्री चन्द छाबड़ा को डिप्टी कमिश्नर नियुक्त किया। परन्तु रियासत की जनता ने इसका घोर विरोध किया। सैंकड़ो तारे गृह विभाग को भेजी गई। जनता की इच्छा प्रबल होती देख केन्द्र सरकार ने कुछ महीने बाद ही इस पद से राजा को हटा दिया। उनके स्थान पर छाबड़ा को पदोन्नत करके चीफ कमिश्नर के पद पर नियुक्त किया। इस प्रकार जनता एवं प्रजामण्डल के नेताओं ने कड़ा संघर्ष कर बिलासपुर को तानाशाही एवं अत्याचारी शासन से मुक्त करवाया था।[59]

पार्ट-सी0 स्टेट्

चीफ कमिश्नर के राज में जनता का लोकप्रिय सरकार का स्वप्न पूरा न हो सका। परिणामस्वरूप 26 जनवरी, 1950 ई0 को हिमाचल के निर्माण और विकास के लिए हिमाचल प्रदेश के नेताओं एवं जनता ने भारतीय संविधान के अन्तर्गत जोरदार लड़ाई लड़नी शुरू कर दी। हिमाचल का नेतृत्व भी केवल चीफ कमिश्नर का सलाहकार बन कर रह गया था।[60] चीफ कमिश्नर के राज्य के रूप में राज्य का प्रशासन पूरी तरह से प्रजातान्त्रिक नहीं था। चीफ कमिश्नर के सलाहकार के रूप में राजाओं के तीन तथा जनता के छः प्रतिनिधि नियुक्त किए गए थे। यह सलाहकार परिषद् केवल परामर्श दे सकती थी। इसके पास कोई राजनैतिक अधिकार नहीं थे। इस नौकरशाही राज्य के विरूद्ध जनता में व्यापक आक्रोश था और संविधान सभा के भीतर और बाहर केन्द्र प्रशासित राज्यों को प्रजातान्त्रिक प्रशासन देने के लिए निरन्तर संघर्ष किया गया।[61] सन् 1951 ई0 में चीफ कमिश्नर की सलाहकार समिति से काँग्रेस प्रतिनिधियों ने त्याग पत्र दे दिया।[62] प्रदेश काँग्रेस कमेटी, जिला सिरमौर, मण्डी, चम्बा, महासू की काँग्रेस कमेटियों ने कमिश्नरी शासन के प्रति विरोध प्रकट किया तथा चीफ कमिश्नर विरोधी जलसे जलूसों का आयोजन किया। इस दौरान डॉ0 यशवन्त सिंह परमार काँग्रेस के शिखरस्थ नेता के रूप में उभरकर सामने आये। उनके नेतृत्व में जनता एवं काँग्रेस ने हिमाचल प्रदेश में लोकप्रिय सरकार की व्यवस्था करने के लिए केन्द्रीय सरकार से संवैधानिक संघर्ष किया।[63] अन्ततः केन्द्रीय सरकार ने

सन् 1951 ई0 को हिमाचल प्रदेश को पार्ट-सी राज्य का दर्जा देकर इसके लिए विधानमण्डल की भी व्यवस्था कर दी। भाग-सी राज्य में मुख्यमन्त्री की उच्चता का सिद्धान्त मान्य नहीं था। लैफ्टिनेंट गवर्नर और मन्त्रीमण्डल दोनों ही राष्ट्रपति के अधीन थे। उप-राज्यपाल ही मन्त्रिमण्डल की बैठकों की अध्यक्षता करता था।[64]

हिमाचल प्रदेश में प्रथम लोकप्रिय सरकार का गठन

हिमाचल प्रदेश को भाग-सी राज्य का दर्जा देने तथा विधानमण्डल की व्यवस्था करने पर सन् 1952 ई0 के आरम्भ में भारत के प्रथम आम चुनावों के साथ हिमाचल प्रदेश में भी चुनाव हुए। काँग्रेस पार्टी ने प्रदेश की लोकसभा की चारों सीटे जीती और 36 सदस्यों की विधानसभा में काँग्रेस ने 28 सीटों पर जीत हासिल की। एक सीट अनुसूचित जाति संघ ने जीती तथा शेष आजाद उम्मीदवार जीत गये।[65] इसी काल में चीफ कमिश्नर के स्थान पर मेजर जनरल हिम्मत सिंह उप-राज्यपाल बनकर शिमला आये। 24 मार्च, 1952 ई0 को डॉ0 यशवन्त सिंह परमार हिमाचल प्रदेश के प्रथम मुख्यमंत्री बने। अन्य दो मन्त्रियों पंडित पदम देव (गृहमन्त्री) तथा गौरी प्रसाद (लोकनिर्माण मन्त्री) को भी इनके मन्त्रीमण्डल में शामिल किया गया। पं0 जयवन्त राम को हिमाचल विधानसभा का प्रथम अध्यक्ष तथा कृष्ण चन्द को उपाध्यक्ष चुना गया। इसी दौरान मार्च में ही एन0सी0 नंदी ने संसद से आकर हिमाचल की विधानसभा के प्रथम सचिव का कार्यभार संभाला। नंदी के पश्चात् विधानसभा का सचिव ठाकुर चेतराम को बनाया गया। इस प्रकार हिमाचल प्रदेश में प्रथम लोकप्रिय सरकार बनी।[66]

डॉ0 परमार के नेतृत्व में प्रदेश की काँग्रेस सरकार ने प्रथम पंचवर्षीय योजना के अन्तर्गत प्रदेश के लिए 5.27 करोड़ रूपये के बजट का प्रावधान किया।[67] इसी के साथ ही हिमाचल प्रदेश के सर्वांगींण विकास की प्रक्रिया आरम्भ हुई। मार्च, 1952 ई0 में श्री0के0 एल मेहता, आई0 सी0 एस0 हिमाचल के प्रथम मुख्य सचिव नियुक्त हुए।[68]

बिलासपुर रियासत का हिमाचल प्रदेश में विलय

इस दौरान बिलासपुर रियासत में भी जनता एवं प्रजामण्डल के नेताओं ने रियासत को हिमाचल प्रदेश में विलय करने के लिए संघर्ष जारी रखा। 6 अप्रैल, 1952 ई0 को सन्तराम कांगा के नेतृत्व में बिलासपुर का एक शिष्टमण्डल जवाहरलाल नेहरू और विजय लक्ष्मी से मिला और बिलासपुर के हिमाचल प्रदेश में विलय का आश्वासन प्राप्त किया। इस प्रकार पं0 नेहरू ने भी लोकसभा में बिलासपुर के हिमाचल में विलय की घोषणा कर दी थी।[69] अन्ततः हिमाचल प्रदेश काँग्रेस कमेटी, बिलासपुर के नेताओं तथा जनता के सफल संघर्ष द्वारा 1 जुलाई, 1954 ई0 को बिलासपुर (1167 वर्गमील) 5 वें जिले के रूप में हिमाचल प्रदेश में शामिल हुआ। बिलासपुर रियासत को मिलाकर हिमाचल प्रदेश का क्षेत्रफल 28,125 वर्ग मील हो गया। इस अवसर पर पूरे प्रदेश सहित बिलासपुर रियासत मे भी जनता एवं नेताओं ने जश्न मनाया।[70]

राज्य पुर्नगठन आयोग और हिमाचल प्रदेश

भारत सरकार के गृह मन्त्रालय ने दिसम्बर, 1953 ई0 को एक अधिसूचना द्वारा राज्यों

के पुर्नगठन के लिए एक आयोग स्थापित किया। न्यायाधीश सईद फजल अली को इस आयोग का अध्यक्ष नियुक्त किया गया तथा के0 एम0 पन्निकर व पं0 हृदयनाथ कुंजरू को सदस्य बनाया गया।[71] इस आयोग के सदस्यों ने 1954 ई0 में हिमाचल प्रदेश का भी दौरा किया। इस आयोग के सदस्यों ने राज्य की पिछ्ड़ी अर्थव्यवस्था, साधनों के अभाव, सार्वजनिक प्रशिक्षण सेवा के अभाव, जनता की अलग पहचान की कमी आदि अनेक कारणों को लेकर हिमाचल प्रदेश को (पैप्सू) (पटियाला ईस्ट पंजाब स्टेट् यूनियन) पंजाब में मिलाने की सिफारिश की।[72] हिमाचल प्रदेश काँग्रेस कमेटी ने आयोग के सदस्यों से पंजाब पहाड़ी क्षेत्र-कांगड़ा, कुल्लू, लाहौल-स्पीति, शिमला, कोहीस्तान, (कण्डाघाट) ऊना तहसील, डलहौजी, मोरनी को हिमाचल प्रदेश में मिलाने के बारे में ज्ञापन दिया था। हिमाचल प्रदेश की विधानसभा ने भी प्रो0 तपीन्द्र सिंह की अध्यक्षता में 'नेगोशियेटिंग कमेटी' बनाकर एक रिपोर्ट तैयार करके भारत सरकार को पेश की जिसमें हिमाचल को पृथक इकाई के रूप में रखने का आग्रह किया गया था।[73] इसके अतिरिक्त 23 अप्रैल, 1954 ई0 में मुख्यमंत्री यशवन्त सिंह परमार ने आयोग के अध्यक्ष को विस्तार से भी एक पत्र लिखा था। इस पत्र में यशवन्त सिंह परमार ने हिमाचल के बारे में अनेक सुझाव भेजे थे। इस विषय में उनका यह कहना था कि कुछ समय से राज्यों के गठन के समय भाषायी आधार पर राज्यों की माँग उठती रही है। छोटे राज्य जो ऐतिहासिक आधार पर भाषा, संस्कृति और रीति-रिवाजों के आधार पर अस्तित्व में आये हैं, उन्हें अपने पड़ौसी बड़े राज्यों की इस मानसिकता का सामना करना पड़ रहा है कि छोटे राज्यों को कोई अधिकार नहीं है। उन्हे बड़े राज्यों में कभी भी मिलाया जा सकता है। यदि लोकतन्त्र का कोई अर्थ है तो ऐसे क्षेत्र के लोगों के अधिकारों को अपने विषय में निर्णय करने का एक पूर्ण अधिकार होना चाहिए। उनकी इच्छा के विरूद्ध उन्हें किसी ऐसे राज्य के साथ नहीं मिलाया जाना चाहिए जिनके साथ भाषायी, सांस्कृतिक और रीति-रिवाजों की समानता नहीं हैं। इस विषय में डॉ0 परमार ने गैर हिन्दी भाषायी राज्यों में हिन्दी और पूर्वी-पाकिस्तान में बंगाली बहुल क्षेत्रों में उर्दू थोपने के उदाहरण प्रस्तुत किये।

अपने ज्ञापन में अनेक बातों पर ध्यान देते हुए डॉ0 परमार ने स्पष्ट किया कि बार-बार यह बात उठाई जाती है कि कम जनसंख्या और सीमित साधनों के कारण हिमाचल प्रदेश को पृथक इकाई के रूप में बने रहने का कोई अधिकार नहीं है।[74] परन्तु अमेरिका में कई प्रान्त व राज्य हिमाचल प्रदेश से जनसंख्या और क्षेत्र में छोटे है फिर भी वह अमेरिका के महत्वपूर्ण राज्य है। प्राकृतिक और भौगोलिक कारणों से हिमाचल प्रदेश ने देश हित में अपनी अमूल्य वन-सम्पदा को बनाए रखा है। हिमाचल प्रदेश के साथ पूरे देश के हित जुड़े हुए है। हिमाचल प्रदेश शैक्षिक और आर्थिक रूप से जरूर पिछ्ड़ा हुआ है परन्तु हिमाचल के लोगों को अपनी संस्कृति, रीति-रिवाज, भाषा और पृथक पहचान पर गर्व है। पैप्सू और हिमाचल प्रदेश की अपनी पृथक समस्याएं है। परमार ने यह भी स्पष्ट किया कि हिमाचल प्रदेश के पास प्रचुर मात्रा में खनिज, भण्डार, वन तथा उससे उत्पादित वस्तुए, औषधीय पौधे और साधन है। प्रदेश को थोड़ी केन्द्रीय सहायता से आत्म-निर्भर बनाया जा सकता है। पंजाब में साम्प्रदायिकता और कानून व्यवस्था की समस्या है। हिमाचल में साम्प्रदायिक समस्या नहीं है। अधिकतर लोगो की भाषा पहाड़ी है। पढ़े-लिखे लोग

शुद्ध हिन्दी बोलते है। हिमाचल जैसे शान्तिप्रिय प्रदेश को पंजाब में मिलाने से सामाजिक तनाव होगा।[75] हिमाचल की जनता एवं नेतागण हिमाचल को पंजाब के साथ मिलाने का विरोध करते है। राज्य पुर्नगठन आयोग के अध्यक्ष सईद फजल अली स्वयं भी हिमाचल को पंजाब में मिलाने के पक्ष में नहीं थे। वे इसे विकास के उद्देश्य से अलग रखना चाहते थे। इस प्रकार एक विकराल समस्या पैदा हो गई थी।[76] राज्य पुर्नगठन आयोग के निर्णय से जनता और पहाड़ी नेताओं को भारी धक्का लगा। वे जानते थे पिछले कुछ वर्षो में जो उपलब्ध किया गया है वह नष्ट हो जाएगा। इससे हिमालय के शान्ति प्रिय लोगों की आकांक्षाओं पर कुठाराघात हुआ। पंजाब में मिल जाने पर हिमाचल का विकास कार्य अवरूद्ध हो जाता और इसकी सांस्कृतिक परम्परा नष्ट हो जाती।

हिमाचल प्रदेश को पंजाब के साथ मिलाये जाने के प्रश्न को लेकर पं0 पदम देव, हीरा सिंह पाल आदि अनेकों नेताओं ने हिमाचल प्रदेश विधानसभा में भारी विरोध किया। दूसरी ओर काँग्रेस के अतिरिक्त कम्युनिस्ट पार्टी, स्वतन्त्रता पार्टी, प्रजा सोशलिस्ट पार्टी और अनुसूचित जाति संघ ने भी हिमाचल को पंजाब में मिलाने का कड़ा विरोध किया।[77]

हिमाचल का अस्तित्व बचाने के लिए जनता ने डॉ0 यशवन्त सिंह परमार के नेतृत्व में संघर्ष शुरू किया। इस संवैधानिक संघर्ष में प्रदेश के सभी राजनैतिक दलों ने मिलकर केन्द्रीय सरकार से लड़ाई लड़ी। भारत के तत्कालीन प्रधानमन्त्री श्री जवाहरलाल नेहरू की सहानुभूति पहाड़ो के साथ थी। दूसरे हिमाचल के वरिष्ठ नेताओं ने भारत सरकार को यह जता दिया कि रियासतों के विलयीकरण के समय सरदार पटेल ने उनसे जो वायदा किया था उसे पूरा करे। कई महीनों के वाद-विवाद के बाद भारत सरकार ने हिमाचल को पृथक रखने की माँग तो मान ली लेकिन इसका मूल्य प्रदेश की जनता को प्रजातांत्रिक प्रणाली से वंचित होकर चुकाना पड़ा।[78]

हिमाचल: केन्द्र शासित राज्य

जनता एवं नेताओं द्वारा कड़े संघर्ष के कारण केन्द्र सरकार ने हिमाचल का पार्ट-सी0 राज्य से दर्जा हटाकर इसे केन्द्र शासित प्रदेश बना दिया। हिमाचल प्रदेश की विधानसभा भंग कर दी गई।[79] 31 अक्तूबर, 1956 ई0 को डॉ0 परमार की मन्त्रीपरिषद् ने त्याग पत्र दे दिया और हिमाचल के अस्तित्व को बचाने के लिए 'यूनियन टेरीटरी' का दर्जा स्वीकार कर लिया।[80] नवम्बर, 1956 ई0 को केन्द्र सरकार द्वारा राजा बजरंग बहादुर सिंह उपराज्यपाल के अधीन हिमाचल को केन्द्र प्रशासित क्षेत्र बना दिया गया।[81] उसी दौरान गृहमन्त्री, गोविन्द वल्लभ पन्त ने लोकसभा में घोषणा की कि हिमाचल प्रदेश को पंजाब में नहीं मिलाया जायेगा।[82] 15 अगस्त, 1957 ई0 में हिमाचल प्रदेश में 'टेरिटोरियल कौंसिल' बनी जिसमें जनता के प्रतिनिधि लिये गये। 'टेरियोरियल कौंसिल' में 43 सदस्यों का प्रावधान था। इनमें से दो सदस्य भारत सरकार द्वारा तथा अन्य सदस्य जनता द्वारा वयसक मताधिकार के आधार पर चुनने का प्रावधान रखा गया था।[83] 'टेरिटोरियल कौंसिल' में कानून बनाने की शक्तियां केन्द्र सरकार के पास थी। इस प्रकार यह कौंसिल पूरी तरह केन्द्र सरकार से प्रभावित थी। सन् 1957 ई0 में क्षेत्रिय परिषद् के चुनाव होने पर

ठाकुर कर्म सिंह को परिषद् का अध्यक्ष बनाया गया। प्रशासन के सभी अधिकार उप-राज्यपाल के पास थे। क्षेत्रीय परिषद् केवल एक स्थानीय स्वशासन मात्र था।[84]

इस कौंसिल के बनने से हिमाचल प्रदेश की जनता की लोकप्रिय सरकार बनने की इच्छा पूरी न हुई। क्योंकि इस कौंसिल का स्तर एक 'जिला बोर्ड' के समान था। इस प्रकार फिर से प्रदेश के भौगोलिक अस्तित्व के बचाव, विस्तार तथा प्रजाप्रिय सरकार की स्थापना के लिए हिमाचल के नेताओं और जनता ने संघर्ष शुरू किया।[85] इस उद्देश्य की पूर्ति के लिए एक सर्वदलीय समिति का गठन किया गया जिसका नाम 'विशाल हिमाचल समिति' रखा गया।[86] इस समिति में काँग्रेस के कर्मसिंह ठाकुर, विद्याधर, दौलत राम साँख्यान, हरदयाल, जोगिन्द्र सेन, सी0एल0 वर्मा, कम्युनिस्ट पार्टी के कामेश्वर पंडित, प्रजा सोशलिस्ट पार्टी के हीरा सिह पाल और काँग्रेस विरोधी धड़े के भागमल सौहटा, सत्यदेव बुशहरी आदि शामिल थे। सत्यदेव बुशहरी इस समिति के अध्यक्ष चुने गये। इस समिति ने कांगड़ा, कुल्लू, नालागढ़ और लाहौल-स्पीति के नेताओं से भी सम्पर्क स्थापित किया और विशाल हिमाचल का सपना पूरा करने के लिए केन्द्रीय सरकार को प्रभावित करने के भारी प्रयत्न किये।[87]

मार्च, 1958 ई0 में हिमाचल प्रदेश और कांगड़ा क्षेत्र के नेताओं की नाहन बैठक में 'पूर्ण पहाड़ी क्षेत्र' के प्रस्ताव पर सहमति व्यक्त की गई। इस बैठक में कांगड़ा के सांसद हेमराज, विधायक अमरनाथ शर्मा, मुनीलाल, सीताराम धामी, हीरासिंह पाल, शिवानन्द रमौल आदि उपस्थित थे। इसी काल में हिमाचल प्रदेश की 'टेरीटोरियल कौंसिल' ने भी विशाल हिमाचल प्रदेश का प्रस्ताव पास किया। कौंसिल के चेयरमेन कर्म सिंह ठाकुर, नगीन चन्द्र पाल, नरोतम दत शास्त्री, चौधरी पीरू राम, सन्तराम सन्त, पूर्ण चन्द, नेहर सिंह रोहडू आदि सभी 41 सदस्यों ने विशाल हिमाचल के प्रस्ताव का समर्थन किया। इस प्रकार समय-समय पर कई प्रस्ताव पास करके केन्द्र सरकार को भेज दिए गए। केन्द्रीय सरकार को कई लम्बे-लम्बे मेमोरेन्डम तथा शिष्टमण्डल भेज कर केन्द्रीय नेताओं को जीतने का प्रयास किया गया। डॉ0 परमार ने भी प्रभावशाली ढंग से हिमाचल में प्रजातन्त्रीय सरकार की माँग और विशाल हिमाचल के उद्देश्य को केन्द्रीय सरकार के सामने रखा।[88] 1 मई, 1960 ई0 को किन्नौर भी हिमाचल प्रदेश के साथ शामिल कर लिया गया।[89] इस प्रकार नेताओं एवं जनता के संघर्ष के कारण तत्कालीन प्रधानमन्त्री पं0 जवाहर लाल नेहरू तथा गृहमन्त्री लाल बहादुर शास्त्री ने हिमाचल में लोकतन्त्रीय सरकार की बहाली का आश्वासन दिया।[90] सन् 1962 ई0 के चुनाव में हिमाचल प्रदेश काँग्रेस और 'टेरिटोरियल कौंसिल' को बहुमत प्राप्त होने पर फिर से केन्द्रीय सरकार से प्रदेश के लिए जनप्रिय सरकार की माँग को उठाया गया। अन्तत: एक जुलाई, 1963 ई0 को हिमाचल प्रदेश को फिर से लोकप्रिय सरकार की प्राप्ति हुई और 'टेरिटोरियल कौंसिल' को विधानसभा में बदल दिया गया। डॉ0 यशवन्त सिंह परमार को दूसरी बार हिमाचल प्रदेश का मुख्यमन्त्री बनाया गया। लोक शासन की प्राप्ति के पश्चात् तत्कालीन काँग्रेस सरकार और राजनैतिक दलों ने हिमाचल के लिए उचित आकार और अस्तित्व प्राप्त करने के प्रयत्न जारी रखे।[91]

विशाल हिमाचल के लिए संघर्ष

हिमाचल प्रदेश के लोगों तथा प्रदेश के नेताओं की बहुत समय से माँग चली आ रही थी कि हिमाचल प्रदेश के साथ लगते हुए कांगड़ा, कुल्लू, लाहौल-स्पीति, शिमला, ऊना, डलहौजी, नालागढ़ के पर्वतीय क्षेत्र भी हिमाचल प्रदेश के साथ मिलाये जाये। इस विषय में यह तर्क दिया गया था कि ये क्षेत्र संस्कृति, सामाजिक व्यवस्था और आर्थिक स्थिति की दृष्टि से हिमाचल प्रदेश से जुड़े है। अपने उद्देश्य की पूर्ति के लिए हिमाचल के नेताओं ने कांगड़ा तथा शिमला के प्रमुख लोगों से सम्पर्क स्थापित किया। उधर पंजाब में पंजाबी सूबा का नारा उठ खड़ा हुआ।[92] प्रान्त में सन्त फतेह सिंह द्वारा पंजाबी सूबा का नारा लगाये जाने से कांगड़ा, कुल्लू, लाहौल-स्पीति, नालागढ़ आदि क्षेत्र के नेताओं एवं जनता को अपने भौगोलिक अस्तित्व का अहसास हुआ। इस प्रकार विशाल हिमाचल की माँग अधिक जोर पकड़ गई और पंजाब के पहाड़ी क्षेत्रों के नेताओं ने मिलकर विशाल हिमाचल का प्रचार किया।[93]

इस उद्देश्य को पूरा करने के लिए कांगड़ा, हमीरपुर, कुल्लू, लाहौल-स्पीति और ऊना आदि क्षेत्रों में स्थान-स्थान पर जन-सभाएं की गई तथा विशाल हिमाचल का विचार लोगो के मन में बिठाया गया। भागमल सौहटा, सत्यदेव बुशहरी तथा डॉ0 परमार विशाल हिमाचल के कट्टर समर्थक थे। इनके अतिरिक्त सांसदो सहित कुल्लू के विधायक लाल चन्द प्रार्थी, विधायक ठाकुर बेली राम, नूरपुर के विधायक कामरेड रामचन्द, पालमपुर के विधायक अमरनाथ शर्मा, बड़सर की विधायिका सरला शर्मा, हमीरपुर के विधायक रूप सिंह फूल, देहरा के विधायक मेहर सिंह ठाकुर, कांगड़ा के उप-मन्त्री बख्शी प्रताप सिंह आदि अनेक क्षेत्र के नेताओं ने पंजाब विधानसभा में कई बार विशाल हिमाचल की माँग दोहराई और 'पंजाब स्टेट् पुर्नगठन आयोग' के सामने पंजाब के पहाड़ी क्षेत्रों को हिमाचल में मिलाने के पक्ष में ज्ञापन प्रस्तुत किये।[94]

अन्तः में भारत सरकार ने सन् 1965 ई0 में 'पंजाब स्टेट् पुर्नगठन आयोग' नियुक्त किया। दूसरी ओर हिमाचल सरकार ने भी भारत सरकार को 'विशाल हिमाचल' का पूरा मसौदा' भेजा और 'पंजाब स्टेट् रिआर्गेनाइजेशन कमीशन' के अध्यक्ष हुकम सिंह को भी यह मसौदा दिया। भारत सरकार ने इस आयोग की सिफारिश पर 'पंजाब स्टेट् रिआर्गेनाइजेशन एक्ट 1965' संसद में प्रस्तुत किया और इसके विधेयक बनने पर पहली नवम्बर, 1966 ई0 को कांगड़ा, कुल्लू, लाहौल-स्पीति, शिमला, नालागढ़, कण्डाघाट, ऊना, डलहौजी आदि क्षेत्र हिमाचल प्रदेश में मिला दिये गये।[95] इस प्रकार चिनाब-रावी नदी से लेकर यमुना नदी तक का समस्त पहाड़ी क्षेत्र एक होकर विशाल हिमाचल बना। विशाल हिमाचल बनने से पहाड़ी लोगो का स्वप्न साकार हुआ था तथा हिमाचल प्रदेश का क्षेत्रफल 55,673 वर्ग कि0मीटर और जनसंख्या 28,12,463 हो गई थी। सन् 1967 ई0 में 'हिमाचल प्रदेश काँग्रेस कमेटी' ने अपने चुनाव घोषणा-पत्र में हिमाचल के लिए उचित आकार के साथ-साथ उचित अस्तित्व अर्थात् पूर्ण राज्य का दर्जा देने का भी वायदा किया। अन्य राजनैतिक दलों ने भी इस माँग का जोरदार समर्थन किया। आम चुनाव के दौरान पूर्ण राज्य की माँग का जनता ने जोरदार प्रचार किया।

इस विषय को लेकर हिमाचल प्रदेश विधानसभा शिमला में वाद-विवाद तथा बैठके होती रही। सभी नेताओं ने हिमाचल को पूर्ण राज्य बनाये जाने की राय प्रस्तुत की।[96]

हिमाचल: पूर्ण राज्य की प्राप्ति

24 जनवरी, 1968 ई0 को हिमाचल विधानसभा ने सर्वसम्मति से हिमाचल प्रदेश के लिये पूर्ण राज्य प्रदान करने का प्रस्ताव पास किया।[97] स्वतन्त्रता पार्टी, जन संघ, कम्युनिस्ट पार्टी और आजाद विधायकों ने भी इस प्रस्ताव का जोरदार समर्थन किया। डॉ0 यशवन्त सिंह परमार के नेतृत्व में हिमाचल प्रदेश सरकार ने 'पूर्ण राज्य केस' का मसौदा तैयार करके केन्द्रीय सरकार को भेज दिया। गृहमन्त्री वाई0 वी0 चौहान ने पूर्ण राज्य की माँग के प्रति इतना उत्साह नहीं दिखाया जिससे प्रदेश के नेता प्रोत्साहित हो पाते। इस कारण प्रदेश के सांसदों ने यह माँग संसद में रखी। राज्य सरकार ने अपने प्रभाव से अनेक केन्द्रीय मन्त्रियों को अपने पक्ष में किया। इस प्रकार केन्द्रीय सरकार सोचने पर मजबूर हो गई।

प्रदेश के मुख्यमन्त्री डॉ0 यशवन्त सिंह परमार ने स्वयं केन्द्र में प्रधानमन्त्री और गृहमन्त्री से भी इस विषय में बातचीत की।[98] इन सभी के प्रयत्नों के कारण 31 जुलाई, 1970 ई0 को तत्कालीन प्रधानमन्त्री इन्दिरा गाँधी ने संसद में हिमाचल प्रदेश को पूर्ण राज्य देने की घोषणा कर दी। इसके बाद 'स्टेट् ऑफ हिमाचल प्रदेश एक्ट', 18 दिसम्बर, 1970 ई0 को संसद में पास हुआ। 25 जनवरी, 1971 ई0 को प्रधानमन्त्री श्रीमती इन्दिरा गाँधी ने स्वयं शिमला आकर यहाँ के ऐतिहासिक रिज मैदान में भारी बर्फबारी के बीच हजारों की संख्या में उपस्थित हिमाचल वासियों के सामने हिमाचल प्रदेश का अठारहवें पूर्ण राज्य के रूप में उद्घाटन कर भारत संघ में शामिल किया।

यह दिन हिमाचल प्रदेश की जनता, स्वतन्त्रता सेनानियों, प्रजामण्डल आन्दोलन के कार्यकर्ताओं और राज्यत्व की प्राप्ति के लिये संघर्ष करने वाले नर-नारियों तथा डॉ0 यशवन्त सिंह परमार के लिये अत्यन्त खुशी का दिन था क्योंकि इसी दिन यहाँ के भोले-भाले, निश्चल किन्तु जुझारू और स्वतन्त्रता प्रेमी तथा देशद्रोही ताकतों को कुचलने वाले हिमाचल वासियों का स्वप्न साकार हुआ था और उन्होंने अपना भविष्य अपने द्वारा चुनी हुई सरकार को सौंपा था।[99]

1 सितम्बर, 1972 ई0 को जिलों का पुर्नगठन होने से हिमाचल प्रदेश में 12 जिले बने थे। इस प्रकार जनता, नेताओं तथा विभिन्न राजनीतिक दलों के कड़े संघर्ष के कारण हिमाचल प्रदेश को पूर्ण राज्य का दर्जा प्राप्त हुआ था। आजादी के बाद हिमाचल प्रदेश में ज्यादातर नेतृत्व काँग्रेस के हाथ में रहा। काँग्रेस के नेतृत्व में ही कृषि, सड़क, यातायात-परिवहन तथा भूमि सुधारों को प्राथमिकता दी गई और अनेक अधिनियम पारित किए गए थे।

सन्दर्भ

1. ऑल इण्डिया स्टेट् पीपल कान्फ्रेंस, फाइल न0 163, रेजोलूशन न0 5, नेहरू मेमोरियल म्यूजियम एण्ड लाइब्रेरी, नई दिल्ली, पृ0 81
2. हिमाचल प्रदेश सरकार, हिमाचल प्रदेश में स्वतन्त्रता संग्राम का संक्षिप्त इतिहास, भाषा एवं संस्कृति विभाग, शिमला, 1992, पृ0 181-182

3. सुदर्शन वशिष्ठ, हिमाचल, आत्मा राम एण्ड संस, दिल्ली, 1997, पृ0 28
4. ओम प्रकाश राही, हिमाचल प्रदेश के स्वतन्त्रता सेनानी वैद्य सूरत सिंह, हिमाचल कला संस्कृति भाषा अकादमी, शिमला, 2004, पृ0 24
5. राजेन्द्र अत्री, हिमाचल प्रदेश: एक बहु-आयामी परिचय, सरला पब्लिकेशन, शिमला, 2007, पृ0 75
6. हिमाचल प्रदेश सरकार, स्मृतियाँ, भाषा एवं संस्कृति विभाग, शिमला, 1988, पृ0 119
7. हिमेन्द्र बाली हिम, हिमाचल में आन्दोलन का संगठित स्वरूप प्रजामण्डल आन्दोलन, हिमप्रस्थ, वर्ष: 54, अंक: 11, हिमाचल प्रदेश प्रिंटिंग प्रेस परिसर, शिमला, फ़रवरी, 2009, पृ0 17 एण्ड राजेन्द्र अत्री, हिमाचल प्रदेश: एक बहु-आयामी परिचय, पृ0 75
8. मिनिस्ट्री ऑफ स्टेट्स, फाइल न0 63-पी/48, राष्ट्रीय अभिलेखागार, भारत, नई दिल्ली, पृ0 12 एण्ड राजेन्द्र अत्री, इन्ट्रोडक्शन टू हिमाचल प्रदेश, सरला पब्लिकेशन, शिमला, 2000, पृ0 33
9. वाइ0 एस0 परमार, हिमाचल प्रदेश: केस फॉर स्टेट्हुड, मेनेजर हिमाचल प्रदेश गवर्नमेन्ट प्रिंटिंग प्रैस, शिमला, 1968, पृ0 2 एण्ड हिमाचल प्रदेश सरकार, स्मृतियाँ, पृ0 16
10. मियाँ गोवर्धन सिंह, हिमाचल प्रदेश का इतिहास, रिलायेंस पब्लिशिंग हॉऊस, नई दिल्ली, 1996, पृ0 372
11. वी0वर्मा, दि एमरजैन्स ऑफ हिमाचल प्रदेश-ए सर्वे ऑफ कन्स्टीटयूशनल डेवलपमेन्टस, इण्डस पब्लिशिंग कंपनी, नई दिल्ली, 1995, पृ0 116-117
12. देवेन्द्र गुप्ता, हिमाचल की संघर्ष यात्रा, हिमप्रस्थ, वर्ष:56, अंक: 5, हिमाचल प्रदेश प्रिंटिंग प्रैस परिसर, शिमला, अगस्त, 2010, पृ0 6
13. हिमाचल प्रदेश सरकार, हिमाचल प्रदेश में स्वतन्त्रता संग्राम का संक्षिप्त इतिहास, पृ0 186
14. सन्त राम गुप्ता, सुकेत आन्दोलन, (हिमाचल प्रदेश सरकार, स्मृतियाँ, पृ0 51)
15. अमिता शर्मा, हिमाचल प्रजामण्डल स्वतन्त्रता संग्राम की देन, हिमप्रस्थ, वर्ष: 50, अंक: 7, हिमाचल प्रदेश प्रिंटिंग प्रैस परिसर, शिमला, अक्तूबर, 2004, पृ0 27 एण्ड हिमाचल प्रदेश सरकार, हिमाचल प्रदेश में स्वतन्त्रता संग्राम का संक्षिप्त इतिहास, पृ0 186
16. एच0 एल0 वैद्या, दोज टरबूलेंट डेज, इण्डियन पब्लिशर्स डिस्ट्रीब्यूटर्स, शिमला, 1990, पृ0 160
17. चमन लाल मल्होत्रा, हिमाचल का क्रान्तिकारिक इतिहास, जय श्री प्रिंटर्स पब्लिशर्स, शिमला, 1990, पृ0 160
18. ऑल इण्डिया स्टेट् पीपल कान्फ्रैंस, फाइल न0 163, पृ0 37
19. चमन लाल मल्होत्रा, हिमाचल का क्रान्तिकारिक इतिहास, पृ0 160
20. सन्त राम गुप्ता, सुकेत आन्दोलन, (हिमाचल प्रदेश सरकार, स्मृतियाँ, पृ0 51)
21. हिमेन्द्र बाली हिम, सुकेत सत्याग्रह: लोकतन्त्रीय प्रभात की ओर एक कदम, हिमप्रस्थ, वर्ष: 53, अंक: 5, हिमाचल प्रदेश प्रिंटिंग प्रैस परिसर, शिमला, अगस्त, 2007, पृ0 41
22. किशोरी लाल शर्मा, हिमाचल का गठन और जन-आन्दोलन, हिमप्रस्थ, वर्ष: 48, अंक:1, हिमाचल प्रदेश प्रिंटिंग प्रैस परिसर, शिमला, अप्रैल, 2002, पृ0 43
23. चमन लाल मल्होत्रा, हिमाचल का क्रान्तिकारिक इतिहास, पृ0 161
24. हिमेन्द्र बाली हिम, सुकेत सत्याग्रह: लोकतन्त्रीय प्रभात की ओर एक कदम, पृ0 42
25. हिमाचल प्रदेश सरकार, हिमाचल प्रदेश में स्वतन्त्रता संग्राम का संक्षिप्त इतिहास, पृ0 187-188

26. हिमेन्द्र बाली हिम, सुकेत सत्याग्रहः लोकतन्त्रीय प्रभात की ओर एक कदम, पृ0 43
27. मियाँ गोवर्धन सिंह, हिमाचल प्रदेश का इतिहास, पृ0 373
28. हिमाचल प्रदेश सरकार, हिमाचल प्रदेश में स्वतन्त्रता संग्राम का संक्षिप्त इतिहास, पृ0 188 एण्ड एस0एस0 शशि, हिमाचल-नेचरज पीसफुल पैराडाइज, इण्डियन स्कूल सप्लाई डिपो, दिल्ली, 1971, पृ0 36
29. नागेन्द्र शर्मा, हिमालय का उतरांचल रामपुर बुशहर, बलीभद्र प्रकाशन, शिमला, 1996, पृ0 52-53
30. वही, ,, ,, ,, पृ0 53
31. हिमेन्द्र बाली हिम, हिमाचल में आन्दोलन का संगठित स्वरूप प्रजामण्डल आन्दोलन, पृ0 19
32. राजेन्द्र अत्री, हिमाचल प्रदेशः एक बहु-आयामी परिचय, पृ0 78-79
33. देवेन्द्र गुप्ता, हिमाचल की संघर्ष यात्रा, पृ0 6 एण्ड एच0एल0 वैद्या, दोज टरबूलेन्ट डेज, पृ0 22 एण्ड वी0वर्मा, दि एमरजेन्स ऑफ हिमाचल प्रदेश, पृ0 122-123
34. मियाँ गोवर्धन सिंह, जयदीप नेगी, हिमाचल प्रदेशः एक ऐतिहासिक सर्वेक्षण, रिलायेंस पब्लिशिंग हॉऊस, नई दिल्ली, 1999, पृ0 241
35. वाइ0एस0 परमार, हिमाचल प्रदेशः केस फार स्टेट्हुड, पृ0 3 एण्ड सुदर्शन वशिष्ठ, हिमाचल, पृ0 29 एण्ड राजेन्द्र अत्री, हिमाचल प्रदेशः एक बहु-आयामी परिचय, पृ0 79 एण्ड देवेन्द्र गुप्ता, हिमाचल की संघर्ष यात्रा, पृ0 6
36. ओम प्रकाश राही, हिमाचल प्रदेश के स्वतन्त्रता सेनानी वैद्य सूरत सिंह, पृ0 24, एण्ड हेत राम पहाड़िया, सिरमौर का एक ऐतिहासिक आन्दोलन, (हिमाचल प्रदेश सरकार, संघर्ष के वे दिन, भाषा एवं संस्कृति विभाग, शिमला, 1989, पृ0 36)
37. सुदर्शन वशिष्ठ, हिमाचल, पृ0 29
38. हृदय राम पान्थ, स्वाधीनता संग्राम में मेरी भागीदारी, (हिमाचल प्रदेश सरकार, स्वाधीनता का संकल्प, भाषा एवं संस्कृति विभाग, शिमला, 2005, पृ0 28)
39. चमन लाल मल्होत्रा, हिमाचल का क्रान्तिकारीक इतिहास, पृ0 167-168
40. मियाँ गोवर्धन सिंह, हिमाचल प्रदेश का इतिहास, पृ0 375 एण्ड सुमेर चन्द, सिरमौर में प्रजामण्डल, (हिमाचल प्रदेश सरकार, संघर्ष के वे दिन, 1989, पृ0 43)
41. देवेन्द्र गुप्ता, हिमाचल की संघर्ष यात्रा, पृ0 7
42. दि हिमाचल प्रदेश, (एडमिनिस्ट्रेशन) आर्डर 1948, मिनिस्ट्री ऑफ स्टेट् नोटीफिकेशन, नई दिल्ली, अप्रैल, 15, 1948 गजट ऑफ इण्डिया, पार्ट-1, सेक्शन-1, 24 अप्रैल, 1948, पृ0 54
43. मियाँ गोवर्धन सिंह, हिमाचल प्रदेश का इतिहास, पृ0 375 एण्ड प्राण खोसला, फ्राम इन्डिपेन्डेन्स टू स्टेट्स रि-आर्गानाइजेशन, (हिमाचल प्रदेश, पास्ट, प्रेजैन्ट एण्ड फ्यूचर, डारैक्टोरेट ऑफ कोरसपोन्डेन्स कोर्स, शिमला, 1976, पृ0 119)
44. मिनिस्ट्री ऑफ स्टेट्स, नोटिफिकेशन न0 256-1 बी, 23 जुलाई, 1948, नई दिल्ली, पृ0 957-958 एण्ड किशोरी लाल शर्मा, हिमाचल का गठन और जन-आन्दोलन, पृ0 43, एण्ड विपिन पबी, शिमला देन एण्ड नाऊ, (समर कैपिटल ऑफ दि राज), इण्डस पब्लिशिंग कंपनी, नई दिल्ली, 1988, पृ0 112
45. राजेन्द्र अत्री, हिमाचल प्रदेशः एक बहु-आयामी परिचय, पृ0 84
46. सुदर्शन वशिष्ठ, हिमाचल, पृ0 29

47. मिनिस्ट्री ऑफ स्टेट्स, फाइल न0 63, पृ0 18
48. चमन लाल मल्होत्रा, हिमाचल का क्रान्तिकारिक इतिहास, पृ0 169
49. नरोतम दत शास्त्री, बिलासपुर प्रजामण्डल के सात सूरमे, हिमाचल कला, संस्कृति और भाषा अकादमी, शिमला, 1987, पृ0 14
50. अमिता शर्मा, हिमाचल प्रजामण्डल स्वतन्त्रता संग्राम की देन, पृ0 27
51. नरोतम दत शास्त्री, बिलासपुर प्रजामण्डल के सात सूरमे, पृ0 15
52. हिमाचल प्रदेश सरकार, हिमाचल प्रदेश में स्वतन्त्रता संग्राम का संक्षिप्त इतिहास, पृ0 191
53. नरोतम दत शास्त्री, बिलासपुर प्रजामण्डल के सात सूरमें, पृ0 15
54. मिनिस्ट्री ऑफ स्टेट्स, फाइल न0 92 (1) पी/48, राष्ट्रीय अभिलेखागार, भारत, नई दिल्ली, पृ0 15
55. लेखराम भारद्वाज, बिलासपुर प्रजामण्डल: राजनैतिक व स्वतन्त्रता संघर्ष, भारद्वाज प्रकाशन, बिलासपुर, (हिमाचल प्रदेश), 1985, पृ0 131 एण्ड हिमाचल प्रदेश सरकार, हिमाचल प्रदेश में स्वतन्त्रता संग्राम का संक्षिप्त इतिहास, पृ0 192
56. नरोतम दत शास्त्री, बिलासपुर में स्वाधीनता संग्राम की घटनाएं, (हिमाचल प्रदेश सरकार, स्मृतियाँ, पृ0 99)
57. ״, बिलासपुर प्रजामण्डल के सात सूरमे, पृ0 17-18
58. अमिता शर्मा, हिमाचल प्रजामण्डल स्वतन्त्रता संग्राम की देन, पृ0 27 एण्ड लेखराम भारद्वाज, बिलासपुर प्रजामण्डल: राजनैतिक व स्वतन्त्रता संघर्ष, पृ0 141-147
59. नरोतम दत शास्त्री, बिलासपुर प्रजामण्डल के सात सूरमे, पृ0 18-19
60. वी0वर्मा, दि एमरजैन्स ऑफ हिमाचल प्रदेश, पृ0 148-149
61. मियाँ गोवर्धन सिंह, हिमाचल प्रदेश इतिहास, संस्कृति एवं आर्थिक अवस्था, मिनर्वा बुक हॉऊस, शिमला, 1996, पृ0 183-184
62. हीरा सिंह पाल, पूर्ण राज्यत्व की ओर एक कदम, (हिमाचल प्रदेश सरकार, संघर्ष के वे दिन, पृ0 29)
63. राजेन्द्र अत्री, हिमाचल प्रदेश: एक बहु-आयामी परिचय, पृ0 85
64. दि गवर्नमेन्ट ऑफ पार्ट-सी-स्टेट्स एक्ट, 1951 (ग्स्प ऑफ 1951), पार्ट-प्प्, 36 (1), 36 (2), गवर्नमेन्ट ऑफ इण्डिया, नई दिल्ली, पृ0 17-18 एण्ड विपिन पबी, शिमला देन एण्ड नाऊ, पृ0 113 एण्ड सत्यदेव बुशहरी बनाम पद्म देव, ऑल इण्डिया रिपोर्टर, सुप्रीम कोर्ट, वॉलियम-41, न0 36, 1956, पृ0 587-588
65. मियाँ गोवर्धन सिंह, हिमाचल प्रदेश का इतिहास, पृ0 376 एण्ड राजेन्द्र अत्री, हिमाचल प्रदेश: एक बहु-आयामी परिचय, पृ0 86
66. चतर सिंह पवार, हिमाचल प्रदेश का संवैधानिक इतिहास एवं उचित आकार, हिमप्रस्थ, वर्ष:44, अंक:1, हिमाचल प्रदेश मुद्रणालय परिसर, शिमला, अप्रैल 1998, पृ0 14-15 एण्ड मियाँ गोवर्धन सिंह, हिमाचल प्रदेश इतिहास, संस्कृति एवं आर्थिक अवस्था, पृ0 90 एण्ड हिमाचल प्रदेश विधानसभा, बढ़ते कदम, हिमाचल प्रदेश विधानसभा सचिवालय, शिमला, दिसम्बर, 2004, एण्ड हिमाचल प्रदेश विधानसभा की कार्यवाही, 22 अक्तूबर, 1952, पृ0 7
67. सुदर्शन वशिष्ठ, हिमाचल, पृ0 29 एण्ड प्राण खोसला, फ्राम इन्डिपेन्डेन्स टू स्टेट्स रि-आर्गानाइजेशन, पृ0 121

68. देवेन्द्र गुप्ता, हिमाचल की संघर्ष यात्रा, पृ0 7
69. शिवलाल, डेटलाइन पंजाब-लाइफलाईन सिक्खज, इलेक्शन आर्किव्ज, नई दिल्ली, 1994, पृ0 145, एण्ड दि हिमाचल प्रदेश एण्ड बिलासपुर, न्यू स्टेट् एक्ट, एक्ट न0 32, 28 मई, 1954, गवर्नमेन्ट ऑफ इण्डिया, नई दिल्ली एण्ड रमेश चौहान, हिमाचल प्रदेश ए पर्सपेक्टिव, मिर्नवा बुक हॉऊस, शिमला, 1998, पृ0 184
70. इण्डियन पार्लियामेंटरी डिबेट्, वॉलियम-10, पार्ट-2, कॉलम 2842, लोकसभा सचिवालय, नई दिल्ली, 1953 एण्ड एस0एल0 नागोरी, कान्ता नागोरी, आधुनिक भारत का वृहत इतिहास, (1919-1965 ई0), भाग-4, नेशनल पब्लिशिंग हॉऊस, जयपुर एवं दिल्ली, 2008, पृ0 202
71. प्राण खोसला, फ्राम यूनियन टेरीटोरी टू स्टेट्हुड, (हिमाचल प्रदेश पास्ट, प्रेजैन्ट एण्ड फ्यूचर, डारेक्टोरेट ऑफ कोरसपोन्डेन्स कोर्स, शिमला, 1976, पृ0 122)
72. मिनिस्ट्री ऑफ स्टेट्स, पोलिटिकल ब्रांच, फाइल न0 277-पी/48, 1948, राष्ट्रीय अभिलेखागार, भारत, नई दिल्ली, पृ0 36 लेटर न0 सी0/5-15/48 एण्ड मियाँ गोवर्धन सिंह, हिमाचल प्रदेश का इतिहास, पृ0 376
73. वाइ0 एस0 परमार, हिमाचल प्रदेश: प्रोपर शेप एण्ड स्टेट्स, डारेक्टोरेट ऑफ पब्लिक रिलेशन, गवर्नमेन्ट ऑफ हिमाचल प्रदेश, शिमला, 1965, पृ0 3
74. वही, ,, ,, ,, पृ0 13
75. चतर सिंह पंवार, हिमाचल प्रदेश का संवैधानिक इतिहास एवं उचित आकार, पृ0 15
76. हिमाचल प्रदेश विधानसभा, डिबेट्स ऑन दि ड्राफ्ट ऑफ दि स्टेट् रिआर्गानाइजेशन बिल, 1956 एण्ड कोनेक्टिड प्रोपोजल फार एमैन्डमेन्ट ऑफ दि कन्स्टीटयूशन, मेनेजर गवर्नमेन्ट ऑफ इण्डिया प्रैस, शिमला, 1956 पृ0 1-133 मियाँ गोवर्धन सिंह, हिमाचल प्रदेश, इतिहास, संस्कृति एवं आर्थिक अवस्था, पृ0 184 एण्ड चमन लाल मल्होत्रा, हिमाचल का क्रान्तिकारिक इतिहास, पृ0 178 एण्ड हिमाचल प्रदेश सरकार, हिमाचल प्रदेश में स्वतन्त्रता संग्राम का संक्षिप्त इतिहास, पृ0 194
77. चमन लाल मल्होत्रा, हिमाचल का क्रान्तिकारिक इतिहास, पृ0 178
78. सुखदेव सिंह चिब, दिस ब्यूटीफल इण्डिया: हिमाचल प्रदेश, लाइट एण्ड लाइफ पब्लिशर्ज, नई दिल्ली, 1977, पृ0 18 एण्ड हिमाचल प्रदेश विधानसभा, बढ़ते कदम, दिसम्बर, 2004
79. एच0सी0 सारस्वत, हिमाचल प्रदेश, प्रकाशक विभाग, सूचना और प्रसारण मंत्रालय, भारत सरकार, नई दिल्ली, 1971, पृ0 15 एण्ड मियाँ गोवर्धन सिंह, हिमाचल प्रदेश इतिहास, संस्कृति एवं आर्थिक अवस्था, पृ0 191
80. दि स्टेट् रि-आर्गानाइजेशन एमेन्डमेन्ट एक्ट ऑफ 1956, गवर्नमेन्ट ऑफ इण्डिया, नई दिल्ली, 1956, पेरा 1. (2) एण्ड रमेश चौहान, हिमाचल प्रदेश ए पर्सपेक्टिव, पृ0 186
81. चतर सिंह पंवार, हिमाचल प्रदेश का संवैधानिक इतिहास एवं उचित आकार, पृ0 9
82. दि टेरीटोरियल कौंसिल एक्ट, 1956, गवर्नमेन्ट ऑफ इण्डिया, नई दिल्ली सेक्शन 3, (3) प७0 3
83. चमनलाल मल्होत्रा, हिमाचल का क्रान्तिकारिक इतिहास, पृ0 179
84. चतर सिंह पंवार, हिमाचल प्रदेश का संवैधानिक इतिहास एवं उचित आकार, पृ0 9
85. दि हिमाचल टाइम्स, 16 अक्तूबर, 1957, देहरादून, पृ0 5
86. हिमाचल प्रदेश सरकार, हिमाचल प्रदेश में स्वतन्त्रता संग्राम का संक्षिप्त इतिहास, पृ0 194-195
87. वही, ,, ,, ,, पृ0 195

88. किरण शंकर मैत्रा, हिमालयन ड्रीमलैण्ड जरनी टू किन्नरलोक, मितल पब्लिकेशन्स, दिल्ली, 1989, पृ0 4
89. रिपोर्ट ऑफ दि कमिटि ऑन यूनियन टेरीटोरीज गवर्नमेन्ट ऑफ इण्डिया, मिनिस्ट्री ऑफ होम अफेयर, मेनेजर ऑफ पब्लिकेशन्स, भारत सरकार, नई दिल्ली, 1962, परिशिष्ट ग एण्ड सत्या देवी, टवार्डस स्टेट्हुडः फैक्टरज रेसपोन्सिबल फॉर दि जेनेसिस एण्ड फारमेशन ऑफ हिमाचल प्रदेश, (अप्रकाशित) पीएच0 डी0 थीसिस, विभाग इतिहास, हिमाचल प्रदेश विश्वविद्यालय, शिमला, 1995, पृ0 238
90. हिमाचल प्रदेश विधानसभा, बढ़ते कदम, दिसम्बर, 2004, एण्ड मियाँ गोवर्धन सिंह, हिमाचल प्रदेश इतिहास, संस्कृति एवं आर्थिक अवस्था, पृ0 194
91. मियाँ गोवर्धन सिंह, हिमाचल प्रदेश का इतिहास, पृ0 377
92. दि हिन्दुस्तान टाइम्स, नई दिल्ली, 17 अगस्त, 1965 एण्ड चतर सिंह, पंवार, हिमाचल प्रदेश का संवैधानिक इतिहास एवं उचित आकार, पृ0 16
93. हिमाचल प्रदेश सरकार, हिमाचल में स्वतन्त्रता संग्राम का संक्षिप्त इतिहास, पृ0 196
94. एच0एल0वैद्या, दोज टरबूलेन्ट डेज, पृ0 58-59 एण्ड लोकसभा डिबेट्स, 6 सितम्बर, 1965, कॉलमस 7191-7202 एण्ड राज्यसभा डिबेट्स, 23 सितम्बर, 1965, कॉलमस 5271-5275 एण्ड सुदर्शन वशिष्ठ, हिमाचल, पृ0 30 एण्ड शिवलाल, डेटलाइन पंजाब-लाइफलाइन सिक्खस, पृ0 145
95. मियाँ गोवर्धन सिंह, हिमाचल प्रदेश का इतिहास, पृ0 377 एण्ड हिमाचल प्रदेश विधानसभा की कार्यवाही, खण्डः 3, अंकः 2, 12 जनवरी, 1948, पृ0 49-78
96. वी0वर्मा, दि एमरजैन्स ऑफ हिमाचल प्रदेश, पृ0 257
97. हिमाचल प्रदेश सरकार, हिमाचल प्रदेश में स्वतन्त्रता संग्राम का संक्षिप्त इतिहास, पृ0 196-197
98. स्टेट्समेन, नई दिल्ली, 20 अगस्त, 1970 एण्ड राजेन्द्र अत्री, यशवन्त सिंह परमारः ए पोलिटिकल बायोग्राफी, सरला पब्लिकेशन्स, शिमला, 2006, पृ0 91
99. मियाँ गोवर्धन सिंह, हिमाचल प्रदेश का इतिहास, पृ0 377 एण्ड एच0एल0 वैद्या, दोज टरबूलेन्ट डेज, पृ0 100 एण्ड एस0एस0 शशि, हिमाचल नेचरज पीसफुल पैराडाइज, इण्डियन स्कूल सप्लाई डिपो, दिल्ली, पृ0 37 एण्ड विपिन पबी, शिमला देन एण्ड नाऊ, पृ0 114 एण्ड एम0एस0 अहलूवालिया, सोशल, कल्चरल एण्ड इकोनोमिक हिस्ट्री ऑफ हिमाचल प्रदेश, इण्डस पब्लिशिंग कंपनी, नई दिल्ली, 1998, पृ0 41

सातवाँ अध्याय

निष्कर्ष

हिमाचल प्रदेश में जन संघर्षो का इतिहास बहुत पुराना है। हिमाचल के लोग समय-समय पर शासकों के विरूद्ध कई तरीकों से आन्दोलित होते रहे हैं। इनमें 'दूम्ह' की प्रथा बहुत प्रसिद्ध रही है जिसके माध्यम से लोग बेगार तथा मामला आदि देना बन्द कर देते थे। लेकिन 1815 ई0 के ब्रिटिश शासन के बाद जन-आन्दोलनों के चरित्र में परिवर्तन आया जिसमें लोगों ने स्थायी संगठन बनाते हुए अपने आन्दोलनों को निर्मित करते हुए जनता की चेतना को विकसित किया। यह आन्दोलन मुख्यत: कृषि सम्बन्धी रहे। इनके माध्यम से बैठ-बेगार, और राजस्व से सम्बन्धित समस्याओं को योजनाबद्ध तरीके से उठाया गया। हिमाचल प्रदेश में जनता का संघर्ष मुख्यत: दो तरफा रहा है ब्रिटिश शासित क्षेत्रों में विदेशी शासन के विरूद्ध तथा रियासतों में सामन्तशाही के खिलाफ।

ब्रिटिश शासन काल में रियासती शासकों की अंग्रेजी शासको से नजदीकिया और सामूहिक शासन के खिलाफ संघर्षो में जन-आन्दोलनों के माध्यम से साम्राज्यवाद विरोधी और सामन्तवाद विरोधी चेतना दोनों का विकास साथ-साथ हुआ। इन जन संघर्षो से एक ओर हिमाचल में जनता के बीच से नेतृत्व उत्पन्न हुआ वहीं इस नेतृत्व में हिमाचल में आधुनिक राजनीतिक संगठनों, संस्थाओं जैसे राजनीतिक पार्टियों, किसान संगठन व रियासती संगठनों का भी निर्माण किया। 20वीं शताब्दी से पूर्व इस पर्वतीय क्षेत्र में अधिकांश जन-आन्दोलन भूमि, भूमि बन्दोबस्त, भूमि लगान, बैठ-बेगार, राजा या उनके कर्मचारियों की दमनकारी नीतियों के विरूद्ध होते रहे। परन्तु इस दौरान जनता में राजनीतिक चेतना का अभाव था।

1885 ई0 में शिमला में अस्तित्व में आई काँग्रेस, तत्कालीन प्रकाशित समाचार-पत्रों तथा पढ़े-लिखे शिक्षित वर्ग द्वारा जनता के अन्दर राजनीतिक चेतना का विकास करने में महत्वपूर्ण भूमिका निभाई गई। जनता में राजनीतिक चेतना का संचार होने से वह

समय-समय पर ब्रिटिश शासन एवं सामन्तशाही शासन की दमनकारी नीतियों के खिलाफ आन्दोलनरत रही। राष्ट्रवाद तथा लोकतन्त्र की उठती हुई लहर जिसने स्वतन्त्रता के संघर्ष को जन्म दिया था उन आन्दोलनों के रूप में सामने आई जिनका उद्देश्य सामाजिक संस्थाओं तथा हिमाचली जनता के दृष्टिकोण का सुधार और लोकतन्त्रीयकरण करना था। 20वीं शताब्दी के शुरूआती दशक में आर्य समाज के सांस्कृतिक जागरण, सामाजिक शुद्धिकरण, राष्ट्रीय एकता, गैर सरकारी सामाजिक, राजनीतिक, धार्मिक संस्थाओं जैसे राजपूत सभा, ब्राह्मण सभा, स्नातन धर्म, सेवक संघ, शुद्र सम्मेलन, प्रेम सभा, सेवा समिति, हिमाचल विद्या प्रभाबन्धिनी सभा आदि ने भी हिमाचल के विभिन्न क्षेत्रों में जन-जागरण का कार्य किया।

1921 ई0 में महात्मा गाँधी, 1927 ई0 में लाला लाजपतराय तथा अन्य नेताओं के शिमला आगमन, हिमाचल के नेताओं एवं जनता द्वारा विभिन्न बैठकों, सम्मेलनों आदि में भाग लेने से जन-आन्दोलनों को प्रोत्साहन मिला और हिमाचल के जन-आन्दोलन राष्ट्रीय आन्दोलन से जुड़े। 1921 ई0 में ही कुनिहार के बाबू कांशी राम तथा कोटगढ़ के सत्यानन्द स्टोक्स ने बेगार प्रथा के खिलाफ सभी पहाड़ी रियासतों में जनता को एकजुट कर आन्दोलन चलाए तथा स्थान-स्थान पर सम्मेलनों का आयोजन किया। यह विदित है जहाँ जन संघर्षो का नेतृत्व को उभारने, राजनीतिक संस्थाओं, दबाव समूहों व नेतृत्व को खड़ा करने में योगदान रहता है वहीं यह नेतृत्व संस्थाओं तथा जन-आन्दोलनों को निर्मित करते हुए लोकतांत्रिक प्रणाली को भी मजबूत करते है।

हिमाचल प्रदेश में यह देखा गया है कि जहाँ जन संघर्षो ने आधुनिक नेतृत्व और राजनीतिक संगठनों को उत्पन्न किया वहीं लोकतन्त्र को भी सदृढ़ किया तथा हिमाचल के लोगों की राजनीतिक चेतना को विकसित करते हुए हिमाचल के गठन, निर्माण एवं राष्ट्र की मुख्यधारा से जोड़ा। 1966 ई0 से पूर्व का हिमाचल जिसे पुराने हिमाचल का क्षेत्र कहा जाता है इसका अधिकांश हिस्सा 30 रियासतों में था और बहुत छोटा बिखरा हुआ हिस्सा सीधे ब्रिटिश शासन के अधीन था। इसलिए इस क्षेत्र में काँग्रेस का संगठन बहुत छोटा रहा। यहाँ पर 1939 ई0 के 'अखिल भारतीय देशी राज्य लोक परिषद्' के लुधियाना अधिवेशन के बाद हिमाचल की विभिन्न रियासतों में प्रजामण्डल अस्तित्व में आए। इस संगठन ने हिमाचल के बिखरे हुए जन-आन्दोलनों को एकजुट कर सदृढ़ता प्रदान की तथा नेतृत्व को भी उभारा।

प्रजामण्डल आन्दोलन के मार्गदर्शन में जनता ने 1939 ई0 में धामी आन्दोलन, 1942 ई0 में किसान सभा के नेतृत्व में पझौता किसान आन्दोलन तथा 1948 ई0 में सुकेत आदि अनेक रियासतों में अनेक जन-आन्दोलन एवं किसान आन्दोलन किए। इन आन्दोलनों द्वारा रियासती सरकार की अन्यायपूर्ण एवं दमनकारी नीतियों का विरोध किया गया तथा रियासतों में उतरदायी एवं लोकतन्त्रीय सरकार की मांग की गई। हिमाचल प्रदेश के प्रजामण्डलों में आपस में समन्वय स्थापित करने के लिए 'हिमालय रियासती प्रजामण्डल' का भी महत्वपूर्ण योगदान रहा है। हिमाचल प्रदेश में प्रजामण्डल आन्दोलन में से जो नेतृत्व उभरा उनमें मुख्य रूप से डॉ0 यशवन्त सिंह परमार, पं0 पदम देव, सत्यदेव बुशहरी, भागमल सौहटा, सीता राम, हीरा सिंह पाल, लाल चन्द प्रार्थी, स्वामी पूर्णानन्द, ज्ञान चन्द टूटू, चौधरी शेरजंग, शिवानन्द रमौल, सदाराम चन्देल, दौलत राम साँख्यान आदि प्रमुख

थे।

इनके नेतृत्व ने ही हिमाचल के निर्माण और विकास के लिए एक मार्ग तैयार किया जिसके कारण 15 अप्रैल, 1948 ई0 को शिमला और पंजाब की 30 पहाड़ी रियासतों को मिलाकर एक पहाड़ी प्रान्त हिमाचल प्रदेश की स्थापना हुई। इसी के साथ ही हिमाचल प्रदेश में काँग्रेस पार्टी का निर्माण भी हुआ। काँग्रेस पार्टी का नेतृत्व मुख्यत: प्रजामण्डल आन्दोलन के नेतृत्व में से आया। इस तरह प्रजामण्डल को भंग किया गया तथा काँग्रेस पार्टी का गठन हुआ। 1948 ई0 में हिमाचल का निर्माण होने पर जनता को चीफ कमिश्नर राज्य की प्राप्ति हुई। चीफ कमिश्नर के राज में लोकप्रिय सरकार का स्वप्न पूरा न होने पर जनता एवं नेताओं ने केन्द्र सरकार के खिलाफ लम्बा संघर्ष किया। इसी कड़े संघर्ष के कारण केन्द्र सरकार द्वारा हिमाचल को 1951 ई0 में पार्ट-सी0 स्टेट् तथा 1966 ई0 में विशाल हिमाचल और 1971 ई0 में पूर्ण राज्य का दर्जा प्रदान किया गया। हिमाचल प्रदेश में जन-आन्दोलनों का दौर आजादी के बाद भी जारी रहा।

स्वतन्त्रता के बाद पैप्सू (पंजाब) क्षेत्रों मण्डी, कांगड़ा, ऊना, कुल्लू, नालागढ़ आदि अनेक क्षेत्रों में मुजारों द्वारा जमीन का स्थायी मालिक बनाए जाने को लेकर आन्दोलन किए गए। ये आन्दोलन सी0पी0आई0 तथा 'अखिल भारतीय किसान सभा' के नेतृत्व में लड़े गए थे। यह एक सफल आन्दोलन था। इस आन्दोलन के अन्तर्गत 4,84,000 मुजारों को भूमि का स्थायी मालिक बनाया गया था। हिमाचल प्रदेश में जन-आन्दोलनों में से वास्तविक, नेतृत्व उभरा वह प्रजामण्डल एवं काँग्रेस से उभरा था।

1952 ई0 के प्रथम आम चुनाव में दूसरी मुख्य पार्टी अनुसूचित जाति संघ जिसने हिमाचल के निर्माण में महत्वपूर्ण भूमिका अदा की थी स्वतन्त्रता के बाद काँग्रेस पार्टी में शामिल हो गई। हिमाचल की दूसरी मुख्य पार्टी, भारतीय जनता पार्टी का जन्म 1977 ई0 में हुआ। इसका नेतृत्व व संगठन भी देश के अन्दर 1975-1977 ई0 तक लागू आपातकाल के विरूद्ध जन संघर्ष से हुआ। इसका अधिकांश नेतृत्व जनसंघ व अन्य राजनीतिक दल जिन्होंने आपातकाल के विरूद्ध जनता पार्टी का निमार्ण किया था उनमें से ही उभरकर सामने आया।

हिमाचल प्रदेश में कम्युनिस्ट पार्टी भी प्रमुख पार्टी थी लेकिन मुजारा आन्दोलन के बाद काँग्रेस पार्टी द्वारा भूमि सुधार अधिनियम लागू करने से इसका आधार कम हो गया। 1964 ई0 में पार्टी विभाजन के बाद कम्युनिस्ट पार्टी हिमाचल प्रदेश में 1980 ई0 के बाद जन-आन्दोलन से शुरू हुई जहाँ से इसका नेतृत्व उभरा और बाद में किसान, मजदूर और कर्मचारी आन्दोलन से पार्टी अस्तित्व में आई। इस पार्टी में ज्यादातर नेता छात्र आन्दोलन से निकले हुए नेता है। इस प्रकार हिमाचल प्रदेश में राजनीतिक व इन द्वारा संचालित जन संगठनों, किसान, मजदूर, छात्र, कर्मचारियों का निर्माण करने से हिमाचल में लोकतांत्रिक प्रणाली को और सशक्त व मजबूत बनाया गया।

हिमाचल प्रदेश में प्राचीनकाल से लेकर वर्तमान समय तक जितने भी जन-आन्दोलन एवं किसान आन्दोलन हुए हैं उन्होंने प्रदेश में संगठनों के निर्माण, चेतना के विकास तथा राजनीतिक पार्टियों को ही नहीं उभारा बल्कि लोकतन्त्र को भी मजबूती प्रदान की।

संदर्भ ग्रन्थ-सूची

प्राथमिक स्रोत

राष्ट्रीय अभिलेखागार, दिल्ली

फॉरन एण्ड पोलिटिकल डिपार्टमेन्ट फाइल नं0 27, म्यूटिनी इन कांगड़ा-नूरपुर, 14-7-1857

फाइल नं0 30, शिमला में विद्रोह, डेमी ऑफिशियल पत्र-22-7-1857

फाइल नं0 1, मण्डी कन्सपिरेसी केस, अक्तूबर, 1917

फाइल नं0 546-पी0/1927 रिप्रेजैन्टेशन ऑफ शिमला हिल स्टेट्स टू वायसराय एण्ड गर्वनर जनरल, 215-पी0, 1928, प्रोपोजल फॉर डारैक्ट पोलिटिकल रिलेशन बिट्वीन दि शिमला हिल स्टेट्स एण्ड गवर्नमेन्ट ऑफ इन्डिया, 146-पी0/1932 एण्ड 441-पी0 236-1 बी0/36, 1936

फाइल नं0 215, शिमला हिल स्टेट्स रिपोर्ट, 1928

फाइल्स ऑफ पंजाब स्टेट्र एजैन्सी एण्ड शिमला हिल स्टेट् एजैन्सी, 1930-1948

मेमोरेन्डम ऑफ शिमला हिल स्टेट्स टू इन्डियन स्टेट्स इन्क्वायरी कमिटि, 1929

मिनिस्ट्री ऑफ स्टेट्स टू इन्डियन स्टेट् इन्क्वायरी कमिटि, 1929

मिनिस्ट्री ऑफ स्टेट् नोटिफिकेशन नं0 256-1 बी0 जुलाई 23, 1948, नं0 256-प्बी

पोलिटिकल डिपार्टमेन्ट फाइल, डिपार्टमेन्ट फाइल नं0 172, सिविल डिसओबिडेन्स मूवमेन्ट, चम्बा, 1932 फाइल नं0 40, रिपोर्ट आन शिमला हिल स्टेट्स द्वारा पोलिटिकल एजैन्ट, शिमला, जुलाई, 1939

पोलिटिकल डेवल्पमेन्ट इन धामी स्टेट्, फाइल नं0 होम पोल-1 (54)-पी0 (सेक्शन), 85-सी0/1939, पोलिटिकल डिपार्टमेन्ट फाइल नं0 1/39 वॉलियम-ट एण्ड प्प 1939, 22 (6)-पी040 (सेकरेट), 1940, एजीटेशन इन धामी स्टेट्, एम0आई0एस0सी0 71/39, 1941 (कॉन्फिडेन्शल) वॉलियम-प्प एण्ड प्ट, 71/39, 1942 (कॉन्फिडेन्शल) क्रेशन ऑफ जॉइन्ट एडमिनिस्ट्रेशन फॉर ग्रुपिंग ऑफ कन्टिग्यू-अस स्टेट्स, जॉइन्ट जूडिशल स्कीम फॉर दि शिमला हिल स्टेट्स, वॉलियम प्ट एण्ड ट, 71/39, पार्ट-बी वॉलियम-प्प्प, 1943, जाइन्ट पुलिस स्कीम फॉर शिमला हिल स्टेट्स, 7/46, 212-पी0/46 एक्टिविटिज ऑफ मि0 लाजपत राय इन मण्डी स्टेट्, पी0-434/5, 116/5 डिस्टरबेन्स इन इन्डियन स्टेट्स

पोलिटिकल डिपार्टमेन्ट रिपोर्ट-पंजाब हिल स्टेट्स-15 मार्च, 1940
नेहरू मेमोरियल म्यूजियम एण्ड लाइब्रेरी, दिल्ली
ऑल इन्डिया स्टेट् पीपल कान्फ्रैन्स, फाइल नं0 25, 25 ए, 26, 29, 35, 62, 63, 109, 161, 162, 163, 181, (पप), 187, 191, 233, 236, 263, 267, 272-73, 279 एण्ड 281
सुमन श्री देव रिपोर्ट ऑफ नान आफिशियल इन्क्वायरी इन टू दि ट्रेजिक हेप्निंगस इन धामी स्टेट्, शिमला हिल्स
हिमाचल प्रदेश राज्य अभिलेखागार, शिमला
अबॉलिशन ऑफ कस्टम ऑफ रीत इन शिमला हिल्स, पंजाब हिल्स स्टेट्स एजैन्सी, 1910, बंडल नं0 प्, सीरियल नं0 344
बेगार इन शिमला हिल स्टेट्स, पंजाब हिल स्टेट्स एजैन्सी, 1939, बंडल नं0 19, सीरियल नं0 489
1943, बंडल नं0 26, सीरियल नं0 611
1944, बंडल नं0 15, सीरियल नं0 427
1944, बंडल नं0 17, सीरियल नं0 451
कन्स्टीटयूशन ऑफ पंजाब हिल स्टेट्स कन्फेडरेशन
शिमला हिल स्टेट्स एण्ड एडमिनिस्ट्रेटिव यूनियन प्रोसीडिंगस ऑफ रूलरज कान्फ्रैन्स इन शिमला, जून 18, 1942 प्रोसीडिंगस ऑफ दि मीटिंग ऑफ एग्जीक्यूटिव कमिटि ऑफ शिमला हिल स्टेट्स, समर फील्ड, शिमला, 1943
पेपर रिगॉर्डिंग बेगार, पंजाब हिल स्टेट्स एजैन्सी, 1946, बंडल नं0 2, सीरियल नं0 42
सेटल्मेन्ट् रिपोर्टस
बानर्स, जी0सी0, रिपोर्ट ऑन दि सेटल्मेन्ट् इन दि डिस्ट्रिक्ट ऑफ कांगड़ा इन दि ट्रांस-सतलुज स्टेट्स, 1855, दि करोनिकल प्रैस, लाहौर, 1855, रिप्रिंट पंजाब सिविल सेक्रेटिएट प्रैस, लाहौर, 1871
सेटल्मेन्ट् रिपोर्ट ऑफ दि बाघल स्टेट्, 1907
सेटल्मेन्ट् रिपोर्ट ऑफ दि भज्जी स्टेट्, 1923
सेटल्मेन्ट् रिपोर्ट ऑफ दि दाडी स्टेट्, 1883-84
सेटल्मेन्ट् रिपोर्ट ऑफ दि धामी स्टेट्, 1916
सेटल्मेन्ट् रिपोर्ट ऑफ दि घूंड स्टेट्, 1908
सेटल्मेन्ट् रिपोर्ट ऑफ दि जुब्बल स्टेट्, 1907
सेटल्मेन्ट् रिपोर्ट ऑफ दि क्योंथल स्टेट्, 1901, 1914
सेटल्मेन्ट् रिपोर्ट ऑफ दि कोटी स्टेट्, 1916
सेटल्मेन्ट् रिपोर्ट ऑफ दि कुठार स्टेट्, 1917
सेटल्मेन्ट् रिपोर्ट ऑफ दि नालागढ़ स्टेट्, 1924
सेटल्मेन्ट् रिपोर्ट ऑफ दि रावीगढ़ स्टेट्, 1908, 1946
सेटल्मेन्ट् रिपोर्ट ऑफ दि शिमला डिस्ट्रिक्ट, 1883, 1915-16
असेसमेन्ट् रिपोर्टस
प्रिलिमिनरी असेसमेन्ट् रिपोर्ट ऑफ दि भरौली, शिमला, कोटखाई एण्ड कोटगढ़ ईलाकाज ऑफ दि शिमला डिस्ट्रिक्ट, 1917
रिवेन्यू असेसमेन्ट् रिपोर्ट ऑफ दि बलसन स्टेट्, 1927
असेसमेन्ट् रिपोर्ट ऑफ दि फर्स्ट रेगुलर सेटल्मेन्ट् बलसन एरिया, ठियोग तहसील (कापी 1950)

असेसमेन्ट् रिपोर्ट ऑफ दि क्योंथल स्टेट्, 1949

असेसमेन्ट् रिपोर्ट ऑफ दि फर्स्ट रेगुलर सेटल्मेन्ट् ऑफ मांगल, तहसील बघाल, 1950

असेसमेन्ट् रिपोर्ट ऑफ दि रोहड़ू तहसील ऑफ दि बुशहर, 1914

असेसमेन्ट् रिपोर्ट ऑफ दि फर्स्ट रेगुलर सेटल्मेन्ट् ऑफ सांगरी एरिया ऑफ ठियोग तहसील, 1949-50

असेसमेन्ट् रिपोर्ट ऑफ दि रिवाइजड सेटल्मेन्ट् ऑफ दि ठियोग स्टेट्, 1932

असेसमेन्ट् रिपोर्ट ऑफ दि फर्स्ट सेटल्मेन्ट् ऑफ थरोच, एरिया ऑफ चौपाल, तहसील, 1950-51

गवर्नमेन्ट ऑफ इन्डियन पब्लिकेशन्स

दि गवर्नमेन्ट ऑफ पार्ट-सी0 स्टेट्स, एक्ट 1951, मेनेजर पब्लिकेशन्स, गवर्नमेन्ट ऑफ इन्डिया, नई दिल्ली, 1951

दि गवर्नमेन्ट ऑफ यूनियन टेरिटोरिज एक्ट ऑफ 1963, गवर्नमेन्ट ऑफ इन्डिया, नई दिल्ली, 1963

दि हिमाचल प्रदेश एण्ड बिलासपुर (न्यू स्टेट्) एक्ट, अधिनियम नं0 32, ऑफ 1954, मई 28, 1954, गवर्नमेन्ट ऑफ इन्डिया, नई दिल्ली

मेमोरेन्डम ऑन इन्डिया स्टेट्स, मेनेजर ऑफ पब्लिकेशन्स, गवर्नमेन्ट ऑफ इन्डिया, दिल्ली, 1932, 1935, 1940, 1948

दि पंजाब बांऊडरी कमीशन रिपोर्ट, मेनेजर पब्लिकेशन्स, गवर्नमेन्ट ऑफ इन्डिया, नई दिल्ली, 1966

दि पंजाब रि-आर्गानाइजेशन एक्ट, 1966, मेनेजर पब्लिकेशन्स, गवर्नमेन्ट ऑफ इन्डिया, नई दिल्ली, 1966

दि पार्लियामेन्टरी कमिटि रिपोर्ट ऑन दि डिमांड फॉर पंजाब सूबा, लोकसभा सचिवालय, नई दिल्ली, 1968

दि स्टेट् रि-आर्गानाइजेशन कमीशन रिपोर्ट, मेनेजर पब्लिकेशन्स, गवर्नमेन्ट ऑफ इन्डिया, दिल्ली, 1955

दि स्टेट् रि-आर्गानाइजेशन एक्ट, (अमेन्डमेन्ट) 1956, मेनेजर पब्लिकेशन्स, गवर्नमेन्ट ऑफ इन्डिया, नई दिल्ली, 1956

दि टेरिटोरियल कौन्सिल एक्ट, 1956, मेनेजर पब्लिकेशन्स, गवर्नमेन्ट ऑफ इन्डिया, दिल्ली, 1956

लोकसभा, राज्यसभा एवं हिमाचल प्रदेश विधानसभा के वाद-विवाद

डिबेट्स ऑफ मेम्बरज इन लोकसभा ऑन स्टेट्स रि-आर्गानाइजेशन कमीशन रिपोर्ट, हिमाचल प्रदेश गवर्नमेन्ट प्रेस, शिमला, 1955

डिबेट्स ऑफ मेम्बरज इन राज्यसभा ऑन स्टेट्स रि-आर्गानाइजेशन कमीशन रिपोर्ट, हिमाचल प्रदेश गवर्नमेन्ट प्रेस, शिमला, 1955

हिमाचल प्रदेश विधानसभा डिबेट्स ऑन ड्राफ्ट ऑफ स्टेट्स रि-आर्गानाइजेशन बिल एण्ड क्नैक्टिड प्रोपोजल फॉर एमैन्डमेन्टस ऑफ दि कन्स्टीटयूशन, मेनेजर हिमाचल प्रदेश, गवर्नमेन्ट प्रेस, शिमला, 1955

हिमाचल प्रदेश विधानसभा डिबेट्स वॉलियम-IV, नवम्बर, 1952, अप्रैल, 1956

प्रोसीडिंगस ऑफ हिमाचल प्रदेश विधानसभा, मार्च, 1966, 1967, जुलाई, 1967, फरवरी-मार्च 1968 एण्ड मार्च 1969, हिमाचल प्रदेश विधानसभा सचिवालय, शिमला

सिंह, तपिन्द्र, स्टेट्हुड फॉर हिमाचल प्रदेशः दि केस इन ब्रीफ, हिमाचल प्रदेश विधानसभा, शिमला, 1968

सेन्सस् रेकार्ड्स

सेन्सस् ऑफ इन्डिया, 1901, वॉलियम-ग्टप्प, पार्ट-I

सेन्सस् ऑफ इन्डिया, 1951, नई दिल्ली

सेन्सस् ऑफ इन्डिया, 1961, वॉलियम-XX, नई दिल्ली

सेन्सस् ऑफ इन्डिया, 1971, नई दिल्ली

आलेख, प्रलेख एवं प्रस्ताव

अखिल भारतीय देशी राज्य लोक परिषद् के लिखे पहाड़ी नेताओं के पत्र एवं प्रस्ताव, 1940-1948

बाघल स्टेट्-वजीर भगवान दास द्वारा जारी पत्र-हिमालय रियासती प्रजामण्डल शिमला को, बेगार की समाप्ति का घोषणा-पत्र सं0 749/95-14-3-1939

बाघल रियासत में बेगार का अंत्येष्टि संस्कार-जारी पैम्फलेट-मनशा राम चौहान, प्रधानमन्त्री बाघल प्रजामण्डल-जून, 1941

बिलासपुर राज्य प्रजामण्डल, अपील कहलूर निवासी-शिमला, 1947

चम्बा स्टेट्-मुकद्दमा बनाम सौदागर मल-एफ0आई0आर0, 7-3-1996 सं0

धामी गोली काण्ड-के विषय में महात्मा गाँधी का जवाहर लाल नेहरू को पत्र-29-7-1939

धामी गोली काण्ड जांच रिपोर्ट-दुनी चन्द अम्बालवी, अगस्त-1939

धामी स्टेट्-नोटिस मारफत पं0 सीता राम व उसके परिवार को जमीन जब्त करने सम्बन्धी केस, 30-12-1939

फाइल-एफ0आई0आर0-केस नं0 43, बुद्धिसागर नौटियाल गिरफ्तारी केस मण्डी स्टेट्, सं0 24-9-2004

हिमालय रियासती प्रजामण्डल शिमला की फाइल पत्र-पं0 पदम देव, 1938-1946

हिमालयन हिल स्टेट्स रीजनल कौंसिल-प्रस्ताव पत्र-शिमला, 1945-1948

हिमाचल प्रदेश काँग्रेस कमेटी-प्रस्ताव मेमोरेण्डम, शिमला, 1961

कुनिहार प्रजामण्डल स्थापना-प्रपत्र, महामन्त्री, गौरी शंकर-9 जुलाई, 1939

काँगड़ा सुधार सभा, लाहौर आन्दोलन कार्यवाही प्रलेख, 27-8-1943

मण्डी कनसपिरेसी केस, रियासत मण्डी कोर्ट रेकार्ड्स, 1916

महात्मा गाँधी के राजकुमारी अमृतकौर को धामी गोली काण्ड सम्बन्धी टेलीग्राफ-25-7-1939

मेमोरेन्डम ऑफ चम्बा सेवक संघ-टू वायसराय ऑफ इन्डिया द्वारा पं0 विद्या सागर, जयदेव, बलदेव, सिंह बगैरह-1940

मेमोरन्डम ऑफ हिमालयन हिल स्टेट्स रीजनल कौंसिल टू सरदार पटेल द्वारा भागमल सौहटा, मार्च, 1948

मर्जर ऑफ हिमाचल विद पंजाब, पंजाब के मुख्यमन्त्री डॉ0 गोपी चन्द भार्गव का पं0 नेहरू को इस आशय का पत्र- 10-5-1948

पझौता आन्दोलन सम्बन्धी पत्राचार-अखिल भारतीय देशी राज्य लोक परिषद् के नेताओं के साथ-1942-1946

पझौता आन्दोलन केस स्टेट् बनाम चूंचू वगैरह फैसला रिपोर्ट सैशन 15 अगस्त, 1944

पसर्नल पत्राचार-फाइल पेपर कटिंग-सत्यदेव बुशहरी-रोहड़ू शिमला, 1945-1950

प्रजामण्डल रियासत बलसन-शाखा स्थापना द्वारा हिमालय रियासती प्रजामण्डल शिमला पैम्पलैट, 13 ज्येष्ठ, 2003 सम्वत्

पंजाब के पहाड़ी क्षेत्र के विधायकों तथा सांसदों द्वारा हिमाचल में विलय के लिए गृह मन्त्री भारत सरकार को दिया गया आवेदन-प्रस्ताव-दिल्ली, नवम्बर, 14, 1956

सुकेत विद्रोह केस-1924, मिसल 1/2 सरकार बनाम लुहारू वगैरह फैसला सुन्दरनगर कोर्ट-सुकेत स्टेट्, 6-4-1925

विशाल हिमाचल बनाने हेतु प्रस्ताव पारित-पंजाब के पहाड़ी क्षेत्र के विधायको-सांसदों द्वारा जून, 1964

वैद्य सूरत सिंह, पत्राचार-फाइल, 1938, 1950, पत्र, प्रलेख, प्रस्ताव, सरकारी, गैर-सरकारी सामग्री प्राप्त, 1988

गज़ेटियरज

गज़ेटियर ऑफ दि बिलासपुर डिस्ट्रिक्ट, ग्रेटर पंजाब प्रैस, चण्डीगढ़, 1975

गज़ेटियर ऑफ दि चम्बा स्टेट्, 1904, पंजाब स्टेट्स, गज़ेटियर, वॉलियम-ग्प्प्-ए, इण्डस पब्लिशिंग कंपनी, नई दिल्ली, 1996

गज़ेटियर ऑफ इन्डिया, हिमाचल प्रदेश किन्नौर, क्विक प्रिंटर्स, अम्बाला, 1971

गज़ेटियर ऑफ दि कांगड़ा डिस्ट्रिक्ट, पार्ट-प्, कांगड़ा, 1883-1884, इण्डस पब्लिशिंग कंपनी, नई दिल्ली, 1994

गज़ेटियर ऑफ दि कांगड़ा डिस्ट्रिक्ट, पार्ट-प्प् टू प्ट, कुल्लू, लाहौल एण्ड स्पीति, 1897, इण्डस पब्लिशिंग कंपनी, नई दिल्ली, 1994

गज़ेटियर ऑफ दि पंजाब स्टेट्स, वॉलियम-ग्प्.ए, मण्डी स्टेट्, 1904, सिविल एण्ड मिलिट्री प्रैस, लाहौर, 1908

गज़ेटियर ऑफ दि मण्डी स्टेट्, 1920, इण्डस पब्लिशिंग कंपनी, नई दिल्ली, 1996

गज़ेटियर ऑफ दि पंजाब डिस्ट्रिक्ट वॉलियम-टप्, पार्ट-बी, शिमला डिस्ट्रिक्ट स्टाटिस्टिकल टेबल्स, 1936, सुपरिन्टेन्डेन्ट गवर्नमेन्ट प्रिंटिंग, पंजाब, 1936

गज़ेटियर ऑफ दि सिरमौर स्टेट्, 1934, इण्डस पब्लिशिंग कंपनी, नई दिल्ली, 1996

गज़ेटियर ऑफ दि शिमला डिस्ट्रिक्ट, 1888-89, हिलमेन पब्लिशिंग हॉऊस, दिल्ली, 1992

गज़ेटियर ऑफ दि शिमला हिल स्टेट्स, 1910, पंजाब स्टेट्स गज़ेटियर, वॉलियम-टप्प्, इण्डस पब्लिशिंग कंपनी, नई दिल्ली, 1995

गज़ेटियर ऑफ दि सुकेत स्टेट्, 1927, इण्डस पब्लिशिंग कंपनी, नई दिल्ली, 1997, पृ0 33-34

गज़ेटियर ऑफ दि वर्ल्ड, वॉलियम-प्ट, ज्ञान पब्लिशिंग हॉऊस, नई दिल्ली, 1988

समाचार पत्र एवं पत्रिकाएं

अमर उजाला, चण्डीगढ़

अजीत समाचार, जालन्धर

दैनिक जागरण, दिल्ली, उतर प्रदेश

दैनिक भास्कर, शिमला, 10-4-2010

दिव्य हिमाचल, शिमला, 10-4-2010

दि लाइट, लाहौर, 3 जनवरी, 1929

दि ट्रिब्यून लाहौर, 12 अप्रैल, 1931, 15 अप्रैल, 1931, 10 जून, 1945, 7 दिसम्बर, 1946, 27 दिसम्बर, 1946, 27 जनवरी, 1948, 7 मार्च, 1948, 17 दिसम्बर, 1948, 30 अक्तूबर, 1955, 21 सितम्बर, 1969, 25 जनवरी, 1971, चण्डीगढ़

डेरी हेराल्ड, लाहौर, 27 अप्रैल, 1932, 26 जुलाई, 1932, 2 अगस्त, 1932

दि ट्रूथ लाहौर, 11 अप्रैल, 1937, 6 जुलाई, 1937

दि सनराइज, लाहौर, 21 अक्तूबर, 1938, 2 दिसम्बर, 1939

गिरिराज साप्ताहिक, शिमला, 13 फरवरी, 1980, 30 अप्रैल, 1980, 29 मई, 1985, 28 सितम्बर, 1988

हिन्दुस्तान टाईम्ज, दिल्ली, 17 मार्च, 1939, 28 अप्रैल, 1939, 5 अगस्त, 1939, 19 फरवरी, 1946, 23 मार्च, 1947, 22 अक्तूबर, 1955, 21 दिसम्बर, 1956

हरिजन, बम्बई, अंकः 1, 29-30 जुलाई, 1939

हिन्दी हिन्दुस्तान, दिल्ली, 17 नवम्बर, 1946, 29 जुलाई, 1947, 21 जनवरी, 1948

हिन्द समाचार, जालन्धर, 4 फरवरी, 1963

हिन्दी मिलाप, जालन्धर, 8 फरवरी, 1971

हिमाचल दर्पण, साप्ताहिक, शिमला, 4 अगस्त, 1971

हिम केसरी, देहरादून, 6 अगस्त, 1973

इस्टन टाईम्ज, लाहौर, 1 अप्रैल, 1937

इंडियन एक्सप्रैस, दिल्ली, 24 अप्रैल, 1966

इंडियन न्यूज करोनाइकल, दिल्ली, 24 अप्रैल, 1966

नेशनल हेराल्ड, लाहौर, 12 जून, 1939, 31 जुलाई, 1939, 4 मार्च, 1940

नेशनल हेराल्ड, इलाहाबाद, 4 मार्च, 1940

न्यूज करोनाइकल, दिल्ली, 20 नवम्बर, 1947

नवभारत टाईम्ज, दिल्ली, 18 दिसम्बर, 1947

पंजाब केसरी, अंबाला

रोजाना प्रताप, लाहौर, 9 जून, 1939

शक्ति दर्शन, साप्ताहिक, मण्डी, 30 सितम्बर, 1984

टाईम्ज ऑफ इंडिया, बम्बई, 25 जनवरी, 1939, 19 सितम्बर, 1960, 25 जुलाई, 1967

उर्दू प्रताप, जालन्धर, 26 फरवरी, 1980

वीर प्रताप, जालन्धर, 13 जून, 1976

द्वैतीयक स्रोत

अहलूवालिया, एम0एम0, फ्रीडम स्ट्रगल इन इंडिया, (1858-1909), रंजीत पब्लिशर्स, दिल्ली, 1965

अहलूवालिया, एम0एस0, गुप्ता, एस0के0, खोसला, परान, शारदा, एन0के0, शर्मा, रणवीर, सिंह, मियाँ गोवर्धन, हिमाचल प्रदेशः पास्ट प्रेंजैन्ट एण्ड फ्यूचर, डारैक्टोरेट ऑफ कोरसपोन्डेन्स कोर्स, शिमला, 1976

अहलूवालिया, एम0एस0, हिस्ट्री ऑफ हिमाचल प्रदेश, इन्टीलैक्चूयल पब्लिशिंग हॉऊस, नई दिल्ली, 1988

˝, सोशल कल्चरल एण्ड इकोनोमिक हिस्ट्री ऑफ हिमाचल प्रदेश, इण्डस पब्लिशिंग कंपनी, नई दिल्ली, 1998

अजनबी, नेमचन्द, हिमाचल प्रदेश इतिहास, संस्कृति व प्रशासन, एच0जी0 पब्लिकेशन्स, नई दिल्ली, 1995

असादी, मुजफ्फर एच0, पींजैन्ट मूवमेन्ट इन कर्नाटका, (1980-94), शिप्रा पब्लिकेशन्स, दिल्ली, 1997

अत्री, राजेन्द्र, इन्ट्रोडक्शन टू हिमाचल प्रदेश, सरला पब्लिकेशन्स, शिमला, 2000

˝, हिमाचल प्रदेशः एक बहु-आयामी परिचय, सरला पब्लिकेशन, शिमला, 2007

˝, यशवन्त सिंह परमारः ए पोलिटिकल बायोग्राफी, सरला पब्लिकेशन, शिमला, 2006

भौंसले, लियोनार्ड, भारत में ब्रिटिश राज्य के अन्तिम दिन, आत्मा राम एंड संस, दिल्ली, 1964

बक, एडवर्ड जे0, शिमला पास्ट एण्ड प्रेजैन्ट, सुमित पब्लिकेशन्स, नई दिल्ली, 1979

भार्गव, मोती लाल, मध्यकालीन भारत का इतिहास, (1000 ई0 से 1707 ई0' तक), मीनाक्षी प्रकाशन, नई दिल्ली, 1980

भारद्वाज, लेखराम, बिलासपुर प्रजामण्डलः राजनैतिक व स्वतन्त्रता संघर्ष, भारद्वाज प्रकाशन, बिलासपुर, (हिमाचल प्रदेश), 1985

बाजपयी, एस0सी0, लाहौल-स्पीति ए फॉरबिडन लैंड इन दि हिमालयाज, इण्डस पब्लिशिंग कंपनी, नई दिल्ली, 1987

बक्शी, एस0आर0, गाँधी एण्ड चम्पारण सत्याग्रह, आकाशद्वीप पब्लिशिंग हॉऊस, दिल्ली, 1988

भसिन, राजा, शिमलाः दि समर केपिटल ऑफ ब्रिटिश इंडिया, वाइकिंग पेनगयूइन बुक्स, नई दिल्ली, 1992

बरनवाल, गणेश प्रसाद, स्वाधीनता संग्राम से संता हस्तान्तरण, आत्मा राम एण्ड संस, दिल्ली, 1999

बिशवास, गिरबन रंजन, पीजैन्ट मूवमेन्ट इन नार्थ ईस्ट इंडिया, (1946-1950), रिजैन्सी पब्लिकेशन्स, नई दिल्ली, 2002

भाटिया, मेजर जनरल सूरज, जलियावाला कांड का सच, प्रभात प्रकाशन, दिल्ली, 2002

चन्द, तारा, भारतीय स्वतन्त्रता आन्दोलन का इतिहास, खण्ड-2, सूचना एवं प्रसारण मंत्रालय, दिल्ली, 1969

चिब, सुखदेव सिंह, दि ब्यूटीफल इंडिया, हिमाचल प्रदेश, लाइट एंड लाइफ पब्लिशर्स, नई दिल्ली, 1977

चरक, सुखदेव सिंह, हिमाचल प्रदेश, भाग-1, लाइट एण्ड लाइफ पब्लिशर्स, नई दिल्ली, 1978

〃, हिस्ट्री एण्ड कल्चरल ऑफ हिमालयन स्टेट्स, भाग-2, लाइट एण्ड लाइफ पब्लिशर्स, नई दिल्ली, 1979

चार्ल्सवर्थ, नेल, पीजैन्ट एण्ड इम्पीरियल रूल, एग्रीकल्चर एण्ड एग्रेरियन सोसाइटी इन दि बम्बे प्रेसीडैन्सी, (1850-1935), ओरियेन्ट लागमेन, बम्बे, 1985

चट्टोपाध्याय, मनाबेन्दु, एग्रेरियन स्ट्रक्चर एण्ड पीजैन्ट मोबीलाइजेशन, के0पी0 बागची एण्ड कंपनी, कलकता, 1996

चन्देल, शक्ति एस0, कहलूर बिलासपुर थ्रू दि सेन्चुरीज, उर्वशी बुक्स, शिमला, 2007

चौहान, रमेश, हिमाचल प्रदेश ए पर्सपैक्टिव, मिनर्वा बुक हॉऊस, शिमला, 1998

चर्तुवेदी, विनायक, पीजैन्ट पास्टजः हिस्ट्री पोलिटिक्स एण्ड नेशनलिज्म इन गुजरात, परमानेन्ट बलैक, रानीखेत, 2008

चौगॉवकर, हरि एम0, दास, नंदा एच0, (स0), भारत का ब्रिटिशकालीन इतिहास, गुरुकुल विद्यापीठ प्रकाशन, दिल्ली, 2010

देयोल, जी0एस0, दि रोल ऑफ गदर पार्टी इन दि नेशनल मूवमेन्ट, स्ट्रलिंग पब्लिशर्स, दिल्ली, 1969

देसाई, ए0आर0, (सं0), पीजेंन्ट स्ट्रगल्स इन इंडिया, ऑक्सफोर्ड यूनिवर्सिटी प्रैस, बम्बे, 1979

〃, एग्रेरियन स्ट्रगल्स इन इंडिया आफ्टर इंडिपेन्डेन्स, ऑक्सफोर्ड यूनिवर्सिटी प्रैस, बम्बे, कलकता, मद्रास, 1986

धानगरे, डी0एन0, पीजैन्ट मूवमेन्टस इन इंडिया, (1920-1959), ऑक्सफोर्ड यूनिवर्सिटी प्रैस, दिल्ली, 1981

दास, अरविन्द एन0, एग्रेरियन अन्रेस्ट एण्ड सोशियो-इकोनोमिक चेंज इन बिहार, (1900-1980), मनोहर पब्लिकेशन्स, नई दिल्ली, 1983

दता, सी0एल0, दि राज एण्ड दि शिमला हिल स्टेट्स, (सोशल-इकोनोमिक प्राबल्मस, एग्रेरियन डिस्टरबेनसिस एण्ड पैरामाऊटेन्सी), ए0बी0एस0 पब्लिकेशन्स, जालन्धर, (भारत), 1997

दास, हरिहरा, दि हिस्ट्री ऑफ फ्रीडम मूवमेन्ट इन इंडिया, (1857-1947), नेशनल पब्लिशिंग हॉऊस, नई दिल्ली, 1998

धवन, एम0एल0, भारत का राष्ट्रीय आन्दोलन एवं स्वतन्त्रता संघर्ष, (1857-1914), भाग-1, अर्जुन पब्लिशिंग हॉऊस, नई दिल्ली, 2003

`, भारत का राष्ट्रीय आन्दोलन एवं स्वतन्त्रता संघर्ष, (1915-1947), भाग-2, अर्जुन पब्लिशिंग हॉऊस, नई दिल्ली, 2003

द्विवेदी, अनिल कुमार, भारत में अंग्रेजी राज्य के दौरान सशस्त्र विद्रोह, आविष्कार प्रकाशन, दिल्ली, 2008

दास, नारायण, ब्रिटिश भारत में प्रशासनिक एवं संवैधानिक सुधार, आर0के0 पब्लिशर्स एण्ड डिस्ट्रीब्यूटर्स, दिल्ली, 2009

दीपक, बी0आर0, चाइना एग्रीकल्चर कन्टरीसाइड एण्ड पीजैन्टस, मानक पब्लिकेशन्स, नई दिल्ली, 2010

गुप्त, मन्मथनाथ, भारतीय क्रान्तिकारी आन्दोलन का इतिहास, आत्मा राम एंड संस, दिल्ली, 1966

गुप्ता, बिपलव दास, दि नक्सलाइट मूवमेन्ट, एलाइड पब्लिशर्स, नई दिल्ली, 1974

गुप्ता, अमित कुमार, (स0), एग्रेरियन स्ट्रक्चर एण्ड पीजैन्ट रिवोल्ट इन इंडिया, क्राइटेरियन पब्लिकेशन्स, नई दिल्ली, 1986

गोस्वामी, अतुल, (स0), लैंड रिफार्मस एण्ड पीजैन्ट मूवमेन्टः ए स्टडी ऑफ नार्थ-ईस्ट इंडिया, ओमसन्स पब्लिकेशन्स, नई दिल्ली, 1986

घीमायर, कृष्णा बी0, (स0), लैंड रिफार्म एण्ड पीजैन्ट लावलिहुडसः दि सोशल डायनामिक्स ऑफ रूरल पावर्टी एण्ड एग्रेरियन रिफार्मस इन डेवलपिंग कन्टरीज, आई0टी0डी0जी0 पब्लिशिंग, लंदन, 2001

गौतम, पी0एल0, आधुनिक भारत का इतिहास, मलिक एंड कंपनी, जयपुर, 2004

गौरव, प्रशान्त, प्राचीन भारत, (लगभग 600 ई0 तक), राजकमल प्रकाशन, नई दिल्ली, 2009

गुप्त, मानिक लाल, प्राचीन भारतः प्रागैतिहासिक काल से गुप्तकाल तक, एटलांटिक पब्लिशर्स एण्ड डिस्ट्रीब्यूटर्स, नई दिल्ली, 2006

हांडा, राजेन्द्र लाल, देशी रियासतों में स्वाधीनता संग्राम का संक्षिप्त इतिहास, स्टर्लिंग पब्लिशर्स, दिल्ली, 1969

हुईजर, गैरिट, पीजैन्ट मूवमेन्टस एण्ड देयर कॉऊटरफोर्सज इन साऊथ-ईस्ट एशिया, मारवाह पब्लिकेशन्स, नई दिल्ली, 1980

हार्डीमेन, डेविड, (स0), पीजैन्ट रिसिस्टेन्स इन इंडिया, (1858-1914, ऑक्सफोर्ड यूनिवर्सिटी प्रैस, दिल्ली, बम्बे, कलकता, 1992

`, पीजैन्ट नेशनलिस्टस ऑफ गुजरात खेड़ा डिस्ट्रिक्ट, (1917-1934), ऑक्सफोर्ड यूनिवर्सिटी प्रैस, दिल्ली, 1981

`, फीडिग दि बनियाः पीजैन्टस एण्ड यूझरर् इन वेस्टरन इंडिया, ऑक्सफोर्ड, यूनिवर्सिटी प्रैस, बम्बे, कलकता, 1996

हचिसन, जे0, वोगल, जे0पीएच0, हिस्ट्री ऑफ दि पंजाब हिल स्टेट्स, खण्ड I-II, भाषा एवं संस्कृति विभाग, शिमला, 1982

`, हिस्ट्री ऑफ कांगड़ा एण्ड कुल्लू स्टेट्स, नॉर्दन् बुक सेन्टर, नई दिल्ली, 1986

जोश, भगवान, कम्युनिस्ट मूवमेन्ट इन पंजाब, (1926-1947), अनुपमा पब्लिकेशन्स, दिल्ली, 1979

जियोरोंग हेन, चाइनीज डिस्कोर्सेज आन दि पीजैन्ट, (1900-1949), स्टेट् यूनिवर्सिटी ऑफ न्यूयार्क प्रैस, अल्बनी, 2005

जस्टा, हरिराम, हिमाचल निर्माता डॉ0 यशवन्त सिंह परमार, हिमाचल कला एवं संस्कृति अकादमी, शिमला, 1998

जैन, कैलाश चन्द, भारत का राष्ट्रीय आन्दोलन और संवैधानिक विकास, यूनिवर्सिटी पब्लिकेशन, नई दिल्ली, 2006

जरेट, मनोज, जियोग्राफी ऑफ हिमाचल प्रदेश, इण्डस पब्लिशिंग कंपनी, नई दिल्ली, 2006

कौशल, आर0के0, हिमाचल प्रदेशः ए सर्वे ऑफ दि हिस्ट्री ऑफ लैड ऑफ इटज पीपल, मिनर्वा बुक पब्लिशर्स, बम्बे, 1965

करूणाकरन, के0पी0, रिलिजयन एण्ड पोलिटिकल अवेकनिंग इन इंडिया, मीनाक्षी प्रकाशन, मेरठ, 1966

कपूर, बी0एल0, हिमाचल इतिहास और परम्परा, सन्मार्ग प्रकाशन, दिल्ली, 1973

कुमार, एस0, दि पीजैन्ट्री एण्ड दि इंडियन नेशनल मूवमेन्ट, (1919-1933), अनु प्रकाशन, मेरठ, 1974

काश्यप, पदम चन्द्र, हिमाचल प्रदेश ऐतिहासिक और सांस्कृतिक अध्ययन, हिमाचल पुस्तक भण्डार, दिल्ली, 1981

", हिमाचली संस्कृति का इतिहास, आर्य प्रकाशन मण्डल, दिल्ली, 1986

", भारतीय संस्कृति और हिमाचल, हिमाचल पुस्तक भण्डार, दिल्ली, 2003

करना, एम0एन0, (स0), पीजैन्ट एण्ड पीजैन्ट प्रोटेस्टस इन इंडिया, इन्टीलैक्चूयल पब्लिशिंग हॉऊस, नई दिल्ली, 1989

कंवर, पमिला, इम्पीरियल शिमला, (दि पोलिटिकल कल्चर ऑफ दि राज), ऑक्सफोर्ड यूनिवर्सिटी प्रैस, बम्बे, कलकता, 1990

", ऐसे ऑन पैटरन इन नाइनटिथ सेन्चुरीः हिमाचल प्रदेश, इंडियन इन्स्टीटयूट ऑफ एडवान्स्ड स्टडीज, शिमला, 1999

कुमार, कपिल, किसान विद्रोह, कांग्रेस और अंग्रेजी राज, अवध, (1886-1922), मनोहर पब्लिकेशन्स, नई दिल्ली, 1991

लाल, शिव, डेटलाइन पँजाब-लाइफलाइन सिक्खज, इलैक्शन आर्काइवज, नई दिल्ली, 1994

लाहिरी, अबानी, दि पीजैन्ट एण्ड इंडियाज फ्रीडम मूवमेन्ट, मानक पब्लिकेशन्स, नई दिल्ली, 2001

लुईस, प्रकाश, जन शक्ति मध्य बिहार में नक्सलवादी आन्दोलन, मानक पब्लिकेशन्स, दिल्ली, 2008

मेनन, वी0पी0, दि स्टोरी ऑफ दि इन्टिग्रेशन ऑफ इंडियन स्टेट्स, ओरियेन्ट लागमेन्ज, बम्बई, 1956

मजूमदार, आर0सी0, हिस्ट्री ऑफ दि फ्रीडम मूवमेन्ट इन इंडिया, वॉलियम-3, फर्मा के0एल0 मुखोपाध्याय, कलकता, 1963

मुसाफिर, देवीदास, हिमाचल की झांकी, भारती मुद्रणालय पब्लिकेशन्स, शिमला, 1973

माथुर, जगननाथ स्वरूप, भारतीय श्रमिक वर्ग आन्दोलन, राजस्थान हिन्दी ग्रन्थ अकादमी, जयपुर, 1973

मिगदल, जोयल एस0, पीजैन्ट पोलिटिक्स एण्ड रेवोल्यूशन, (प्रैशर टवार्ड पोलिटिक्स एण्ड सोशल चेंज इन दि थर्ड वर्ड), प्रिसेटन यूनिवर्सिटी प्रैस, यूनाइटेड किंगडम, 1974

माथुर, सोभाग, स्ट्रगल फॉर रिस्पान्सिबल गवर्नमेन्ट इन मारवाड़, शारदा पब्लिशिंग हॉऊस, जोधपुर, 1982

मेन्चर, जोन पी0, सोशल एन्थ्रोपोलोजि ऑफ पीजैन्ट्री, सौम्या पब्लिकेशन्स, बम्बे, नई दिल्ली, 1983

मेहता, शिरिन, दि पीजैन्ट्री एण्ड नेशनलिज्मः ए स्टडी ऑफ दि बारदोली सत्याग्रह, मनोहर पब्लिकेशन्स, नई दिल्ली, 1984

माथुर, बिशनु दयाल, स्टेट्स पीपल कान्फैंस ऑरिजन एण्ड रोल इन राजस्थान, पब्लिकेशन स्कीम, जयपुर, 1984

मूरे, मिक, दि स्टेट् एण्ड पीजैन्ट पोलिटिक्स इन श्रीलंका, ओरियेन्ट लागमेन, बम्बे, कलकता, 1985

मोऊलिन, ऐनी, पीजैन्ट्री एण्ड सोसाइटी इन फ्रांस सिन्स 1789, कैम्ब्रिज यूनिवर्सिटी प्रैस, न्यूयार्क, 1988

मल्होत्रा, चमन लाल, हिमाचल का क्रान्तिकारिक इतिहास, जयश्री प्रिंटर्स पब्लिशर्स, शिमला, 1990

मिश्र, भरत, 1857 की क्रान्ति और उसके प्रमुख क्रान्तिकारी, राधा पब्लिकेशन्स, नई दिल्ली, 1992

मधुकर, गुरूराम जी विश्वकर्मा, हम और हमारी आजादी, कल्पज़ पब्लिकेशन्स, दिल्ली, 2004

मुखर्जी, मृदुला, पीजैन्टस इन इंडियाज नॉन-वायोलेन्ट रेवोल्यूशन, प्रैक्टिस एण्ड थ्योरी, सेज पब्लिकेशन्स, नई दिल्ली, 2004

मिश्रा, सीमा, गुप्तकालीन केन्द्रीय प्रशासन, विश्वविद्यालय प्रकाशन, वाराणसी, 2005

मेहरोत्रा, एस0आर0, शर्मा, नरेश कुमार, भारत का राष्ट्रीय आन्दोलन, (प्रारम्भ से महात्मा गांधी तक), अनु प्रकाशन, जयपुर, 2006

नूतन, कृ७ण कुमार, इतिहास साक्षी है, सन्मार्ग प्रकाशन, दिल्ली, 1988

नौटियाल, शिवानन्द, हिमाचल-दर्शन, सुलभ प्रकाशन, लखनऊ, 1990

नेगी, एस0एस0, हिमाचल प्रदेशः दि लैंड एंड पीपल, इण्डस पब्लिशिंग कंपनी, नई दिल्ली, 1993

ˇ, डिस्क्वरी दि हिमालया, वॉलियम-2, इण्डस पब्लिशिंग कंपनी, नई दिल्ली, 1998

नायडू, के0 मुन्नीरत्ना, (स0), पीजैन्ट मूवमेन्टस इन इंडिया, रिलायेंस पब्लिशिंग हॉऊस, नई दिल्ली, 1994

नेगी, जयदीप, दि बेगार एण्ड बैठ सिस्टम इन हिमाचल प्रदेशः ए स्टडी ऑफ अरस्टवाइल शिमला हिल स्टेट्स, रिलायेंस पब्लिशिंग हॉऊस, नई दिल्ली, 1995

नागोरी, एस0एल, नागोरी, कान्ता, भारत का राष्ट्रीय आन्दोलन तथा संवैधानिक विकास, (1935-1950 ई0 तक), आर0बी0एस0 पब्लिशर्स, जयपुर, 2006

ˇ, आधुनिक भारत का वृहत इतिहास, (1707-1813 ई0), भाग-1, नेशनल पब्लिशिंग हॉऊस, जयपुर एवं दिल्ली, 2008

परमार, वाई0एस0, हिमाचल प्रदेशः इटस प्रोपर शेप एण्ड स्टेट्स, डारेक्टोरेट ऑफ पब्लिक रिलेशन, गवर्नमेन्ट ऑफ हिमाचल प्रदेश, शिमला, 1965

ˇ, हिमाचल प्रदेश केस फार स्टेट्हुड, डारेक्टोरेट ऑफ पब्लिक रिलेशनस, गवर्नमेन्ट ऑफ हिमाचल प्रदेश, शिमला, 1968

पामर, जे0ए0बी0, मेरठ में 1857 के विद्रोह का आरम्भ, केपिटल बुक हॉऊस, दिल्ली, 1974

पाण्डेय, लालता प्रसाद, प्राचीन हिमाचल इतिहास, धर्म एवं संस्कृति, इंडियन क्लासिक्स, नई दिल्ली, 1981

पेविअर, बेरी, दि तेलंगाना मूवमेन्ट, (1944-1951), विकास पब्लिशिंग हॉऊस, नई दिल्ली, 1981

प्रताप, महेन्द्र, उत्तर प्रदेश में किसान आन्दोलन, वाणी प्रकाशन, नई दिल्ली, 1988

पबी, विपिन, शिमला देन एंड नाऊ, (समर केपिटल ऑफ राज), इण्डस पब्लिशर्स कंपनी, नई दिल्ली, 1988

पाठक, शेखर, (स0), पहाड़ 3-4, हिमालयी समाज, संस्कृति तथा पर्यावरण, परिक्रमा तला, डांडा नैनीताल, उतराखण्ड एण्ड नेहरू विश्वविद्यालय, नई दिल्ली, 1989

पाण्डे, मनोरंजन, काँग्रेस लीडरशिप इन वर्कज एण्ड पीजैन्ट मूवमेन्ट, एच0के0 पब्लिकेशन्स, दिल्ली, 1992

प्रभाकर, संसार चन्द, हिमाचली इतिहास के सुर्ख पन्ने, नीरज प्रकाशन, कांगड़ा, (हिमाचल प्रदेश), 2002

पिल्लई, पी0 गोपीनाधन, लैफ्ट मूवमेन्ट एण्ड एग्रेरियन रिलेशनस, (1920-1995), साऊथ एशियन पब्लिशर्स, नई दिल्ली, 2003

पार्थासारथी, जी0, एग्रेरियन स्ट्रक्चर मूवमेन्टस एण्ड पीजैन्ट आर्गानाइजेशन इन इंडिया, वॉलियम-1, आन्ध्रा प्रदेश, मानक पब्लिकेशन्स, नई दिल्ली, 2004

पटनायक, किशन, किसान आन्दोलनः दशा और दिशा, राजकमल प्रकाशन, नई दिल्ली, इलाहाबाद, पटना, 2006

पाण्डेय, मनोज कुमार, भारतीय स्वतन्त्रता संग्राम की राष्ट्रवादी प्रवृतियाँ, आर0के0 पब्लिशर्स एण्ड डिस्ट्रीब्यूटर्स, दिल्ली, 2009

राव, एम0एस0ए0, (स0), सोशल मूवमेन्टस इन इंडिया: स्टडीज इन पीजैन्ट, बैकवार्ड क्लासेज, सेकटेरियन, ट्राइबल एण्ड वूमैनस मूवमेन्टस, मनोहर पब्लिशर्स एण्ड डिस्ट्रीब्यूटर्स, नई दिल्ली, 1984

रोफिगनेक, एन्न लुक्स डे, दि कन्टेम्पोरेरी पीजैन्ट्री इन मैक्सिको, (ए क्लास एनालाइसेस), परेजर पब्लिशर्स, न्यूयार्क, 1985

रणपतिया, अमर सिंह, हिमाचली इतिहास और संस्कृति के अंश, सन्मार्ग प्रकाशन, दिल्ली, 1988

राधाकृ७णन, पी0, पीजैन्ट स्ट्रगल्स लैंड रिफार्मस एण्ड सोशल चेंज मालाबार, (1836-1982), सेज पब्लिकेशन्स, नई दिल्ली, 1989

राम, पेमा, शेखावटी किसान आन्दोलन का इतिहास, श्री गणेश सेवा समिति, जसनगर, 1990

राय, सुप्रकाश, पीजैन्ट रिवोल्टस एण्ड डेमोक्रेटिक स्ट्रगल्स इन इंडिया, आई0सी0बी0एस0, दिल्ली, 1999

रेउ, विश्वेश्वरनाथ, भारत के प्राचीन राजवंश, प्रथम-भाग, पब्लिकेशन स्कीम, जयपुर, 2000

राय, हिमांशु, पीजैन्ट इन मार्कस्जिम, मानक पब्लिकेशन्स, नई दिल्ली, 2006

राना, आर0पी0, रिबेल्ज टू रूलरज: दि राइज ऑफ जाट पावर इन मीडिवल इंडिया, (1665-1735), मनोहर पब्लिशर्स एण्ड डिस्ट्रीब्यूटर्स, नई दिल्ली, 2006

रंजन, रवि, सिंह, एम0के0, सरदार वल्लभ भाई पटेल, के0के0 पब्लिकेशन्स, नई दिल्ली, 2009

सेन, सुरेन्द्र नाथ, अठारह सौ सतावन, सूचना एवं प्रसारण मन्त्रालय, (भारत सरकार), दिल्ली, 1947

सावरकर, विनायक दामोदर, 1857 का भारतीय स्वातन्त्र्य समर, राजधानी ग्रन्थागार, नई दिल्ली, 1966

शशि, एस0एस0, हिमाचल-नेचरज पीसफुल पैराडाइज, इंडियन स्कूल सप्लाई डिपो, दिल्ली, 1971

सारस्वत, एच0सी0, हिमाचल प्रदेश, प्रकाशन विभाग, सूचना एवं प्रसारण मन्त्रालय, (भारत सरकार), नई दिल्ली, 1971

शर्मा, देवराज, हिमाचल प्रदेश एक झलक, किरण बुक डिपो, बिलासपुर, (हिमाचल प्रदेश), 1975

शास्त्री, प्रकाश, भारत में समाजवादी आन्दोलन, दि मैकमिलन कंपनी ऑफ इंडिया लिमिटेड, नई दिल्ली, बम्बई, कलकता, मद्रास, 1976

शाह, घनश्याम, प्रोटेस्ट मूवमेन्ट टू इंडियन स्टेट्स: ए स्टडी ऑफ गुजरात एण्ड बिहार मूवमेन्टस, अजन्ता पब्लिकेशन्स, नई दिल्ली, 1977

शर्मा, रणवीर, पार्टी पोलिटिक्स इन ए हिमालयन स्टेट्, नेशनल पब्लिशिंग हॉऊस, नई दिल्ली, 1977

सरीन, तिलक राज, इंडियन रेवोल्यूशनरी मूवमेन्ट एब्रोड, (1905-1921), स्ट्रलिंग पब्लिशर्स, नई दिल्ली, 1979

शर्मा, गौतम, हिमाचल प्रदेश: लोक संस्कृति और साहित्य, नेशनल बुक ट्रस्ट, नई दिल्ली, 1980

सेन, सुनील, पीजैन्ट मूवमेन्टस इन इंडिया: मिड-नाइनटिथ एण्ड टवेन्टिइथ् सैन्चुरिज, के0पी0 बागची एण्ड कंपनी, नई दिल्ली, 1982

सिंह, मास्टर हरि, पंजाब पीजैन्ट इन फ्रीडम स्ट्रगल, वॉलियम-2, पीपल पब्लिशिंग हॉऊस, नई दिल्ली, 1984

स्टोक्स, एरिक, दि पीजैन्ट आमर्ड: दि इंडियन रिबेलियन ऑफ 1857, क्लोरेनडन प्रैस ऑक्सफोर्ड, न्यूयार्क, 1986

सेन, इला, इंडियन पोलिटिकल लीडर एण्ड दि नेशनल मूवमेन्ट, अनमोल पब्लिशर्स, 1986

शुक्ला, ए0, हिस्ट्री ऑफ ए हिमालयन प्रिंसली स्टेट्, दुर्गा पब्लिशर्स, दिल्ली, 1987

शास्त्री, नरोतम दत्त, बिलासपुर प्रजामण्डल के सात सूरमें, जीवन कुटीर प्रकाशन, बिलासपुर, (हिमाचल प्रदेश), 1987

सिंह, अशोक कुमार, पीजैन्टस रिवोल्टस एण्ड एग्रेरियन रिफार्मस, कामनवेल्थ पब्लिशर्स, नई दिल्ली, 1988

सरकार, हिमाचल प्रदेश, स्मृतियाँ, भाषा एवं संस्कृति विभाग, शिमला, 1988

ˋ, संघर्ष के वे दिन, भाषा एवं संस्कृति विभाग, शिमला, 1989

ˋ, हिमाचल प्रदेश में स्वतन्त्रता संग्राम का संक्षिप्त इतिहास, भाषा एवं संस्कृति विभाग, शिमला, 1992

ˋ, हिमाचल प्रदेश के स्वतन्त्रता सेनानी, प्रथम-खण्ड, भाषा एवं संस्कृति विभाग, शिमला, 1985

ˋ, हिमाचल प्रदेश के स्वतन्त्रता सेनानी, द्वितीय-खण्ड, भाषा एवं संस्कृति विभाग, शिमला, 2001

ˋ, स्वाधीनता का संकल्प, भाषा एवं संस्कृति विभाग, शिमला, 2005

सिंह, सत्यकेतू नारायण, किसान आन्दोलन, (1929-1933), किताब महल, इलाहाबाद, 1989

शर्मा, कौशल किशोर, एग्रेरियन मूवमेन्टस एण्ड कॉंग्रेस पोलिटिक्स इन बिहार, अनामिका पब्लिकेशन्स, दिल्ली, 1989

सिंह, मोहिन्दर, पीजैन्ट मूवमेन्ट इन पैप्सू पंजाब, नेशनल बुक आर्गानाइजेशन पब्लिशर्स एण्ड डिस्ट्रीब्यूटर्स, नई दिल्ली, (भारत), 1991

शर्मा, रूप कुमार, सिरमौर दर्पण, गायत्री प्रिंटर्स, जालन्धर, (भारत), 1991

शर्मा, ब्रज किशोर, सामन्तवाद एवं किसान संघर्ष, पोइन्टर पब्लिशर्स, जयपुर, 1992

शर्मा, जयप्रकाश, पीजैन्ट-बेस ऑफ इंडियन डेमोक्रेसी, आर0बी0एस0ए0 पब्लिशर्स, जयपुर, 1992

सांकृत्यायन, राहुल, हिमाचल, भाग-1, वाणी प्रकाशन, नई दिल्ली, 1996

शर्मा, नागेन्द्र, हिमालय का उतरांचल रामपुर बुशहर, बलीभद्र प्रकाशन, (रामपुर बुशहर), शिमला, 1996

सिंह, के0एस0, पीपल ऑफ इंडिया, वॉलियम-ग्ग्ट, हिमाचल प्रदेश: एन्थ्रोपोलोजिकल सर्वे ऑफ इंडिया, मनोहर पब्लिशर्स एण्ड डिस्ट्रीब्यूटर्स, नई दिल्ली, 1996

शबाब, दिला राम, कुल्लू हिमालयन अबोड ऑफ दि डिवाइन, इण्डस पब्लिशिंग कंपनी, नई दिल्ली, 1996

सिंह, मियाँ गोवर्धन, हिमाचल प्रदेश इतिहास, संस्कृति एवं आर्थिक अवस्था, मिर्नवा बुक हॉऊस, शिमला, 1996

ˋ, हिमाचल प्रदेश का इतिहास, रिलायेंस पब्लिशिंग हॉऊस, नई दिल्ली, 1996

सिंह, मियाँ गोवर्धन, नेगी, जयदीप, हिमाचल प्रदेश: एक ऐतिहासिक संर्वेक्षण, रिलायेंस पब्लिशिंग हॉऊस, नई दिल्ली, 1999

सिंह, अयोध्या, भारत का मुक्ति संग्राम, प्रकाशन संस्थान, नई दिल्ली, 1997

सानन, दीपक, स्वादी, धानु, एक्सपलोरिंग किन्नौर एण्ड स्पीति इन दि ट्रॉंस-हिमालया, इण्डस पब्लिशिंग हॉऊस, नई दिल्ली, 1998

सिंह, चेतन, नेचुरल प्रिमाइज: इकोलोजि एण्ड पीजैन्ट लाइफ इन दि वेस्टरन हिमालया, (1800-1950), इंडियन इन्स्टीटयूट ऑफ एडवान्सड स्टडी, ऑक्सफोर्ड यूनिवर्सिटी प्रैस, कलकता, 1998

शर्मा, राधा, पीजैन्ट्री एण्ड दि स्टेट् अर्ली नाइनटिथ एण्ड टवेन्टिइथ् सैन्चुरी पंजाब, के0के0 पब्लिशर्स एण्ड डिस्ट्रीब्यूटर्स, नई दिल्ली, शिमला, 2000

सिंह, राजेन्द्र, सोशल मूवमेन्टस ओल्ड एण्ड न्यू: ए पोस्ट मोडरनिस्ट क्रिटिक, सेज पब्लिकेशन, नई दिल्ली, 2001

सेन, इलीना, (स0), संघर्ष के बीच: संघर्ष के बीज, (जनांदोलनों में स्त्रियों की भागीदारी), सारांश प्रकाशन, दिल्ली, 2001

साहू, राजीव लोचन, एग्रेरियन चेंज एण्ड पीजैन्ट अनरैस्ट इन क्लोनियल इंडिया, उड़ीसा, (1912-1939), मानक पब्लिकेशन्स, नई दिल्ली, 2004

श्रीमाली, पी0डी0, एग्रेरियन स्ट्रक्चर मूवमेन्टस एण्ड पीजैन्ट ऑर्गानाइजेशन इन इंडिया, वॉलियम-ण्ण्, उत्तर प्रदेश, मानक पब्लिकेशन्स, नई दिल्ली, 2004

सिंहाराय, डेबल के0, पीजैन्ट मूवमेन्टस इन पोस्ट-क्लोनियल इंडिया: डायनामिक्स ऑफ मोबीलाइजेशन एण्ड आइडेनटिटी, सेज पब्लिकेशन्स, नई दिल्ली, 2004

सिंह, तेजवीर, साम्प्रदायिक राजनीति व भारत का विभाजन, (1940-1947 ई0), विश्व भारती पब्लिकेशन्स, नई दिल्ली, 2005

शर्मा, मदन लाल, स्वतन्त्रता संग्राम का संक्षिप्त इतिहास, किताब घर, नई दिल्ली, 2005

शर्मा, नवीन, हिमाचल प्रदेश का राजनीतिक इतिहास, (1206-1809), सोसाइटी फॉर रिसर्च इन एजुकेशन एण्ड इनफारमेशन टेकनॉलोजी, शिमला, 2005

श्रीवास्तव, शशिप्रभा, स्वतन्त्रता आन्दोलन का इतिहास, (1857-1947), राधाकृष्ण प्रकाशन, नई दिल्ली, 2005

सिंह, वी0एन0, सिंह, जनमेजय, भारत में सामाजिक आन्दोलन, रावत पब्लिकेशन्स, जयपुर, नई दिल्ली, 2005

शर्मा, नरेश कुमार, भारतीय राष्ट्रीय काँग्रेस का इतिहास, साहित्यागार, दिल्ली, 2007

शाह, घनश्याम, भारत में सामाजिक आन्दोलन, रावत पब्लिकेशन्स, नई दिल्ली, 2009

थानवी, बालकृ७ण, मारवाड़ लोक परिषद् के जन-आन्दोलन, राजस्थानी ग्रन्थागार, जोधपुर, 1993

ठाकुर, एम0आर0, मीथस, रिचूल्स एण्ड बीलिफ इन हिमाचल प्रदेश, इण्डस पब्लिशिंग कंपनी, नई दिल्ली, 1997

तलवार, वीर भारत, नक्सलबाड़ी के दौर में, अनामिका पब्लिशर्स एण्ड डिस्ट्रीब्यूटर्स, नई दिल्ली, 2007

तोबदन, कल्चरल हिस्ट्री ऑफ वेस्टरन ट्रॉंस-हिमालयाज बुशहर-किन्नौर, (फ्राम अरलियस्ट टाइम्स टू 1948 ए0डी0), आर्यन बुक्स इन्टरनेशनल, नई दिल्ली, 2008

उपाध्याय, हरिभाऊ, कांग्रेस का इतिहास, (1885-1935), सस्ता साहित्य मंडल, नई दिल्ली, 2009

वोल्फ, एरिक आर0, पीजैन्ट वारज ऑफ दि टवेन्टिइथ् सैन्चुरी, फिबर एण्ड फिबर, लंदन, 1971

व्यथित, गौतम शर्मा, हिमाचल प्रदेश: लोक संस्कृति और साहित्य, नेशनल बुक ट्रस्ट, नई, दिल्ली, 1980

वर्मा, वी0, दि एमरजैन्स ऑफ हिमाचल प्रदेश: ए सर्वे ऑफ कन्स्टीटयूशनल डेवलपमेन्टस, इण्डस पब्लिशिंग कंपनी, नई दिल्ली, 1995

ँ, शिमला हिल स्टेट्स इन नाइनटिथ सैन्चुरी, बी0आर0 पब्लिशिंग कारपोरेशन, नई दिल्ली, 2008

वशिष्ठ, सुदर्शन, हिमाचल, आत्मा राम एंड संस, दिल्ली, 1997

वैकुन्थम, वाई0, (स0), पीपल्स मूवमेन्टस इन दि प्रिंसली स्टेट्स, मनोहर पब्लिशर्स एण्ड डिस्ट्रीब्यूटर्स, दिल्ली, 2004

वालिया, रमेश, प्रजामण्डल मूवमेन्ट इन ईस्ट पंजाब स्टेट्स, डिर्पाटमेन्ट ऑफ पंजाब हिस्टोरिकल स्टडीज, पंजाबी यूनिवर्सिटी, पटियाला, 1972

आर्टिकलस-जरनलस

एवनल, साईमन एन्ड्रीऊ, सिविल सोसाइटी एण्ड दि न्यू सिविक मूवमेन्टस इन कन्टेम्पोरेरी जापान: कन्वरजेन्स, कोलाबोरेशन एण्ड ट्रांसफोरमेशन, दि जरनल ऑफ जापानीज स्टडीज, वॉलियम-35, नं0: 2, समर, 2009

ब्राइस, टेरेन्स जे0, दि लैंडलार्ड क्लास, पीजैन्ट डिफरेन्टीएशन, क्लास स्ट्रगल एण्ड दि ट्राजिशन टू केप्टलिज्म: इग्लैंड, फ्रांस एण्ड परूशिया कम्पेयरड, दि जरनल ऑफ पीजैन्ट स्टडीज, वॉलियम-36, नं0: 1, जनवरी, 2009

बलेटी, बरेन्दा, मोर देन मूवमेन्टस, (स0), अन्डरस्टेन्डिग स्माल होल्डर पोलिटिक्स इन दि ब्राजीलियन एमेजन, दि जरनल ऑफ पीजेन्ट स्टडीज, वॉलियम-36, नं0: 2, अप्रैल, 2009

लोंडो, दिलीप, दि लैंडलैस मूवमेन्ट इन ब्राजील, (एम0एस0टी0), एपिसटमोलोजिकल इम्पलाकेशन्स एण्ड डबल ट्राँसलेशन, कन्टेम्पोरेरी पर्सपेक्टिवज, वॉलियम-3, नं0: 1, जनवरी-जून, 2009

नाथ, देवेन्द्र, सिंकू टुडी का संथाल विद्रोह, (1869-1870), (तलवार, वीर भारत, नक्सलबाड़ी के दौर में, अनामिका पब्लिशर्स एण्ड डिस्ट्रीब्यूटर्स, नई दिल्ली, 2007)

राम, घासी, बिजौलिया के किसानों में असंतोष तथा संघर्ष का सूत्रपात: एक प्रगतिशील आयाम, राज्यशास्त्र समीक्षा, वर्ष: 14, अंक: 1, राजनीति विज्ञान विभाग, राजस्थान विश्वविद्यालय, जयपुर, जनवरी, 1984

राम, मोहन, तेलंगाना के किसानों का सशस्त्र संघर्ष: (1946-1951), (तलवार, वीर भारत, (स0), नक्सलबाड़ी के दौर में, अनामिका पब्लिशर्स एण्ड डिस्ट्रीब्यूटर्स, नई दिल्ली, 2007)

रेड्डी, वेणुगोपाल, डोमिनेन्स एण्ड रिसिस्टेन्स: ए स्टडी ऑफ नरसिम्हा रेड्डी रिवोल्टस इन आन्ध्रा, (1846-1847), सोशल साइटिस्ट, वॉलियम-38, नं0: 1-2, जनवरी-फरवरी, 2010

सक्सेना, के0बी0, दि नक्सलाइट मूवमेन्ट एण्ड दि क्राइसिस ऑफ गवर्नमेंस: रिफार्म मेजरज फॉर रिगेनिंग पीपल्स ट्रस्ट, सोशल चेंज, जरनल ऑफ कौंसिल फॉर सोशल डेवल्पमेन्ट, वॉलियम-39, नं0: 4, दिसम्बर, 2009

सबालटरन स्टडीज

चटर्जी, पार्था, पाण्डे, ज्ञानेन्द्र, (स0), सबालटरन स्टडीज टप्प, राइटिंगस ऑन साऊथ एशियन हिस्ट्री एण्ड सोसाइटी, ऑक्सफोर्ड यूनिवर्सिटी प्रैस, नई दिल्ली, 1992

गुहा, रणजीत, (स0), सबालटरन स्टडीज ए, राइटिंगस ऑन साऊथ एशियन हिस्ट्री एण्ड सोसाइटी, ऑक्सफोर्ड यूनिवर्सिटी प्रैस, नई दिल्ली, 1982

ˋ, सबालटरन स्टडीज प्प, राइटिंगस ऑन साऊथ एशियन हिस्ट्री एण्ड सोसाइटी, ऑक्सफोर्ड यूनिवर्सिटी प्रैस, नई दिल्ली, 1983

ˋ, एलीमेन्ट्री एसपैक्टस ऑफ पीजेन्ट इनसरजैन्सी इन क्लोनियल इंडिया, ऑक्सफोर्ड यूनिवर्सिटी प्रैस, बम्बे, दिल्ली, कलकता, 1983

ˋ, सबालटरन स्टडीज प्प्प, राइटिंगस ऑन साऊथ एशियन हिस्ट्री एण्ड सोसाइटी, ऑक्सफोर्ड यूनिवर्सिटी प्रैस, नई दिल्ली, 1984

ˋ, सबालटरन स्टडीज प्ट, राइटिंगस ऑन साऊथ एशियन हिस्ट्री एण्ड सोसाइटी, ऑक्सफोर्ड यूनिवर्सिटी प्रैस, नई दिल्ली, 1985

ˋ, सबालटरन स्टडीज ट, राइटिंगस ऑन साऊथ एशियन हिस्ट्री एण्ड सोसाइटी, ऑक्सफोर्ड यूनिवर्सिटी प्रैस, नई दिल्ली, 1987

ˋ, चक्रवर्ती, स्पीवक गायत्री, (स0), सलेक्टिड सबालटरन स्टडीज, ऑक्सफोर्ड यूनिवर्सिटी प्रैस, दिल्ली, न्यूयार्क, 1988

ˋ, सबालटरन स्टडीज टप्, राइटिंगस ऑन साऊथ एशियन हिस्ट्री एण्ड सोसाइटी, ऑक्सफोर्ड यूनिवर्सिटी प्रैस, नई दिल्ली, 1989

हिमाचल प्रदेश के इतिहास, जन-आन्दोलन, निर्माण एवं विकास सम्बन्धी आर्टिकलस और जरनलस

अहलूवालिया, एम0एस0, हिमाचल तथा सामाजिक सुधार लहर, सोमसी, वर्ष: 4, अंक: 2, शिमला, अप्रैल, 1978

अरूण, नरेन्द्र, स्वतन्त्रता आन्दोलन में हिमाचल प्रदेश का योगदान, हिमप्रस्थ, वर्ष: 44, अंक: 1, शिमला, 1998

अग्रवाल, विजय, 1857 का विद्रोह, हिमप्रस्थ, वर्षः 51, अंकः 5, शिमला, अगस्त, 2005

भारद्वाज, विनोद, प्रथम स्वतन्त्रता दिवस की कहानी, हिमप्रस्थ, वर्षः 46, अंकः 10, शिमला, जनवरी, 2001

चन्देल, शक्ति सिंह, हिमाचल जनजीवन पर गोरखा आक्रमण का प्रभाव, सोमसी, वर्षः 2, अंकः 1, शिमला, जनवरी, 1978

हचिसन, जे0, वोगल, जे0पीएच0, दि राणाज एण्ड ठाकुरज ऑफ वैस्टरन हिल्ज, जरनल ऑफ पंजाब हिस्टोरिकल सोसाइटी, वॉलियम-ष्प्, नं0: 2, 1915

ॅ, हिस्ट्री ऑफ नूरपुर स्टेट्, जरनल ऑफ दि पंजाब हिस्टोरिकल सोसाइटी, वॉलियम-टप्, नं0: 2, 1917

ॅ, हिस्ट्री ऑफ मण्डी स्टेट्, जरनल ऑफ दि पंजाब हिस्टोरिकल सोसाइटी, वॉलियम-टप्प्, नं0: 1, 1918

ॅ, हिस्ट्री ऑफ कुल्लू स्टेट्, जरनल ऑफ दि पंजाब हिस्टोरिकल सोसाइटी, वॉलियम-टप्प्, नं0: 2, 1919

ॅ, हिस्ट्री ऑफ कांगड़ा स्टेट्, जरनल ऑफ दि पंजाब हिस्टोरिकल सोसाइटी, वॉलियम-टप्प्, नं0: 1, 1920

ॅ, हिस्ट्री ऑफ लाहौल स्टेट्, जरनल ऑफ दि पंजाब हिस्टोरिकल सोसाइटी, वॉलियम-टप्प्, नं0: 2, 1921

ॅ, हिस्ट्री ऑफ स्पीति स्टेट्, जरनल ऑफ दि पंजाब हिस्टोरिकल सोसाइटी, वॉलियम-टप्प्, नं0: 2, 1921

ॅ, हिस्ट्री ऑफ पंजाब हिल स्टेट्स-लाहौर, सुपरिन्टेन्डेन्ट गवर्नमेन्ट प्रिंटिंग, पंजाब, 1933

हाइड, एच0एम0, शिमला एण्ड शिमला हिल स्टेट्स अण्डर ब्रिटिश प्रोटक्शन, (1815-1835), जरनल ऑफ दि पंजाब यूनिहिस्टोरिकल सोसाइटी, खण्ड-13, 1961

हिम, हिमेन्द्र बाली, सुकेत सत्याग्रह, हिमप्रस्थ, वर्षः 53, अंकः 5, शिमला, अगस्त, 2007

ॅ, हिमाचल में आन्दोलन का संगठित स्वरूप प्रजामण्डल आन्दोलन, हिमप्रस्थ, वर्षः 54, अंकः 10, शिमला, जनवरी, 2009

ॅ, हिमाचल में आन्दोलन का संगठित स्वरूप प्रजामण्डल आन्दोलन, हिमप्रस्थ, वर्षः 54, अंकः 11, शिमला, फरवरी, 2009

कंवर, सत्या, हिमाचल में जन-चेतना का विकास, हिमप्रस्थ, वर्षः 47, अंकः 5, शिमला, अगस्त, 2001

ललित, सी0आर0बी0, शिमला और ब्रिटिश गवर्नर जनरल, हिमप्रस्थ, वर्षः 37, अंकः 11, शिमला, फरवरी, 1992

मल्होत्रा, सी0एल0, स्वतन्त्रता संग्राम में हिमाचल का योगदान, हिमप्रस्थ, वर्षः 16, अंकः 9, शिमला, दिसम्बर, 1970

नेगी, जयदीप, पहाड़ी रियासतों में बेगार प्रथा, विपाशा, वर्षः 11, अंकः 63, शिमला, जुलाई-अगस्त, 1995

पाण्डे, एल0पी0, हिमाचल प्रदेश का प्राचीन, राजनैतिक एवं सांस्कृतिक इतिहास, सोमसी, वर्षः 4, अंकः 2, शिमला, 1978

पंडित, अनिता, गांधी जी की शिमला यात्राएं, विपाशा, वर्षः 11, अंकः 65, शिमला, नवम्बर-दिसम्बर, 1995

पंवार, चतर सिंह, हिमाचल प्रदेश का संवैधानिक इतिहास एवं उचित आकार, हिमप्रस्थ, वर्षः 44, अंकः 1, शिमला, 1998

पराशर, नारायण चन्द, हिमाचल निर्माता डॉ0 यशवन्त सिंह परमार, सोमसी, वर्षः 32, अंकः 121-122, शिमला, जुलाई-दिसम्बर, 2006

राम, सीता, धामी से उठी आवाज, हिमप्रस्थ, वर्षः 44, अंकः 1, शिमला, 1998

शर्मा, बंशीराम, पहाड़ी गांधी बाबा कांशीराम, सोमसी, वर्षः 2, अंकः 4, शिमला, अक्तूबर, 1976

सिंह, वैद्य सूरत, पझौता आन्दोलन, सोमसी, वर्षः 2, अंकः 2, शिमला, 1976

शर्मा, रूपकुमार, पर्वतीय राज्यों में सत्याग्रह का स्वरूप तथा इतिहास, सोमसी, वर्षः 6, अंकः 1, शिमला, जनवरी, 1980

सेमवाल, पी0एन0, शिमला क्षेत्र के देशी राज्यों में विरोध प्रदर्शन, सोमसी, वर्षः 6, अंकः 1, शिमला, जनवरी, 1980

सिंह, मियाँ गोवर्धन, हिमाचल के प्राचीन प्रजातन्त्र, विपाशा, वर्षः 2, अंकः 11, शिमला, दिसम्बर, 1986

शर्मा, योगेश चन्द्र, कहानी देशी रियासतों के विलय की, हिमप्रस्थ, वर्षः 42, अंकः 10, शिमला, 1997

शर्मा, मुरारी, आजादी की लड़ाई में हिमाचल का योगदान, हिमप्रस्थ, वर्षः 43, अंकः 8, शिमला, नवम्बर, 1997

शर्मा, रमेश कुमार, पिछले कल के संघर्ष का प्रतिफल है आज का हिमाचल, हिमप्रस्थ, वर्षः 44, अंकः 1, शिमला, 1998

शर्मा, किशोरी लाल, हिमाचल का गठन और जन-आन्दोलन, हिमप्रस्थ, वर्षः 48, अंकः 1, शिमला, अप्रैल, 2002

ें, पहाड़ी रियासतों में 1857 का संग्राम, हिमप्रस्थ, वर्षः 52, अंकः 8, शिमला, नवम्बर, 2006

शर्मा, अमिता, हिमाचल प्रजामण्डल स्वतन्त्रता संग्राम की देन, हिमप्रस्थ, वर्षः 50, अंकः 7, शिमला, अक्तूबर, 2004

शर्मा, मधु, पहाड़ी रियासतों पर गोरखों के आक्रमण व अधिपत्य, हिमप्रस्थ, वर्षः 50, अंकः 5, शिमला, अगस्त, 2004

सिंह, महेन्द्र, ठियोग रियासत में प्रजामण्डल आन्दोलन, हिमप्रस्थ, वर्षः 55, अंकः 5, शिमला, अगस्त, 2009

ठाकुर, लक्ष्मण सिंह, सोर्सिज ऑफ दि एनशियन्ट हिस्ट्री ऑफ हिमाचल प्रदेश, वॉलियम-ट, कलकत्ता, 1988

ठाकुर, एल0आर0, बिलासपुर का झुग्गा आन्दोलन, सोमसी, वर्षः 21, अंकः 75, शिमला, जनवरी-मार्च, 1995

ठुकराल, वीरेन्द्र, स्वाधीनता संग्राम में हिमाचल प्रदेश, हिमप्रस्थ, वर्षः 44, अंकः 1, शिमला, अप्रैल, 1998

वशिष्ठ, सुदर्शन, हिमाचल प्रदेश का गठनः कुछ ऐतिहासिक सन्दर्भ, हिमप्रस्थ, वर्षः 44, अंकः 1, शिमला, अप्रैल, 1998